知识产权法官论坛

创造性条款的原理解读与实务规则

◎芮松艳　著

知识产权出版社
全国百佳图书出版单位
—北京—

图书在版编目（CIP）数据

创造性条款的原理解读与实务规则/芮松艳著. —北京：知识产权出版社，2023.1
ISBN 978－7－5130－8430－7

Ⅰ.①创… Ⅱ.①芮… Ⅲ.①专利权法—研究—中国 Ⅳ.①D923.424

中国版本图书馆CIP数据核字（2022）第200948号

内容提要

本书是对专利法创造性条款的系统梳理。首先从创造性的本质属性、判断主体、判断客体、判断方法等角度对于创造性条款进行整体分析；其次对于“三步法”中的每个步骤进行分步讲解，包括权利要求的解释、最接近的现有技术、区别技术特征及实际解决技术问题、非显而易见性四部分。本书在针对每个具体步骤的讲解中，均使用了大量案例，并给出了操作性规则，对于实践应用具有借鉴价值。本书适合法官、专利审查员、专利代理师、律师以及相关学者阅读。

责任编辑：卢海鹰　章鹿野　　**责任校对**：谷　洋
封面设计：SUN工作室　　**责任印制**：孙婷婷

创造性条款的原理解读与实务规则

芮松艳　著

出版发行：知识产权出版社有限责任公司　　**网　　址**：http：//www.ipph.cn
社　　址：北京市海淀区气象路50号院　　**邮　　编**：100081
责编电话：010－82000860转8122　　**责编邮箱**：lueagle@126.com
发行电话：010－82000860转8101/8102　　**发行传真**：010－82000893/82005070/82000270
印　　刷：北京建宏印刷有限公司　　**经　　销**：新华书店、各大网上书店及相关专业书店
开　　本：880mm×1230mm　1/32　　**印　　张**：15.125
版　　次：2023年1月第1版　　**印　　次**：2023年1月第1次印刷
字　　数：380千字　　**定　　价**：99.00元
ISBN 978－7－5130－8430－7

前　言

本书的缘起有些偶然。原本只想针对创造性问题写本办案手册，方便同事们在审理案件时查阅使用。但当真正着手准备时才发现，这只是个良好的愿望。办案手册的特点在于言简意赅，而专利授权确权案件很难脱离技术方案讲法律规则，一旦引入具体技术方案，则很难再符合言简意赅的要求。于是，我不得不考虑是否放弃这个计划。但因为已经做了很多前期工作，放弃实在有些可惜，便产生了写书的念头。起初写书的意愿并不强烈，毕竟工作过于繁忙。但最终没有放弃，有可能是因为内心对这件事情价值的认同，也有可能是因为对于自身懒惰的不认同。于是，在过去的一年中，写书几乎是我每个周末和假期中的唯一内容。

对于任何一个法律制度的理解，究其根本是对其整体逻辑体系的理解。只有建立起整体逻辑体系，才能在案件中遇到问题时，将所涉问题对应到体系架构中的相应位置。正因如此，本书始终围绕创造性判断是对研发过程的重构这一主线，将每个问题置于这一过程中进行研究分析，并将其与具体环节相对应。同时，因为对于整体逻辑体系的理解，不仅要知其然，更要知其所以然，而我国《专利审查指南》虽针对创造性制度给出了相关规则，但其性质决定了不可能涉及规则背后的考虑因素。因此，本书的重点之一在于分析相关规定背后的原理，以使读者在知其然的同时知其所以然。

在对创造性制度的理解中，技术方案是不可或缺的内容。但选择合适的案例并非易事，对于技术方案的理解难度势必影响对于法律规则的理解程度。为此，本书在讲解过程中首先采用的是假设的简单示例，以减少读者对技术方案的理解难度，从而集中于对相关规则的理解。但真实的案例仍是本书所占篇幅最大的内容。在给同事授课过程中，我多次感受到，在以简单示例讲解时可被理解的规则，一旦适用到复杂的真实案例中，大家仍无法做到得心应手。可见，对于规则的真正掌握，只能在真实的案例中不断历练。为此，我梳理了大量案例，从中筛选出了一些具有典型意义，且技术方案相对容易理解的案件。因为其中涉及的技术方案基本源自我承办的案件，在经过庭前阅卷、庭审调查以及撰写判决书等一系列过程后，大体可以保证本书中对技术方案的介绍基本准确。此外，为尽量减少读者花费在理解技术方案上的时间，书中对相当数量的技术方案采用简单文字作了整体概括。同时，亦会将同一技术方案用在不同章节以说明不同的法律问题，并附之相关附图。

长久以来，对于不具有技术背景的法官是否有能力审理专利案件，外界一直存有置疑。本书撰写的另一个目的则在于以创造性判断为例说明，虽然专利案件与技术方案相关，但其最终仍是对法律规则的理解。在借助相关专业人员的协助下，法官完全可以将各个领域的技术方案理解到足以对相关法律问题作出合理判断的程度。

最后，希望读者能在阅读本书后不会有浪费时间的感觉。

芮松艳

2022 年 5 月

序言一

专利法是技术发明保护法。按照世界各国的专利法，获得保护的技术发明，应当符合新颖性、创造性和实用性的要求。这称之为获得专利保护的实质性要件。显然，申请专利的技术发明是否具有新颖性和实用性，相对容易判断。例如，就新颖性而言，按照我国专利法现在奉行的“绝对新颖性”，从理论上说，只要把握全世界范围内的技术文献，只要把握全世界范围内公知公用的技术，就可以判定申请案中的技术发明是否具备新颖性。至少，新颖性的标准具有较高的客观性。又如，就实用性而言，排除违反科学原理的“发明”，排除专利法明确规定不授予专利权的“发明”，同样是从理论上说，大体可以判定申请案中的技术发明具备实用性。显然，“技术发明”或者“技术方案”的术语已经表明，申请案中的发明应当具有产业上的实用性。

相对于新颖性和实用性来说，对于“创造性”的判断则要困难得多。一方面，创造性是依据相关技术领域中的“现有技术”而判断的。这样，处理专利申请案的专利审查员，或者审理有关创造性问题的法官，是否能够充分掌握文献披露的和公知公用的现有技术，就会成为一个问题。另一方面，创造性的判断带有一定的主观色彩。就像“公平”“正义”等观念一样，“创造性”也是一个抽象的观念，在不同的技术发展阶段，在不同的技术领域，以及在不同知识背景的专利审查员或者法官那里，对于创造性的理解或者判定，总是存在这样或者那样的差异。正是由此出发，如何让专利审查员或者法官掌握尽可能全面的“现有技术”，如何设定一些步骤和要素，尽可能减少专利审查员或者法官的主观色彩，就是专利制度着力解决的问题之一。

在美国专利法中，创造性是用“非显而易见性”的术语来表达的。那是1995～1997年，我在位于美国华盛顿州西雅图的华盛顿大学法学院做访问学者，旁听了一系列知识产权法的课程。当时为我们讲授“专利法和商业秘密法”课程的，是美国专利法的权威学者 Donald S. Chisum 教授。他在讲解“非显而易见性”（non－obviousness）的时候说，这个词的词根“via”来自于拉丁文，其含义是“道路”。他在讲台上一边来回踱步，一边用手比划，如果发明人走在相关技术领域的道路上，很容易“看到”或者获得相关的技术发明，那就是显而易见的。但如果发明人要跨越一些障碍物，或者在前行的道路上深入发掘，才能够“看到”或者获得相关的技术发明，那就可以说是非显而易见的。或许是因为 Donald S. Chisum 教授的形象讲解，不仅让我对于美国专利法中的“非显而易见性”有了深入的理解，而且对于中国专利法中的“创造性”有了另一个角度的理解。

缔结于1973年的《欧洲专利公约》，在专利的实质性要件方面使用了“创造性步骤”（inventive steps）的术语，然而，在解释这个术语的时候却使用了美国的“非显而易见性”。根据规定，“就相关的技术领域而言，如果某一发明在该技术领域中的技术人员看来不是显而易见的，那就应当认为构成了创造性步骤。”[1] 在这方

[1] Article 56, Inventive Step, European Patent Convention.

面，继承了欧洲大陆传统的日本专利法，也是从非显而易见性的角度来说明“创造性”要求的。根据规定，在专利申请日以前，如果该发明所属技术领域中具有一般技术的人员，根据现有技术很容易做出的发明，不能获得专利权。❶ 事实上，国家知识产权局发布的《专利审查指南》，同样是以非显而易见的含义，解释了我国《专利法》第22条规定的创造性要求。根据《专利审查指南》判断创造性，就是判断要求保护的发明对本领域的技术人员来说是否显而易见。❷

无论是“非显而易见性”的术语，还是“创造性”或者“创造性步骤”的术语，都涉及了专利制度中的一个幽灵人物，“一般水平的技术人员”。按照要求，无论是从事专利审查的人员，还是从事专利审判的法官，都应当依据某一特定技术领域中的现有技术，让自己站在这个“一般水平技术人员”的立场上，判定涉案的技术发明是否具备创造性，或者是否显而易见。要求专利审查员或者法官扮演这个“幽灵人物”，按照“一般水平技术人员”的剧本从事创造性问题的审查或者审判，在很多人看来多少有些怪诞。然而更进一步，这个要求的诡异之处还在于，尽管专利申请案的实质审查发生于申请日之后的两三年里，尽管有关创造性的纠纷案件发生于专利申请日以后的三五年，甚至七八年或者十几年之后，专利审查员或者法官却必须让自己在时间上来一个穿越，“回到”涉案专利的申请日以前，依据申请日以前的“现有技术”，判断相关的技术发明是否具备创造性，或者是否显而易见。即使相关的技术领域在涉案专利申请日以后有了重大的，甚至是突飞猛进的发展，专

---

❶ 参见日本专利法第29条第2款。

❷ 参见《专利审查指南（2010）》第二部分第四章关于“创造性”的解释。

利审查员或者法官也必须“忘记”申请日之后的所有技术发明。

其实，这个幽灵般的虚拟人物，不仅存在于专利法中，而且存在于著作权法和商标法中。例如，当被告参考原告的作品创作了自己的作品，两部作品又具有某种相似性的时候，就会要求审理案件的法官站在一个“一般水平读者”的立场上，判断两部作品在表达上是否具备实质性相似。如果具备实质性相似，则存在被告抄袭原告表达、侵犯原告著作权的可能性。如果不具备实质性形似，则不会有抄袭原告表达和侵犯版权。又如，当被告在相关的商品或者服务上，使用了与原告商标近似的商标的时候，也会要求审理案件的法官站在一个“一般注意力购买者”的立场上，判断是否存在商品或者服务来源上的混淆可能性。如果存在商品或者服务来源上的混淆可能性，就会有被告侵权的可能性。如果不存在混淆可能性，则不会有侵权的发生。

按照专利制度的要求，这个幽灵人物，或者“一般技术水平的人员”，应当在充分掌握相关技术领域中的“现有技术”的基础上，判定涉案的技术发明在申请日之前是否具备创造性或者非显而易见性。无论是按照美国和欧洲的专利制度，还是按照中国和日本的专利制度，“现有技术”具有非常广泛的含义，既包括全世界范围内文献披露的技术，也包括全世界范围内公知公用的技术。其中的“文献披露”，又涉及了各种语言文字，例如中文、英文、法文、德文、西班牙文、日文、韩文等所披露的技术；其中的公知公用，也涉及世界各地，包括非洲某一部落、太平洋上某一岛国公知公用的技术。毫无疑问，无论是专利审查人员，还是审理相关案件的法官，永远不可能掌握这样广泛的“现有技术”。这仅仅是一种理论上的要求。

依据专利制度，正是从“现有技术”的角度出发，有了对于发明人和专利申请人的另一个要求。具体说来，做出了某一技术发明的人员，相对于专利审查员或者法官而言，更为了解相关技术领域已经达到的发展水平，更为了解相关技术领域中已经具有的现有技术。事实上，正是在“现有技术”的基础之上，才会有发明人做出的“技术发明”，才会有发明专利的申请。与此相应，在专利申请的过程中，发明人或者申请人也就承担起了一个义务，向专利部门如实提交相关技术领域中的技术资料，进而说明自己在现有技术的基础之上做出了怎样的发明，应当获得专利保护。显然，这也是专利制度中有关新颖性和创造性要求的应有之义。在这方面，我国《专利法》第 36 条也规定，发明专利的申请人请求实质审查的时候，应当提交在申请日前与其发明有关的参考资料。如果该发明已经在外国提出过专利申请，申请人还应当提交该外国为审查其申请进行检索的资料或者审查结果的资料。

仍然是在 1995 ～ 1997 年，我在华盛顿大学法学院有关专利法的课堂上得知，专利代理师或者专利律师总是告诫专利申请人，应当如实向专利局提供有关该发明的所有资料，包括现有技术的资料。如果发明人或者申请人在专利申请的过程中，隐瞒了有关专利新颖性、非显而易见性和实用性的资料，或者没有充分披露有关的技术发明，包括美国专利法所要求的“最佳实施方案”，那么在将来的专利侵权诉讼中，那些被隐瞒的资料或者曾经的隐瞒行为，就会成为被控侵权人打败专利权人的有力武器。因为，被告为了摆脱侵犯专利权的指控，总是会竭尽全力寻找可以让专利权归于无效的资料或者证据，包括发明人或者申请人曾经隐瞒的“现有技术”。正是从这个意义上说，专利法规定的“现有技术”，全世界文献披露的和公知公用的技术，更多地是为被控侵权人提供了可以让原告专利权归于无效的工具。只要被控侵权人在如此广泛的“现有技术”中，找到了足以证明涉案专利不具备新颖性、创造性的证据，也就摆脱了专利侵权的指控。在这里，我们没有必要指责被控侵权人的此类行为。因为，正是通过被控侵权人的这种行为，保障了获得专利保护的技术发明，是真正符合新颖性、创造性的技术发明。

申请专利的技术发明，如果是明显地具备创造性，或者明显地不具备创造性，对于专利审查员或者法官而言，都是很容易判断的。但是问题在于，在很多情况下，申请案中的技术发明，可能处于具备，或者不具备创造性的模糊区域之中。这就像色谱中的“黑”或者“白”很容易判断，而在黑白之间的“灰色”区域，则很难划出一条“黑”与“白”之间的分界线一样。事实上，在有关专利创造性的判断中，专利审查员或者法官的职责，就是要在灰色区域中划出一条具备或者不具备创造性的分界线。而且，这里所说的在灰色区域中划出一条界线，也存在于被告作品与原告作品是否具备实质性相似的判断中，存在于被告使用的商标是否有可能造成消费者混淆的判断中。当然，在这类黑白之间划出界线的判断中，还应当遵循相关法律的规定，运用一些实操性的规则。在很多情况下，这又依赖于实践经验的总结，以及对于实操性规则的提炼。

芮松艳法官长期从事专利案件的审判，积累了大量有关创造性判断的经验。她在总结以往审判经验的基础上，撰写了摆在我们面前的这部专著《创造性条款的原理解读与实务规则》。专著从我国《专利法》和《专利审查指南》关于创造性的规定出发，梳理和讨论了专利创造性判断中的三个步骤，即现有技术的确定、技术问题的解决以及非显而易见性的判定。在具体的论述中，作者并没有拘泥于《专利法》和《专利审查指南》的条文规定，而是运用大量的有关专利创造性的案例，总结来自审判实践的经验，提出了一些判断创造性有无的操作性规则。显然，对于专利审查人员和从事相关审判的法官而言，这些审判经验具有非常重要的借鉴意义，这些操作规则也可以指引他们解决相关的法律问题。

古希腊的哲学家和数学家们在讨论有限与无限的时候，曾经提出过一个“圆”与“多边形”的比喻。在这个比喻中，“圆”是一个完美的几何图形，可以在其中放置三角形、四边形、六边形、八边形，以至于十边形、百边形、千边形。根据比喻，“圆”之内所放置的多边形，“边”数越多也就越接近于那个理想的“圆”。然而从哲学或者数学的角度来说，多边形的“边”数再多，也不能等同于那个理想的“圆”。或许我们可以借用这个比喻说，专利制度关于技术发明应当具备创造性的要求，就是那个理想的“圆”，而专利法关于创造性或者非显而易见性的规定，《专利审查指南》关于创造性的解释和指引，以及众多专利审查员和法官总结出来的操作性规则，都是通向理想的创造性或者非显而易见性的若干个“边”。

毫无疑问，芮松艳法官对于创造性或者非显而易见性的解读，以及她所总结出来的那些判断创造性的操作规则，为我们通向那个理想的“圆”，为我们在具备，或者不具备创造性的灰色区域划出一条黑白之间的界线，提供了更多的“边”。愿芮松艳法官在有关专利创造性探索的道路上继续前行，为我们总结更多的判定经验和实操性规则。

中国社会科学院知识产权中心名誉主任

序言二

创造性是发明创造成为专利权保护对象的基本条件，是专利权排他性保护的正当因由，也是专利制度实现激励保护创新价值目标的核心所在。创造性判断是专利授权确权中往往最常见也是最重要的问题，是有原则套路可循的老问题，更是值得可持续研究和探索的大课题。

从作为拟制人的本领域技术人员，到还原发明场景、重构发明过程的“三步法”，从预料不到的技术效果、商业成功，到克服技术偏见、解决长期难题，在漫长的专利制度发展进程中，创造性判断的难题催生了各种各样的分析工具。无论丝丝入扣的逻辑分析，还是源于生活的经验推定，每一个案件中的创造性判断，都是对专利审查员和法官的智慧的考验。唯有细致研究、审慎裁断，才能不断消减创造性判断的随意性和不断提高创造性判断结论的可预期性。

芮松艳法官从事专利授权确权审判工作 20 余年。她注重积累，每办一案即录笔记一篇，其中对技术问题的一个个手绘图解让人一目了然、肃然起敬，沉甸甸的办案笔记是她经年努力的见证；她注重研究，撰写了大量专业文章、出版了专著，可谓笔耕不辍；她淡泊名利，是业内闻名的“不愿当官的法官”，始终以普通法官身份坚守在审判一线。

本书是芮松艳法官的又一力作，展现了她关于创造性判断问题的体系化思考。本书全方位、多层次地分析了创造性的本质要求、判断方法和认定逻辑，其中既有对义理的审思和对制度的评价，也有对实践的辨析和对案例的推敲，整体上视界开阔、思考深入，对于有关问题的研究颇具参考价值。当然，基于创造性判断本身的复杂性和技术创新的无限可能性，有的问题还有待进一步的理论研究和实践验证。期待本书不仅能为专利审查审判提供实务参考，更能激发业界更多更深的思考和探讨。

最高人民法院知识产权法庭副庭长

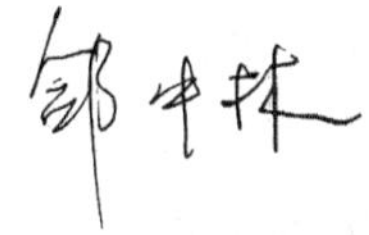

序言三

在北京知识产权法院的技术类案件展示厅一个展台上，陈列着多本法官的办案笔记。隽丽工整的书写，裁剪整齐的附图，详细精准的技术方案、庭审要点，记载着一名技术类法官成长的轨迹。参观者在这个展台驻足时间最长，有的参观者建议把这些笔记陈列到中国法院博物馆。笔记的所有者便是芮松艳法官，本书的作者、著作权人。

我与松艳相识较早，二十年前，我在北京市海淀区人民法院从事知识产权审判工作时，松艳在我的二审法院北京市第一中级人民法院知识产权审判庭，算是同行，其时，应是刚参加工作不久，聪颖美丽，风华正茂。二十年后，我来到北京知识产权法院工作，与松艳成为同事，感觉聪颖中多了几份沉稳，美丽中增加了几许锐利，首都十大青年法学家、北京市审判业务专家等一堆荣誉加持，已是远近闻名的专家型法官。在讨论案件的同时，也有了更多的交流，我也试图从她身上探寻一个优秀法官的成长之路，探寻一条理论和实践共同进步的学术之路。松艳邀我为她的这本新作作序，我也借机将自己的观察与感悟表达出来。

第一是热爱。一个心仪的职业，事实上就是生命的锚点。从理想的角度，法官自然是法律人值得托付终生的职业。然而，现实有其自己的逻辑。法官职业一直处在矛盾的争议点和利益的交锋处，各种风险是不可避免的。案山卷海的跨越，经年累月的加班，这种压力不是朝夕之间的。工作毕竟不是生活的全部，也让一些最初选择的人最终选择了离开，但大都有着五里一徘徊的流连和疑豫，始终有一份割舍不下的热爱。像松艳一样，没有坚定的热爱是决然不可能在三尺法台上坚守二十多年的。我曾经工作过的有“天下第一法院”之称的北京市朝阳区人民法院的一名法官同事晓汾，和松艳一样才华出众，而且英文水平很好。晓汾在2008年北京奥运会期间，曾为一位外国的奥林匹克委员会主席担任英文陪同翻译，也曾受命将近四万字的世界银行有关营商环境破产改革草案分析报告利用双休日的时间全部翻译出来。有一次应邀在外讲座，一名热心的听众在了解了她的收入和工作量后，关切地问了个问题：“你（做法官）图什么呢?”在我的周围，有许多像松艳和晓汾一样的法官，以他们的能力和才华，可以有很多的选择，也可以过上更为闲适富足的生活，而他们始终选择了坚守。一位著名的哲学家讲过，“最惬意的人生是专业、职业和信仰的结合”，尽管忙碌，但松艳和同事们始终保持着工作的优雅和生活的快乐，能让人感受到生命的洋溢和活泼的心灵。忠诚于法治，醉心于法律，钟情于审判，专心于法庭，这是他们共同的特点。在法院工作，虽然有“年年岁岁人不同”的唏嘘，更多的是“不辞镜中朱颜瘦”的感动，他们对审判事业至臻至善的追求，对法治事业不离不弃的执着，在这个变动不居的时代，是多么让人动容。

第二是专注。法官是专业化非常强的职业。法律文本日新月异，法律文献浩瀚如烟。知识产权相对也属于显学，各种论坛前仆后继，各种文章铺天盖地，各色人等你来我往，但大多集中在著作权和商标权，比较而言，专利法的研究，相对冷清，有真知灼识的文章著作更是鲜见。这着实归因于专利本身的艰深晦涩，不沉浸其中，不在大量案例中流连思考，难以得到感悟，难以让一些冰冷的概念、公式“活”起来。如何识别新颖性、创造性和实用性，如何识别相同的方法、功能和效果，这些看起来基本的概念，如何结合权利要求和说明书进行准确的界分并非易事。从事专利审判的法官，案头标配是专利法律文本和厚厚的《专利审查指南》，法条和规范是清晰的，但理论逻辑和动因需要自己去探究。好在，热爱是最好的老师。二十多年来，从著作权领域到商标领域，及至目前主要从事的专利审判领域，松艳潜心学习，孜孜以求，深耕于知识产权审判领域。

开庭审理和裁判文书写作是法官的两大基本能力。好的庭审，优秀的文书，次第深入，辨法晰理，事实查明水落石出，法律适用水到渠成。审判的能力，远不是几本方法论所能涵摄的，在一个智慧对冲、能力对抗、诉辩交锋的场域，智识和经验都是不可或缺的，不仅是因为实践科学需要绝知此事须躬行的亲历，更重要的是，司法作为公正和善良的艺术，除了需要明示的理论知识，还需要有默会的素质能力，而这是需要在日积月累的实践中感悟和觉悟的。庭审查明中乱花渐欲迷人眼的困惑，起草裁判文书时书被催成墨未浓的紧迫，当然，也有疑难案件审结后的沉舟侧畔千帆过的快意，这些都是一名法官在成长中的修行。就松艳而言，曾经为两个跨国知名企业间的标准必要专利案件而连续开庭二十一天，也曾就一个争议事项是否具有可版权性思考了三年，并用半年的时间起草了判决书。长期的学习、办案、思考和积淀，逐步形成了体系化的审判思路。本书用一百多个亲历的案例，将专利诉讼中创造性的判断条分缕析，技术构思、技术特征和技术效果的关系以及在创造性判断中的作用，为什么《专利审查指南》区分上下位概念的不同情形对新颖性的判断作了不同规定，不仅有对具体问题精微的分析，而且有对有关规定背后的动因的独到见解，无不体现一名优秀法官的卓越功力。

很多个周五的下午，北京知识产权法院的专利审判讲堂准时开始，松艳以她惯有的自信和从容，为全国四级法院法官讲授专利审判方法。本书也是松艳课程的集结，是二十多年的办案和思考，累积成作品，其新颖性、创造性毋庸置疑的，其实用性则取决于读者的研学程度。

第三是自律。法官是一个孤独的职业，也是一个充满矛盾的工作，要洞明世事却不能人情练达，要洞察利益却不能有任何纠葛，作为一名审理技术类案件的法官，还需要有对幽微人性的把握，对科技进步的赏爱。吴经熊先生讲，“法律是植根于淤泥中，而盛开的面向天籁的圣洁之花”，这是对法官职业最为真实的写照。宽泛的竞业禁止规定、严格的业外活动限制，面对质疑时的弹性张力，面对赞誉的冷静克制，颇有些“独立小桥风满袖，平林新月人归后”的境界和修为。松艳的自律是出了名的，她基本不刷手机、不看电视，将碎片化的空闲连接成完整的学习时间，每天的工作都是两点一线，在办公室和法庭间往返，她的坚持，或者说是固执也是出了名的，对自己深思熟虑的问题，即使面对群起攻之也决不退缩，颇有些众人皆醉唯我独醒的气概，这也正好契合了法官职业的要求。唯有自律，才能心无旁骛，倾情投入，厚积薄发，在抽丝缚茧中寻找事实真相。唯有自律，才能排除纷扰，一心向法，精斟细酌，在利益平衡中实现公平正义。当然，外在的孤独并不能否定丰富的思想和火热的生活，很难想像松艳曾经是一名沉醉于摇滚的架子鼓手。同理，自律也并非自我封闭，而是对世俗的适度超越，淡泊宁静中自有其趣味和欢愉。

每天早上不到八点，总有一个头戴头盔的飒爽骑手出现在北京知识产权法院，这便是作息近乎严苛的松艳法官，一如她在知识产权司法领域，始终是一名紧跟时代、达观自律、充满希望的骑行者，也是北京知识产权法院众多优秀法官的代表，我为司法领域有这些追梦者而欣慰。

是为序。

北京知识产权法院院长

靳学军

目　录

第一章　创造性条款的整体理解

获得专利权保护的发明创造需要满足专利法的相关要求，这些要求既包括专利文本撰写角度的要求（比如权利要求清楚、说明书公开充分等），也包括对发明创造本身的实质性要求（比如实用性、新颖性、创造性）。在这些实质性要求中，创造性是最为重要且最为常见的要求之一，既是专利实质审理的条款，也是专利权无效宣告的条款，其重要地位可见一斑。

《中华人民共和国专利法》（以下简称《专利法》）中的创造性条款为第 22 条第 3 款："创造性，是指与现有技术相比，该发明具有突出的实质性特点和显著的进步，该实用新型具有实质性特点和进步。"因为该条款的规定高度概括，缺少操作性，所以，《专利审查指南（2010）》[1] 第二部分第四章对于该条款的适用进行了详细且相对清晰的规定。然而，上述规定并不会涉及对于原理的阐述，且亦不适合对其进行体系化的说理。因此，在具体案件的适用中仍会出现各种理解上的分歧。基于此，下文将结合创造性条款的本质属性，对于创造性判断从判断主体、判断客体、判断方法等角度逐

[1] 本书中的《专利审查指南（2010）》包括 2010 年之后公布的国家知识产权局令第六十七号、第六十八号、第七十四号，公告第三二八号、第三四三号和第三九一号的修改内容。——编辑注

一进行解读，以对具体案件中创造性条款的适用提供针对性的指引。

一、创造性条款的本质

《专利法》第 1 条规定：“为了保护专利权人的合法权益，鼓励发明创造，推动发明创造的应用，提高创新能力，促进科学技术进步和经济社会发展，制定本法。”分析该规定可知，专利法保护专利权人利益的最终目的在于“提高创新能力”以及“促进科学技术进步和经济社会发展”。只有提高了发明人的创新能力，才可能推动科学的整体进步及发展。因此，二者中提高创新能力是整部专利法的核心追求。

创新能力与创造性劳动相对应，而具体的发明创造是创造性劳动的成果及外化体现。因此，对于发明创造的保护，其实质在于保护获得该发明创造付出的创造性劳动，而非仅仅是发明创造本身。只不过，创造性劳动具有无形的性质，对其提供保护缺少可操作性。因此，专利法通过保护发明创造这一外化成果，从而达到间接保护创造性劳动的目的。

专利法所保护的创造性劳动或者发明创造，其实质是“对于科学发现的应用”。这一应用过程既包括对已有科学发现的应用，也包括对发明人自己的科学发现的应用。虽然专利法并不保护科学发现，但当该被应用的科学发现来源于发明人时，其对于这一被应用的发现所付出的创造性劳动同样可通过发明创造被授予专利权而获得保护。不过需要注意的是，该发明创造是否应给予保护与这一科学发现的获得是否存在偶然因素无关。毕竟相当数量的科学发现均是科学研究过程中的偶然发现，如果不保护对于该偶然获得的科学发现的应用，势必在相当程度上会影响人们从事科学研究的动力，从而最终难以达到专利法所追求的促进科学技术进步这一目的。

正因如此，《专利审查指南（2010）》第二部分第四章第6.1节的“创立发明的途径”规定：“不管发明者在创立发明的过程中是历尽艰辛，还是唾手而得，都不应当影响对该发明创造性的评价。绝大多数发明是发明者创造性劳动的结晶，是长期科学研究或者生产实践的总结。但是，也有一部分发明是偶然做出的。【例如】公知的汽车轮胎具有很好的强度和耐磨性能，它曾经是由于一名工匠在准备黑色橡胶配料时，把决定加入3%的碳黑错用为30%而造成的。事实证明，加入30%碳黑生产出来的橡胶具有原先不曾预料到的高强度和耐磨性能，尽管它是由于操作者偶然的疏忽而造成的，但不影响该发明具备创造性。”实际上，就该事例而言，将原本的3%的碳黑错用为30%虽然属于偶然事件，但在该偶然事件发生之后，对于强度和耐磨性能的研究仍属于科学研究过程，这一偶然事件只是为该科学研究过程提供了另一种可能性而已。

基于上述分析可知，对创造性劳动有无的判断是创造性条款适用的核心。在对这一本质属性的理解中需要注意的是，对创造性劳动的判断并不以发明人的认知为准，也并非只需考虑专利说明书中所记载的背景技术。因为发明创造一旦被授予专利权，专利权人获得的禁用权面对的是所有社会公众，因此，在设定授权标准时需要以社会公众的认知为标准。同时，基于对专利技术性的考虑，这一认知标准无需考虑全部社会公众，而只需考虑本领域技术人员的认知即可。此外，专利法所追求的是促进整体的科技进步，因此，对于创造性的对比标准应是全部现有技术，而不能是专利说明书中记载的背景技术。

在创造性条款的适用中始终围绕创造性劳动这一核心，可在一些情况下解决看似复杂但实则简单的问题。比如，对于如何证明技术偏见，实践中存在认定难点，包括技术偏见的构成是否需要是本领域技术人员的通常认知，如何举证才可以证明技术偏见的存在，是否只要存在一份反证即可证明未构成技术偏见，等等。但实际上，一些涉及技术偏见的案件可以采取另一分析角度。如果发明人基于克服了技术偏见而获得专利权，意味着发明人在申请日时至少应意识到其所采用的技术手段足以克服技术偏见。但有很多案件，无论是在说明书中，还是从发明人提交的相关证据中，均无法看出发明人在获得诉争技术方案时知晓这一技术偏见的存在，或者意识到其发明创造克服了技术偏见。在此情况下，实际上已无需判断技术偏见是否存在，即可直接得出发明人未付出创造性劳动，诉争技术方案不具备创造性的结论。

再如，一些涉及化合物的案件中，专利权人主张诉争技术方案取得了预料不到的技术效果并提交了申请日之后所做的补交实验数据，但说明书中对于技术效果及相应实验数据均无任何记载。通常情况下，如果该技术效果确为专利权人在申请日前所获得，依据常理其会被记载在说明书中，从说明书对此未予记载这一事实可反推专利权人对此并不知晓。基于此，即便该实验数据确可证明该化合物具有预料不到的技术效果，但其只能证明该化合物的客观效果，却无法证明专利权人在“申请日”之前已知晓，相应地，不能证明专利权人在“申请日”前为获得该技术效果付出了创造性劳动，因此，该技术效果在创造性判断中不予考虑。

二、创造性的判断主体——本领域技术人员

（一）相关规定

对于哪类主体为创造性的判断主体，《专利法》中并未提及，但《专利审查指南（2010）》第二部分第四章第 2.4 节中将判断主

体限定为“所属技术领域的技术人员”或“本领域的技术人员”，并规定，其“是指一种假设的人，假定他知晓申请日或者优先权日之前发明所属技术领域所有的普通技术知识，能够获知该领域中所有的现有技术，并且具有应用该日期之前常规实验手段的能力，但他不具有创造能力。如果所要解决的技术问题能够促使本领域的技术人员在其他技术领域寻找技术手段，他也应具有从该其他技术领域中获知该申请日或优先权日之前的相关现有技术、普通技术知识和常规实验手段的能力。”

该规定对于本领域的技术人员从“知识”和“能力”两个角度作了相应限定。其中，知识是指已获取的知识，能力则是指对于已知晓知识的分析能力以及尚不知晓的知识的获取能力。无论是知识还是能力，仅达到普通水平即可，无需具备创造能力。同时，虽然是本领域技术人员，其已掌握的“知识”只限于本领域，但因为其具有获取知识的“能力”，所以其获取的知识则既包括本领域，亦包括其他领域。此外，在技术的发展与时间密切相关的情况下，无论是知识还是能力，均固定在申请日或优先权日之前，对于申请日或优先权日之后出现的知识和具有的能力不予考虑。

之所以将创造性判断的主体界定为本领域技术人员，而非发明人，主要原因在于，发明创造被授予专利权之后，其享有的是针对社会公众的禁用权，而非仅仅是本人享有的专用权。也就是说，对于已被授权的专利，专利权人有权禁止他人以生产经营为目的，实施《专利法》第 11 条规定的行为。因禁用权的对象是社会公众，是对公共利益的一种限制，因此，在对发明创造设定授权标准时，需要以公众利益作为考量依据，不能仅以发明人自己的评估为准。实践中，发明人能力水平可能存在很大差异，而这一差异会导致发明人对于其发明创造的评估与专利法对于发明创造水准的平均要求不一致。如果仅以发明人的认知能力作为判断标准，必然会在一些情况下导致对于公众利益的不当侵占。基于此，《专利审查指南(2010)》中将本领域技术人员作为判断主体，而非发明人。

（二）实践中的应用

虽然《专利审查指南（2010)》中的相关规定确有必要且具有合理性，但不可否认的是，在实际案件中，真正审理案件的审查员或法官均是真实的人，而非虚拟的“本领域技术人员”。在理想状态下，法官及审查员均应达到本领域技术人员应有的水平，且依据上述规定，不同的法官和审查员针对同一技术领域应具有基本相同的知识和能力。但事实情况是，法官可能并不具有技术背景，审查员虽然具有技术背景，但其所属技术领域可能并非诉争技术方案所属领域。即便其具有所属领域的技术背景，其所掌握的知识或能力亦可能与诉争技术方案申请日或优先权日这一要求不匹配，尤其在考虑到具体案件的审理可能距离申请日或优先权日至少几年甚至十几年这一时间因素，更难以要求审查员在不同案件中精准具备不同时间点的知识和能力。因此，客观上可能存在的情况是，不同审查员或法官所掌握的知识和能力的不同会导致其对相同案件作出不同的判断。

尽管实践中存在上述适用上的不确定性，但《专利审查指南(2010)》中的相关规定至少给出了合理的判断方向。在具体案件中，当事人可以通过举证或说理等方式，使审查员或法官更贴近所属领域技术人员的水平，从而尽可能地接近理想状态。

需要指出的是，不同的审查员或法官具有的知识或能力的不同，虽然可能影响创造性判断的结论，但这一影响并没有人们想象中那么大。创造性的判断看似主观，但在各具体步骤中，仅在最后一步显而易见性的认定中涉及主观判断。至于前几个步骤（包括最接近现有技术的确定、区别特征的认定、实际解决的技术问题等)，均为客观认定，受审查员或法官掌握知识或能力的影响较少，主要取决于在案证据及当事人的说明，对于上述各步骤的判断在下文中会逐一进行分析。这也就意味着，对于本领域技术人员的知识和能力在证明标准上的不确定性并不会对于案件的审理带来过大的困扰。

【案例1-1】二芳基乙内酰脲化合物❶

该案涉及的是专利号为ZL200680025545.1，名称为“二芳基乙内酰脲化合物”的发明专利，其权利要求1内容如下。

1. 具有下式的化合物：

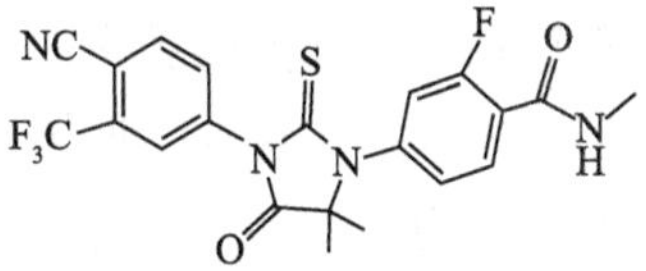

该技术方案是一种具体化合物，其对应的上市销售的药物是用于治疗前列腺癌的药物恩杂鲁胺。该案涉及对于本领域技术人员知识和能力的认定，最接近的现有技术为证据4中的具体化合物41。专利权人的起诉理由之一为，证据4的马库什通式中明确排除了包括诉争技术方案在内的具体化合物，因此，证据4具有反向教导，本领域技术人员在证据4的基础上不会获得该专利权利要求1。无效宣告请求人对此持不同观点，其认为证据4作出这一具体放弃的原因在于排除授权障碍，而非因为被具体放弃的内容无法达到证据4其他化合物的技术效果，因此并不具有反向教导。

无效宣告请求人这一主张成立的前提在于本领域技术人员对于排除授权障碍这一情形具有认知能力。实践中，马库什权利要求中

❶ 参见北京知识产权法院（2019）京73行初5353号行政判决书。

具体放弃的作出既可能是因为被放弃的技术方案无法达到该通式中其他具体化合物的技术效果等技术因素，也可能是为了规避新颖性、创造性等授权障碍。对于本领域技术人员而言，《专利审查指南（2010）》虽要求其掌握所属领域的知识并具有相应能力，但并不要求其对专利法有所了解，也不要求其了解权利要求的撰写方式。这也就意味着，本领域技术人员实际上并不清楚专利文件中具体放弃的内容在法律上具有排除授权障碍的作用。尤其在证据4说明书中对于放弃的原因并未作出记载的情况下，本领域技术人员更不会从排除授权障碍这一角度去理解其放弃的原因，而是会基于其具有的专业背景，从技术角度进行理解。因此，无效宣告请求人仅以授权障碍为由认定不存在反向教导的理由并不成立。

但该案最终未认定反向教导的存在，原因在于本领域技术人员基于其专业认知，并不会认为被放弃的内容与通式化合物保护范围内相关具体化合物具有明显不同的技术效果，且现有证据亦无法看出存在其他与技术相关的因素导致其被放弃，故本领域技术人员不会仅因为上述内容在权利要求中被放弃而不去进行这一方向的尝试。据此，这一具体放弃的内容并未给本领域技术人员带来相反的技术教导。

此外，法院在该案中亦强调了无效宣告请求人举证的重要性。法院认为："在无效案件中，无效宣告请求人有义务针对真实的研发过程或研发规律进行举证或充分说明，以使得法官和审查员尽可能贴近本领域技术人员的客观要求，并在此基础上作出判断。当然，这一要求并不意味着免除专利权人的相应责任。但对于已被授权的化合物专利，尤其是已经有上市药物的化合物专利而言，专利权人在前期的专利授权过程中通常已作了足够的说明及举证，而药品上市过程本身的复杂性及上市这一结果均已在一定程度上验证了专利的技术效果。在此情况下，如果无效宣告请求人仍认为涉案化合物专利应予无效，显然应承担更多的举证和说明责任，以避免在案件中出现低估专利权人创造性劳动的后果”。当然，法院这一认定考虑了医药研发领域的特殊性和复杂性，但在其他领域的案件中同样涉及这一问题的举证，只是程度有所不同而已。

【案例1－2】2－(吡啶－2－基氨基)－吡啶并［2，3－d］嘧啶－7－酮❶

该案涉及的是专利号为ZL03802556.6，名称为“2－(吡啶－2－基氨基)－吡啶并［2，3－d］嘧啶－7－酮”的发明专利，其权利要求1内容如下。

1. 选自下组的化合物：6－乙酰基－2－[5－(3－氨基－吡咯烷－1－基)－吡啶－2－基氨基]－8－环戊基－5－甲基－8H－吡啶并［2，3－d］嘧啶－7－酮，6－乙酰基－8－环戊基－2－(5－［1，4］二氮杂环庚烷－1－基－吡啶－2－基氨基)－5－甲基－8H－吡啶并［2，3－d］嘧啶－7－酮，6－乙酰基－8－环戊基－5－甲基－2－(5－哌嗪－1－基－吡啶－2－基氨基)－8H－吡啶并［2，3－d］嘧啶－7－酮，和6－乙酰基－8－环戊基－5－甲基－2－(3，4，5，6－四氢－2H－［1，3’］联吡啶－6’－基氨基)－8H－吡啶并［2，3－d］嘧啶－7－酮。

在该案的无效宣告程序中，无效宣告请求人提交了用以证明本领域技术人员认知水平的证据。该案中，由说明书记载的实验数据可以看出，诉争技术方案中化合物CDK4/FGFR的选择性抑制活性是证据3化合物1（最接近的现有技术）的2.95倍。无效宣告请

❶ 参见北京知识产权法院（2020）京73行初6804号行政判决书。

求人认为上述实验均测定的是半抑制浓度（IC50）值，而本领域技术人员知晓 IC50 值可能存在 3 倍以上误差。考虑到这一误差，诉争技术方案相对于证据 3 的技术效果并无改善。

为证明本领域技术人员知晓 IC50 值可能存在 3 倍以上误差，无效宣告请求人提交了证据 9《现代药理实验方法（上册）》[1] 第十节中的内容，“为了监测结合分析的可靠性，我们在每次实验中均作一项阳性对照物，比较本次实验中它的 IC50 和以往的 IC50 值，如果相差在 3 倍以上，则应对本次实验有所怀疑”。

法院虽然对该证据的真实性予以确认，但并未支持无效宣告请求人的前述主张。法院认为，该记载中虽提及 IC50 值“3 倍以上”的情形，但由上述文字表述可以看出，其目的在于通过阳性对照物 IC50 值的差异对监测结合分析的可靠性进行判断，而非对样品 IC50 值正常误差范围的指导。也就是说，其意图并不在于说明 3 倍属于正常误差范围。退一步讲，即便 3 倍属于误差范围，但证据 9 上文中所对比的是一项阳性对照物“本次”实验与“以往”实验的 IC50 值。也就是说，其对比的应该是不同批次的同一阳性对照物的实验结果。但该案中所对比的诉争化合物的技术效果与证据 3 化合物 1 的技术效果是同一批次不同化合物的实验效果。因此，其并不属于证据 9 中所述情形。虽然原告主张同一批次的实验结果同样存在误差，但这一误差已并非证据 9 中所指不同批次实验结果之间的误差。此外，其他在案证据也无法证明同一批次化合物的实验结果的误差范围为 3 倍。因此，对于无效宣告请求人的主张法院未予支持。

---

[1] 张均田. 现代药理实验方法（上册）[M]. 北京：北京医科大学 中国协和医科大学联合出版社，1998：531 - 542.

三、创造性的判断客体——技术方案

《专利法》第22条第3款规定："创造性，是指与现有技术相比，该发明具有突出的实质性特点和显著的进步，该实用新型具有实质性特点和进步。"依据该规定，创造性判断需要将"发明""实用新型"与"现有技术"进行对比。既然涉及对比，就会涉及对比客体的确定。因此，明确判断客体是创造性判断中不可或缺的环节。

（一）判断客体是技术方案，而非权利要求

《专利法》第2条规定："发明，是指对产品、方法或者其改进所提出的新的技术方案。实用新型，是指对产品的形状、构造或者其结合所提出的适于实用的新的技术方案。"依据该规定，发明和实用新型指向的均是具体的技术方案，这也就意味着，发明和实用新型的创造性是指具体的技术方案具备创造性。

但《专利法》第64条将保护范围与权利要求，而非技术方案相对应，其规定："发明或者实用新型专利权的保护范围以其权利要求的内容为准，说明书及附图可以用于解释权利要求的内容"。保护范围与创造性判断客体有关联，因此，有必要厘清权利要求与技术方案之间的关系。《专利法》第2条和第64条的规定并无矛盾，只是选择了不同角度。权利要求与技术方案之间大体上相当于形式与实质的关系，二者互为表里。技术方案是权利要求所要表达的内容，而权利要求则是技术方案采用的表达方式。多数情况下，一个权利要求中仅记载一个技术方案，但法律并不禁止一个权利要求中存在多个并列技术方案。在存在多个并列技术方案的情况下，创造性的判断需要对于不同的技术方案逐一评述，而不能仅以权利要求作为判断客体。

【案例1-3】基于荧光粉提高光转换效率的光源结构

该案涉及的是专利号为ZL200810065225. X，名称为“基于荧光粉提高光转换效率的光源结构”的发明专利，该专利的权利要求1和权利要求6分别对应两个并列技术方案，内容如下。

1. 一种基于荧光粉提高光转换效率的光源结构，包括激发光源（1）、受激材料（3）和导热衬底（4），所述受激材料（3）紧贴在所述导热衬底（4）上；还包括分光滤光片（2），其特征在于：还包括转盘（5），所述导热衬底（4）固定在该转盘（5）上或者为该转盘盘面的一部分；所述激发光源（1）面对所述分光滤光片（2），使激发光线斜射向该分光滤光片（2）；所述受激材料（3）大致正迎向由该分光滤光片（2）引导来的所述激发光线。

……

6. 根据权利要求5所述基于荧光粉提高光转换效率的光源结构，其特征在于：所述导热反射镜为所述导热衬底（4）的磨光表面，或为基于所述导热衬底（4）的镀膜；所述受激材料（3）涂覆或粘覆在该导热反射镜上。

权利要求1对“导热衬底”的限定包括两种并列情形，即“固定在该转盘（5）上”或者“为该转盘盘面的一部分”，上述两种不同情形分别对应两个不同的并列技术方案。在权利要求6中，则依据导热反射镜的两种不同情形，对应两个不同的并列技术方案。

上述并列技术方案的存在使得在针对上述权利要求是否具备创造性的认定中，无效宣告请求审查决定区分不同的技术方案给出了不同的结论：“宣告200810065225. X号发明专利权利要求1中包含‘所述导热衬底固定在该转盘上’的技术方案、权利要求2～5、7～9所引用权利要求1中的包含‘所述导热衬底固定在该转盘上’

的技术方案时的技术方案，以及权利要求6中所引用权利要求1中包含‘所述导热衬底固定在该转盘上’的技术方案时进一步限定‘所述导热反射镜为所述导热衬底的磨光表面’的技术方案无效，在权利要求1中包含‘所述导热衬底为该转盘盘面的一部分’的技术方案、权利要求2～9中所引用权利要求1中包含‘所述导热衬底为该转盘盘面的一部分’的技术方案时的技术方案，以及权利要求6中所引用权利要求1中包含‘所述导热衬底固定在该转盘上’的技术方案时进一步限定‘所述导热反射镜为基于所述导热衬底的镀膜’的技术方案基础上继续维持该专利权有效。”❶

（二）判断客体是技术方案，而非技术效果

每一个发明创造均同时涉及技术方案和技术效果两个方面，《专利审查指南（2010）》第二部分第四章针对发明申请的实质审查部分中对于《专利法》第22条第3款创造性的细化规定亦着眼于技术方案和技术效果两个角度。其中，《专利审查指南（2010）》第二部分第四章第2.2节规定：“发明有突出的实质性特点，是指对所属技术领域的技术人员来说，发明相对于现有技术是非显而易见的。”第2.3节规定：“发明有显著的进步，是指发明与现有技术相比能够产生有益的技术效果”。因此，实践中存在一种观点，创造性的判断客体既包括技术方案，也包括技术效果。即便技术方案本身显而易见，但只要其相对于对比文件具有更好的技术效果，同样可以被认定具备创造性。

这一理解实为一种误解。《专利审查指南（2010）》中虽然对

---

❶ 参见原国家知识产权局专利复审委员会第27095号无效宣告请求审查决定。根据2018年11月国家知识产权局机构改革方案，专利复审委员会更名为专利局复审和无效审理部。

"突出的实质性特点""显著的进步"均作了具体规定，并罗列了相关情形。但仅比较两部分的文字体量可以看出，其核心内容在于"突出的实质性特点"，而非"显著的进步"。"突出的实质性特点"的判断客体为技术方案，其规定的重点则在于"三步法"这一创造性的判断方法（后续部分会详细分析，此处不详述）。

至于"显著的进步"，则用了相当少的笔墨从以下两个角度进行了规定：其一为技术效果的有益性，即"发明与现有技术相比能够产生有益的技术效果"。其二则是简单罗列了 4 种情形，包括①发明与现有技术相比具有更好的技术效果，例如，质量改善、产量提高、节约能源、防治环境污染等；②发明提供了一种技术构思不同的技术方案，其技术效果能够基本上达到现有技术的水平；③发明代表某种新技术发展趋势；④尽管发明在某些方面有负面效果，但在其他方面具有明显积极的技术效果。

可以看出，上述规定不仅过于简单且本身亦缺少内在逻辑关系。比如，"显著的进步"原则上要求的是有益的"技术效果"，但其罗列的情形③却并不涉及技术效果，而是从技术构思角度进行的规定。此外，通常理解的有益的技术效果应是更好的技术效果，但在具体罗列情形④则规定"负面"效果并不影响显著进步的认定，虽然其同时指出需要在其他方面有"明显积极"的技术效果，但对这一积极技术效果是否需要是诉争技术方案与具体的现有技术相比的区别所带来，亦并未涉及，等等。

上述问题的存在使得《专利审查指南（2010）》中有关"显著的进步"的规定在具体案件中很难适用。《专利审查指南（2010）》在第二部分第四章第 6.3 节"对预料不到的技术效果的考虑"部分，亦作了类似的规定："如果通过本章第 3.2 节中所述的方法，可以判断出发明的技术方案对本领域的技术人员来说是非显而易见的，且能够产生有益的技术效果，则发明具有突出的实质性特点和显著的进步，具备创造性，此种情况不应强调发明是否具有预料不到的技术效果。”

《专利审查指南（2010）》之所以会作出上述规定，似乎更多是为从形式上做到与《专利法》中的规定相呼应，而并未希望将其作为指导案件审理的规则，因此，实践中对《专利法》第 22 条第 3 款中“显著的进步”的认定无需过多关注。也就是说，《专利法》中虽然将“实质性特点”与“进步”在文字上采用了并列关系，但二者在实际适用过程中并非处于并列地位。其中，技术方案是否有“实质性特点”是创造性判断的核心，至于是否有“进步”，基本可忽略不计。

对于判断客体的确定可从另一角度进行分析。正常情况下，专利申请人申请专利的目的并非申请本身，而是在于专利授权后的独占性权利，专利权人的最终目的在于通过禁止他人实施该技术方案而获得市场利益。由此可见，专利授权确权的规则与侵权规则并非相互独立的体系，二者相互呼应，因此，授权确权的规则可与相应的侵权规则进行对照分析。专利侵权判断的基本规则是全面覆盖原则。《最高人民法院关于审理侵犯专利权纠纷案件应用法律若干问题的解释》（法释〔2009〕21 号）第 7 条规定：“人民法院判定被诉侵权技术方案是否落入专利权的保护范围，应当审查权利人主张的权利要求所记载的全部技术特征。被诉侵权技术方案包含与权利要求记载的全部技术特征相同或者等同的技术特征的，人民法院应当认定其落入专利权的保护范围；被诉侵权技术方案的技术特征与权利要求记载的全部技术特征相比，缺少权利要求记载的一个以上的技术特征，或者有一个以上技术特征不相同也不等同的，人民法院应当认定其没有落入专利权的保护范围。”这一判断规则意味着，侵权比对的是技术方案，而非技术效果。如果在侵权判断中，专利的保护范围仅以技术方案为准，而不包括技术效果，则在判断专利有效性的专利授权确权程序中，对其创造性的判断亦不应将技术效果作为判断客体。

（三）技术方案与技术效果之间的关系

技术效果不是创造性判断的客体，并不意味着其与创造性的判断无关。所有技术方案均会有相对应的技术效果，而更好的技术效果亦是本领域技术人员研发的目的之一。因此，一些情况下，技术效果可以作为判断技术方案是否非显而易见的重要考虑因素之一。但需要注意的是，整体而言，技术效果与技术方案的显而易见性之间只具有相关性，并不具有因果关系，以下 3 种情形在实践中经常出现，可以较好地说明二者之间的关系。

1. 预料不到的技术效果可以导致技术方案具有非显而易见性

技术效果虽然并非在任何情况下均是创造性判断的必要考虑因素，但在涉及选择发明的情况下，诉争技术方案是否具有预料不到的技术效果，对于判断技术方案是否具有非显而易见性具有决定作用。

《专利审查指南（2010）》第二部分第四章第 4.3 节中对于选择发明的定义为："从现有技术中公开的宽范围中，有目的地选出现有技术中未提到的窄范围或个体的发明"。因为选择发明的技术方案只是在现有范围内进行选择，而对于本领域技术人员而言，如果其所作选择只是达到现有技术已公开的技术效果，则其无需付出创造性劳动，但如果发明人发现其中某一个或几个技术方案具有预料不到的技术效果，则该技术效果的存在会使得这一选择被认定为非显而易见。

例如，诉争技术方案是一种中药的制备方法，现有技术中同样公开了一种中药的制备方法，二者均包括水煎这一步骤，区别在于现有技术限定的是时间范围，即 5～500 分钟，而诉争技术方案将其具体限定为 10 分钟。

诉争技术方案相对于现有技术而言，其仅是在公开的数值范围内选用了一个具体点值。在此情况下，判断诉争技术方案是否非显而易见的决定性因素在于是否具有预料不到的技术效果。如果诉争技术方案对于疾病的治愈率为 60%，而现有技术仅为 20%，则因为对于本领域技术人员而言，其在未付出创造性劳动的情况下，通常会认为在现有技术数值范围内的技术方案仅会具有现有技术中所记载的技术效果，故诉争技术方案的技术效果属于预料不到的技术效果。在该技术效果预料不到的情况下，本领域技术人员不会想到基于该技术效果而选择诉争技术方案中这一具体点值，因此，该技术方案的获得非显而易见。相应地，该技术方案构成选择发明。

【案例 1-4】一种耐间隙腐蚀性优良的铁素体系不锈钢[1]

该案涉及的是专利号为 ZL200780016464. X，名称为“耐腐蚀性优良的不锈钢，耐间隙腐蚀性和成形性优良的铁素体系不锈钢，以及耐间隙腐蚀性优良的铁素体系不锈钢”的发明专利，其权利要求 7 内容如下。

7. 一种耐间隙腐蚀性优良的铁素体系不锈钢，其特征在于，以质量% 计含有：C：0.001%～0.02%、N：001%～0.02%、Si：0.01%～0.5%、Mn：0.05%～1%、P：0.04% 以下、S：0.01% 以下、Cr：12%～25%，按照 Ti：0.02%～0.5%、Nb：0.02%～1% 的范围含有 Ti、Nb 中的一种或两种，并且按照 Sn：0.005%～2% 的范围含有 Sn，剩余部分由 Fe 和不可避免的杂质构成。

[1] 参见北京市第一中级人民法院（2013）一中知行初字第 180 号行政判决书。

该案涉及对于选择发明的认定。诉争权利要求 7 与最接近的现有技术附件 4 所述技术方案的区别在于权利要求 7 所述锰（Mn）、钛（Ti）的含量范围，即 Mn：0.05%～1%，Ti：0.02%～0.5% 在附件 4 所述范围之内。由此可知，权利要求 7 是在证据 4 已有的宽范围内进行了具体选择，因此，其是否具备创造性的关键在于其是否具有预料不到的技术效果。

针对技术效果，诉争专利说明书中给出了实施例 C1，其最大侵蚀深度为 516μm，而对比例 C16 的最大侵蚀深度为 925μm。对比例 C16 属于落入附件 4 中而未落入权利要求 7 中的具体技术方案。从效果上看，诉争专利实施例的最大侵蚀深度比对比例 C16 的效果提高了 44%。但需要注意的是，选择发明所对应的技术效果应适用于该选择范围内的全部技术方案，而非仅仅一个实施例。因上述技术效果并不能当然适用于权利要求范围内的全部技术方案，故在不存在其他实施例对比的情况下，无法认定诉争技术方案相较于附件 4 可以具有预料不到的技术效果，未构成选择发明。

这一认定实际上意味着，如果说明书中记载了在 Mn：0.05%～1%，Ti：0.02%～0.5% 这一数值范围内两个端点以及中间范围内的若干实施例，而上述实施例数据均明显优于该范围之外但附件 4 范围之内的若干对比例，则这一数值范围的选择有可能被认定构成选择发明。

2. 预料不到的技术效果不能使技术方案具有非显而易见性

除了涉及选择发明这一情况，预料不到的技术效果对于技术方案是否具有非显而易见性并不具有决定意义。也就是说，并非只要诉争技术方案具有预料不到的技术效果，便具备创造性，是否具备创造性仍需要考虑技术方案本身是否显而易见。比如，如果区别技术特征可为诉争技术方案带来多个技术效果，而基于对其中某一个或几个技术效果的追求，本领域技术人员无需创造性劳动即可得出诉争技术方案，则即便该技术方案具有预料不到的其他技术效果亦不足以改变这一结论。

具体而言，如果区别技术特征使得诉争技术方案同时具有a、b两种技术效果，而现有技术已记载了a效果，基于现有技术对于a效果的启示，本领域技术人员无需创造性劳动就可获得诉争技术方案，则此种情况下，即便b技术效果确实属于预料不到的技术效果，亦不会使得诉争技术方案被认定为非显而易见，除非其被申请为用途发明。但此种情况下，该技术效果已成为诉争技术方案本身。

例如，诉争技术方案是一种炒菜的方法，其步骤之一是加特定重量的糖以提鲜。如果现有技术给出了在做菜想增加甜度的时候加入特定重量的糖这一技术教导，则因为本领域技术人员基于增加甜度这一技术效果容易想到加糖这一步骤，此种情况下该技术特征已被获得，故即便鲜度增加这一技术效果对于本领域技术人员而言预料不到，该技术方案同样不会具备创造性。

不难想到，这一结论与人们的主观感受并不相符。人们可能难以理解为何在诉争技术方案已具有预料不到的技术效果的情况下，却仍被认定不具备创造性。这一疑问的实质在于朴素的价值观与法律逻辑之间的冲突。法律逻辑有其思维路径，因创造性的判断客体是技术方案，而非技术效果，故对于技术效果的考虑，需要围绕其对技术方案显而易见性的影响展开。在这一过程中需要意识到技术效果只是技术方案非显而易见的考虑因素之一，而非决定因素。具体到某一个特定的技术效果，则甚至可能并非是需要考虑的因素。如果在考虑其他技术效果的情况下已可得出技术方案显而易见这一结论，则意味着创造性判断过程已结束，至于这一技术效果，即便其在技术方案获得之前确属预料不到，但在技术方案已被获得的情况下，该技术效果已不可能影响技术方案的获得。而在技术方案已经产生的情况下，这一技术效果通常亦会被本领域技术人员所发现，因此，该技术效果亦难谓预料不到。

【案例1－5】乳糖成分较少的发酵乳及其制作方法[1]

该案涉及的是专利申请号为201080008349.X，名称为“乳糖成分较少的发酵乳及其制作方法”的发明专利申请，其权利要求1内容如下。

1. 一种发酵乳的制作方法，包括对原料乳进行脱氧处理的脱氧工序；对所述进行了脱氧处理后的原料乳添加发酵剂和酶的工序；以及使含有发酵剂与酶的原料乳发酵的发酵工序，其特征在于，所述酶为，在酸碱度为中性的条件下活性最佳且在酸性条件下失去活性，并且，在具有活性的状态下，能够使所述原料乳中含有的乳糖分解。

诉争技术方案与对比文件1（最接近的现有技术）的技术方案相比多记载了“乳糖分解率均一”这一技术效果，该效果在对比文件2（被结合的现有技术）中并未记载，专利申请人主张该技术效果对于本领域技术人员而言预料不到，因此，诉争技术方案具备创造性。

法院对此持否定意见，法院的核心观点即在于创造性判断的对象是技术方案，而非技术效果。对比文件2中虽然并未记载专利申请人主张的“发酵乳的乳糖分解率”这一效果，但明确记载了另外三个效果，即脱氧组与非脱氧组发酵乳在发酵时间、硬度及凝乳刀侵入角度三个方面效果的差异。因本领域技术人员为获得其他三方面技术效果有动机将脱氧工艺与对比文件1相结合，本领域技术人

[1] 参见北京知识产权法院（2015）京知行初字第3888号行政判决书。

员获得该申请权利要求 1 的技术方案已无需创造性劳动。因此，“乳糖分解率均一”这一技术效果在该案的创造性判断中已不具有考虑的必要，其即便属于预料不到的技术效果，亦不影响对于诉争技术方案非显而易见性的判断。实际上，在诉争技术方案已获得预想效果的情况下，本领域技术人员也会知晓诉争技术方案在发酵乳的乳糖分解率方面的技术效果。

3. 即便只具有基本相当或较差的技术效果，诉争技术方案同样可以具备非显而易见性

《专利法》第 22 条第 2 款创造性条款中的“进步”，常被认为是对应“更好的”技术效果，但实则不然，“进步”指向的是技术方案，而非技术效果。此外，正如前文所述，创造性的判断客体是技术方案，而非技术效果，因此，即便诉争技术方案与现有技术仅具有相当的技术效果，但该技术方案非显而易见，其同样符合创造性条款中有关“进步”的要求。实际上，即便一些情况下诉争技术方案的技术效果差于现有技术，属于所谓的“变劣发明”，该技术方案同样可能具备非显而易见性。

上述情形可类比于做数学题。如果人们通常只知道一种解法，而有人想到了另一解法，则无论这一新的解法相对于现有解法是否更为简单易懂，甚至其比现有解法更为复杂，均不能否认人们在获得该解法时所付出的创造性劳动，相应地，这一解法应被认定为非显而易见。

《专利审查指南（2010）》针对何为“显著的进步”列举的具体情形中，既包括“发明提供了一种技术构思不同的技术方案，其技术效果能够基本上达到现有技术的水平”，亦包括“尽管发明在某些方面有负面效果，但在其他方面具有明显积极的技术效果”（即变劣发明）。由此可见，《专利审查指南（2010）》亦未将“进

步”界定为技术效果的进步。

当然，人们可能会不解于为何对不具有更好技术效果的技术方案提供法律保护。这一疑问的解答涉及对专利保护实质的理解。专利法之所以会对符合授权条件的技术方案提供法律保护，其目的在于保护人们为获得该技术方案而付出的“创造性劳动”，以及该创造性劳动可能带来的“市场利益”，而并不在于其具有更好的技术效果。也就是说，专利法通过对市场利益的保护最终达到保护智力劳动的目的。因此，对于技术效果的考虑，取决于其与创造性劳动以及市场利益是否具有必要联系。

正如前文所述，技术效果的好坏与创造性劳动并无必然联系。同时，市场利益最终是通过消费者的选择而实现，技术效果虽然通常是选择的考虑因素之一，但因为技术方案通常会存在多个维度的技术效果，而不同消费者可能会有不同的选择。因此，某一个或几个技术效果的好坏与消费者的整体购买行为至多具有相关性，但显然不具有因果关系。实践中，即便相较于某一特定现有技术，诉争技术方案并不具有更为有益的技术效果，他人同样可能因为其可有效降低成本而使用该技术方案。只要市场上有民事主体使用了该技术方案，便意味着该技术方案具有市场价值，为该技术方案付出的智力劳动便具有保护的必要性。可见，技术效果的好坏与市场价值亦无必然关联。在技术效果与创造性劳动及市场价值均无必然联系的情况下，其必然不会对创造性结论产生决定性影响。

基于上述分析可知，技术效果的好坏并非必然会影响显而易见性认定。基于此，除非是前文提到的选择发明的案件，在案件审理中无需过分纠结技术效果好坏的判断，否则有可能给当事人、审查员及法官带来巨大的资源浪费。技术效果的好坏需要以比对为基础。虽然在一些案件中，仅通过说理即可以理解二者技术效果的差别，但相当数量的案件中需要提供证据支持，这就意味着如果技术效果因素是必要考虑因素，则发明人或者无效宣告请求人需要付出时间和精力来做这一工作。同时，因多数案件中使用的对比文件均不是专利申请文件中的背景技术，因此，即便说明书中有诉争技术方案相较于对比文件所具有相关技术效果的记载，发明人亦需要重新针对对比文件提交相关技术效果，这无疑会对当事人、审查员及法官造成巨大负担。

尽管诉争技术方案的技术效果并不优于现有技术，亦不影响非显而易见性的认定“结论”，但这不意味着其对创造性判断的“过程”毫无影响。就判断过程而言，技术效果通常会对实际解决技术问题的认定产生影响。如果相较于现有技术，诉争技术方案没有更有益的技术效果，实际解决的技术问题通常就会被认定为提供一种替代方案。

【案例1-6】制备异丙基苯的方法[1]

该案涉及的是专利申请号为201410020114.2，名称为“制备异丙基苯的方法”的发明专利申请，其权利要求1内容如下。

1. 一种制备异丙基苯的方法，其包括在烷基化区域中在包含至少MCM-22族分子筛的烷基化催化剂存在下，在至少部分液相的烷基化条件下，使包含苯的原料流和另外的包含异丙醇或异丙醇和丙烯的混合物的原料流接触以使至少部分的所述异丙醇和苯反应以制备包含异丙基苯和水的流出液流，其中在所述烷基化区域中在液相中的水浓度至少为5100 ppm且不超过40000 ppm。

该案中，诉争技术方案与最接近现有技术具有基本相当的技术

[1] 参见北京知识产权法院（2018）京73行初2528号行政判决书。

效果。诉争技术方案是一种用于制备异丙基苯的方法，异丙基苯是化学和聚合物工业中重要的中间体，其大部分用于制备苯酚，在电子、医疗保健和汽车工业中具有重要应用价值。诉争技术方案为并列技术方案，针对其中原料为异丙醇的原料流这一技术方案，其与对比文件1的区别包括：①使用的催化剂不同，权利要求1使用的是MCM－22族催化剂，对比文件1使用的丝光沸石催化剂；②烷基化区域的水浓度不同，权利要求1中至少为5100 ppm且不超过40000 ppm，对比文件1的为42871 ppm。

虽然诉争技术方案相对于对比文件1的两个区别特征均可能对异丙醇转化率及选择率造成影响，且就数据而言，诉争技术方案具有优于对比文件1的异丙醇转化率，但因异丙醇转化率的变化不仅受催化剂种类及水浓度的影响，而且受反应温度、原料比等条件的影响，而诉争技术方案与对比文件1中反应温度、原料比等条件并不相同，故现有证据无法确定转化率的不同是由区别特征所引起。基于此，在专利申请人认可二者的选择率相当的情况下，诉争技术方案实际解决的技术问题为寻找一种异丙苯制备方法的替代方案。

该案最终的认定结果为诉争技术方案不具备创造性。这一认定并非因为诉争技术方案与对比文件1相比不具有更好的技术效果，而在于对比文件1的其他部分已给出上述区别特征的启示，使得本领域技术人员无需付出创造性劳动即可获得该技术方案。

【案例1－7】具有优化的断裂特性的声学隔音材料的改进的制造方法❶

该案涉及的是专利申请号为201510909443.7，名称为“具有优

❶ 参见北京知识产权法院（2021）京73行初1810号行政判决书。

化的断裂特性的声学隔音材料的改进的制造方法”的发明专利申请，其权利要求1内容如下。

1. 一种形成适合用于构造墙、地板、天花板或门的层压结构的方法，所述层压结构包括具有选定厚度和面积的平板，所述方法包括：将石膏墙板跨过其厚度对分并分离，以提供第一外部层和第二外部层，该第一外部层包括第一表面和第二表面；将含有水分的粘弹性胶合剂层施加到所述第一表面；使气体在所述胶合剂之上流过并持续一段预定的时间，以从所述胶合剂移除选定量的水分，使得所述胶合剂的水分含量以重量计低于百分之五；和将第二外部层放置到所述胶合剂层上，其中所述胶合剂在所述第一层与第二层之间，由此将所述第一外部层结合到所述第二层。

该案在一定程度上属于特定技术效果变差的情形。诉争技术方案与对比文件的区别特征之一在于其“第二外部层放置到被施加到第一表面的胶合剂层上，其中所述胶合剂在所述第一层与第二层之间”。该区别特征的实质在于，诉争技术方案是将石膏板的两层直接通过胶合剂粘接在一起，而对比文件则是在两者之间增加抑制层，该抑制层的作用在于隔音。诉争技术方案没有该隔音层意味着其相较于对比文件具有更差的隔音效果。但诉争技术方案之所以做此选择，目的在于符合相关的使用需求并可降低成本。与前案相同，诉争技术方案虽在隔音上具有较差的技术效果，但并不会因此被认定为不具备创造性。该技术方案不具备创造性仍是因为区别技术特征本身容易想到。

四、创造性的判断方法

虽然专利法对于创造性作了相应规定，即创造性是指发明创造相较于现有技术具有实质性特点和进步，但并未规定如何判断实质性特点和进步。《专利审查指南（2010）》从实质性特点和进步两个角度均作了规定，但正如前文所分析，创造性判断的核心是技术方案是否有实质性特点，而技术效果的进步至多是判断技术方案是否有实质性特点的考虑因素。基于此，创造性的判断方法也就是实质性特点的判断方法，创造性案件中的关键也就在于使用何种方法或逻辑对于实质性特点进行判断。

《专利审查指南（2010）》第二部分第四章第 3. 2. 1. 1 节对于实质性特点的判断方法作了详细规定，包括三个具体步骤，实践中简称“三步法”。

（一）“三步法”的内容

1. 确定最接近的现有技术

最接近的现有技术，是指现有技术中与要求保护的发明最密切相关的一个技术方案，它是判断发明是否具有突出的实质性特点的基础。最接近的现有技术，例如可以是，与要求保护的发明技术领域相同，所要解决的技术问题、技术效果或者用途最接近和/或公开了发明的技术特征最多的现有技术，或者虽然与要求保护的发明技术领域不同，但能够实现发明的功能，并且公开发明的技术特征最多的现有技术。应当注意的是，在确定最接近的现有技术时，应首先考虑技术领域相同或相近的现有技术。

2. 确定发明的区别特征和发明实际解决的技术问题

在审查中应当客观分析并确定发明实际解决的技术问题。为此，首先应当分析要求保护的发明与最接近的现有技术相比有哪些区别特征，然后根据该区别特征在要求保护的发明中所能达到的技术效果确定发明实际解决的技术问题。从这个意义上说，发明实际解决的技术问题，是指为获得更好的技术效果而需对最接近的现有技术进行改进的技术任务。

审查过程中，由于审查员所认定的最接近的现有技术可能不同于申请人在说明书中所描述的现有技术，因此，基于最接近的现有技术重新确定的该发明实际解决的技术问题，可能不同于说明书中所描述的技术问题；在这种情况下，应当根据审查员所认定的最接近的现有技术重新确定发明实际解决的技术问题。

重新确定的技术问题可能要依据每项发明的具体情况而定。作为一个原则，发明的任何技术效果都可以作为重新确定技术问题的基础，只要本领域的技术人员从该申请说明书中所记载的内容能够得知该技术效果即可。对于功能上彼此相互支持、存在相互作用关系的技术特征，应整体上考虑所述技术特征和它们之间的关系在要求保护的发明中所达到的技术效果。

3. 判断要求保护的发明对本领域的技术人员来说是否显而易见

在该步骤中，要从最接近的现有技术和发明实际解决的技术问题出发，判断要求保护的发明对本领域的技术人员来说是否显而易见。判断过程中，要确定的是现有技术整体上是否存在某种技术启示，即现有技术中是否给出将上述区别特征应用到该最接近的现有技术，以解决其存在的技术问题（即发明实际解决的技术问题）的启示，这种启示会使本领域的技术人员在面对所述技术问题时，有动机改进该最接近的现有技术并获得要求保护的发明。如果现有技术存在这种技术启示，则发明是显而易见的，不具有突出的实质性特点。

（二）采用“三步法”的原因

《专利审查指南（2010）》中虽然对“三步法”作了详细规定，但规范性文件的特点使其无法涉及采用这一方法的原因及本质。而面临案件中各种不同的情形，知悉“三步法”与创造性判断的关系非常重要，否则将很难在具体案件中真正合理地适用这一方法。

之所以将“三步法”作为判断方法，究其根本在于其反映了客观的研发规律。创造性判断的实质是以本领域技术人员为主体对发明创造的重构过程，因此，创造性的判断方法应该是对发明创造研发规律的合理概括。但在具体案件中，审查员与法官面对的情形与真正研发过程中本领域技术人员面临的情形并不相同。在案件审理中，可以看到整个研发过程中的全部技术信息。摆在审查员或法官面前的既包括作为研发起点的现有技术，又包括用以解决研发起点所存在技术问题的其他现有技术，更为重要的是包括作为研发结果的诉争专利或专利申请。此种情况下对于研发过程的重构，实际上就是将上述技术方案或技术信息分别与真实研发过程的各环节相对应，考虑各现有技术所起作用，以及本领域技术人员的使用行为，按照研发过程的顺序梳理出本领域技术人员对于上述技术信息的使用顺序和使用行为，最终按照研发规律抽象出具体的判断步骤，此即为“三步法”。

例如，以儿童用四轮自行车的案例说明真实的发明过程与“三步法”之间的对应关系。针对该发明的真实研发过程可能是，本领域技术人员发现两轮自行车这一现有技术对于儿童而言，存在容易倾倒的技术问题。本领域技术人员针对该问题产生改进的需求，改进的方向在于解决平衡问题。在寻求改进手段的过程中，其可能仅利用自己掌握的本领域知识，也可能进行相应检索，最终通过在后轮两侧增加两个小轮的方式解决平衡问题，从而形成儿童用四轮自行车的技术方案。

将上述研发过程与“三步法”相对应，其具体对应关系如下。

首先，两轮自行车作为发明创造的起点，其对应于“三步法”中最接近的现有技术（第一步），即“与要求保护的发明最密切相关的一个技术方案，它是判断发明是否具有突出的实质性特点的基础”。

其次，基于这一现有技术，审查员与法官需要判断的是本领域技术人员是否能够发现其存在容易倾倒的问题，其对应于“三步法”中实际解决的技术问题（第二步），即“为获得更好的技术效果而需对最接近的现有技术进行改进的技术任务”，并据此产生研发动机。不容易倾倒这一问题的确定需要基于二者之间的区别特征（即侧轮），其对应于“三步法”中的区别技术特征的确定（第二步），即“要求保护的发明与最接近的现有技术相比有哪些区别特征”。

最后，如果可以发现这一问题，后续步骤需要判断的是其是否可以检索到相应现有技术（即被结合的对比文件）或想到相关公知常识，以得到采用侧轮解决容易倾倒问题这一技术手段，从而获得诉争发明的技术方案，其对应于“三步法”中判断技术方案是否显而易见（第三步），即“从最接近的现有技术和发明实际解决的技术问题出发，判断要求保护的发明对本领域的技术人员来说是否显而易见”。

在这一过程中，如果本领域技术人员不能发现成人自行车存在容易倾倒问题，或者虽然可以发现这一问题，但无法找到侧轮这一技术手段，则均意味着本领域技术人员无法得到儿童用四轮自行车这一技术方案。相应地，也就意味着该诉争技术方案的获得非显而易见。

由此可知，“三步法”是对真实研发规律的反映，其中的每一个步骤均对应于真实研发过程中的各个步骤。因此，在具体案件的审理中，需要始终围绕这一本质，关注各个步骤之间的有机联系，依据真实的研发规律对诉争技术方案是否非显而易见进行判断，避免割裂上述步骤之间的有机联系，机械地适用“三步法”。

（三）“三步法”中对现有技术的使用

虽然从规定上看，现有技术包括了申请日前公开的“全部”技术方案。但在具体案件中，现有技术只能体现为“具体”的技术方案，而非“全部”的现有技术方案，判断的是诉争技术方案相对于具体的一个或几个现有技术是否具有实质性特点及进步。因为案件中的现有技术对应于具体的技术方案，因此，针对同一诉争技术方案，在不同案件中选择的现有技术可能并不相同，相应地，创造性判断的结论亦可能有所不同。

例如，对于儿童用四轮自行车，如果作为研发起点的最接近现有技术选用的是两轮自行车，可能得出诉争技术方案不具备创造性的结论。但如果选用的现有技术方案是汽车，则因本领域技术人员完全不会在汽车的基础上产生对自行车的改进动机，因此，相对于该技术方案，儿童用四轮自行车具备创造性。基于此，创造性是一个相对的概念，在具体的案件中，诉争专利或专利申请是否具备创造性在相当程度上取决于现有技术的选择。

与真实的研发情形相匹配，依据使用的现有技术数量的不同，可将“三步法”的比对方法划分为两种方式：单独对比与结合对比。单独对比方式中仅存在一个现有技术，即最接近的现有技术。在单独对比的情况下，需要判断的是诉争发明创造相对于该现有技术或其与公知常识的结合是否显而易见。

例如，如果诉争技术方案是电热水壶，对比文件是另一电热水壶的技术方案，二者的区别仅在于诉争技术方案具有水开自动断电设置，此种情况下，需要判断的是本领域技术人员基于所掌握的知识或能力是否可以在对比文件的基础上采用相应技术手段以解决烧水过程中无法自动断电的问题。

结合对比方式中则存在两个或两个以上现有技术，即最接近的现有技术与被结合的现有技术。此种方式比较的是诉争技术方案相对于现有技术的结合是否显而易见。在结合对比时，上述两类现有技术的地位并不相同，其被使用的角度亦并不相同。最接近的现有技术作为发明创造的起点，其作用在于判断本领域技术人员是否会发现该技术方案存在的问题，以及是否会产生针对该技术方案的研发动机。被结合的现有技术的主要作用则在于解决问题，在于判断基于最接近现有技术存在的问题，被结合的现有技术中是否给出了相应的解决手段或启示。

上述功能的不同使得不同现有技术使用的角度亦不相同。最接近现有技术使用的是整体的技术方案，也就是将整体技术方案与诉争技术方案相比，以确定最接近现有技术存在的技术问题及研发的动机。但对于被结合的现有技术而言，其使用的通常仅是某个或某几个具体的技术手段（对应于前述区别技术特征），而非整体技术方案，其作用仅在于解决某一个或某几个技术问题。

例如，如果诉争技术方案是电动滑板车，最接近的现有技术是滑板车，而被结合的现有技术是电动自行车。此时，对于最接近的现有技术滑板车而言，在案件中使用的是整体技术方案。通过对比可发现其存在的区别特征为是否存在电机，并据此认定滑板车存在只能人力行驶从而较为费力的问题。在此情况下，被结合的现有技术中需要被用到的仅是与解决上述问题相关的技术手段（即电机部分）而已，无需使用整体技术方案。

在一些案件中，专利权人之所以认为被结合的现有技术未给出技术启示，并非是因为其中未公开区别技术特征，而是基于该现有技术中其他部分的记载。基于上文中分析可知，被结合的现有技术中被使用到的仅是其中与区别特征对应的部分，因此，其他部分的记载通常不会影响技术启示的认定。

仍以电动滑板车为例，针对电机这一区别技术特征的启示，专利权人主张，诉争电动滑板车的电机位于踏板前侧，但被结合现有技术电动自行车中因踏板前侧有其他部件无法安装电机，而只能将电机置于踏板下，故其未给出技术启示。专利权人这一主张存在的问题在于，该案中从电动自行车中获得启示的区别特征仅为“电机”，并不包括“电机的位置”，其目的在于确定如何使滑板车无需人力驾驶即可行驶。基于此，即便诉争电动滑板车的相应位置无法安装电机，但该部分内容并非被用于结合的内容，因此，不会影响结合启示的认定。

需要注意的是，对于案件中被结合的现有技术，在真实的研发过程中本领域技术人员并不一定会发现。本领域技术人员知晓的仅是最接近现有技术这一发明的起点，至于其是否能够知晓被结合的现有技术，取决于本领域技术人员是否会基于最接近现有技术存在的问题进行相应检索。如果本领域技术人员不会朝着被结合现有技术的方向进行检索，则本领域技术人员将不会发现该现有技术。相应地，在其仅知晓最接近现有技术的情况下，将很难得出诉争发明创造相对于案件中全部对比文件的结合不具备创造性的结论。

【案例1-8】氢捕获材料、制备方法及应用[1]

该案涉及的是专利申请号为200980149984.7，名称为“氢捕获材料、制备方法及应用”的发明专利申请，其权利要求1～4对于吸氢材料进行了限定，权利要求5内容如下。

5. 一种能够容纳放射性材料的封闭外壳，所述放射性材料可以

---

[1] 参见北京知识产权法院（2015）京知行初字第6679号行政判决书。

通过辐射分解或化学反应产生至少一种可燃气体，其特征在于，所述外壳进一步容纳根据前述权利要求中任一项所述的至少一种材料。

诉争技术方案是一种封闭核废料的容器，容器内包括放射性材料，以及用于吸收放射性材料的吸氢气材料。最接近的现有技术对比文件1是一种用于电池中的吸氢材料。被诉决定认定权利要求5相对于对比文件1和对比文件2的结合不具备创造性，也就是说，被诉决定认为本领域技术人员在看到对比文件1的技术方案和对比文件2中给出“将吸氢剂用于储存核废料的封闭容器中以降低氢气含量”这一启示的情况下，无需创造性劳动即可获得权利要求5请求保护的技术方案。

对此，法院认为，专利法中创造性判断的实质是以本领域技术人员为主体对发明创造的重构过程，而非对各对比文件中所公开内容的机械结合。因此，这一判断逻辑并非是以本领域技术人员知晓全部对比文件为前提，而是按照发明创造的客观规律，以最接近现有技术为起点，判断本领域技术人员基于其对现有技术整体的理解，在看到最接近现有技术时，是否可以发现其所存在的问题，并以解决该问题为目的进行检索以获得被结合的现有技术。也就是说，在这一过程中，本领域技术人员既不知晓诉争发明创造，也不知晓被结合的现有技术，其知晓的仅是最接近现有技术这一发明的起点，至于其是否能够知晓被结合的现有技术，取决于本领域技术人员是否会基于最接近现有技术所存在的问题而进行相应检索。

该案中，被诉决定认定该专利申请实际解决的技术问题为“降低封闭核废料的容器内聚集的氢气浓度、选择另一种胶凝基质的替代方案”。这一认定意味着对比文件1客观存在“封闭核废料的容器内聚集的氢气浓度过高”这一技术问题。只有如此，本领域技术人员才有可能产生解决该问题的动机，并基于这一动机去检索现有技术以获得解决该技术问题的技术手段。

但对比文件1为一种用于电池中的吸氢材料，权利要求5虽亦包含吸氢材料，但该产品为一种封闭核废料的容器。因对比文件1的应用领域为电池，而非封闭核废料的容器，其客观上不可能存在“封闭核废料的容器内聚集的氢气浓度过高”这一技术问题，因此，本领域技术人员在看到对比文件1的技术方案时，便不会产生“降低封闭核废料的容器内聚集的氢气浓度”的动机。在不存在这一动机的情况下，其显然不会为解决上述问题而去检索现有技术，亦即，其“不会发现”对比文件2，并将其中的相应技术特征与对比文件1相结合，从而获得权利要求5的技术方案。由此可知，在以对比文件1为最接近现有技术的情况下，无法得出权利要求5相对于对比文件1与对比文件2的结合不具备创造性的结论。

（四）“三步法”是否是创造性判断的唯一方法

因“三步法”是《专利审查指南（2010）》中提及的唯一一个创造性的判断方法，因此，实践中经常出现的一个问题是，“三步法”是否是创造性判断的唯一方法，具体案件中亦有当事人以此作为起诉理由要求撤销未使用“三步法”的被诉决定。

对于该问题的分析同样需要回归创造性判断的实质。前文已提到，创造性的实质在于还原真实的研发过程，判断在该过程中，本领域技术人员从特定的研发起点（即最接近的现有技术）出发是否可以到达特定的研发终点（即诉争技术方案）。基于此，只要能够反映客观研发规律的方法均可以作为创造性的判断方法。

发明创造的获得过程实质上是发现问题、分析问题、解决问题的过程。就客观规律而言，在解决问题的过程中，首先需要确定的是解决方案的整体方向，即确定整体技术构思，其次再将整体技术构思细化为具体的技术特征。这也就意味着，真实的研发过程中整体技术构思的获得环节不可或缺。如果诉争技术方案与最接近现有技术的整体技术构思不同（比如空调与风扇），将意味着二者的技术特征大部分不相同，这一区别程度之大将使“三步法”中区别技术特征的确定这一环节较难进行或并无必要，相应地，较难以此为基础进行后续的非显而易见性判断。由此可知，“三步法”虽然反映了真实研发过程的客观规律，但其存在一个隐含前提，即诉争技术方案与最接近现有技术具有基本相同的整体技术构思。这一隐含前提的存在使得当诉争技术方案与最接近现有技术的整体技术构思不同的情况下，通常不适于用“三步法”进行评述。

在整体技术构思不同的情况下，首先需要判断的是诉争技术方案的整体技术构思的获得是否显而易见，只有技术构思显而易见时，才有必要继续判断诉争技术方案的技术特征是否显而易见。而非如“三步法”所示，直接进行区别技术特征显而易见性的判断。通常情况下，只有在诉争技术方案的整体技术构思及实现该技术构思的具体技术特征对于本领域技术人员而言均属于公知常识或者容易想到的情况下，才可以得出诉争技术方案不具备创造性的结论。下文中会对此作详细分析，此处不再重复。

虽然“三步法”及整体技术构思的判断方法基本上反映了研发的客观规律，但需要注意的是，在具体案件中出现的现有技术并非来源于真实的研发过程，而是由审查员或无效宣告请求人针对具体案件检索而得，这也就意味着被检索到的现有技术可能客观上并不会出现在针对诉争技术方案的真实研发过程中。换言之，此类对比文件的出现不符合客观的研发规律。鉴于“三步法”是客观研发规律的反映，因此，此种情形同样无法适用“三步法”进行创造性的评述。

就目前的案件情况而言，此种情形仅占很少比例，且只存在应用领域不同、相反技术教导两种情况。上述情形的共性在于本领域技术人员基于最接近的现有技术不会产生以诉争技术方案为方向的研发动机。比如，基于汽车这一现有技术，本领域技术人员不会产生改进动机获得一架飞机。再如，最接近现有技术中明确记载只能向北走，本领域技术人员基于此不会选择向南的研发方向，从而不会采用诉争技术方案中选择的向南的道路，等等。因在前述情况下，本领域技术人员不会启动以诉争技术方案为方向的研发过程，而“三步法”是对于研发过程的客观反映，因此，前述情况下无需适用“三步法”进行判断。或者说，无需适用“三步法”即可直接得出诉争技术方案具备创造性的结论。

（五）无需适用“三步法”的三种情形

1. 整体技术构思不同的情形

如果诉争技术方案与最接近现有技术采用了不同的整体技术构思，则无法采用“三步法”进行创造性判断。原因主要在于不符合“三步法”适用中的一个隐含前提：诉争技术方案与最接近现有技术应具有相同的整体技术构思。

分析“三步法”的各个步骤可以看出，在“三步法”中，确定最接近现有技术之后，即直接进行区别技术特征的确定，并确定相应实际解决的技术问题。但在真实的研发过程中，本领域技术人员在研发起点的基础上，首先确定的是整体技术构思，再将技术构思逐步细化为具体的技术特征，并最终形成具体的技术方案。因为技术特征是对技术构思的具体化，故如果整体技术构思不同，则大体上两个技术方案的绝大部分技术特征不可能相同，亦即其中大部分技术特征属于区别技术特征。同时，因为创造性的判断反映的是真实的研发规律，而在真实的研发过程中，如果两个技术方案的整体技术构思不同，则说明本领域技术人员并非着眼于解决最接近现有技术中的某一个或某几个技术特征带来的技术缺陷，而是着眼于其整体技术方案，因此，此时已无需对具体的技术特征之间是否具有区别进行比较。由此亦可看出，“三步法”中之所以直接进行区别技术特征的判断，是因为其隐含了整体技术构思相同这一前提条件。

例如，在制冷空调与电风扇的案例中，二者作用均在于在天气炎热时使人们的体感更为舒适，但两者整体技术构思完全不同。其中，空调采用的是降低温度的方式，而电风扇则是通过空气流动的方式。基于上述不同的技术构思，两个技术方案中各自采用了不同的技术特征。当电风扇是最接近的现有技术时，分析是否容易想到空调这一技术方案，符合研发规律的分析过程应该是，首先判断本领域技术人员在面对电风扇时是否会想到将空气流动的技术构思改变为降低温度的技术构思，如果可以想到这一技术构思，则进一步判断诉争技术方案空调中的各个技术特征是否容易想到。在这一过程中，本领域技术人员通常不会跳过技术构思这一环节，而直接考虑是否将电风扇中的扇叶替换为空调中的格栅，或将电风扇的电机替换为压缩器，等等。而即便是在其已想到相应技术构思的情况下，在技术特征的具体化环节，本领域技术人员亦不会着眼于将电风扇中的具体技术特征进行替换，而是基于降低温度这一技术构思而寻找可完成相应功能的技术特征。基于上述分析可以看出，在二者的整体技术构思不同的情况下，“三步法”并不具有适用的前提。

在这一情形下，如果仍要刻意使用“三步法”进行评述，则会发现两个技术方案之间的技术特征很难对应起来，即便可以对应起来，最终的结果亦是绝大部分技术特征均构成区别技术特征（比如，相对于电风扇，空调除外壳、电源以外的其他技术特征基本上构成区别技术特征），尽管区别如此众多，依据“三步法”仍要逐一确定每个区别特征在诉争技术方案中所起作用，从而确定实际解决的技术问题，并基于每一个技术问题分析区别技术特征是否容易想到。这一做法实际上割裂了技术构思与技术特征之间的关系，有违创造性判断是对研发过程的重构这一基本要求。

尽管整体技术构思的确定是研发过程的必经环节，但无论在诉争技术方案还是在对比文件中，其记载的均是技术方案，而非研发过程，均不会有技术构思的直接记载，这也就意味着技术构思的获得需要审查员和法官在明确记载的内容基础上进行概括，因此，在创造性判断中其可能会被忽视。

当然，这并不意味在每个案件中均需首先概括整体技术构思和进行比对。在绝大多数案件中，审查员或者无效宣告请求人寻找的最接近现有技术与诉争技术方案均具有基本相同的整体技术构思，因此，实践中很少出现诉争技术方案与其最接近现有技术的整体技术构思不同的案件。这也就意味着，基于效率考虑，无需在每个案件中均首先进行整体技术构思的比对，只需在发现诉争技术方案与最接近现有技术存在很多区别特征的情况下，意识到其可能属于整体技术构思不同的情形，从整体技术构思角度进行判断即可。

在整体技术构思不同的案件中，符合研发规律的判断环节应该是，首先判断诉争技术方案的整体技术构思是否显而易见，而非先对比区别技术特征并认定实际解决的技术问题。如果该技术构思的获得已非显而易见，则可认定诉争技术方案具备创造性。但如果技术构思的获得显而易见，则需要进一步判断实现该技术构思的技术手段是否显而易见。如果实现该技术构思的技术手段均属于惯用技术手段，则通常可以认定该技术方案显而易见，不具备创造性。反之则可认定其具备创造性。

【案例1-9】可以无障碍进出的汽车费用支付系统与方法[1]

该案涉及的是专利申请号为201110288822.0，名称为“可以无障碍进出的汽车费用支付系统与方法”的发明专利申请，其权利要求1内容如下。

1. 可以无障碍进出的汽车费用支付系统与方法，其系统包括：取卡装置，进口减速装置与地感，进口摄像头、进口道闸，控制电脑，出口减速装置与地感，出口摄像头，刷卡装置，出口道闸，手机，服务器；实现费用支付的方法是：(1) 汽车通过进口减速装置减速，触发地感、控制电脑通过进口摄像头识别汽车车牌、采集进信息，对于汽车车牌识别失败的汽车则要求通过取卡装置取卡进入，车牌识别或取卡后，进口道闸开放，汽车进入；(2) 对于汽车车牌识别成功的汽车，控制电脑将汽车车牌和进信息上传服务器，服务器实时更新含有汽车车牌和进信息的汽车信息表；(3) 车主开启手机程序后，如果在服务器的实时汽车信息表里具有与车主注册账号绑定的汽车车牌，即通知车主，车主据此决定是否进行扣费授权，此扣费授权将通过在手机上运行的该程序反馈到服务器上；(4) 在控制电脑与服务器定时进行的信息交换过程中，控制电脑可以实时获得车主的扣费授权；(5) 汽车驶离时，汽车通过出口减速装置减速，触发地感、控制电脑通过出口摄像头识别汽车车牌、采集出信息；(6) 对于识别没有车牌的汽车，直接转入人工收费环节，进行现场刷卡收费；(7) 对于识别有车牌的汽车，通过与从服务器获得的扣费授权比对，控制电脑可以甄别该车是否需要现场付费，对于没有扣费授权的汽车则转入人工收费环节，根据进

[1] 参见北京知识产权法院（2014）京知行初字第160号行政判决书。

信息和出信息，进行现场收费，否则，直接将进信息、出信息和扣费实时上传服务器，通过服务器从车主在第三方的注册账号中实现自动扣费；（8）相关扣费信息也将即刻被手机上运行的程序通过与服务器的定时信息交换获取；（9）出口道闸开放，汽车驶离。

诉争技术方案与对比文件 1 均涉及停车缴费过程的描述，虽然步骤描述较为复杂，但将二者的整体技术构思进行概括可以看出，区别主要在于是否通过引入第三方手机程序使得车主在缴费时具有选择权。在诉争技术方案中，第三方手机程序的应用是技术方案的核心，强调车主的主动选择性。但在对比文件 1 的整个收费过程中，并不涉及第三方手机程序的使用，其虽有短信平台的事先绑定，但车主在主动绑定之后的整个后续缴费程序中完全处于被动状态，没有选择权。

上述整体技术构思贯穿整个技术方案，导致了二者在众多具体步骤上的区别。比如，第三方程序的引入使得诉争技术方案中的车主虽需要将其程序账号与车牌匹配，但无需在车库入口处匹配车牌与账号，而是可以在进入车库后再进行相应操作完成缴费过程，从而使得诉争技术方案在入口处只需识别车牌即可。但对比文件 1 中因并未采用第三方手机程序，从而需要车主在进入停车场之前通过短信平台事先绑定车牌及手机号码，相应地，对比文件 1 在停车场入口处必需同时识别车牌并匹配数据库信息，而不能仅识别车牌。换言之，如果仅识别车牌，依据对比文件 1 的技术方案将无法实施后续的缴费程序。此外，在诉争技术方案中，车主具有主动选择权，其可以在绑定车牌的情况下通过对该程序的操作选择是否同意通过该程序付费，在其同意付费的情况下，通过后台服务器与控制电脑之间的信息交换，在后台服务器进行扣费。如不同意付费，则可进行现场付费。但对比文件 1 中，只要在进入车库时车牌匹配成功，就会在服务器端进行自动扣费，车主并无选择权。

基于上述分析可知，该案中首先应该判断的是诉争技术方案的技术构思的获得是否显而易见。该案中，法院认定，因为现有证据无法证明诉争技术方案的技术构思（即通过引入第三方手机程序使得车主在缴费时具有选择权）对于本领域技术人员显而易见，所以基于该技术构思而产生的具体技术方案必然非显而易见，诉争技术方案具备创造性。

被诉决定针对诉争技术方案的创造性则依据常规做法适用了“三步法”。但正如前文中所指出，诉争技术方案中的大部分技术特征均被认定为区别特征，具体包括：①取卡装置，刷卡装置，进口减速装置，出口减速装置；②汽车触发地感前均通过减速装置减速；③对于汽车车牌识别失败的汽车则要求通过取卡装置取卡进入；④对于识别没有车牌的汽车，直接转入人工收费环节，进行现场刷卡收费；⑤车主开启手机程序后，如果在服务器的实时汽车信息表里具有与车主注册账号绑定的汽车车牌，即通知车主，车主据此决定是否进行扣费授权，此扣费授权将通过手机上运行的该程序反馈到服务器上；⑥在控制电脑与服务器定时进行的信息交换过程中，控制电脑可以实时获得车主的扣费授权；⑦对于识别有车牌的汽车，通过与从服务器获得的扣费授权比对，控制电脑可以甄别该车是否需要现场付费，对于没有扣费授权的汽车则转入人工收费环节。

在上述区别特征的基础上，认定的实际解决的技术问题则包括：①如何进行人工收费；②如何使得车辆在进出口处减速；③对于车牌识别失败的车辆如何处理；④对于识别没有车牌的车辆如何处理；⑤如何进行扣费操作；⑥如何获得授权信息；⑦如何甄别车辆是否需要现场付费。最终被诉决定认定区别特征均属于解决上述技术问题的惯用技术手段，从而认定诉争技术方案不具备创造性。

被诉决定中上述对于“三步法”的适用过程在一定程度上可以看出，在整体技术构思不同的案件中，如果忽略整体技术构思的比较，而直接进入区别技术特征的认定阶段，很可能出现的结果是，因为技术特征本身属于惯用技术手段，从而使得发明人在技术构思上的贡献被忽视。实践中，一些发明创造的发明点只在于其技术构思，而非实现该技术构思的技术手段。一旦想到这一技术构思，则很容易想到实现该构思的技术手段。比如，通常的手表均为顺时针旋转，但诉争技术方案为逆向旋转手表。该技术方案的发明点只在于将指针方向设置为逆时间旋转这一技术构思，一旦想到这一技术构思，实现该技术构思的手段均容易想到。此种情况下，如果仅仅考虑技术特征，而忽视技术构思，很容易使得原本具备创造性的发明创造被认定为不具备创造性。

【案例 1-10】一种空调器的连接线弹性卡扣结构[1]

该案涉及的是专利号为 ZL200920238600.6，名称为“一种空调器的连接线弹性卡扣结构”的实用新型专利，其权利要求 1 内容如下。

1. 一种空调器的连接线弹性卡扣结构，包括需要固定连接线的结构支承件（1）和弹性卡扣，每个弹性卡扣由两个成对设置的弹性卡扣件（2）组成，弹性卡扣固定在结构支承件（1）上，其特征是，所述的每个弹性卡扣件（2）呈倒 U 形结构，两个成对设

[1] 参见北京知识产权法院（2015）京知行初字第 2324 号行政判决书。

置的弹性卡扣件（2）的邻近面共同构成固定连接线的扣位，而两个成对设置的弹性卡扣件（2）的远离面则构成两个弹性卡扣件（2）的加强支撑位。

诉争技术方案是一种电线的固定装置，主要包括两个固定件，即两个弹性卡扣件（2），其作用在于将电线置于两个卡扣件中间进行固定，该固定效果的实现主要基于卡扣件的弹性材料具有的形变功能。诉争技术方案对于卡扣件从以下两个角度进行了限定：其一为形状，该卡扣件应为倒 U 形；其二为功能，该卡扣件的邻近面及远离面分别具有不同的功能，两个邻近面共同起固定连接线的作用，远离面则起对卡扣件的支撑作用，如图 1－1 所示。

对比文件（专利 DE1272412A）亦涉及一种用在墙壁、天花板或其他平面上固定电线、电缆、管子或同类物品的固定装置，主要部件是其中的两个支脚 6（相当于诉争技术方案中的卡扣件），电线等置于二者中间进行固定，如图 1－2 所示。

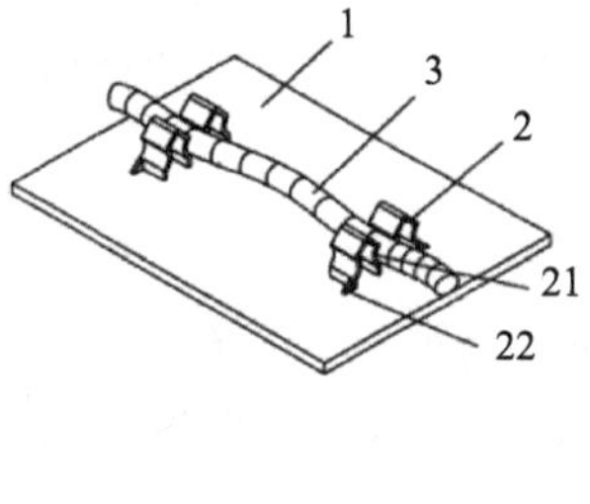

图 1－1　涉案专利 ZL200920238600.6 附图

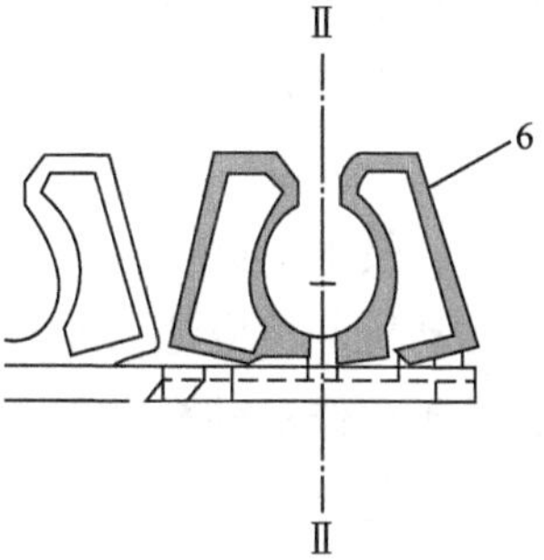

图 1－2　对比文件 DE1272412A 附图

将诉争专利与对比文件中的卡扣件进行对比可以看出，对比文件中的支脚虽然也可用以固定连接线，但每个支脚在支撑件上仅有一个固定端，而诉争技术方案卡扣件则有两个固定端。对于诉争技术方案而言，其卡扣件为空心结构，依据自身的弹性形状可以起对电线的固定作用。但依据对比文件说明书可以看到，其支脚具有“刚性”，在夹紧管子时，“不必自身同时变形”，是通过支脚与支撑件之间的夹紧槽9的设置使得支脚具有一定活动幅度从而实现固定管线的作用。由此可见，二者对于电线等的固定采用了不同的整体技术构思。基于此，该案中在判断诉争技术方案是否具备创造性时亦需要从整体技术构思出发进行判断。

2. 最接近现有技术属于不同应用领域

研发过程通常是基于对技术效果的追求而启动，而技术效果只有在具体应用中才会显现，因此，研发动机与技术方案的应用领域密切相关。根据客观的研发规律，技术人员通常不会因为发现了其他应用领域现有技术存在的缺陷，而产生改进其所属应用领域技术方案的动机，故当诉争技术方案与最接近的现有技术属于不同应用领域时，通常不会产生以另一领域的技术方案为目标的研发过程。在“三步法”实际上是对研发过程的重构的情况下，此种情况并不存在适用“三步法”的前提。

例如，技术人员不会因发现冰箱存在的技术缺陷，而产生改进电视机的动机。相应地，亦不会启动以电视机为目标的研发过程。同理，基于用作木材杀菌剂的五氯酚制剂，不会产生将其用作除草剂的动机。基于氦气检漏装置，不会产生改进真空箱的动机，即便氦气检漏装置是真空箱的组成部件之一。因此，“三步法”在上述情况下不具有适用的必要。

在本章案例1－8中提到的“氢捕获材料、制备方法及应用”专利复审案件中，诉争技术方案是一种封闭核废料的容器，容器内包括放射性材料，以及用于吸收放射性材料的吸氢气材料。最接近现有技术对比文件1是一种用于电池中的吸氢材料。虽然诉争技术方案中也包括吸氢材料，但其整体技术方案是一个封闭核废料的容器。因此，对比文件1与诉争技术方案的用途并不相同，技术效果亦不相同，二者属于不同的应用领域。

该案中，法院认为，对于本领域技术人员而言，其在仅看到对比文件1吸氢材料的情况下，通常产生的是对吸氢材料本身的改进。最多能想到在电池这种使用环境下对于吸氢材料的改进。客观上不可能产生改进诉争技术方案所涉“封闭核废料的容器”的改进动机，而在不存在这一动机的情况下，其显然不可能获得该专利申请权利要求5的技术方案。基于此，法院认定权利要求5相对于对比文件1具备创造性。

需要注意的是，应用领域的确定应以客观用途为准，专利名称中所记载的与使用或用途相关的特征并不必然影响应用领域的认定，只有在其具有限定作用的情况下才需要考虑。

例如，在本章案例1－10的“一种空调器的连接线弹性卡扣结构”中，虽有空调器的记载，但因其是否用于空调器上并不会对卡扣结构及功能产生影响，故其应用领域的确定只需要考虑卡扣结构即可。但对于用于吊车的吊钩而言，因吊车这一使用环境对于吊钩的材质、大小等均具有限定作用，因此，其与用于钓鱼的钓钩并不属于相同的应用领域，本领域技术人员基于用于钓鱼的钓钩不会产生改进吊车吊钩的动机。

在对应用领域的理解中，需要注意区分两点：其一，应用领域与技术领域；其二，应用领域与转用发明。

（1）应用领域与技术领域

《专利审查指南（2010）》中较为强调的是技术领域，而非应用领域。《专利审查指南（2010）》第二部分第二章第2.2.2节的

“技术领域”规定：“发明或者实用新型的技术领域应当是要求保护的发明或者实用新型技术方案所属或者直接应用的具体技术领域，而不是上位的或者相邻的技术领域，也不是发明或者实用新型本身。该具体的技术领域往往与发明或者实用新型在国际专利分类表中可能分入的最低位置有关。”

虽然技术领域亦在一定程度上考虑功能与应用，从而与应用领域具有很大的重合性，但二者产生的目的并不完全相同。技术领域是基于技术层面的概念，其主要目的在于确定专利分类，以利于行政管理。而应用领域是从使用层面基于整体技术方案的最终用途，而非部分技术特征的功能所作的划分，首要目的在于确定研发动机。因此，二者无法直接对比，亦不能相互替代。

比如，在《专利审查指南（2010）》第二部分第七章第5.3节“确定检索的技术领域”中，曾经将茶叶搅拌机与混凝土搅拌机、切砖机与切饼干机均规定为类似的技术领域，原因在于上述技术方案具有相同的功能，比如搅拌或切割，但是，就整体技术方案而言，其使用对象、使用环境等并不相同，从而导致在真实研发过程中，本领域技术人员不会基于茶叶搅拌机存在的技术问题而产生改进混凝土搅拌机的动机，亦不会基于切砖机存在的技术问题而产生改进切饼干机的动机。因此，上述技术方案之间虽然属于相近的技术领域，但应用领域并不相同，将上述任一技术方案作为最接近现有技术，均无法得出另一技术方案不具备创造性的结论。

技术领域的主要分类标准是《国际专利分类表》（IPC分类表），专利分类的主要目的在于行政管理，而非创造性判断。依据《专利审查指南（2010）》第一部分第四章第1节的“引言”规定，专利“分类的目的是：（1）建立有利于检索的专利申请文档；（2）将发明专利申请和实用新型专利申请分配给相应的审查部门；（3）按照分类号编排发明专利申请和实用新型专利申请，系统地向公众公布或者公告”。上述分类目的中只有检索功能与创造性判断有关，其他的则主要是为了行政管理目的。

针对上述规定中的检索功能，技术领域的作用仅是为寻找现有技术给出指引而已，毕竟任何新颖性或创造性的判断均需首先确定现有技术，但这一指引与创造性判断结果之间的关系，《专利审查指南（2010）》则并未涉及。而基于《专利审查指南（2010）》中给出的相关示例中可以看出，技术领域与创造性判断结果之间并无必然联系。

比如，《专利审查指南（2010）》第二部分第七章第6.2.3节的“扩展检索”规定：“扩展检索是在功能类似或应用类似的技术领域进行的检索。例如，一件申请的独立权利要求限定了一种使用硅基液压油的液压印刷机。发明使用硅基液压油，以解决运动部件的腐蚀问题。如果在液压印刷机所属的技术领域中检索不到对比文件，应当到功能类似的技术领域，如存在运动部件腐蚀问题的一般液压系统所属的领域，或者到应用类似的技术领域，如液压系统的特定应用技术领域，进行扩展检索”。依据上述内容可推知，液压印刷机与使用液压系统的特定应用技术领域（比如液压机器人）属于类似的技术领域，因此，可以在该技术领域进行相关检索。但如果从创造性角度分析，基于液压机器人这一研发起点，本领域技术人员并不会产生研发液压印刷机的动机，相应地，不可能获得液压印刷机这一研发成果。可见，《专利审查指南（2010）》中有关技术领域相同或类似的规定与创造性判断之间并无直接关联，且其与应用领域的相同或类似亦不完全一致。

当然，这并不意味着技术领域的概念在创造性判断上毫无意义。不可否认的是，专利授权行为属于一类行政行为，如何有效地进行管理，提高效率是行政机关必须考虑的问题，因此，从提高效率的角度，在授权程序中通过 IPC 分类表有关技术领域的分类进行有效检索具有合理性。同时，因技术领域与应用领域具有相当大的重合性，因此，基于技术领域的检索大概率获得的亦是相同应用领域的技术方案。只不过，因为客观上存在技术领域相同或相似，但应用领域不同的情形（比如上文中提到的液压印刷机与液压机器人等），因此，针对这类情形有必要从应用领域角度作进一步判断。

（2）应用领域与转用发明

《专利审查指南（2010）》第二部分第四章第 4.4 节规定："转用发明，是指将某一技术领域的现有技术转用到其他技术领域中的发明"，并对转用发明的创造性作了规定："如果转用是在类似的或者相近的技术领域之间进行的，并且未产生预料不到的技术效果，则这种转用发明不具备创造性"，但"如果这种转用能够产生预料不到的技术效果，或者克服了原技术领域中未曾遇到的困难，则这种转用发明具有突出的实质性特点和显著的进步，具备创造性"。

分析上述规定可以发现，《专利审查指南（2010）》对于转用发明的创造性并未给出唯一结论，也就是说，在诉争技术方案与现有技术属于不同技术领域的情况下，诉争技术方案既可能具备创造性，亦可能不具备创造性。这一结论与本书中有关不同应用领域必然使得诉争技术方案具备创造性这一结论显然并不相同。

对这一问题可从如下两个角度进行分析。

其一，转用发明是与技术领域，而非应用领域相关的发明类型。正如前文所述，技术领域与应用领域是从不同角度进行的界定，目的亦不相同，因此，虽然依据技术领域与应用领域所作划分在客观上具有重合关系，但二者无法直接进行比较。这也就意味着，《专利审查指南（2010）》中有关转用发明的规定，与本书有关应用领域与创造性之间关系的结论之间无法直接进行比较。

其二，本书强调的是“最接近现有技术”的应用领域与诉争技术方案的应用领域相同与否与创造性结论之间的关系，但由《专利审查指南（2010）》中给出的相关示例可以看出，转用发明中的技术领域主要针对的是“被结合的现有技术”，而非最接近现有技术。在二者针对的是不同现有技术的情况下，应用领域与技术领域各自对于创造性结论的影响显然亦不具可比性。

之所以可以看出《专利审查指南（2010）》中针对转用发明的技术领域指向的是被结合的现有技术，主要原因在于其针对具备创造性和不具备创造性两种情形均给出相应示例，其中不具备创造性的示例是“将用于柜子的支撑结构转用到桌子的支撑”。分析这一示例可以发现，诉争技术方案是一种桌子，其与最接近现有技术的区别之一在于支撑结构，而“用于柜子的支撑结构”作为被结合的现有技术中给出了支撑结构的技术启示，本领域技术人员将该支撑结构与最接近现有技术桌子相结合，得到具有该支撑结构的桌子。因此，“用于柜子的支撑结构”指向的是被结合的现有技术，而非最接近的现有技术。

对于具备创造性的示例中同样指向的是被结合的现有技术，而非最接近的现有技术。该示例中给出的现有技术是飞机的主翼，该主翼被用于潜艇（诉争技术方案）作为副翼，从而改善了潜艇的升降性能。也就是说，该示例中的最接近现有技术仍是潜艇，飞机（被结合的现有技术）中的主翼与潜艇（最接近的现有技术）相结合，被用作潜艇中的副翼，最终获得具有该副翼的潜艇。

3. 相反的技术教导

如果最接近的现有技术给出了与诉争技术方案相反的技术教导，除非有证据证明本领域技术人员不认同该技术教导，否则意味着本领域技术人员不会启动以诉争技术方案为目标的研发过程，也就无需适用“三步法”即可得出诉争技术方案具备创造性的结论。

【案例 1－11】装备有电极的透明基片[1]

该案涉及的是专利号为 ZL02805525. X，名称为“装备有电极的透明基片”的发明专利，其权利要求 1 内容如下。

1. 一种透明基片，它装备有一电极并且包括一个钼基的导电层 Mob，该钼基的导电层的厚度至多为 500 nm，其特征在于，所述基片配备有至少一个阻挡层用于阻挡碱金属元素，该阻挡层被插入到所述基片和所述电极之间，该阻挡层基于电介质材料，该电介质材料选自至少一种下述化合物：氮化硅或者氮氧化硅，氮化铝或者氮氧化铝，氧化硅或者碳氧化硅，并且该阻挡层的厚度至少为 120 nm 并且至多为 300 nm。

该技术方案涉及太阳能电池中使用的导体基片，该技术方案主要是对基片的材料进行相应的限定。该案中最接近的现有技术为一篇学术论文。该学术论文给出了与诉争技术方案相反的技术教导，具体体现在对于钠的不同态度上。

诉争技术方案在钼基导电层与透明基片之间设置阻挡层，其目的在于阻挡钠进入钼基导电层和吸收剂层，从而避免钠对于上述两层产生侵蚀作用。但对比文件作为一篇学术论文，所得出的结论在于钠对于吸收剂层的生长具有有益作用，因此，不应阻挡纳进入该层。相应地，其给出的技术方案是在吸收剂层下增加钠前驱层以提供更多的钠。至于钠对于钼基电极层是否具有损坏作用，在对比文件中并未涉及。也就是说，诉争技术方案强调减少钠，对比文件强

[1] 参见北京知识产权法院（2015）京知行初字第 4002 号行政判决书。

调增加钠。对于本领域技术人员而言，其在对比文件1所给出技术教导的基础上，如果不付出创造性劳动，通常会沿着该技术教导，按照增加钠的角度进行思考，而不会采用诉争技术方案减少钠这一技术构思。可见，本领域技术人员想到诉争技术方案的技术构思已需付出创造性劳动。在此情况下，整体技术方案的获得必然具备创造性。

【案例1－12】一种造纸或纸板的方法[1]

该案涉及的是专利号为ZL00815238.1，名称为“纸和纸板的制造”的发明专利，其权利要求1内容如下。

1. 一种造纸或纸板的方法，包括形成纤维素悬浮液、使悬浮液絮凝、使悬浮液在筛网上滤水以形成片材以及随后干燥片材，其中通过加入特性黏度至少为4 dl/g的水溶性阳离子聚合物来絮凝该纤维素悬浮液，将该絮凝的纤维素悬浮液通过离心筛进行机械剪切，然后，通过随后加入再絮凝体系进行再絮凝，其中再絮凝体系包含i）硅质材料和ii）特性黏度至少为4 dl/g的水溶性阴离子聚合物，其特征在于，或者，硅质材料和水溶性阴离子聚合物同时加入悬浮液中，或者，在加入水溶性阴离子聚合物之前或之后加入硅质材料，硅质材料i）和水溶性阴离子聚合物ii）在离心筛之后加入到纤维素悬浮液中，以及水溶性阳离子聚合物加入纤维素悬浮液的稀浆料中。

该案中，最接近的现有技术与诉争技术方案虽均涉及造纸方法，但诉争技术方案是通过改进滤水作用及留着率（尤其是提高滤水速率）的方法获得较好技术效果，对比文件则是通过减缓的方法

[1] 参见北京知识产权法院（2015）京知行初字第4405号行政判决书。

获得较好技术效果，可见，不仅二者的整体技术构思完全不同，且在对滤水速率这一问题上，诉争技术方案与对比文件采用了相反的做法。

基于此，法院在创造性的判断中并未适用“三步法”，而是认为，在二者的整体技术构思不同的情况下，如无效宣告请求人认为本领域技术人员无需创造性劳动即可获得诉争技术方案，则其有必要证明或合理说明本领域技术人员在对比文件已给出减缓去水效果的技术教导下，为何容易想到采用相反的提高滤水速率的做法。鉴于无效宣告请求人既未作出合理解释，亦未进行相应举证，故本领域技术人员在对比文件的基础上想到诉争技术方案的技术构思需要付出创造性劳动，相应地，诉争技术方案具备创造性。

五、创造性与发明的类型

《专利审查指南（2010）》第二部分第四章依据发明相较于现有技术的不同，对其进行了相应划分，主要有开拓性发明、组合发明、选择发明、转用发明、已知产品的新用途发明、要素变更的发明（包括要素关系改变的发明、要素替代的发明、要素省略的发明）。

虽然上述分类被记载在创造性实质审查部分，但需要注意的是，这一分类更多的是从体系化的角度对于发明的类型进行概括，并不意味着上述发明类型与创造性之间具有对应关系。《专利审查指南（2010）》亦指出上述各类型发明均存在具备创造性和不具备创造性两种情形，并给出了相应示例。因此，无论属于上述任何一种类型的发明，对其创造性的判断，仍需依据前文中提及的判断主体、判断客体和判断方法进行分析，而无需首先将诉争技术方案与上述发明类型进行对应。

上述类型划分对于创造性的结论虽无对应关系，但对于创造性的判断过程在一些情况下可能会产生影响，主要表现在有些发明类型（主要是省略发明、选择发明）具有的特性会为“三步法”中显而易见性判断这一步骤提供相对简便的思考角度。对于选择发明，前文中其“技术方案与技术效果”部分已作详细论述，此处只涉及省略发明对于创造性的影响。

《专利审查指南（2010）》第二部分第四章第4.6.3节规定：“要素省略的发明，是指省去已知产品或者方法中的某一项或多项要素的发明”。在对于省略发明的创造性判断中，关键点并不在于是否省去了某一要素，而在于省去之后的功能是否有变化。只有在省去之后功能不变的情况下，才有可能进一步探讨其是否因为省略相关技术特征而导致其具备创造性。如果省去某一个或某几个技术特征，其功能相应消失，则因为本领域技术人员均知晓这一结果，所以此种情况下的诉争技术方案不可能被认定具备创造性。独立权利要求与从属权利要求之间的关系即类似于此种情形。相对于从属权利要求，独立权利要求缺少了某一个或某几个技术特征，但相应地，其对应功能亦已消失，因此，独立权利要求相对于从属权利要求不可能具备创造性。

实践中，主张构成省略发明的案件很少，而其中真正构成省略发明的情形更是少之又少。此种案件多数涉及的都是减少了某一个或某几个技术特征，但其功能亦随之消失的情形。

【案例1－13】用于车辆前照灯的光模块[1]

该案涉及的是专利申请号为201480014450.4，名称为“用于车

[1] 参见北京知识产权法院（2019）京73行初8019号行政判决书。

辆前照灯的光模块”的发明专利申请，其权利要求1内容如下。

1. 用于车辆前照灯的光模块，其中，所述光模块（1）具有冷却体（2）以及多个固定在所述冷却体（2）上的，分别至少包括光源、光源支架（4）以及固定在所述光源支架处的反射器单元（6）的灯单元并且所述光源支架（4）由电路板形成，其特征在于，至少一个灯单元凭借所述光源支架能够转动地平放在所述冷却体（2）的水平的支承面（3）上。

诉争技术方案如图1－3所示，相对于对比文件1存在3个区别特征：①诉争技术方案灯单元直接放置于冷却体的支承面上，但对比文件1中二者之间设置有调节装置；②诉争技术方案光源支架由电路板形成，但对比文件的光源支架包括L形支架及电路板；③诉争技术方案的光源相对于冷却体的支承面为水平设置，对比文件1的光源相对于冷却体的支承面为垂直设置。

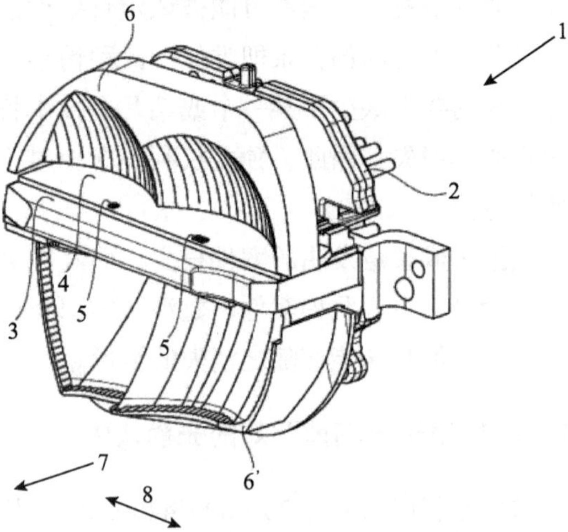

图1－3　涉案专利申请201480014450.4附图

专利申请人主张，因为在区别特征 1、2 中诉争技术方案相对于对比文件 1 均少一个部件，所以其属于省略发明，具备创造性。法院则认为，诉争技术方案之所以省略上述部件，是因为其放弃了对比文件 1 中的同步转动及光线方向这两个效果，在省略技术特征的同时相应功能也随之消失的情况下，其并不属于省略发明，亦不能仅因其省略了调节机构及 L 形支架便认定其具备创造性。

六、发明与实用新型的创造性判断标准

《专利法》第 22 条第 3 款针对发明与实用新型的创造性的要求有所不同，主要体现在对创造性程度的不同要求上。其中，发明需要是“突出的”实质性特点和“显著的”进步，但实用新型则无此要求。这一规定的不同在实践中可能带来的问题在于，如何在具体案件中对发明与实用新型的创造性高度进行区分。

《专利审查指南（2010）》针对发明与实用新型的创造性问题分别作了规定，其中针对发明的部分主要见于第二部分第四章第 3 节的“发明创造性的审查”部分，针对实用新型的内容则见于第四部分第六章。针对实用新型的特殊规定主要体现在技术领域与对比文件数量两方面。

（一）技术领域

《专利审查指南（2010）》第四部分第六章第 4 节中对于实用新型的技术领域的规定为：“对于发明专利而言，不仅要考虑该发明专利所属的技术领域，还要考虑其相近或者相关的技术领域，以及该发明所要解决的技术问题能够促使本领域的技术人员到其中去寻找技术手段的其他技术领域。对于实用新型而言，一般着重于考虑该实用新型所属的技术领域。但是现有技术中给出明确的启示，例如现有技术中有明确的记载，促使本领域的技术人员到相近或者

相关的技术领域寻找有关技术手段的，可以考虑其相近或相关的技术领域。”由此可知，《专利审查指南（2010）》对于实用新型专利对比文件的技术领域作了严格限定，至多可以延及相近或相关的技术领域，但对于发明的技术领域则并无限制。

尽管存在上述规定，但实践中，在涉及实用新型创造性判断的案件中，极少会仅因为对比文件的技术领域不同，而认定诉争实用新型专利具备创造性。通常的做法是，如果最终结论是认定实用新型专利不具备创造性，可能会通过解释的方式将原本不同的技术领域解释为相同或相近、相关技术领域，从而避免直接违背上述规定。如果最终的结果是认定实用新型专利具备创造性，则有可能在指出相关对比文件并未给出启示的同时，提及技术领域这一理由，但在此情况下，技术领域问题显然并非导致其具备创造性的决定性理由。

这一情形的存在在相当程度上说明上述规定本身的合理性有待探讨。在专利法将发明与实用新型在创造性上的区别规定为程度不同的情况下，如果技术领域是二者创造性判断考虑的区别之一，则意味着技术领域与创造性程度之间具有必然联系。但基于以下分析可知，对比文件所处技术领域是否相同、相近或相关，与创造性程度之间并无必然关联，因此，对于实用新型的技术领域作上述限定并不合理。

其一，技术领域的划分虽然以 IPC 分类表为依据，但这一对应关系的确定在相当程度上取决于人们对于诉争技术方案以及分类表中技术领域的理解，这也就意味着不同主体可能将同一技术方案对应于不同技术领域，相应地，可能使得原本无关的技术领域成为相关或相近技术领域，抑或反之。例如，对于“一种空调器的连接线弹性卡扣结构”，依据其逐层限定关系，其技术领域至少可能有两种理解：卡扣领域；空调器领域。该案中所使用的现有技术为“在墙壁、天花板或其他平面上固定电线的开口卡圈”。如果将诉争技术方案的技术领域认定为空调器领域，则该对比文件与其并非同一技术领域，但如果认定为卡扣领域，则二者为同一技术领域。如果实践中可基于需求而对同一对比文件的技术领域作出不同解释，则前述规定本身已无实质意义。

其二，即便不考虑技术领域概念本身的模糊性，仅就创造性劳动而言，并非不同技术领域技术特征之间的结合必然需要付出创造性劳动。以“抗冲击型新式自行车鞍座”为例，其特征之一为该鞍座上设有标贴区。因各种商品上均会出现标贴，而相对于本领域技术人员而言，将任何一类产品上（比如饮料瓶）的该技术特征结合到自行车鞍座上均无需付出创造性劳动，与该产品所属领域并无直接关系。如果仅因该标贴所使用产品与自行车鞍并非同一技术领域，认为本领域技术人员不会得到启示，从而认定标贴区这一技术特征非显而易见，显然并不符合客观的研发过程。

其三，《专利审查指南（2010）》现有规定中亦未认为技术领域与创造性劳动之间具有直接对应关系。《专利审查指南（2010）》第二部分第四章第4.5节规定，“已知产品的新用途发明，是指将已知产品用于新的目的的发明”。在针对该类发明的创造性判断中，需要考虑的因素包括“新用途与现有用途技术领域的远近、新用途所带来的技术效果等”。依据该规定可知，仅仅是技术领域的不同并不足以导致该类发明具备创造性。换言之，即便技术领域不同的对比文件，同样可能会破坏该发明的创造性。

此外，有关转用发明的规定也采用了相同的规则。《专利审查指南（2010）》第二部分第四章第4.4节规定：“转用发明，是指将某一技术领域的现有技术转用到其他技术领域中的发明”，虽然转用发明与现有技术之间存在技术领域的不同，但不会仅因技术领域的不同而当然被认定具备创造性，而是需要综合考虑“转用的技术领域的远近、是否存在相应的技术启示、转用的难易程度、是否需要克服技术上的困难、转用所带来的技术效果等”等因素，而判断其是否具备创造性。

基于上述分析可知，技术领域是否不同与创造性程度并无必然联系，即便被结合的现有技术与实用新型专利并非相同、相近或相关技术领域，亦不意味着该实用新型专利必然具备创造性，仍需考虑本领域技术人员是否可能获得上述现有技术，并从中获得启示。

【案例1-14】环保型紧密纺负压除尘器[1]

该案涉及的是专利号为ZL200820035961.6，名称为“环保型紧密纺负压除尘器”的实用新型专利，其权利要求书1内容如下。

1. 一种环保型紧密纺负压除尘器，其特征在于：所述除尘器包括除尘电机（8）、除尘壁（9）、挡尘箱（10）、集尘箱（2）、吸气风机（4）、吸尘管（1）、吸气管（6）和回气管（5）。所述除尘电机（8）装置在紧密纺细纱机车尾箱内负压风机进气端的挡尘网罩（7）中心，除尘壁（9）设置于所述挡尘网罩（7）外侧，除尘壁（9）一端与除尘电机（8）输出端相连。所述挡尘箱（10）设置于挡尘网罩（7）的外围，集尘箱（2）设置于挡尘箱（10）的下方，集尘箱（2）中心设置有网筒（2.1），挡尘箱（10）下部与吸尘管（1）的一端相连通，吸尘管（1）的另一端与集尘箱（2）中心的网筒（2.1）相连通，网筒（2.1）外围的集尘箱（2）腔体部分与吸气管（6）的一端相连通，吸气管（6）的另一端与吸气风机

[1] 参见北京市第一中级人民法院（2011）一中行初字第2201号行政判决书。

（4）的进气口相连通，吸气风机（4）的出气口与回气管（5）的一端相连通，回气管（5）的另一端与挡尘箱（10）上部相连通。

该案中，被诉决定认定相对于证据1与证据2、3以及本领域公知常识的结合，诉争权利要求1不具备创造性。专利权人提出的起诉理由之一为证据2、证据3与诉争权利要求并非同一技术领域，不能用以评述诉争权利要求的创造性。

该案中，因诉争权利要求与证据2、证据3的技术领域或多或少存在关联，因此，法院通过解释技术领域的方式驳回专利权人的这一主张。针对技术领域，诉争专利说明书中记载为："本实用新型主要用于清理紧密纺细纱机、紧密纺装置负压风机进气端挡尘网罩上的积花，属于纺织设备技术领域"。证据2说明书中的记载为："本实用新型涉及棉纺机械领域，具体来说是一种将并条机废棉吸附在滤网上并清除的装置"。证据3公开的是一种滤尘系统，其说明书中的记载为："滤尘系统是清梳联系的重要组成部分……曾经有些棉纺厂，由于滤尘设备没有选好型或者设计配套不好、使用管理不当等缘由，使得清梳联运行不能正常"。

针对上述记载，法院认为，诉争专利与证据2均属于纺织设备领域，诉争专利的作用在于清理紧密纺细纱机、紧密纺装置负压风机进气端挡尘网罩上的积花，证据2的作用在于将并条机废棉吸附在滤网上并清除，二者从其功能、作用上并无实质区别，因此，二者应属于相近的技术领域。证据3中的技术方案系用于棉纺设备的滤尘系统，基于与证据2同样的理由，证据3与诉争专利亦属于相近技术领域。据此，专利权人有关技术领域的主张均不能成立。

但实际上，上述认定在一定程度上是为了规避《专利审查指南（2010）》中有关技术领域的规定，或者说，是在已得出诉争技术方案不具备创造性这一结论之后，对对比文件的技术领域所作的解释。换言之，如果该案的最终结论是诉争技术方案具备创造性，则有关技术领域是否相近则可能得出不同的认定。

【案例1－15】便携式频谱仪[1]

该案涉及的是专利号为 ZL201420052110.8，名称为“便携式频谱仪”的实用新型专利，其权利要求1内容如下。

1. 一种便携式频谱仪，包括一本体，所述本体带有能产生红外辐射的频谱发生器，其特征在于，所述本体包括上转体、上转轴、中转体、下转轴、手柄，所述上转体与所述中转体通过上转轴转动连接，所述中转体与手柄通过下转轴转动连接，所述上转轴与下转轴垂直；所述频谱发生器位于所述上转体内，所述上转体与所述频谱发生器的辐射面相对应的一面设有栅格，所述频谱发生器所产生的红外辐射可透过所述栅格。

该案中，在对权利要求1的创造性评价中涉及两篇对比文件，其中证据1为一种便携式频谱仪，证据12为多功能按摩椅。虽然作为被结合现有技术使用的证据12与诉争技术方案并非相同、相近或相关技术领域，但被诉决定仍认为诉争权利要求1相对于证据1的区别技术特征，在证据12中可以获得技术启示，因此诉争权利要求1相对于证据1与证据12的结合不具备创造性。

针对这一认定，专利权人的起诉理由之一为证据12与诉争权利要求1并非相同、相近或相关的技术领域，不应作为对比文件评价该专利的创造性。针对这一理由，法院并未采用通常的方式，将证据12解释为与诉争技术方案相关的技术领域，而是认为，相较于发明专利，对于实用新型专利的对比文件所处技术领域是否应有

[1] 参见北京知识产权法院（2017）京73行初9117号行政判决书。

更为严格的限定，取决于技术领域与创造性劳动之间的关系。因为，即便对比文件与诉争实用新型所处技术领域不相同、不相近或不相关，并不意味着该实用新型的获得就需要付出创造性劳动，所以创造性程度与技术领域并无必然联系。这也就意味着，诉争技术方案是否具备创造性需要考虑的是证据12这一被结合现有技术中是否给出了相关区别特征的启示，而非其与诉争技术方案的技术领域是否相同、相近或相关，因此，专利权人有关证据12不能作为对比文件使用，诉争技术方案具备创造性的主张不能成立。

（二）对比文件数量

针对对比文件的数量，《专利审查指南（2010）》第四部分第六章第4节规定：“对于实用新型专利而言，一般情况下可以引用一项或者两项现有技术评价其创造性，对于由现有技术通过‘简单的叠加’而成的实用新型专利，可以根据情况引用多项现有技术评价其创造性。”

基于前文中有关技术领域与创造性高度之间关系相同的理由，对比文件数量的多少虽然在一些情况下与创造性的高度会有一定关系，但并不能就此得出对比文件数量越多，创造性程度越高的结论。因此，通过对对比文件的数量进行限定以判断创造性高度，同样缺少合理性。

实践中的做法则是，在对实用新型专利的创造性进行评述时，基本上不会考虑对比文件的数量问题，采用的具体评述方式与发明并无不同。即便个别案件中提及对比文件数量这一理由，亦不会仅因为其使用的对比文件数量多于两件，而认定该实用新型专利具备创造性。

【案例1-16】一种填充减荷盒构件现浇钢筋混凝土板[1]

该案涉及的是专利号为ZL200920018187.2，名称为“一种填充减荷盒构件现浇钢筋混凝土板”的实用新型专利，其权利要求1内容如下。

1. 一种填充减荷盒构件现浇钢筋混凝土板，包括填充减荷盒单体，钢筋，混凝土，其特征在于，所述的填充减荷盒单体为包括盒顶板和盒侧壁板的开口盒，该减荷盒单体的盒顶板与盒侧壁板为一个整体，所述的盒侧壁板底部四周边缘为凸沿，该凸沿的拐角设有连接固定插件，该凸沿上设有固定孔，所述填充减荷盒单体通过连接固定插件扣合为双层盒构件，混凝土包裹填充减荷盒单体。

该案中，无效宣告请求人使用了4篇对比文件，但被诉决定仍在结合考虑4篇对比文件的情况下，认定诉争技术方案不具备创造性。针对这一认定，专利权人认为，对于实用新型专利而言，一般情况下可以引用一项或两项现有技术评价其创造性，该案中引用多篇对比文件，违反了《专利审查指南（2010)》的相关规定。

就形式上看，法院支持了专利权人这一主张，认为“专利复审委员会在评价权利要求1时引用了4篇对比文件，且没有充分说明理由，故本院认为是对本专利权利要求1创造性要求标准不当，违反相关审查规定；且经过前述分析，本专利并非对4份对比文件的技术方案进行简单叠加的情形。专利复审委员会认为‘本领域技术人员在附件1～4的基础上，不经创造性劳动能够想到权利要求1的技术方案，权利要求1是显而易见的，不具备创造性’的认定明显不当。”

---

[1] 参见北京知识产权法院（2015）京知行初字第1669号行政判决书。

但实际上，法院撤销决定的真正原因并不在于其使用了多篇对比文件，而在于诉争技术方案与最接近现有技术的区别技术特征中，有两个区别技术特征并未被其中两篇对比文件公开，亦未给出相应启示，因此，诉争技术方案相对于4篇对比文件的结合具备创造性。可见，该判决并不能体现法院对于对比文件数量与实用新型专利创造性之间关系的态度。只有在法院仅仅因对比文件数量的问题而将其认定为具备创造性的情况下，才可以说明对比文件数量问题在实用新型创造性的判断中起到了决定作用。

【案例1-17】成衣吊挂系统多功能衣夹的改进[1]

该案涉及的是专利号为ZL200820121518.0，名称为“成衣吊挂系统多功能衣夹的改进”的实用新型专利，其权利要求1、2、3内容如下。

1. 一种成衣吊挂系统多功能衣夹的改进，类似于钉耙结构的主体（1）上沿与连杆（2）连接，不包括主体（1）两侧之一的耙柱（15）柱身下部安装有衣料夹杆，其特征在于主体（1）两侧的耙柱（15）柱身和主体脊背上均安装有辅件夹（11）；辅件夹（11）通过销轴（111）安装在主体（1）上，主体（1）制有盲孔（17），弹簧（12）座于盲孔（17）内，另一端与辅件夹（11）上端顶触。

2. 根据权利要求1所述的成衣吊挂系统多功能衣夹的改进，其特征在于不包括主体（1）两侧之一的耙柱（15）柱身下部安装有衣料夹杆，衣料夹杆分为轻料夹杆（13）和重料夹杆（14）两种，轻料夹杆（13）和重料夹杆（14）数量均为1～4个。

---

[1] 参见北京知识产权法院（2015）京知行初字第5364号行政判决书。

3. 根据权利要求 1 或 2 所述的成衣吊挂系统多功能衣夹的改进，其特征在于轻料夹杆（13）由橡胶或软质聚氯乙烯制成，耙柱（15）低端内嵌有螺母，轻料夹杆（13）和重料夹杆（14）的一端制有与螺母配合的螺孔（131）；重料夹杆（14）的一端与耙柱（15）柱身上的扭簧和销轴连接，重料夹杆（14）和轻料夹杆（13）用螺钉拧紧后其另一端向上倾斜与之相邻的耙柱（15）柱身顶触，利用材料本身或扭簧的弹性构成对轻料或重料的夹持。

在该案中，针对权利要求 1、2 的创造性判断中，无效宣告请求人使用了 3 篇对比文件及公知常识，即对比文件 3 结合对比文件 4、5 及本领域常用技术手段。针对权利要求 3 的创造性，使用了 4 篇对比文件及公知常识，即将对比文件 3、4、5 与对比文件 1 相结合，或将对比文件 3、4、5 与对比文件 1 和本领域常用技术手段相结合。

虽然上述对比文件的数量多于《专利审查指南（2010）》中的规定，且无法看出上述权利要求中的技术特征属于简单的叠加，但无论是在无效宣告请求阶段，还是在诉讼阶段，均未考虑对比文件的数量问题，而是认定权利要求 1、2、3 均不具备创造性。

此外，对比文件的技术领域问题在该案中同样未予考虑。该案中对比文件 5 是一种具有夹子部件的书写工具，与诉争技术方案成衣吊挂系统多功能衣夹并非相同、相近或相关的技术领域，亦未影响将对比文件 5 作为被结合的现有技术使用，并基于对比文件 5 给出的技术启示最终认定诉争权利要求 1、2、3 不具备创造性。

这种情形的存在说明《专利审查指南（2010）》中上述规定在实践中很难适用，导致这一情形的原因更多在于，专利法有关发明与实用新型在创造性高度上的差别本身很难外化为特定的客观要素，无法客观化，这就意味着实践中难有可操作性的规定。之所以在此情况下仍需要作出规定，更多是因为在专利法有明确区分的情况下，《专利审查指南（2010）》有必要作出相应规定而已。

基于此，真正有必要探讨的是《专利法》上述规定本身的合理性，而非《专利审查指南（2010）》前述规定的合理性。实际上，专利授权确权的要求应与专利保护程度相匹配，如果发明与实用新型授权条件上存在差别，则理论上二者在专利保护程度上也应对应地有所体现。但除专利保护期外，《专利法》所有涉及专利权保护的规定，均未针对发明与实用新型作出区分。就保护期限而言，虽然发明为 20 年，实用新型为 10 年，但就可申请实用新型的专利产品而言，极少在上市 10 年后仍具市场价值，因此，规定 10 年有效期基本上不会对实用新型专利权有实质影响。即便考虑到专利保护期较短这一不利因素，但实用新型专利无需实质审查即可授权这一规定，已大大降低实用新型获得专利保护的门槛，使得相当比例的不符合授权条件的实用新型亦可受到专利法保护。相较于发明专利，这一制度为实用新型专利权人所带来的利益已远超出专利保护期较短这一因素为专利权人可能带来的利益损害，因此，已完全无需在创造性高度上再为实用新型专利设置低于发明的要求。

第二章 权利要求的解读

创造性条款要求将发明或实用新型与现有技术相对比，而《专利法》第64条规定：“发明或者实用新型专利权的保护范围以其权利要求的内容为准，说明书及附图可以用于解释权利要求的内容。”因此，在涉及创造性判断的案件中，第一步应对发明创造的权利要求进行分析。

在创造性判断中，与权利要求相关的分析主要涉及以下三个角度。

其一，权利要求与技术方案的关系。发明或实用新型的保护范围以权利要求为准，但创造性的判断客体则是权利要求中体现的技术方案。并非每个权利要求中都只包含一个技术方案，因此，有必要首先确定诉争权利要求中是仅包括一个技术方案，还是包括多个并列技术方案。

其二，权利要求的解释。专利文件既包括权利要求书，也包括说明书和附图。虽然专利保护范围应以权利要求的记载为准，但因为《专利法》中并未当然排除说明书和附图在保护范围确定中的作用，所以，有必要厘清权利要求、说明书和附图在保护范围确定问题上各自所起的作用。此外，虽然保护范围以权利要求为准，但并非只要记载在权利要求中的内容均应予以考虑，因此，有必要对权利要求中不同性质的内容对于保护范围的不同影响进行分析。

其三，权利要求的保护范围是否清楚。权利要求应该具有清楚的保护范围，此亦为《专利法》规定的授权条件之一。依据通常的判断逻辑，只有权利要求具有清楚的保护范围，才可能将其与现有技术进行技术方案的比对，并进行相应的创造性判断。但案件中的具体情形有时并非如此，在涉及创造性判断的案件中亦会出现权利要求保护范围不清楚的情形，因此便涉及对于此类案件如何进行创造性判断的问题。对于该问题在第四章有关区别技术特征的认定中会进行详细分析。

第一节　权利要求与技术方案

在满足单一性要求的情况下，《专利法》并不禁止一个权利要求中记载多个并列技术方案。但因创造性判断的客体是技术方案，而非权利要求，因此，某一权利要求是否包括多个并列技术方案，对于创造性判断可能产生直接或间接的影响。

比如，在无效宣告请求程序中，如果诉争权利要求是并列技术方案，则专利权人可以通过删除的方式将不具备创造性的技术方案删掉，而仅保留可被授权的技术方案。但如果诉争权利要求被认定为一个技术方案，则不可通过这种删除式修改维持专利有效。再如，如果诉争权利要求被认定为并列技术方案，则在无效宣告请求程序中可以仅宣告某一技术方案无效，而对其他技术方案维持有效。但如果被认定为一个技术方案，则整个权利要求均会被宣告无效。此外，包含数值范围特征或者有上位概念的权利要求被认定为一个技术方案，只要现有技术中公开了其中任一点值或者任一下位概念，均会使得该技术特征被公开，从而影响新颖性和创造性的判断，等等。基于此，此类案件中对权利要求是否为并列技术方案作出判断是创造性判断不可或缺的环节。

一、罗列式权利要求应被视为并列技术方案

权利要求通常由说明书中记载的一个或者多个实施方式或实施例概括而成，基于概括方式的不同，对于权利要求是否属于并列技术方案的认定亦不相同。通常情况下，如果权利要求中采用上位概念、数值范围、功能性限定及马库什权利要求的方式进行抽象概括，应被视为一个技术方案。

但如果只是将若干实施方式进行“罗列”，而未对其进行“抽象概括”，则此种权利要求通常被认为包括并列技术方案。罗列式权利要求虽无固定表达方式，但《专利审查指南（2010）》中给出了相关示例，其在第二部分第二章第3.3节的“权利要求的撰写”部分指出：“用并列选择法概括，即用‘或者’或者‘和’并列几个必择其一的具体特征。例如，‘特征A、B、C或者D’。又如，‘由A、B、C和D组成的物质组中选择的一种物质’等。”

下例属于运用罗列方式进行概括的并列技术方案。

1. 一种基于荧光粉提高光转换效率的光源结构，包括激发光源（1）、受激材料（3）和导热衬底（4），所述受激材料（3）紧贴在所述导热衬底（4）上；还包括分光滤光片（2），其特征在于：还包括转盘（5），所述导热衬底（4）固定在该转盘（5）上或者为该转盘盘面的一部分；所述激发光源（1）面对所述分光滤光片（2），使激发光线斜射向该分光滤光片（2）；所述受激材料（3）大致正迎向由该分光滤光片（2）引导来的所述激发光线。

该权利要求中使用“或者”罗列了导热衬底的两种选择，其一为固定在转盘上，其二为转盘盘面的一部分，上述两个并列技术特

征的存在使得该权利要求依据导热衬底的不同位置区分为两个并列技术方案。

再如专利申请号为201510208126.2的权利要求，同样对应多个并列技术方案。

1. 一种包含连续相和至少一种非连续相的适于局部施用的组合物，所述组合物包含至少一种多微泡分散体、至少一种维生素D或维生素D类似物和至少一种皮质类固醇，其中所述皮质类固醇主要在所述非连续相中，并且所述维生素D或维生素D类似物主要在所述非连续相中，其中，所述维生素D或维生素D类似物是维生素D、卡泊三醇、西奥骨化醇、骨化三醇、他卡西醇、马沙骨化醇、帕立骨化醇、氟骨三醇、1α，24S－二羟基－维生素D2、1（S），3（R）－二羟基－20（R）－[（（3－（2－羟基－2－丙基）－苯基）－甲氧基）－甲基]－9，10－开环－孕甾－5（Z），7（E），10（19）－三烯或它们的混合物，其中，所述组合物包含相对于所述组合物的总重量为5重量%至90重量%的水，并且其中，所述组合物的pH为7.0至8.5，所述组合物是稳定的，其中，将稳定性衡量为：在40℃于密封的玻璃容器中储存3个月后，相对于原始量，所述维生素D或维生素D类似物的量的减少不超过5%，并且所述皮质类固醇的量的减少不超过5%。

该权利要求1中的“维生素D或维生素D类似物”对应两个并列技术方案，而进一步地，该权利要求中对于维生素D或维生素D类似物进行了更为下位的限定：“所述维生素D或维生素D类似物是维生素D、卡泊三醇、西奥骨化醇、骨化三醇、他卡西醇、马沙骨化醇、帕立骨化醇、氟骨三醇、1α，24S－二羟基－维生素D2、1（S），3（R）－二羟基－20（R）－[（（3－（2－羟基－2－丙基）－苯基）－甲氧基）－甲基]－9，10－开环－孕甾－5（Z），7（E），

10（19）-三烯或它们的混合物”，上述具体限定同样对应多个并列技术方案。

下例依据感染类别的不同限定多个并列技术方案。

1. 半胱胺在制备用于治疗哺乳动物的细菌感染的药物中的用途。

……

10. 如任一项前述权利要求所述的用途，其中，所述感染选自皮肤和伤口感染、中耳感染、胃肠道感染、腹膜感染、泌尿生殖道感染、口腔软组织感染、牙菌斑的形成、眼部感染、心内膜炎和囊性纤维化中的感染。

二、概括式权利要求应被视为一个技术方案

（一）概括式权利要求的具体类型

采用概括方式撰写的权利要求，尽管其保护范围内亦包括多个具体技术方案，但在专利法意义上，其被视为一个技术方案，而非并列技术方案。《专利审查指南（2010）》中涉及的以下四种撰写方式均属于概括式权利要求，分别是上位概念、数值范围、功能性限定、马库什权利要求。当然，概括式的撰写方式并不仅限于上述四种，较为常见的一种是使用“至少”进行限定的权利要求。在新颖性、修改方式等相关规则上并列技术方案与概括式权利要求并不相同。

1. 上位概念

一些发明创造虽在说明书实施方式中采用了不同的下位概念，但在概括权利要求时，并未罗列各种实施方式，而是将其概括为上位概念。比如，实施方式中产品的材质分别采用的是铁、铜，权利要求中将其概括为金属。下例中，从权利要求5至权利要求1对硅质材料逐层进行了上位概括。

1. 一种造纸或纸板的方法……其中再絮凝体系包含 i）硅质材料和 ii）特性粘度❶至少为 4dl/g 的水溶性阴离子聚合物……

4. 权利要求 1 或权利要求 2 的方法，其中该硅质材料是可溶胀粘土❷。

5. 权利要求 4 的方法，其中该可溶胀粘土是膨润土型粘土。

2. 数值范围

采用数值范围的概括方式，通常是说明书已给出了一个或多个具体点值，而权利要求在上述具体点值上概括为数值范围。下例中，对于荧光颜料与碳酸钙的重量比，说明书中给出了 4 个实施例，重量比分别为：1∶1、1∶5、1∶11、1∶38，权利要求在 4 个实施例基础上概括为数值范围 1∶1～1∶38。

1. 一种检漏荧光粉，其特征在于，包括碳酸钙和荧光颜料，所述荧光颜料与碳酸钙的重量比例为 1∶1～1∶38；所述荧光颜料为包括载体树脂、荧光基团、助色基团以及刚性平面结构的共轭 π 键的荧光树脂颗粒，荧光树脂颗粒被碳酸钙颗粒包裹。

3. 功能性限定

采用功能性限定概括的方式，通常是在说明书中给出了实现某功能的实施方式，但权利要求中并未从具体结构角度进行概括，而是使用功能进行概括。下例中的限位凸块，即属于此种情形。

1. 一种排水阀的键控水位调节装置，包括浮桶和正面标识有刻度的齿条，浮桶套于齿条上下滑动，其特征在于：在浮桶上方安装一个套有弹簧的按键，按键上两侧的卡片分别位于齿条侧边与浮桶内壁之间的间隙中，卡片外侧与浮桶内壁相贴触，卡片内侧的末

❶❷ “特性粘度”应为“特性黏度”，“粘土”应为“黏土”，原文如此，未作修改，下同。——编辑注

端设有与齿条上的齿槽相扣合的限位凸块。

4. 马库什权利要求

在各概括方式中，马库什权利要求是较为特殊的一种。马库什权利要求是化学领域的一种权利要求撰写方式，《专利审查指南(2010)》第二部分第十章第8.1节的“马库什权利要求的单一性”部分规定：“如果一项申请在一个权利要求中限定多个并列的可选择要素，则构成‘马库什’权利要求……这种可选择要素称为马库什要素。”案例2-1属于典型的马库什权利要求。

【案例2-1】核苷酸类似物[1]

该案涉及的是专利号为ZL97197460.8，名称为“核苷酸类似物”的发明专利，其权利要求1内容如下。

1. 下式（1a）的化合物或其药学上可接受的盐、互变异构体或水合物：

$A-O-CH_2-P(O)(-OC(R^2)_2OC(O)X(R)_a)(Z)$ (1a)

其中Z为$-OC(R^2)_2OC(O)X(R)_a$或$-OH$；A为抗病毒的膦酰甲氧基核苷酸类似物残基；X为N或O；R^2独立地为$-H$、未取代的或者被1或2个卤素、氰基、叠氮基、硝基或OR^3取代的C_1-C_{12}烷基、C_5-C_{12}芳基、C_2-C_{12}链烯基、C_2-C_{12}链炔基、C_7-C_{12}链烯基芳基、C_7-C_{12}链炔基芳基或C_6-C_{12}烷基芳基，其中R^3为C_1-C_{12}烷基、C_2-C_{12}链烯基、C_2-C_{12}链炔基或C_5-C_{12}芳基；R独立地为$-H$、未取代的或者被1或2个卤素、氰基、叠氮基、硝基、$-N(R^4)2-$或OR^3取代的C_1-C_{12}烷基、C_5-C_{12}芳基、C_2-C_{12}链烯基、C_2-C_{12}链炔基、C_7-C_{12}链烯基芳基、C_7-C_{12}链炔

[1] 参见北京知识产权法院（2015）京知行初字第1297号行政判决书。

基芳基或 C_6-C_{12} 烷基芳基，其中 R^4 独立地为 $-H$ 或 C_1-C_8 烷基；条件是，至少一个 R 不是 H；当 X 是 O 时，a 是 1，或者当 X 是 N 时，a 是 1 或 2；条件是：当 a 是 2 而且 X 是 N 时，(a) 两个与 N 原子连接的 R 基团可以一起形成一个含一个氮的杂环或一个含一个氮和氧的杂环，(b) 一个与 N 原子连接的……

在该权利要求中，X、R、R^2、R^3 等均存在两个以上可选项，这些要素被称为马库什要素。马库什权利要求可以存在多个马库什要素，而每个马库什要素可以包括多个并列的可选项，其中不同马库什要素中的不同可选项与其他马库什要素的可选项之间相互组合，便会对应若干不同的具体化合物。每个马库什权利要求中包括多少个化合物取决于该权利要求中包括多少个马库什要素。就案例 2-1 而言，诉讼中法院曾要求专利权人明确权利要求中所包含具体化合物的数量，专利权人虽采用各种方式，却仍表示其无法计算出具体化合物的数量，可见其包含的化合物数量之巨大。

与包含数值范围、上位概念及功能性限定特征的权利要求不同，实践中，对于马库什权利要求是否应被视为一个技术方案，具有非常大的争议。一种观点认为马库什权利要求应被理解为多个并列技术方案的集合，在该范围内排列组合得到的每一个具体化合物都是一个技术方案。因此，无论是在进行优先权核实时，还是在判断新颖性、创造性时，均应将权利要求中包含的具体化合物与优先权文本或现有技术中所包含的具体化合物进行对比。

虽然对于马库什权利要求是否应视为一个技术方案，现有法律及《专利审查指南（2010）》中并无直接规定，亦无类似数值范围及上位概念的那种新颖性角度的间接规定。但不可否认的是，马库什权利要求与上位概念、数值范围等概括式权利要求的性质并无不同。在上述概括性质的权利要求视为一个权利要求的情况下，并无理由将马库什权利要求视为若干并列技术方案。除非马库什要素足够少，使得其实际上可被认定为罗列式的权利要求，比如，只有一个马库什要素，或虽有两个马库什要素，但每个要素只有两个可选项等。这种情形在实践中出现的比例比较低，不属于典型的马库什权利要求。

5. 使用“至少”限定的权利要求

除上述《专利审查指南（2010）》明确提及的情形外，实践中还存在一种常见的概括式权利要求，即使用“至少”限定的权利要求。例如下列权利要求1。

1. 一种手持稳定器的塑料电机，包括上端轴承（6）、下端轴承（7）、电机铁芯（4）、铁芯载体（5）、电机外壳（2）和电机端盖（1）；铁芯载体（5）一端与电机端盖（1）可拆卸连接，另一端承载电机铁芯（4）；其特征在于，所述铁芯载体（5）、电机外壳（2）、电机端盖（1）至少有一种为塑料材质；所述塑料电机还包括金属中空电机轴（3）；所述电机外壳（2）固定连接金属中空电机轴（3）的一端，金属中空电机轴（3）依次穿过上端轴承（6）、铁芯载体（5）和下端轴承（7），金属中空电机轴（3）的另一端设有锁紧结构（8）。

该权利要求中“所述铁芯载体（5）、电机外壳（2）、电机端盖（1）至少有一种为塑料材质”，即属于概括式的限定方式。虽然理论上该技术特征包含的具体情形的数量是可确定的，但就该撰写方式而言，其仍是基于各种具体情况对其共性进行的概括，亦即上述部件中只要有一个使用塑料材质即可达到预期技术效果，至于其他是否采用塑料材质，均不会对预期效果产生影响。因此，此类撰写方式属于抽象概括的权利要求，该案中法院亦认定其并非并列技术方案。[1]

（二）概括式权利要求应被视为一个技术方案的依据

现有规定中虽未明确规定概括式权利要求应被视为一个技术方案，但依据《专利审查指南（2010）》中有关新颖性、修改方式、选择发明及从属权利要求的规定可得出这一唯一结论。此外，将概括式权利要求视为一个技术方案，亦与专利法保护技术贡献的价值取向相匹配，不会使专利权人获得超出其技术贡献的保护。

1. 有关新颖性、修改方式的规定

针对包含数值范围的发明或实用新型的新颖性判断，《专利审查指南（2010）》第二部分第三章第3.2.4节的“数值和数值范围”部分规定：“对比文件公开的数值或者数值范围落在上述限定的技术特征的数值范围内，将破坏要求保护的发明或者实用新型的新颖性”，但是如果“上述限定的技术特征的数值或者数值范围落在对比文件公开的数值范围内，并且与对比文件公开的数值范围没有共同的端点，则对比文件不破坏要求保护的发明或者实用新型的新颖性”。

上述规定区分对比文件与要求保护的发明或实用新型之间数值范围的对比关系的不同，对新颖性作出了不同规定。其中，如果对比文件的数值范围大于要求保护的发明或实用新型，且并无共同的端点，则对比文件并不破坏该发明或实用新型的新颖性。这一规定很能说明《专利审查指南（2010）》对于概括式权利要求性质的理解。试想，如果数值范围内的每个实施方式均被认为属于单独的技术方案，则只要要求保护的发明或实用新型与对比文件数值范围具有重合的部分，该部分数值所对应的实施方式均应被视为已被对比

---

[1] 参见北京知识产权法院（2020）京73行初16794号行政判决书。

文件公开，从而不具备新颖性，而不会得出前述规定中的不破坏新颖性的结论。前述规定意味着其未将此类权利要求视为并列技术方案的集合。

在针对数值范围的修改问题上，《专利审查指南（2010）》同样采用这一做法。在《专利审查指南（2010）》第二部分第八章第5.2.3.3节的“不允许的删除”部分规定：“如果在原说明书和权利要求中没有记载某特征的原数值范围的其他中间数值，而鉴于对比文件公开的内容影响发明的新颖性和创造性，或者鉴于当该特征取原数值范围的某部分时发明不可能实施，申请人采用具体‘放弃’的方式，从上述原数值范围中排除该部分，使得要求保护的技术方案中的数值范围从整体上看来明显不包括该部分”，这一修改原则上应被认定超出了原说明书和权利要求书记载的范围。分析这一规定可以看出，如果数值范围中每一个具体数值所对应的实施方式均被认定为单独的技术方案，因为对于技术方案的删除属于可被接受的修改方式，所以专利申请人或专利权人当然有权采用“具体放弃”的方式对其权利要求书进行修改，《专利审查指南（2010）》对这一修改方式的禁止，亦说明其并未将包含数值范围的权利要求视为并列技术方案的集合体。

针对上、下位概念的新颖性问题，《专利审查指南（2010）》第二部分第三章第3.2.2节的“具体（下位）概念与一般（上位）概念”规定：“如果要求保护的发明或者实用新型与对比文件相比，其区别仅在于前者采用一般（上位）概念，而后者采用具体（下位）概念限定同类性质的技术特征，则具体（下位）概念的公开使采用一般（上位）概念限定的发明或实用新型丧失新颖性……反之，一般（上位）概念的公开并不影响采用具体（下位）概念限定的发明或者实用新型的新颖性。”

上述规定通过区分上、下位概念的不同情形对新颖性作出不同规定。如果对比文件采用的是下位概念，要求保护的发明或实用新型采用的是上位概念，则对比文件破坏其新颖性。反之，则不破坏新颖性。基于与前文中对于数值范围部分相同的理由，上述规定亦足以反推说明《专利审查指南（2010）》并不认为上位概念所对应的全部具体实施方式均为并列技术方案，而是认为包含上位概念的权利要求原则上被视为一个整体技术方案。

《专利审查指南（2010）》之所以作出上述规定，原因在于对概括式权利要求而言，其中概括的只是各个具体实施方式所具有的共性，但各个具体实施方式除具有共性之外，其通常还具有各自的特性，因该部分内容并未被记载于权利要求中，故该部分内容显然并非专利权人的智力劳动，不属于其技术贡献。但如果将每个权利要求当然视为其具体实施方式的集合体，以及视为并列技术方案的集合，则不仅意味着将各个具体实施方式所具有的共性作为专利权人的技术贡献，同时亦将其所具有的特性划归专利权人的技术贡献范围内，这一做法显然使专利权人获得了不应有的利益，不具有合理性。基于此，在权利要求只保护专利权人从各个具体实施方式中所概括出的共性的情况下，每个具体实施方式所具有的特性不应属于权利要求的保护范围。

以上、下位概念的新颖性判断为例。上位概念的公开之所以不会破坏采用下位概念的技术方案的新颖性，其原因便在于采用上位概念技术方案公开了各下位概念所具有的共性，但未公开各下位概念的特性。而采用下位概念的技术方案因为其公开了其所对应上位概念的属性，所以下位概念的公开会破坏采用上位概念技术方案的新颖性。

同理，对于数值范围而言，当对比文件的数值范围大于要求保护的发明或实用新型时，其虽具备要求保护的发明或实用新型数值范围所体现出的共性，但却不具备其特性，此种情形不会破坏其新颖性。但如果对比文件与要求保护的发明或实用新型具有共同的端点，则该端点显然具有要求保护的发明或实用新型数值范围的所有特性，此种情况便足以破坏其新颖性。

2. 有关选择发明的规定

有关选择发明的规定可从另一角度间接说明概括性质的权利要求应被视为一个技术方案。《专利审查指南（2010）》第二部分第四章第4.3节的“选择发明”部分规定：“选择发明，是指从现有技术公开的宽范围中，有目的地选出现有技术中未提到的窄范围或个体的发明……如果选择使得发明取得了预料不到的技术效果，则该发明具有突出的实质性特点和显著的进步，具备创造性。”

由该规定可知，选择发明是在现有技术已公开的范围中进行选择而得出的发明。例如，其在现有技术已公开的数值范围10～50中选取具体数值10，或在上位概念金属中选择具体的下位概念铁，上述选择虽然落入原有数值范围及上位概念的范围内，从而在民事案件中会被认定构成侵权。但在专利授权确权阶段，两者属于不同的技术方案，因此，这一选择后的技术方案具备新颖性。进一步地，如果上述选择可以使技术方案具有预料不到的技术效果，则其具备创造性。这一规定虽未直接说明概括式权利要求是否应被视为一个技术方案，但试想，如果现有技术的数值范围、上位概念中的可选项均被视为对应若干个并列技术方案，则他人在上述范围内进行任何选择而形成的技术方案必然均已被现有技术公开，从而不具备新颖性。在该技术方案不具备新颖性的情况下，显然不可能具备创造性。由此可知，《专利审查指南（2010）》中有关选择发明的规定，其隐含的前提是具有概括性质的权利要求中每个具体实施方式原则上不应被当然视为单独的技术方案。换言之，如果将概括性质的权利要求视为若干并列技术方案，则意味着选择发明将不可能存在。

从选择发明角度分析，更加可以看出将马库什权利要求原则上视为一个技术方案的必要性。基于前文中分析的理由，马库什权利要求作为一种概括性质的权利要求，其保护的仅应是各可选项在该结构式中相互配合时具有的共性，至于不同选项的特性，以及该特性使不同选项在相配合时可能出现不同的技术效果，并非专利权人的技术贡献。考虑到马库什权利要求可能包括的具体化合物的数量之多，以及化学领域技术效果相对较低的可预见性等因素，将各具体化合物均视为专利权人的技术贡献，可能使得专利权人获得的超出其技术贡献的保护的程度亦远超其他概括式权利要求。更为可能出现的情况是，即使本领域技术人员发现了其中某个或某些化合物具有预料不到的技术效果，亦可能因该具体化合物已被涵盖在现有技术的马库什通式中从而无法获得授权，其技术贡献不能获得专利保护，这一情形也不符合专利法保护技术贡献的初衷。

3. 有关从属权利要求的规定

《中华人民共和国专利法实施细则》（以下简称《专利法实施细则》）第 20 条规定："权利要求书应当有独立权利要求，也可以有从属权利要求。独立权利要求应当从整体上反映发明或者实用新型的技术方案，记载解决技术问题的必要技术特征。从属权利要求应当用附加的技术特征，对引用的权利要求作进一步限定。"

基于上述规定，在多数专利中，专利权人均会通过撰写从属权利要求的方式对独立权利要求进行逐级限定。比如，独立权利要求中限定的数值范围为 10 ～ 50，从属权利要求中则将其限定为具体数值 10。独立权利要求与从属权利要求并存这一制度意味着对于概括性质的权利要求而言，其对于更为下位与具体的技术方案的保护应通过撰写从属权利要求的方式获得。但如果将所有概括性质的权利要求均视为若干并列技术方案的集合，则仅有独立权利要求即可达到保护原本属于从属权利要求保护范围内的全部技术方案的技术效果，这也就意味着从属权利要求不再具有存在的价值。

三、区分并列技术方案与一个技术方案的意义

（一）针对每个技术方案分别给出创造性判断结论

因为创造性判断的客体是技术方案，而非权利要求，因此，在存在并列技术方案的情况下，应区分不同的技术方案分别给出创造性判断的结论。

下例中的权利要求涉及一种分药和供药系统。

1. 一种全自动分药和供药系统，其特征在于，包括：用于盛放固体药物的上药装置、用于将固体药物排列成单行或列且将药物之间拉开距离的分药装置、用于将分药装置输出的固体药物送入指定位置的分药通道装置、用于密封储存及提供每一次需要服用的药物的供药装置、用于回收储存多余药物的回药装置和中央处理部分，所述分药装置包括至少一个旋转盘或多个同心旋转分盘，且当旋转盘为两个以上时，越靠近外侧的旋转分盘的旋转速度越快，所述旋转盘上方设有至少一个相对旋转盘固定的涡旋型药物通道，所述涡旋型药物通道的边缘处设有涡旋出口；或者所述分药装置设置成至少一级分离本体或多级分离本体，且当分离本体为两个以上时，分离本体依次上下连接，药物依次从上至下通过多个分离本体进行分离，位于下面的分离本体的分离速度大于位于上面的分离本体的分离速度，所述分离速度为分离本体的移动、震动或旋转速度；或者所述分药装置包括至少一个旋转盘和两个以上设于所述旋

转盘上方且相对固定的涡旋通道，所述涡旋通道上设有至少一个可控拨动板，所述涡旋通道的数量比所述拨动板的数量多一个；或者所述分药装置包括至少一个旋转盘，所述旋转盘上方至少设有一个拨叉和一个以上主动控制拨动板，所述拨叉与所述拨动板相配合。

该权利要求1依据分药装置的不同设置，包括4个并列技术方案。复审决定中认定该权利要求中的技术方案1、3、4不具备创造性，技术方案2具备创造性。[1]

（二）无效宣告请求程序中，不同情形对应不同的修改方式

1. 无效宣告请求程序中对修改方式的要求

专利权人或专利申请人在专利申请程序或无效宣告请求程序中可以进行权利要求的修改。相较于专利申请程序，无效宣告请求程序中专利权人的修改受到严格限制，其仅可以修改权利要求，而《专利审查指南（2010）》对于权利要求的修改亦限定了具体的修改方式。《专利审查指南（2010）》第四部分第三章第4.6.2节的“修改方式”部分规定：“修改权利要求书的具体方式一般限于权利要求的删除、技术方案的删除、权利要求的进一步限定、明显错误的修正。权利要求的删除是指从权利要求书中去掉某项或者某些项权利要求，例如独立权利要求或者从属权利要求。技术方案的删除是指从同一权利要求中并列的两种以上技术方案中删除一种或者一种以上技术方案。权利要求的进一步限定是指在权利要求中补入其他权利要求中记载的一个或者多个技术特征，以缩小保护范围。”

上述规定中与并列技术方案相关的修改方式是“技术方案的删

[1] 参见国家知识产权局第200160号复审决定。

除”，即一个权利要求中的若干并列技术方案中删除其中一个或几个技术方案。实践中，如果诉争权利要求被视为一个技术方案，而非并列技术方案，则该修改方式并不适用，在不存在其他可被接受的修改方式的情况下，需要退回到授权文本中的权利要求进行审查。

之所以在无效宣告请求程序中会对权利要求的修改方式作上述限定，原因是在专利法框架下，如何尽可能平衡专利申请人或专利权人利益与社会公众利益是相关制度的共同追求，而专利授权及无效的各个阶段的利益侧重有所不同，因此，不同阶段修改制度的设置亦有所不同。

授权之前，因尚不存在权利的公示效力，故无论是在实审还是复审阶段，均为专利申请人提供了很大的修改空间，以更多地保障专利申请人的利益。例如，对修改文本并无上述 4 种方式的限定，可修改的对象既包括权利要求书也包括说明书等。

但授权之后的情形则有所不同。专利一旦授权公告，其作为一种垄断性权利，会对社会公众利益产生影响，公众未经许可将不得实施落入专利权保护范围的技术方案。考虑到发明专利授权过程中审查员难以查询全部现有技术，而实用新型等专利无需实质审查即可授权等因素，专利法同时规定了无效宣告请求制度，以避免专利权人对于公有领域的不当占有。对于应被宣告无效的专利而言，其所占用的公有资源虽表面体现为技术方案，但实质体现为专利权人在专利授权之后至被宣告无效之前对社会公众行为的限制，以及社会公众基于此限制而损失的利益。亦即，尽管专利最终被宣告无效，但专利权自授权至被宣告无效这一期间仍曾处于有效状态，专利权人仍可以在该时间范围内禁止社会公众实施与该专利相关的行为，从而使得社会公众利益受损。

针对技术方案层面的公有领域占用问题，主要通过无效宣告请求制度予以解决。但由此导致的对社会公众行为限制的问题，则在一定程度上依赖于对于权利要求修改方式的限制。修改方式的相关限制可以使社会公众对于权利要求修改后的最终状态具有相对稳定的预期。在此基础上，公众可以依据其对具体无效宣告请求理由及对比文件等的评估，对于哪些权利要求可能被宣告无效进行预判，并在专利有效期内针对可能被宣告无效的技术方案进行后续研发或相应的准备行为等，而无需等待专利被宣告无效的最终裁判结果，从而节省时间成本。

对于修改方式而言，如果完全从社会公众的合理且稳定的预期角度出发，最理想的做法当然是不允许专利权人在无效宣告请求程序中修改权利要求。但专利法的基本宗旨仍然是鼓励发明创造，因此，专利法仍赋予了专利权人在无效宣告请求程序中修改权利要求的权利。尽管如此，社会公众的合理且稳定的预期仍是不能忽视的因素。《专利审查指南（2010）》中有关修改方式的规定在一定程度上即是基于这一考量。依据《专利审查指南（2010）》规定的4种修改方式，社会公众至少可以确定专利权人使用的技术特征只能是权利要求中已记载的技术特征，而不包括仅记载说明书中的技术特征。当然，上述限制仍会使得最终可能被维持有效的权利要求具有不确定性，但至少好于对修改方式毫无限制而导致的完全不可预期，有利于对社会公众利益的维护。

对于修改方式限制的必要性亦可从另一角度分析。如果对于授权专利的修改方式不加以限制，则专利权人可能无需重视权利要求的撰写，对于马库什权利要求更是如此。即便撰写了保护范围过大的独立权利要求，一旦出现无效宣告请求，专利权人只需针对无效宣告请求理由进行对应性修改即可，而其使用的修改内容既可以来源于权利要求书，亦可以来源于说明书。这使得专利权人既可以在不存在无效宣告请求的情况下获得最大范围的且可能涵盖公有领域的保护，也可以在存在无效宣告请求时通过不受限制的修改方式保证专利的稳定性，从而在两种情况下都获利。这一做法过于保护了专利权人利益，而忽视了公众利益，显然并非专利法平衡专利权人利益与公众利益的价值所在。

【案例2-2】杀真菌混剂[1]

该案涉及的是专利号为ZL98805666.6，名称为“杀真菌混剂”的发明专利，其权利要求1内容如下。

1. 一种杀真菌混剂，包括重量比为10：1～0.01：1的

a.1）结构式为I.d的氨基甲酸酯，

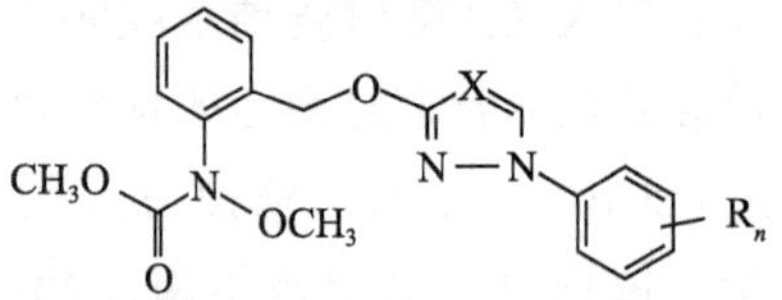

I.d

其中X是CH和N，n是0、1或2以及R是卤素、C_1-C_4烷基和C_1-C_4卤素烷基，如果$n=2$，R可以是不同基团，或它们的盐或加合物，

和b）来自苯并咪唑或产生苯并咪唑的前体（Ⅱ）一类的杀真菌活性化合物，所述苯并咪唑或产生苯并咪唑的前体（Ⅱ）选自以下化合物

Ⅱ.a：1-（丁基氨基甲酰基）苯并咪唑-2-基氨基甲酸甲基酯

[1] 参见北京知识产权法院（2018）京73行初9342号行政判决书。

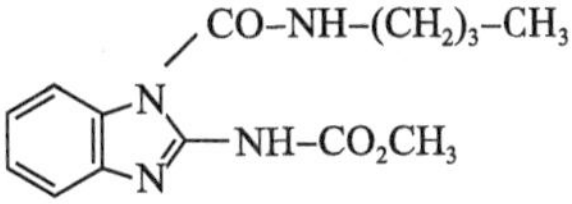

（Ⅱ.a）

Ⅱ.b：苯并咪唑－2－基氨基甲酸甲基酯

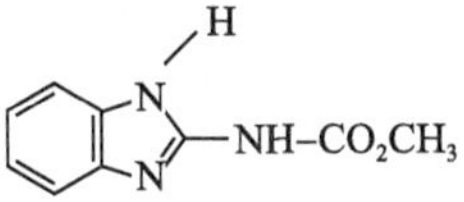

（Ⅱ.b）

Ⅱ.c：苯并咪唑－2－基氨基甲酸2－(2－乙氧基乙氧基) 乙基酯

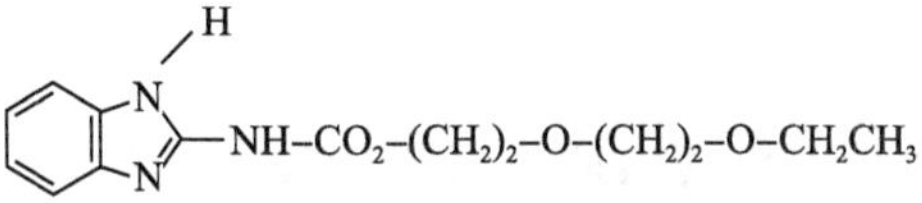

（Ⅱ.c）

Ⅱ.f：4，4'－(邻－亚苯基) 双 (3－硫代脲基甲酸甲酯)

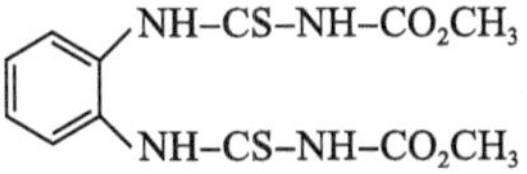

（Ⅱ.f）。

该案中，专利权人提交的修改文本2是将授权文本权利要求1中的马库什要素“X是CH和N”修改为“X是CH”，即删除了X定义中的氮（N）。专利权人认为“X是CH”与“X是N”对应两个并列技术方案，因此这一删除方式属于对技术方案的删除。

专利权人该主张成立的前提是马库什权利要求属于并列技术方案的集合，亦即选用任一马库什要素中的可选项均可构成一个单独的技术方案。但正如前文所述，马库什权利要求原则上应被视为一个技术方案，而非并列技术方案的集合，故专利权人依据X的可选项数量将权利要求1划分为两个并列技术方案，并认为删除“X是N”属于技术方案的删除的主张不能成立。基于此，被诉决定以及判决中均认定该修改方式不应被接受。因专利权人同时亦提交了其他可被接受的修改文本，故该案的创造性评述系以被接受的修改文本为准。

2. 修改方式对创造性判断的影响

在具体案件中，专利权人之所以希望通过删除权利要求中的某些技术特征的方式，以克服创造性的缺陷，通常是因为该技术特征已被现有技术公开，从而使得权利要求具有被宣告无效的可能性。而如果相关技术特征可被删除，并且该删除方式可被接受，则该技术特征在与现有技术对比时将不再予以考虑，诉争技术方案更可能被认定具备创造性。

【案例 2－3】用于钣金薄板快速自攻锁紧螺钉[1]

该案涉及的是专利号为 ZL200920075414.5，名称为“用于钣金薄板快速自攻锁紧螺钉”的实用新型专利，其权利要求 1 和权利要求 3 内容如下。

1. 一种用于钣金薄板快速自攻锁紧螺钉，包括螺钉体和位于螺钉体顶部的螺盖以及设在螺盖中央的改锥槽，其特征是：所述螺钉体的螺纹为双线螺纹，螺纹延至螺钉头下支承面，所述螺钉头下支承面呈凹形台。

……

3. 根据权利要求 1 所述的用于钣金薄板快速自攻锁紧螺钉，其特征是所述螺钉体尾部呈断尖状，为 35°±5°束尾。

该案中，针对权利要求 3，专利权人在无效宣告请求程序中提交了修改文本，采用具体放弃的方式，在原数值范围“35°±5°”中排除了“40°”这一端点。无效宣告请求审查决定中认定该修改

[1] 参见国家知识产权局专利复审委员会第 24259 号无效宣告请求审查决定。

方式不属于技术方案的删除，因此，未予接受。在此基础上，创造性的评述仍以授权文本为基础。因为现有技术的数值范围为45°±5°，其中40°这一端点落入诉争权利要求数值范围“35°±5°”内，故诉争技术方案这一数值范围特征已被公开。在此基础上，无效宣告请求审查决定中认定诉争权利要求3不具备创造性。

但可以想见，如果权利要求3的技术方案被认定为并列技术方案，则专利权人的该修改方式属于对技术方案的删除，应被接受。在此情况下，原有现有技术中与诉争技术方案中相重合的端点已被删除，这也就意味着该数值范围特征不再是被公开的技术特征，而成为区别特征，这一结果显然会对创造性判断的结论产生影响。

（三）不同情形对应不同的优先权核实结果

1. 优先权制度相关规定

《专利法》第29条规定了优先权制度，包括外国优先权与本国优先权。其中外国优先权的规定为：“申请人自发明或者实用新型在外国第一次提出专利申请之日起十二个月内，或者自外观设计在外国第一次提出专利申请之日起六个月内，又在中国就相同主题提出专利申请的，依照该外国同中国签订的协议或者共同参加的国际条约，或者依照相互承认优先权的原则，可以享有优先权。”本国优先权的规定为：“申请人自发明或者实用新型在中国第一次提出专利申请之日起十二个月内，或者自外观设计在中国第一次提出专利申请之日起六个月内，又向国务院专利行政部门就相同主题提出专利申请的，可以享有优先权。”

优先权制度对于专利申请人或专利权人的主要利益在于如果优先权成立，则除非法律有特殊规定，否则优先权日视为申请日。《专利法实施细则》第11条规定：“除专利法第二十八条和第四十二条规定的情形外，专利法所称申请日，有优先权的，指优先权日。”

2. 优先权核实对创造性判断的影响

优先权是否成立直接影响现有技术范围的大小，而现有技术范围的不同很可能对创造性判断的结论产生影响。《专利审查指南(2010)》第二部分第三章第2.1节的“现有技术”部分规定“根据专利法第二十二条第五款的规定，现有技术是指申请日以前在国内外为公众所知的技术。现有技术包括在申请日（有优先权的，指优先权日）以前在国内外出版物上公开发表、在国内外公开使用或者以其他方式为公众所知的技术。”基于上述规定可知，在优先权成立的情况下，现有技术应是优先权日（而非实际申请日）之前公开的技术。但如果优先权不成立，则应以实际的申请日作为判断现有技术的时间点。二者之间的差别在于优先权日与实际申请日之间产生的技术方案是否可作现有技术。如果优先权成立，则其并非现有技术。反之则可以作为现有技术。

因为优先权核实的对象是技术方案而非权利要求。这也就意味着，如果一项权利要求中包括多个并列技术方案，则需要针对每个技术方案进行优先权核实。因为针对每个技术方案核实的结果可能并不相同，故核实的结果可能是部分技术方案享有优先权，但其他技术方案并不享有优先权。基于此，对于一些权利要求而言，是否被认定为并列技术方案在创造性问题上可能产生的影响在于整体权利要求不具备创造性，还是其中某一个或某几个技术方案不具备创造性。

如本章案例2－1涉及优先权的核实，其专利权利要求1内容如下。[1]

1. 下式（1a）的化合物或其药学上可接受的盐、互变异构体

[1] 参见北京知识产权法院（2015）京知行初字第1297号行政判决书。

或水合物：

$A-O-CH_2-P(O)(-OC(R^2)_2OC(O)X(R)_a)(Z)$　(1a)

其中 Z 为 $-OC(R^2)_2OC(O)X(R)_a$ 或 $-OH$；A 为抗病毒的膦酰甲氧基核苷酸类似物残基；X 为 N 或 O；R^2 独立地为 -H、未取代的或者被 1 或 2 个卤素、氰基、叠氮基、硝基或 OR^3 取代的 C_1-C_{12} 烷基、C_5-C_{12} 芳基、C_2-C_{12} 链烯基、C_2-C_{12} 链炔基、C_7-C_{12} 链烯基芳基、C_7-C_{12} 链炔基芳基或 C_6-C_{12} 烷基芳基，其中 R^3 为 C_1-C_{12} 烷基、C_2-C_{12} 链烯基、C_2-C_{12} 链炔基或 C_5-C_{12} 芳基；R 独立地为 -H、未取代的或者被 1 或 2 个卤素、氰基、叠氮基、硝基、$-N(R^4)$ 2 - 或 OR^3 取代的 C_1-C_{12} 烷基、C_5-C_{12} 芳基、C_2-C_{12} 链烯基、C_2-C_{12} 链炔基、C_7-C_{12} 链烯基芳基、C_7-C_{12} 链炔基芳基或 C_6-C_{12} 烷基芳基，其中 R^4 独立地为 -H 或 C_1-C_8 烷基；条件是，至少一个 R 不是 H；当 X 是 O 时，a 是 1，或者当 X 是 N 时，a 是 1 或 2；条件是：当 a 是 2 而且 X 是 N 时，(a) 两个与 N 原子连接的…R 基团可以一起形成一个含一个氮的杂环或一个含一个氮和氧的杂环，(b) 一个与 N 原子连接的……R 基团还可以是 OR_3 或者 (C) 两个与 N 原子连接的 R 基团可以是 -H

该案中，专利权人主张权利要求 1 享有优先权，其理由为权利要求 1 采用的是马库什权利要求的撰写方式，其应被视为若干具体化合物的集合，每个化合物是一个技术方案。因为其中多个化合物在优先权文本中均有记载，因此，这些化合物享有优先权。

该案的专利权人之所以主张优先权，原因在于该案使用的现有技术证据Ⅱ-17 的公开日处于诉争专利申请日与优先权日之间。如果诉争权利要求可被视为多个并列技术方案，且其中部分技术方案享有优先权，则该证据不构成现有技术，不能用于评价新颖性及创造性。

该案中，法院认为，对于马库什权利要求而言，其原则上应视为一个技术方案，而非若干具体化合物的集合。在优先权核实时，应将该权利要求作为一个技术方案与优先权文本中的技术方案进行比对，而非仅比对权利要求中的具体化合物。因为与优先权文本中的技术方案相同的仅是诉争权利要求范围内的具体化合物，而非诉争权利要求，基于此，诉争权利要求 1 并不享有优先权，相应地，证据Ⅱ－17 属于该权利要求的现有技术。在此基础上，诉争权利要求 1 被认定不具备创造性。

（四）不同情形适用不同的技术特征公开规则

一些情况下，将某一权利要求认定为一个技术方案，还是多个并列技术方案，会影响区别技术特征的认定规则，并进而影响创造性的判断结论。这一认定规则的不同主要体现在涉及数值范围、上下位概念、功能性特征及表示通式化合物的马库什权利要求中。前文中已指出，上述权利要求均属于一个技术方案，而非多个并列技术方案，因此，只要上述概括的范围内任一具体点值、下位概念、具体实施方式或具体化合物被公开，则上述数值范围、上位概念、功能性特征及马库什权利要求可被认定公开，不构成区别特征。在区别特征的认定部分会对这一问题进行分析，此处不再详述。

第二节　权利要求的解释

一、权利要求的解释与创造性判断

实践中，人们对于创造性问题的关注焦点常常集中在如何确定最接近的现有技术、如何认定实际解决的技术问题、如何认定结合启示等问题上，但对权利要求的解释问题却缺少应有的重视。

创造性判断的过程实质就是将诉争权利要求中的技术方案与现有技术相比较的过程，而诉争权利要求保护范围的确定是该过程的必经环节。但因权利要求采用的是文字限定的方式，而文字本身的特性使得客观上既存在同一词语被解读出不同的含义的情形，也存在不同词语具有相同含义的情形。因此，很多情况下，针对同一权利要求可能存在不同的解释。

在采用“三步法”判断创造性时，确定诉争技术方案与最接近现有技术之间的区别技术特征是其中的必经步骤，如果对同一权利要求作出了不同的解释，则极可能影响区别技术特征的认定，而在区别技术特征不同的情况下，后续有关实际解决的技术问题，以及区别技术特征是否显而易见的认定都会有所不同，相应地，其得到的创造性结论亦可能不同。这也是为何在一些案件中，当事人之间的争议焦点集中于权利要求的解释问题上的原因。通常来说，在专利授权确权程序中，专利权人或专利申请人希望权利要求的范围解释得越小越好，以增大被认定具备创造性的可能性。而无效宣告请求人则希望解释得越大越好，以增大专利被宣告无效的可能性。

【案例2－4】一种圆柱形导针同向引出束腰封口的锂离子动力电池❶

该案涉及的是专利号为 ZL201120536153. X，名称为“一种圆柱形导针同向引出束腰封口的锂离子动力电池”的实用新型专利，其权利要求 1 内容如下。

1. 一种圆柱形导针同向引出束腰封口的锂离子动力电池，包括装于圆柱形铝壳（1）中的锂离子电池芯（2），其特征在于，所

❶ 参见北京知识产权法院（2016）京 73 行初 4355 号行政判决书。

述的锂离子电池芯（2）的正负极金属箔（3）与圆柱体导针（4）后段压制成的极耳片（5）连接，导针（4）前段由橡胶端盖（7）的导针孔（8）引出，所述的锂离子电池芯（2）通过滚动成型的束腰封口（9）和橡胶端盖（7）封装于圆柱形铝壳（1）之中。

该案中，法院与被诉决定给出了不同的创造性认定结论，导致这一分歧的根本原因在于如何理解诉争技术方案中的导针孔（8），如图2-1和图2-2所示，以及对比文件中是否公开了该技术特征。被诉决定在对导针孔的理解中考虑了其防爆功能，认为对比文件虽公开有导针孔，但未公开其具有释放气体防止爆炸的作用，因此，该技术特征为区别技术特征。相应地，认为该区别技术特征的获得非显而易见，诉争技术方案具备创造性。

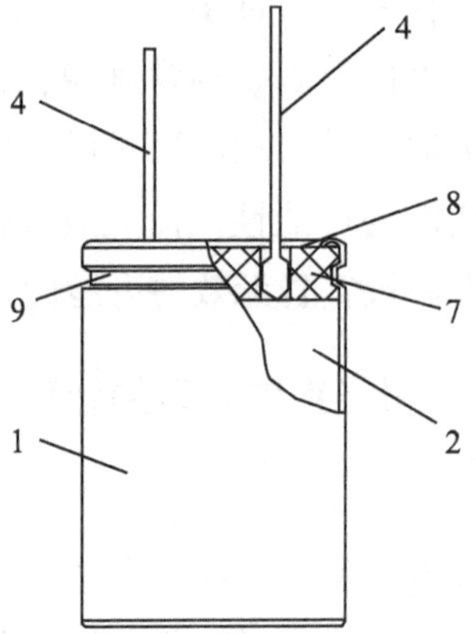

图2-1 涉案专利
ZL201120536153. X 附图1

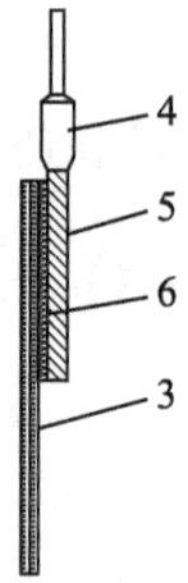

图2-2 涉案专利
ZL201120536153. X 附图2

但法院认为，尽管对比文件说明书并无明确记载，但由其公开内容可以看出，对比文件中的导针孔同样具有防爆作用，因此，被诉决定有关其不具有防爆作用的认定有误。退一步讲，即便其不具有防爆作用，但在进行技术方案比对时，原则上仅应考虑权利要求中所限定的技术特征，故在该防爆作用并未在该专利权利要求中有所记载的情况下，该作用在比对时亦不应考虑。再退一步讲，即便需要考虑该防爆作用，在诉争技术方案是产品权利要求的情况下，该功能亦只有在对产品的形状或构造产生影响的情况下，才有考虑的必要性。专利权人虽表示防爆功能对于导针孔与导针之间结合的严密程度有所要求，但并未提交证据，亦未进行合理解释，因此，无法看出该功能会使得诉争权利要求具有与对比文件不同的形状或构造。基于此，该技术特征已被对比文件公开，该技术特征不会使诉争技术方案具备创造性。

需要指出的是，虽然权利要求的解释对于创造性的认定至关重要，且通常情况下亦应该对权利要求的保护范围给出确切的认定，但毕竟界定权利要求的保护范围并非案件审理的目的，而仅是创造性判断的考虑因素之一。故在一些案件中，即使不同当事人对于权利要求具有不同解释，但如果采用其中任一解释，均会得出相同的创造性判断结论，则无需给出唯一确定的解释。

【案例2-5】一种用于自治传输通信的方法[1]

该案涉及的是专利号为ZL200580038621.8，名称为“用于连同服务特定传输时间控制的高速上行链路分组接入（HSUPA）中的自治传输的慢MAC-E”的发明专利，其权利要求1内容如下。

1. 一种用于自治传输通信的方法，包括：定义针对媒体接入控制层的虚拟传输时间间隔，其中，所述虚拟传输时间间隔长于传输时间间隔，并定义后续新的传输之间的最小时间间隔；在当前的

[1] 参见北京知识产权法院（2019）京73行初930号行政判决书。

空中接口传输时间间隔内传送第一数据分组；以及仅在所述虚拟传输时间间隔已经到期之后，在相同的媒体接入控制层流上传送所述第一数据分组后的后续新的数据分组。

专利权人主张诉争权利要求中的虚拟传输时间间隔应理解为仅针对新的数据，而不针对重传的数据。法院认为专利权人这一主张的关键在于对权利要求中“新的传输”以及“新的数据分组”的理解。上述限定无非存在两种理解：其一，无论是新的或是重传的数据，只要是一次新的传输，均可被视为“新的传输”或“新的数据分组”。依据这一解释则意味着诉争权利要求的虚拟传输时间间隔既针对新的数据，也针对重传的数据。其二，“新的”限定的是新的数据，而非重传的数据，依据这一解释则诉争权利要求限定的是针对新的数据的虚拟传输时间间隔。

在分别基于上述两种解释方式将诉争权利要求与证据 2 进行比对的情况下，法院认为，依据第一种解释方式，因证据 2 中的虚拟传输时间间隔既针对新的数据，也针对重传的数据，故证据 2 显然公开了诉争权利要求中的上述特征。依据第二种解释方式，证据 2 同样公开了针对新的数据设定的虚拟传输时间间隔。虽然证据 2 的虚拟传输时间间隔同样适用于重传的数据，但诉争权利要求并未限定虚拟传输时间间隔仅能适用于新的数据而不能适用于重传的数据。在对于重传数据的虚拟传输时间间隔并非诉争权利要求所限定的技术特征的情况下，将诉争权利要求与证据 2 进行比对时，无需考虑重传数据这一内容。也就是说，无论证据 2 的虚拟传输时间间隔是否适用于重传的数据，该技术特征均不构成其与诉争权利要求的区别，可见，无论采取哪种解释方式，证据 2 均公开了上述技术特征，因此，无需对其给出唯一确定的解释。

二、权利要求的解释主体——本领域技术人员

本领域技术人员是所有专利授权确权条款的判断主体，在权利要求的解释这一问题上亦不例外。技术的研发通常是在本领域技术方案的基础上展开，本领域技术人员才是真正关注该技术方案且与之有切身利益的群体，因此，专利法中公开换保护原则所对应的公开对象只能是本领域技术人员。

《最高人民法院关于审理专利授权确权行政案件适用法律若干问题的规定（一）》（法释〔2020〕8号）第2条规定："人民法院应当以所属技术领域的技术人员在阅读权利要求书、说明书及附图后所理解的通常含义，界定权利要求的用语。权利要求的用语在说明书及附图中有明确定义或者说明的，按照其界定。"

以本领域技术人员为解释主体，也就意味着，如果专利权人或专利申请人对于权利要求的解释与本领域技术人员不同，则应以本领域技术人员的解释为准。这一做法除考虑前文提到的公开换保护以维护专利文本的公示效力这一原因之外，另一因素在于即使从善意理解角度出发，亦不能当然认定专利权人或申请人在案件中的相应解释就是该技术方案当时的真实内容。

当然，实践中确实存在因撰写不当而导致权利要求的保护范围与真实的技术方案不相符的情形。但即便在此种情况下，亦应以权利要求书客观传达给本领域技术人员的含义为准。专利文件的撰写需要专门的撰写技巧，如果因撰写技巧的欠缺，使得专利权人或专利申请人想表达的技术方案与权利要求所客观展现的技术方案并不完全匹配，承担这一后果的只能是专利权人或专利申请人，而不可能是公众。

三、权利要求与说明书、附图的关系

专利文件包括权利要求、说明书及附图，上述各部分在权利要求保护范围的确定上具有不同的作用。权利要求书与说明书、附图之间的关系大体上类似于论点与论据之间的关系。人们如果仅看论点而不看论据通常会很难理解或者很难充分理解这一论点。同样的道理，本领域技术人员不看说明书，而仅看权利要求书亦同样很难理解权利要求的真实含义。尽管如此，论据仍是为论点服务，说明书及附图亦不能取代权利要求的核心位置，专利的保护范围仍以权利要求为准。

具体而言，因为权利要求的作用在于确定专利保护范围，故其需要采用相对抽象概括的表达方式，不能长篇大论，每一个特征均尽可能用简短的概念或术语表示。但抽象简要的弊端在于其难以使本领域技术人员充分理解权利要求的具体内容。说明书及附图的配合作用体现在对于技术方案相关内容的详细描述上，包括技术方案的实现方式、机理、技术效果等。除此之外，在一些情况下还会起到字典的作用。虽然权利要求主要使用的是本领域中通用的技术术语，但在并无合适的通用术语的情况下，专利申请人会选择使用自造词。自造词如果不经解释，本领域技术人员必然无法理解其具体含义，但如果将对自造词的解释写进权利要求中，会使得权利要求无法满足专利法有关简明的要求，因此，适合的方式是将其在说明书中进行界定。正因为说明书具有上述功能，专利法对于说明书提出了公开充分的要求，说明书需要公开到足以使本领域技术人员可以实施该技术方案，并获得说明书中所记载的基本技术效果的程度。

下例中权利要求的文字可清楚地显示权利要求与说明书、附图之间的关系。该案例涉及的是专利号为 ZL201620271917. X，名称为“一种嵌入式 LED 洁净龙骨灯”的实用新型专利，其权利要求 1 内容如下。

1. 一种嵌入式 LED 洁净龙骨灯，安装在具有凹槽的龙骨（1）上，其特征在于：包括灯条（2）、驱动电源（3）和连接灯条（2）与驱动电源（3）的电源线（4），所述灯条（2）包括光源组件（2－1）和透光罩（2－2），所述光源组件（2－1）安装在透光罩（2－2）内部，所述透光罩（2－2）包括罩体（2－22）和两个用于卡接所述龙骨（1）的凹槽的导程条（2－21），所述罩体（2－22）和导程条（2－21）为一体成型设置。

在该权利要求中，既包括一些本领域技术人员可理解的通用术语（比如凹槽、电源线、龙骨等），但仍有一些内容仅依据文字理解较难准确知晓其真正含义（比如光源组件、导程条等）。对于这些术语，只能结合说明书及附图进行理解。该专利说明书中对于上述术语并未进行文字限定，但给出了相关附图。本领域技术人员只有在结合附图（见图 2－3 和图 2－4）及字面含义进行整体理解的情况下，才可以理解其含义。

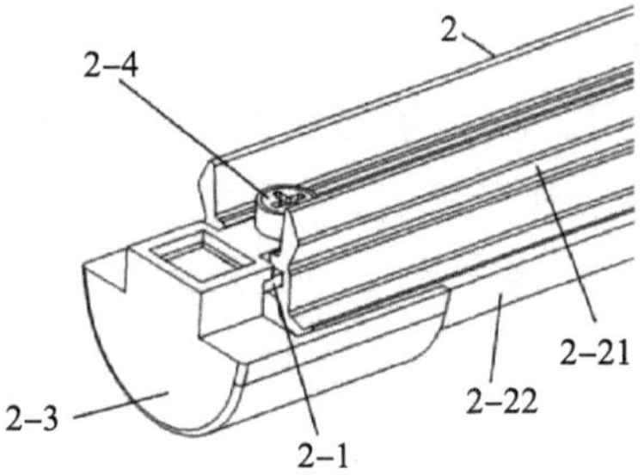

图 2－3 涉案专利

ZL201620271917. X 附图 1

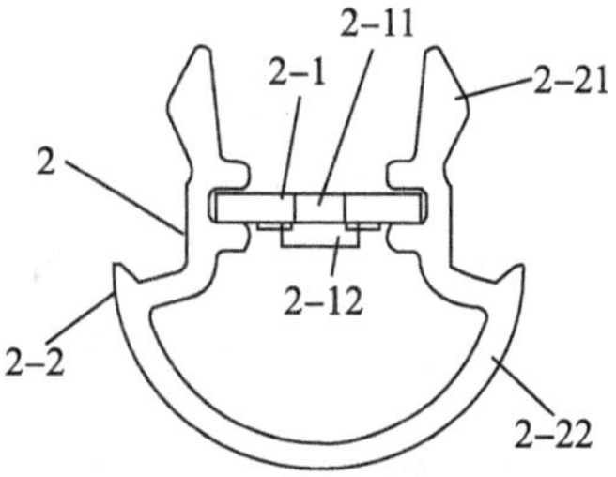

图 2－4 涉案专利

ZL201620271917. X 附图 2

实践中，甚至可能出现一种情况：相同的专利申请人，关联的技术方案，对基本相同的部件却使用了不同的术语表达。在此情况下，如果不结合说明书的记载，本领域技术人员很难作出准确理解。下面两个权利要求即属于此种情形，其中的每一对术语均对应基本相同的部件：光源对应激发光源；模板对应导热衬底；波长转换材料对应受激材料；二向色元件对应分光滤光片。

第一例权利要求涉及一种照明装置。

1. 一种用于提供多色光的照明装置，包括：光源，其用于产生激发光，所述激发光为蓝光；模板，其包括两个或更多分区，其中所述分区中的一个或多个各自包含波长转换材料，该波长转换材料能够吸收所述激发光并发出波长不同于所述激发光的波长的光……；以及二向色元件，其被设置在所述波长转换材料和所述光源之间，所述二向色元件透射所述激发光和反射由所述波长转换材料发出的光。

第二例权利要求涉及一种光源结构。

1. 一种基于荧光粉提高光转换效率的光源结构，包括激发光源（1）、受激材料（3）和导热衬底（4），所述受激材料（3）紧贴在所述导热衬底（4）上；还包括分光滤光片（2），其特征在于：还包括转盘（5），所述导热衬底（4）固定在该转盘（5）上或者为该转盘盘面的一部分；所述激发光源（1）面对所述分光滤光片（2），使激发光线斜射向该分光滤光片（2）；所述受激材料（3）大致正迎向由该分光滤光片（2）引导来的所述激发光线。

四、权利要求的解释规则

《专利法》第64条规定：“发明或者实用新型专利权的保护范围以其权利要求的内容为准，说明书及附图可以用于解释权利要求。”依据该规定，权利要求的保护范围原则上应以权利要求记载的内容“为准”，说明书及附图可以用以“解释”权利要求，但仅仅是“解释”而已，不能对权利要求作进一步“限定”。

权利要求的解释涉及两个不同角度：其一为文字范围的确定，即是否记载在权利要求中的文字均属于考虑范围，如果不是，哪些文字需要考虑，哪些无需考虑，等等。其二为文字含义的确定。文字本身的特性决定了很多情况下同一词语可能存在不同的含义，或者不同词语具有相同的含义。因此，在确定需要考虑的文字范围之后，对于存在不同含义的用语需要进一步确定其具体含义，在确定具体含义的过程中，则可能会涉及对于说明书及附图的使用。

下文中分析的权利要求的解释规则，基本上均基于上述两个角度。就文字范围而言，除非存在隐含限定的内容，原则上不应超出权利要求记载的范围，但也并非只要权利要求记载的内容均必然会对权利要求的保护范围产生影响，其中只有对于主题名称产生影响的内容才具有限定作用，对于不具有限定作用的内容即便记载在权利要求中亦无需考虑。对于文字含义而言，除非说明书或附图对其权利要求中的“用语”有特别界定，否则以本领域技术人员的通常理解为准，除此之外的说明书及附图内容不能用以限定权利要求。

（一）何为“以权利要求的内容为准”

1. 不超出权利要求记载的文字范围，除非存在隐含限定的技术特征

原则上，可用于解释权利要求的文字不应超出权利要求记载的文字范围。就独立权利要求而言，其多数情况下由前序部分与特征部分两部分构成。《专利审查指南（2010）》第二部分第二章第3.3.1节的“独立权利要求的撰写规定”部分对此作了相关规定，要求发明或者实用新型的独立权利要求包括前序部分和特征部分，

其中前序部分是要求保护的发明或者实用新型技术方案的“主题名称”和发明或者实用新型主题与最接近的现有技术“共有”的必要技术特征，而特征部分是发明或者实用新型“区别于”最接近的现有技术的技术特征。需要注意的是，上述要求仅是对于撰写形式的要求，目的在于引导申请人撰写一份主次分明重点突出的权利要求，但这一撰写形式本身对于权利要求的保护范围不会产生影响。在确定权利要求保护范围时，无论是记载在前序部分的文字，还是记载在特征部分的文字，均应纳入考虑范围。

下例权利要求的主体部分是前序部分，特征部分基本上仅包括一个技术特征，但在确定保护范围时，两部分均应考虑。

1. 打印机墨盒，包括带有墨腔的盒体，盒体一个面上有设置密封圈的供墨口；盒体位于供墨口相对的面上有大气通道；墨腔由相互连通的主腔和辅腔构成，在主腔与辅腔的连通部附近设置墨尽检测棱镜；其特征在于：盒体在与供墨口相邻的侧壁间侧置一单向阀，辅腔通过单向阀与供墨口连通。

《专利审查指南（2010）》对于前序部分与特征部分的要求并非强制要求，因此，实践中存在大量不采用这一方式撰写的权利要求。对于这些权利要求而言，确定保护范围时所要考虑的文字范围同样原则上不能超出文字记载的范围。下例即属于此种情形。

1. 一种形成适合用于构造墙、地板、天花板或门的层压结构的方法，所述层压结构包括具有选定厚度和面积的平板，所述方法包括：将石膏墙板跨过其厚度对分并分离，以提供第一外部层和第二外部层，该第一外部层包括第一表面和第二表面；将含有水分的粘弹性胶合剂层施加到所述第一表面；使气体在所述胶合剂之上流过并持续一段预定的时间，以从所述胶合剂移除选定量的水分，使得所述胶合剂的水分含量以重量计低于百分之五；和将第二外部层放置到所述胶合剂层上，其中所述胶合剂在所述第一层与第二层之间，由此将所述第一外部层结合到所述第二层。

此外，前序部分和特征部分这一撰写要求针对的是独立权利要求，对于从属权利要求则并无此类要求。对于从属权利要求而言，因其既包括引用的独立权利要求部分，也包括附加技术特征部分，故在确定权利要求保护范围时，既需要考虑引用的权利要求的内容，也需要考虑从属权利要求的附加技术特征。

仍以上述打印机墨盒为例，其在确定从属权利要求 2 和权利要求 3 的保护范围时，需考虑权利要求 1 的内容。

2. 根据权利要求 1 所述的打印机墨盒，其特征在于：所述辅腔是主腔的一部分，辅腔的顶面位置低于墨尽检测棱镜反光点。

3. 根据权利要求 2 所述的打印机墨盒，其特征在于：盒体外壁设有墨尽检测棱镜隔板。

专利的保护范围需要依据权利要求的记载来确定，并不意味着未记载在权利要求中的内容在任何情况下均不考虑，更不意味着只要在权利要求中有记载的内容均需考虑。一些情况下，某些技术特征虽未被明确以文字形式记载在权利要求中，但结合权利要求整体理解可以确定该技术方案必然具有这一技术特征，则该技术特征在确定权利要求的保护范围时仍然需要考虑。

比如，“一种桌子，其特征在于用金属材料制成”，该文字记载中虽然没有桌面这一技术特征，但本领域技术人员均知晓桌子必然有桌面，因此，桌面属于隐含限定的技术特征。

下例权利要求涉及一种用于投影仪的旋转轮。

一种旋转轮，为圆板形状，具备：荧光发光区域，该荧光发光区域沿上述圆板形状的周缘设有荧光体；环状的台阶部，该环状的台阶部以形成上述荧光发光区域的面作为基准面，相对于该基准面形成台阶状；以及平衡修正材料，设置在上述台阶部；在上述台阶部设置上述平衡修正材料，以使该旋转轮旋转时的旋转平衡均匀；上述台阶部是环状的表面台阶部，以使上述荧光发光区域成为凸部的方式设置在上述旋转轮的中央；上述表面台阶部形成在上述荧光发光区域的内周侧；在上述表面台阶部设置上述平衡修正材料。

该权利要求的主题名称中限定了“旋转轮为圆板形状”。纵观整个权利要求对于该技术特征均无进一步限定，因此，仅从文字上理解，可能被理解为一个完整的圆板形状。但对于本领域技术人员而言，其显然知晓此类产品的圆板中央会安装马达轴，而为配合其装置，该圆板中心必然会有一个孔，即其会将该圆板形状理解为专利权人所主张的空心的环形结构。基于此，法院认定，圆板中心存在一个孔属于隐含限定的技术特征。[1]

下例涉及一种制药用途的权利要求。

用于与阿比特龙或者其药用盐使用的式 I_a 的化合物或者其药用盐在制备用于在哺乳动物中处置前列腺癌的药物中的用途，所述式 I_a 为：

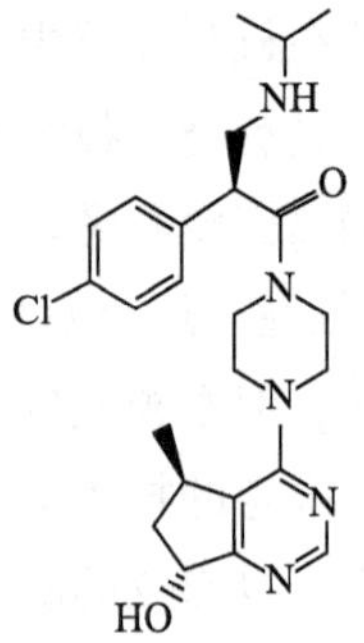

（I_a）

[1] 参见北京知识产权法院（2017）京73行初966号行政判决书。

该权利要求中需要判断的是其治疗前列腺癌的用途是否与“组合使用”这一特征相关。依据上述文字记载，治疗前列腺癌的用途针对的仅是“式I_a的化合物或者其药用盐”，而非“式I_a的化合物或者其药用盐”与“阿比特龙或者其药用盐”的组合使用。因此，就字面含义而言，权利要求1中不包括“组合使用”这一特征。但该权利要求属于制药用途权利要求，具有特殊的撰写方式，此类权利要求需要撰写为“在制备用于……的药物中的用途”，虽然就字面含义而言其指向的是在制备过程中的用途，实际上并非如此，其最终保护的是在药物使用过程中的用途。而对于制药用途的权利要求而言，在涉及联合用药时，上述权利要求中的表述是其常用表达方式之一，也就是说，本领域技术人员通常会认为该表述方式意指二者的结合使用，而非仅仅是式I_a的化合物或者其药用盐的用途。因此，在该案中，无论是国家知识产权局还是法院均将其理解为“式I_a的化合物或者其药用盐”与“阿比特龙或者其药用盐”的组合使用。[1]

2. 权利要求中对主题无限定作用的内容不予考虑

实践中存在一种误解，《专利法》第64条既然规定了“以权利要求的内容为准”，即意味着只要权利要求中记载的内容在确定权利要求保护范围的均需要考虑，但实则不然。虽然理想情况下权利要求的内容中应尽量不包括不具有限定作用的文字，但实践中很多被授权的权利要求并未达到这一要求，因此，在确定权利要求的保护范围时需要剔除这部分不具有限定作用的内容。

权利要求中的文字记载是否会对权利要求的保护范围产生影响，主要取决于其对该发明创造的主题是否有限定作用，《专利审

[1] 参见北京知识产权法院（2018）京73行初4164号行政判决书。

查指南（2010）》第二部分第二章第 3. 2. 2 节规定：“权利要求的主题名称应当能够清楚地表明该权利要求的类型是产品权利要求还是方法权利要求。”同一章节的第 3. 1. 1 节指出，“在类型上区分权利要求的目的是为了确定权利要求的保护范围……而每一个特征的实际限定作用应当最终体现在该权利要求所要求保护的主题上”。权利要求包括产品权利要求和方法权利要求两种类型。产品权利要求针对的是物，通常限定的是产品的形状、构造、材质等。而方法权利要求则针对的是行为，强调的是有时间过程要素的活动，具体包括制造方法、使用方法、通信方法等。

通常情况下，如果相关文字记载对于产品或方法本身不会产生影响，则该部分内容对于权利要求的保护范围不会产生影响。一种简单的判断方法在于，如果将相关文字删掉，是否会得到一种不同的产品或不同的方法。如果结论是不会得到，则相关文字并不具有限定作用。就目前情况而言，这种情形通常涉及的是与主题性质不同的技术特征。

比如，“一种桌子，其特征在于先做桌面，再做桌腿”。从主题上看该权利要求为产品权利要求，因此应从部件、结构、位置关系等角度进行限定。但其并未采用上述限定角度，而是采用了制备方法的限定方式。因无论先做桌面还是先做桌腿，两种方法制成的桌子均由桌面及桌腿构成，二者并非不同的桌子，因此，该权利要求中的“先做……后做……”并不具有限定作用。

但如果权利要求为“一种桌子，其特征在于桌面及桌腿注塑制成”，虽然“注塑制成”同样属于制备方法特征，但该制备方法隐含了对于桌面及桌腿材质的限定，亦即其限于可采用注塑工艺的材质。因采用与不采用这一制备工艺的桌子至少在材质上存在不同，而材质的不同导致二者成为不同的产品，因此，这一内容具有限定作用。

再如，“一种炉灶，其特征在于包括……且可用于烧水”与“一种炉灶，其特征在于包括……且可用于炒菜”，其中无论是烧水，还是炒菜，均属于对技术效果的限定。技术效果是技术方案实施后的结果，其通常不太会反过来影响炉灶这一技术方案，故上述技术效果特征不具有限定作用。

实践中，依据限定作用的有无进行划分，权利要求中的内容通常分为三种情形：其一，必然具有限定作用的内容，比如，产品权利要求中的部件、材质、结构、重量等。其二，必然不具有限定作用的情形，通常包括非技术特征、技术效果及机理特征。其三，可能具有限定作用的内容，通常包括制备方法、功能性限定、与使用相关的内容、安装方式等。上述三种情形中，因第一种情形通常并无争议，因此，下文中主要涉及后两种情形。

(1) 非技术特征不具有限定作用

发明或实用新型保护的是技术方案，因此，与技术无关的内容不可能影响权利要求的保护范围。如果权利要求中存在此类文字表述，则不具有限定作用。

下例权利要求涉及一种教学用具。

1. 一种以26个字母组成的语言单词教学用具，其特征在于：以语言单词的第一个字母为序，选择26个语言单词，将语言单词的含义用图像表现印在一张卡片上，制作成图卡，图卡布局为：采用扑克牌结构布局，即：中间是大的图像，左上角和右下角是小的单词拼写，将单词的拼写印在另一张卡片上制作成字卡，字卡布局为：中间是大的单词的拼写，左上角和右下角是小的图像，组成一套由26张图卡和26张字卡构成的语言单词教学用具。

该案权利要求1中，记载了图卡及字卡中对于单词的选择（即以语言单词的第一个字母为序，选择26个语言单词，组成一套由

26 张图卡和 26 张字卡构成的语言单词教学用具），以及图卡及字卡的布局（即图卡布局为采用扑克牌结构布局，中间是大图像，左上角和右上角是小的单词拼写；字卡布局为中间是大的单词拼写，左上角和右上角是小的图像）。上述内容虽均记载在权利要求 1 中，但其限定的均仅为卡片中的内容，与技术无关，且并不会对该申请限定的学习卡这一产品的结构等技术特征产生影响，因此，上述内容不具有实际限定作用，其不属于需要考虑的技术特征。[1]

实际上，该教学用具较为适合的保护方式是外观设计。《专利法》第 2 条规定："外观设计，是指对产品的整体或者局部的形状、图案或者其结合以及色彩与形状、图案的结合所作出的富有美感并适于工业应用的新设计。"基于该规定可知，与发明和实用新型以技术方案作为保护客体这一做法不同，外观设计强调的是产品的美感，保护的是以产品的形状、图案、色彩等作为表达要素的设计。而由诉争权利要求的记载可以看出，其文字内容基本上属于对该产品设计的描述。因为这一卡片类产品大体可被纳入外观设计中组件产品的范畴，因此，其适合采用外观设计的组件产品进行保护。

下例为实用新型专利，其权利要求 1 内容如下。

1. 一种窄型排水板快速沉降软地基的布局结构，由多个排水板组植入软地基中形成，其特征在于，每个所述排水板组包括交错设置的多个第一排水构件和多个第二排水构件，同一所述排水板组的相邻所述第一排水构件和所述第二排水构件倾斜设置，同一所述排水板组的多个所述第一排水构件和所述第二排水构件横向间隔排布，多个所述排水板组纵向间隔排布。

该技术方案主要包括两部分，即排水板（10、20）与软地基

[1] 参见北京知识产权法院（2019）京 73 行初 8053 号行政判决书。

(30)，其中的软地基实为土地，如图 2－5 所示。二者的关系为多个排水板依据一定方式植入软地基（即土地）内，各排水板之间具有一定布局结构。在对该技术方案的理解中，重点在于判断软地基是否有限定作用。

《专利法》第 2 条第 3 款规定："实用新型，是指对产品的形状、构造或者其结合所提出的适于实用的新的技术方案。"《专利审查指南（2010）》第一部分第二章第 6.1 节规定："根据专利法第二条第三款的规定，实用新型只保护产品。所述产品应当是经过产业方法制造的，有确定形状、构造且占据一定空间的实体。一切方法以及未经人工制造的自然存在的物品不属于实用新型专利保护的客体。"

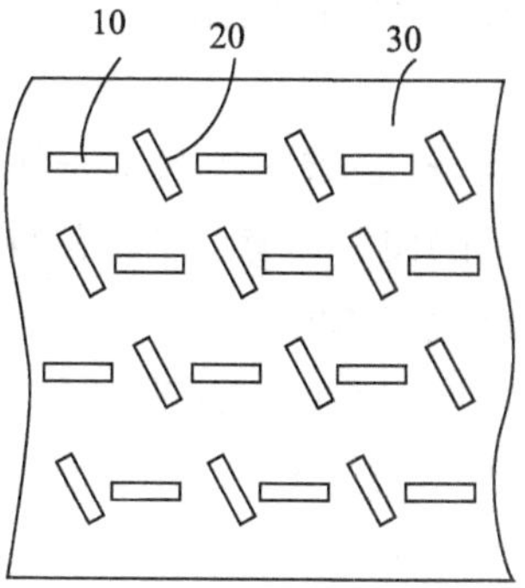

图 2－5　涉案专利 ZL201720229949.8 附图

依据上述规定，作为实用新型专利保护的"产品"应当"整体上"均可以被产业方法制造。如果某一实用新型的权利要求中包含了未经人工制造的自然存在的物品，且该部分的存在会导致其所要求保护的产品在整体上无法被产业方法制造，则该权利要求不属于实用新型专利保护的"产品"。因土壤属于自然存在物，且该特征的存在使得该产品整体上无法被工业制造，故该权利要求 1 中

"软地基"这一特征不属于专利法意义上的技术特征，对技术方案不具有限定作用。该案中，在不考虑软地基这一限定的情况下，"排水板快速沉降软地基的布局结构"这一技术方案将无法实施，相应地，其无法构成一个产品，因此，不符合《专利法》第 2 条第 3 款有关实用新型客体的要求。[1]

有观点认为，可以将软地基理解为产品的使用环境，而使用环境可以是未经人工制造的自然物，故不能仅因该技术方案中包含了自然物即认定其不属于保护客体，并在确定保护范围时，对该特征不予考虑。这一观点存在的问题在于混淆了"产品"的使用环境与"产品中某一技术特征"的使用环境。通常情况下，可作为使用环境出现在权利要求中的自然物应是"产品"的使用环境，而非"技术特征"的使用环境。比如，"一种用于河流的水质净化设备，其特征在于……"。该权利要求中的水质净化设备为产品，河流为水质净化设备这一产品的使用环境，二者各自独立存在，这一限定方式并不违反专利法有关客体的要求。

但前案中权利要求所记载的产品为"布局结构"，其中的软地基是技术特征"排水板"的使用环境，而非整体产品"布局结构"的使用环境。换言之，该权利要求中自然物是产品的构成部分，而非独立于产品存在。这一限定方式之所以不符合客体的要求，主要原因之一在于当软地基这一自然物属于产品构成部分时，该技术方案中可被制造的仅为排水板，也就是说，不仅软地基不可被制造，排水板与软地基之间的位置关系同样不可能在一个可被独立制造的产品中体现出来。对于无法被制造的产品或者无法在产品中体现的技术方案必然不符合专利法有关客体的要求。但对于前例中的水质

[1] 参见北京知识产权法院（2020）京 73 行初 10623 号行政判决书。

净化设备，产品本身并不包括自然物，二者各自独立存在，自然物的存在并不会使得水质净化设备无法被制造销售，因此，其并未违反客体的规定。实际上，该案中这一技术方案应采用方法权利要求的撰写方式，方法权利要求中并不排除对于自然物的使用，只不过撰写为方法权利要求，只能申请为发明专利，专利申请人无法获得实用新型专利无需实质审查即可授权的益处。

（2）整体技术效果特征及与之相关的机理特征通常不具有限定作用

在分析技术效果的限定作用之前，首先需要区分“整体技术效果”与“功能”这两个术语。通常而言，功能与效果较为类似且在实践中常被混用，但在本书权利要求解释这一语境下的技术效果仅指“整体技术效果”，针对诉争“技术方案”整体，而非某个具体“技术特征”的功能或效果。对于技术特征的功能或效果，下文中功能性特征部分将会论及。

正因这一区分仅是本章节语境下的界定，故其并不适用于对相关规范性文件的理解。比如，《最高人民法院关于审理侵犯专利权纠纷案件应用法律若干问题的解释（二）》（2020 年修正）第 8 条规定：“功能性特征，是指对于结构、组分、步骤、条件或其之间的关系等，通过其在发明创造中所起的功能或者效果进行限定的技术特征，但本领域普通技术人员仅通过阅读权利要求即可直接、明确地确定实现上述功能或者效果的具体实施方式的除外。”再如，《专利审查指南（2010）》在第二部分第二章第 3.2.1 节规定：“对产品权利要求来说，应当尽量避免使用功能或者效果特征来限定发明。只有在某一技术特征无法用结构特征来限定，或者技术特征用结构特征限定不如用功能或效果特征来限定更为恰当，而且该功能或者效果能通过说明书中规定的实验或者操作或者所属技术领域的惯用手段直接和肯定地验证的情况下，使用功能或者效果特征来限定发明才可能是允许的。”上述规定中均将功能、效果并列使用，二者具有基本相同的含义，但上述规定中的效果与功能均对应于本章节下文中的技术特征的功能，而非此处的整体技术效果。

每一个技术方案均有其对应的整体技术效果，而在权利要求中使用与该技术效果相关的词语进行限定具有一定的普遍性，但因技术效果是技术方案产生后附随产生的效果，其不可能反过来对技术方案产生影响，因此，除非是在用途权利要求中（属于方法权利要求的一种），否则此类文字内容通常不具有限定作用。因此，对于记载在权利要求中的整体技术效果特征通常无需考虑。

整体技术效果之所以不具有限定作用，原因在于专利权的保护客体虽然形式上是技术方案，但其真正保护的是专利权人为获得技术方案而付出的创造性劳动。同时，技术效果虽然是本领域技术人员追求的目标，但因该目标本身并不能体现本领域技术人员的创造性劳动，创造性劳动仅能体现在对这一目标的实现过程中，而这一过程的最终成果即为具体的技术方案。因此，专利权的保护客体应是技术方案，而非技术效果。比如，虽然治愈一切癌症是全人类的共同追求，但专利法显然并不保护这一目标，而只保护人们找到的可实现这一目标的具体技术方案。因此，对于撰写为“一种可治疗一切癌症的化合物”的权利要求而言，其中的“可治疗一切癌症”这一技术效果不具有限定作用，但具有上述技术效果的化合物则可作为实现该目标的技术方案获得专利法保护。

因为技术效果是技术方案实施后客观产生的效果，因此，只要权利要求中已明确记载了可实现该技术效果的全部技术特征，则技术效果限定客观上并无意义，而不允许使用技术效果进行限定亦不会影响技术方案的表述。比如上例中，如果“可治疗一切癌症”是该化合物的客观效果，则对于该化合物进行保护即意味着保护了专利权人为获得该技术效果付出的创造性劳动。与之不同的是，完全禁止采用功能性限定的方式，可能会影响权利要求的撰写，并进而无法使专利权人的技术贡献得到有效保护，对此问题会在下文中详细分析。

下例权利要求 1 涉及一种制剂。

1. 一种包含连续相和至少一种非连续相的适于局部施用的组合物，所述组合物包含至少一种多微泡分散体、至少一种维生素 D 或维生素 D 类似物和至少一种皮质类固醇，其中所述皮质类固醇主要在所述非连续相中，并且所述维生素 D 或维生素 D 类似物主要在所述非连续相中，其中，所述维生素 D 或维生素 D 类似物是维生素 D、卡泊三醇、西奥骨化醇、骨化三醇、他卡西醇、马沙骨化醇、帕立骨化醇、氟骨三醇、1α，24S－二羟基－维生素 D2、1（S），3（R）－二羟基－20（R）－[((3－(2－羟基－2－丙基)－苯基)－甲氧基)－甲基]－9，10－开环－孕甾－5（Z），7（E），10（19）－三烯或它们的混合物，其中，所述组合物包含相对于所述组合物的总重量为 5 重量% 至 90 重量% 的水，并且其中，所述组合物的 pH 为 7.0 至 8.5，所述组合物是稳定的，其中，将稳定性衡量为：在 40℃ 于密封的玻璃容器中储存 3 个月后，相对于原始量，所述维生素 D 或维生素 D 类似物的量的减少不超过 5%，并且所述皮质类固醇的量的减少不超过 5%。

该权利要求中的最后一句话，“将稳定性衡量为：在 40℃ 于密封的玻璃容器中储存 3 个月后，相对于原始量，所述维生素 D 或维生素 D 类似物的量的减少不超过 5%，并且所述皮质类固醇的量的减少不超过 5%”，是对该制剂所具有的稳定性效果的具体描述。因该技术效果对应整体技术方案，因此，判决中认定其不具备限定作用，而专利申请人对此亦无异议。

下例为一种方法权利要求。

1. 一种提高基于碳水化合物基质的粉剂或片剂的溶解性或分散性的方法，它通过气体对所述粉剂或片剂或其前体进行处理以使得粉剂或片剂中留存有气体，该方法包括使粉剂或片剂具有足够的封闭孔隙率，以使留存于其中的气体促进与水接触时的溶解作用或分散作用。

该权利要求主题名称中的“提高基于碳水化合物基质的粉剂或片剂的溶解性或分散性”，属于整个技术方案所追求的技术效果，该内容不具有限定作用。

下例权利要求 1 中最后一句描述同样属于不具有限定作用的技术效果特征。

1. 一种低扭单股环锭纱线的加工方法，用于工业化生产该低扭单股环锭纱线，其特征在于，该方法包括如下步骤：提供一假捻装置……其中……降低过度纺纱阶段的断头率，提高单纱的可纺性……

除技术效果不具有限定作用，达到该技术效果的机理亦不具有限定作用，否则可能出现的情形为，即便现有技术完全公开了诉争权利要求中除该机理部分的其他全部内容，但只要该机理未被公开，诉争权利要求将不仅会被认定具备新颖性，亦可能会被认定具备创造性。这一结论与专利法保护对机理的具体应用（即技术方案），而非机理本身这一基本原则相违背。

比如，假设存在一种肌肉放松的技术方案，权利要求 1 内容如下。

1. 一种肌肉放松方法，其特征在于：运动员进入液氮冷冻箱，停留 2 分钟，使得肌肉基于莱顿弗罗斯特效应有效放松，减少肌肉炎症。

该权利要求中的莱顿弗罗斯特效应是该技术方案可以使肌肉快速修复的机理，即便该机理的发现对于本领域技术人员而言需要付出创造性劳动，但因其对于技术方案本身并无影响，因此，如果现有技术中公开了一种相同的肌肉放松方式，而仅是未公开该机理，则上述技术方案同样不具备新颖性。

下例权利要求 1 也涉及对机理的描述。

1. 雷诺嗪通过具有至少减少电压门控钠通道（VGSC）电流的持续部分而不消除瞬时部分的效果而用于制备减少或预防在表达电压门控钠通道（VGSC）的癌症中的癌症细胞的转移性行为的药物的用途，其中雷诺嗪的剂量使得对表达 VGSC 的癌症细胞具有所述效果而不杀死所述癌症细胞。

该技术方案为制药用途权利要求，其之所以具有在表达 VGSC 的癌症中减少或预防转移性行为的用途，系基于雷诺嗪及相应的剂量，而其中的“通过具有至少减少电压门控钠通道（VGSC）电流的持续部分而不消除瞬时部分的效果”，仅是对相应剂量的雷诺嗪产生前述效果的机理的描述，而非技术手段本身，因此，该部分内容不具有限定作用。[1]

（3）功能性特征的限定作用

权利要求中经常出现的另一种限定方式是功能性限定，不同于整体技术效果特征，功能性特征并非必然不具有限定作用，其是否具有限定作用需要区分以下两种不同情形：如果本领域技术人员不依据说明书的记载即可知晓该功能的实施方式，则此种情况下的功能性限定内容具有限定作用，且应被理解为包括实现该功能的全部实施方式。但如果在不依据说明书记载的情况下，本领域技术人员

[1] 参见北京知识产权法院（2019）京 73 行初 10670 号行政判决书。

不知晓实现该功能的具体方式，则此种功能性内容并无限定作用。

需要指出的是，专利授权确权案件中所指功能性特征包括一切采用功能性内容限定的技术特征，与民事侵权司法解释中的功能性特征范围不同，前者既包括符合《最高人民法院关于审理侵犯专利权纠纷案件应用法律若干问题的解释（二）》第 8 条规定的功能性特征，亦包括该条款中但书部分排除的情形。该条规定“功能性特征，是指对于结构、组分、步骤、条件或其之间的关系等，通过其在发明创造中所起的功能或者效果进行限定的技术特征，但本领域普通技术人员仅通过阅读权利要求即可直接、明确地确定实现上述功能或者效果的具体实施方式的除外。”

【情形一】不依据说明书记载即可知晓实施方式的功能性特征

本领域技术人员不依据说明书记载即可知晓实施方式的功能性内容，对于权利要求具有限定作用。之所以如此，原因是权利要求的特性之一在于概括，即权利要求通常是在说明书基础上作出的合理概括，而功能性概括则是常见的概括方式之一。《专利审查指南（2010）》第二部分第三章第 3.2.1 节规定：“权利要求通常由说明书记载的一个或多个实施方式或者实施例概括而成。权利要求的概括应当不超出说明书公开的范围。如果所属技术领域的技术人员可以合理预测说明书给出的实施方式的所有等同替代方式或者明显变型方式都具备相同的性能或用途，则应当允许申请人将权利要求的保护范围概括至覆盖其所有的等同的替代或明显变型的方式。”正因权利要求具有概括的特征，而为避免概括不当，《专利法》才在第 26 条第 4 款中规定权利要求需要得到说明书支持。

虽然功能性概括属于常用概括方式之一，但这一方式并不被《专利审查指南（2010）》所提倡。毕竟，功能性限定的内容至少在文字上包含了一切可实现该功能的实施方式，具有很大的保护范围，容易使得专利权人获得超出其技术贡献的保护。因此，《专利审查指南（2010）》在第二部分第二章第 3.2.1 节规定："对产品权利要求来说，应当尽量避免使用功能或者效果特征来限定发明。只有在某一技术特征无法用结构特征来限定，或者技术特征用结构特征限定不如用功能或效果特征来限定更为恰当，而且该功能或者效果能通过说明书中规定的实验或者操作或者所属技术领域的惯用手段直接和肯定地验证的情况下，使用功能或者效果特征来限定发明才可能是允许的。"

尽管《专利审查指南（2010）》不提倡这种概括方式，但毋庸置疑的是，目前的发明创造均非凭空产生，而是在现有技术基础上作的进一步研发。如果专利权人使用功能性特征概括的内容属于本领域技术人员均知晓的内容，此种情形的概括并不会影响到公众对于专利文件的理解。同时，发明人的创造性劳动体现在其技术贡献上，而非这些现有技术上，因此，对于本领域技术人员知晓实施方式的内容采用功能性的概括，亦并不会使发明人获得超出其技术贡献的保护。基于此，在《专利审查指南（2010）》虽不提倡，但并未禁止的情况下，此类功能性内容属于一种能合理平衡专利权人与公众利益的概括方式，具有限定作用。实际上，《专利审查指南（2010）》前述规定中给出的可使用功能性限定的情形中亦包括这一情形。

《专利审查指南（2010）》在 2020 年修改过程中亦注意到这一问题，2020 年 11 月 10 日发布的《专利审查指南修改草案（第二批征求意见稿）》将上述规定中"应当尽量避免使用功能或效果特征来限定发明"修改为"一般使用结构特征来限定发明"，并将原有内容中的"只有在……的情况下，使用功能或者效果特征来限定发明才可能是允许的”这一语式修改为“在……的情况下，可以使用功能或者效果特征来限定发明”，其他内容并无实质变化。国家知识产权局在修改说明中指出上述修改的目的在于“通过修改，将是否采用功能或效果限定的选择权回归给申请人，申请人可基于实际需求，从更有利于专利保护的目的出发，自主决定权利要求的撰写方式”。

在专利授权确权案件中，本领域技术人员知晓实施方式的功能性特征应被理解为可以实现该功能的全部实施方式。《专利审查指南（2010）》第二部分第二章第3.2.1节规定：“对于权利要求中所包含的功能性限定的技术特征，应当理解为覆盖了所有能够实现所述功能的实施方式。”

例如，在“一种空调器的连接线弹性卡扣结构，包括需要固定连接线的结构支承件（1）和弹性卡扣……弹性卡扣固定在结构支承件（1）上……”这一权利要求中，“结构支承件”可被视为功能性限定的特征，因为本领域技术人员通常均会知晓支撑的具体实施方式，因此，这一功能具有限定作用，应理解为全部起到支撑作用的构件。

下例权利要求1涉及的功能性特征为“限位装置”。

1. 一种电池外壳的制造方法，其特征在于，包括以下步骤：制备预定长度的管通；用模具把所述管通向两边拉伸成所要求形状的筒体；在筒体的两端部通过焊接、粘接或机械变形方法加上两底板形成一筒形密封电池外壳，所述模具包括斜楔型上模和下模，所述下模主要由斜楔型滑块和限位装置组成。

该案中的“限位装置”的主要功能为限定下滑块的运动极限位置。法院认为，虽然该专利的说明书及附图中显示的限位装置是“U型结构的固定结构”，但对于本领域普通技术人员而言，限定下滑块的运动极限位置的方式多种多样，既可以通过固定部件也可以通过移动部件来实现限位功能，其具体结构形式亦存在多种可能性。因此，不能以诉争专利说明书附图的内容将“限位装置”解释为下模中的一个“固定部分”，而应是覆盖实现上述功能的全部方式。因对比文件中的滑动凸轮（25）能够实现限制找心架运动极限位置的功能，并且与找心架共同作用，构成下模的一部分，因此，该滑动凸轮（25）亦属于一种具体结构的限位装置，诉争权利要求中的限位装置已被公开。❶

下例权利要求 2 中的功能性特征也具有限定作用。

2. 根据权利要求 1 所述基于荧光粉提高光转换效率的光源结构，其特征在于：所述分光滤光片（2）设置在所述激发光源（1）和所述受激材料（3）之间，以穿透方式将所述激发光线导往所述受激材料（3），同时以反射方式将所述受激材料（3）的受激发光导往该光源结构的光出射面。

该权利要求中限定了分光滤光片的透射及反射功能，透射及反射功能是分光滤光片本身具有的特性。就分光滤光片而言，其依据透射及反射功能的不同可被分为不同类型，本领域技术人员对此亦均知晓，故上述功能性限定对于分光滤光片具有限定作用。❷

【情形二】不依据说明书记载无法知晓实施方式的功能性特征

但对于本领域技术人员不依据说明书记载便不知晓实施方式的功能，情形则有所不同。专利法保护的是技术贡献，而技术贡献针对的显然并非功能，而是实现该功能的技术手段。比如，医药领域

❶ 参见北京市第一中级人民法院（2005）一中行初字第 607 号行政判决书。

❷ 参见北京知识产权法院（2015）京知行初字第 6269、6704 号行政判决书。

的常规追求之一是发现一种可治愈一切癌症的药物。但如果技术人员并不知晓如何实现该功能，而仅在权利要求中记载了该功能，则相当于其并未记载任何技术贡献。此种情况下，功能本身不应具有限定作用，这也就意味着在创造性判断中确定区别特征时无需考虑该功能性限定。

需要指出的是，针对上述不具有限定作用的功能性特征，即便说明书中记载了相应实施方式，该功能同样不具有限定作用。此种情况下，专利权人的技术贡献仅在于说明书中记载的实施方式，而非该功能中涵盖的全部实施方式。如果允许其采用功能概括的方式会使其保护范围远超过技术贡献，该权利要求无法得到说明书支持。《专利审查指南（2010）》第二部分第二章第3.2.1节规定，“如果权利要求中限定的功能是以说明书实施例中记载的特定方式完成的，并且所属技术领域的技术人员不能明了此功能还可以采用说明书中未提到的其他替代方式来完成……则权利要求中不得采用覆盖了上述其他替代方式……的功能性限定。”依据该规定，尽管说明书中有相关实施方式，但除此之外，本领域技术人员并不知晓存在其他实施方式，则不应使用功能性限定的方式进行概括。换而言之，如果使用了功能性限定的方式，则该限定无法得到说明书支持。对于无法得到说明书支持的内容，意味着其超出了专利权人的技术贡献，而超出技术贡献部分显然无需解释到权利要求的范围内。

依据审查逻辑，权利要求是否得到说明书支持是评述新颖性、创造性之前应进行评述的条款，因此，如果权利要求无法得到说明书支持，则该权利要求应被驳回或宣告无效，不可能进入评述创造性的阶段。但不可否认的是，实践中的情形千差万别，一些情形的存在使得即便无法得到说明书支持的权利要求仍可进入创造性判断阶段。比如，实践中对于创造性条款的强调，可能导致对支持条款的忽视。再如，对于无需实审的实用新型专利，无效宣告请求案件中的审查范围取决于无效宣告请求人的请求，如果无效宣告请求人仅提出创造性条款，而未提出权利要求无法得到说明书支持这一条款，则在具体案件中亦只能直接评述创造性条款，等等。上述情形的存在使得至少在功能性限定的特征上，有必要首先对其是否得到说明书支持进行判断，以避免专利权人基于其不具有的技术贡献而获得专利权。

下例权利要求1中的功能性特征即可从是否得到说明书支持这一角度进行分析。

1. 一种低扭单股环锭纱线的加工方法，用于工业化生产该低扭单股环锭纱线，其特征在于，该方法包括如下步骤：提供一假捻装置，设置在环锭纱机的一对前罗拉和导纱沟之间；将原纱条喂入该假捻装置，在该假捻装置的作用下该纱条被搓合和加捻；从该假捻装置输出的纱线在环锭纱机钢丝圈的旋转和该假捻装置的共同作用下，以与该假捻装置的加捻方向相反的方向被反向加捻，形成单股纱线；该单股纱线通过该导纱沟，经钢丝圈，最终卷绕在环锭纱筒上；其中，该假捻装置与该环锭纱机的纱机锭子之间的传动比例是实时可控的，从而实现该环锭纱机的纱机锭子和该假捻装置之间的特定的传递动作，降低过度纺纱阶段的断头率，提高单纱的可纺性，且该假捻装置可控制和调节单股纱线内部纤维束的排列结构和应力分布状态，使得加工出的单股纱线具有可控的残余扭矩，包括无残余扭矩状态。

该权利要求中最后一段提到："……的传动比例是实时可控的，从而实现该环锭纱机的纱机锭子和该假捻装置之间的特定的传递动作"，以及"该假捻装置可控制和调节……使得……"均属于功能性限定的特征，其中的核心在于“实时可控”。该权利要求对于如何实现假捻装置与该环锭纱机的纱机锭子之间的传动比例实时可控，以及何为特定的传递动作均无相应记载。虽然说明书中记载，“为了实现图3B所示的特定传递动作关系，即时段31和34，可以通过纱机锭子（17）与假捻装置（4）之间可控的传动比例来调节，进一步地是通过调节传动机构（5）的磁粉或磁滞离合器（6）或伺服电机的速度反馈控制系统来实现”，专利权人亦主张基于上述记载及相关内容将实时可控理解为“假捻装置与纱机锭子的速度不同”。但本领域技术人员并不能明了此功能还可以采用说明书中未提到的其他替代方式来完成，基于此，采用功能性特征所概括的范围超出了说明书公开的内容，从而无法得到说明书支持。这也就意味着这一功能性限定特征并不属于专利审查指南允许的情形。但因该案中并不涉及说明书支持条款，而仅涉及创造性条款，因此，在创造性条款的审理中，需要首先考虑该功能性特征是否具有限定作用。考虑到如此复杂的功能性限定内容，本领域技术人员不依据说明书的记载基本上不可能知晓如何实现，因此，该功能性特征不具有限定作用。在与对比文件的比对中，无需考虑这一内容。[1]

基于上述分析可知，虽然《专利审查指南（2010）》第二部分第二章第3.2.1节规定：“对于权利要求中所包含的功能性限定的技术特征，应当理解为覆盖了所有能够实现所述功能的实施方式”，但这一规定存在一个“隐含前提”，即该功能性限定的技术特征应是符合《专利审查指南（2010）》规定的技术特征，或者是可得到说明书支持的技术特征。而如果某一功能性限定的技术特征并不符合前述有关权利要求撰写的规定，则必然无法适用前述解释规则理

[1] 参见北京知识产权法院（2016）京73行初254号行政判决书。

解为覆盖了所有能够实现所述功能的实施方式。

下例权利要求 1 中的功能性特征亦属于此种情形。

1. 一种提高基于碳水化合物基质的粉剂或片剂的溶解性或分散性的方法，它通过气体对所述粉剂或片剂或其前体进行处理以使得粉剂或片剂中留存有气体，该方法包括使粉剂或片剂具有足够的封闭孔隙率，以使留存于其中的气体促进与水接触时的溶解作用或分散作用。

该权利要求中虽然记载了相关处理步骤，但对于如何处理并无实质性的限定内容，而仅是从功能角度限定了“以使得粉剂或片剂中留存有气体”“使粉剂或片剂具有足够的封闭孔隙率”。因为本领域技术人员不参考说明书的记载就不知晓如何达到上述功能，所以该功能性内容不具有限定作用。实际上，就该权利要求的整体撰写而言，除上述功能性限定内容之外，亦存在技术效果的限定内容，即主题名称中的“提高基于碳水化合物基质的粉剂或片剂的溶解性或分散性”，以及“以使留存于其中的气体促进与水接触时的溶解作用或分散作用”，上述内容同样不具有限定作用。换言之，该权利要求中仅极小部分内容对于保护范围具有限定作用。

下例权利要求 1 涉及对于“柱塞流”的认定。

1. 一种用于通过惰性气体的方式干燥聚合物的方法，其包括：在具有环形形状的第一干燥室内干燥聚合物颗粒，其……在与所述第一干燥室同轴的包括管状体的第二干燥室内进一步干燥聚合物颗粒，其中将形成第二干燥室的管状体设计成具有减小的体积，并且聚合物颗粒以柱塞流下降，与所述惰性气体的第二物流接触……

该权利要求为方法权利要求，“柱塞流”为一种特定的流动状态，权利要求中相关的记载仅是“聚合物颗粒以柱塞流下降”，并未记载如何形成这种状态，即未记载哪些技术特征可以导致形成柱塞流。基于此，“柱塞流”这一特征是否具有限定作用取决于本领域技术人员是否知晓其实施方式。该案中因没有证据可看出本领域技术人员知晓相关实施方式，故该特征并无限定作用，对比时无需考虑。

实际上，该案专利申请人在庭审中表示，虽然权利要求中限定了第二干燥区形成柱塞流，但因聚合物颗粒下降到第二干燥区底部附近时也不可避免地会被流化，因此，第二干燥区形成柱塞流仅为一种理想状态，无法完全实现。这也就意味着，专利权人并不知晓实施这一功能的具体方式。在此情况下，如果仅因使用了功能性限定的方式而当然将其纳入权利要求的保护范围，并进而认定其具有创造性，显然与专利申请人的技术贡献不匹配。[1]

下例权利要求 1 的功能性特征同样不具有限定作用。

1. 一种具有定向释放和附着功能的自锚定式饮料容器，其特征在于，包括：弹性无孔基座；所述基座具有下表面，该下表面设置成接合外部基准面以形成稳定的气密密封并由此界定了位于所述基座和所述基准面之间的受控压力区的边界；装配到所述基座上的容器组件；所述容器组件包括饮料盛装腔，所述饮料盛装腔包括闭合底部、侧壁部和顶部；位于所述容器组件中的流通通道，所述流通通道从所述受控压力区延伸至大气压力区；位于所述容器组件上的压力控制装置，所述压力控制装置具有用于关闭所述流通通道以密封所述受控压力区的闭合位，以及用于开启所述流通通道为所述受控压力区提供到大气压的排放口的开启位；所述容器组件包括抓握部，所述抓握部设置成用于在使用者将所述饮料容器从所述基准面上正常拿起时供使用者抓握；所述压力控制装置被操作地连接到

[1] 参见北京知识产权法院（2018）京 73 行初 2152 号行政判决书。

所述抓握部，以在用户抓住所述抓握部将所述饮料容器从所述基准面上正常拿起的过程中被开启到所述开启位；其中，当不开启压力控制装置又试图移动饮料容器时，并且流通通道关闭时，由于受控压力区将产生局部真空，而使得饮料容器自偏置以保持固定在基准面上；并且其中，由使用者抓住抓握部并将饮料容器从基准面上正常拿起时，压力控制装置被开启以为受控压力区提供排放口，该自偏置将隐蔽地解除并且可以将该饮料容器从基准面拿起而感觉不到阻力。

该案中主要涉及对权利要求中最后一段的功能性特征的解释。通常情况下，对于概括如此复杂的功能性特征，如果不通过阅读说明书中的实施例，本领域技术人员基本不可能知晓如何实现这一功能。在此情况下，如果将其理解为实现该功能的全部方式，必然超出专利权人的技术贡献。事实上，该案专利权人庭审中将该功能实现方式限于说明书中记载的特定实施方式亦说明了这一点，因此，该部分内容不具有限定作用，其不应被解释为实现该功能的全部实施方式。[1]

基于上述分析可知，在涉及新颖性和创造性判断的案件中，审查员和法官在对包含功能性特征的权利要求进行理解时，有必要首先将关注点放在功能性内容是否具有限定作用这一问题上，而非想当然将其理解为可以实现该功能的全部方式，并直接对于对比文件中是否同样具有该功能进行比对，从而避免导致不具有技术贡献的技术方案被授权或被维持有效。

（4）与使用相关的特征的限定作用

在一些案件中，权利要求中会出现使用领域、使用环境、用

[1] 参见最高人民法院（2020）最高法知行终482号行政判决书。

途、使用方式等限定方式。基于前文提及的认定规则，此类内容是否具有限定作用取决于其对于主题是否有限定作用。如果诉争权利要求为产品权利要求，则需要具体分析上述特征对于产品的结构、材质等是否具有影响。同理，如果是方法权利要求，则需要考虑的是其是否会对方法步骤本身产生影响。

对于其中的用途特征这一情形，《专利审查指南（2010）》第二部分第三章第3.2.5节作了相应规定："对于这类权利要求，应当考虑权利要求中的用途特征是否隐含了要求保护的产品具有某种特定结构和/或组成。如果该用途由产品本身固有的特性决定，而且用途特征没有隐含产品在结构和/或组成上发生改变，则该用途特征限定的产品权利要求相对于对比文件的产品不具备新颖性。例如，用于抗病毒的化合物X的发明与用作催化剂的化合物X的对比文件相比，虽然化合物X用途改变，但决定其本质特性的化学结构式并没有任何变化，因此用于抗病毒的化合物X的发明不具备新颖性。但是，如果该用途隐含了产品具有特定的结构和/或组成，即该用途表明产品结构和/或组成发生改变，则该用途作为产品的结构和/或组成的限定特征必须予以考虑。例如'起重机用吊钩'是指仅适用于起重机的尺寸和强度等结构的吊钩，其与具有同样形状的一般钓鱼者用的'钓鱼用吊钩'❶相比，结构上不同，两者是不同的产品。"

下例权利要求1涉及一种混样装置。

1. 一种混合样供样装置，其特征在于：包括结构一致且并排设置在安装架（1）内的两个混匀桶（2），两个混匀桶（2）的顶端分别通过一个进水管（11）与采样泵的出水口连通，两个混匀桶

❶ "吊钩"应为"钓钩"，原文如此，未作修改。——编辑注

(2) 的底部各连通有一个供样管 (13)。

该案中，专利权人主张诉争权利要求与对比文件的区别之一在于，诉争权利要求适用于污水检测领域，而对比文件适用于地下水检测领域。对于专利权人这一主张的分析涉及两个层次，其一为权利要求中是否有记载；其二为如果有记载，其是否有限定作用。因该权利要求的文字中并无相关记载，因此，该案中无需考虑专利权人主张的这一使用环境。即便诉争权利要求中限定了其仅用于污水检测，而对比文件仅用于地下水领域，并不代表诉争权利要求必然具有限定作用，而是需要进一步考虑这一不同是否会对产品结构产生影响。专利权人虽然在庭审中提及了不同使用领域对于技术方案带来的不同，但相关不同仅涉及产品的使用过程，与产品本身的结构等无关，因此，其即便记载在权利要求中，亦对保护范围无限定作用。[1]

下例权利要求 1 涉及一种堵头结构。

1. 一种柔性灯条的堵头结构，其特征在于：包括堵头本体以及设于所述堵头本体表面的槽口，所述槽口的一端连通至所述堵头本体的一端面，所述槽口的另一端的位置与所述柔性灯条的内芯的位置相匹配，所述堵头本体的设有槽口的表面设有胶合层，且通过所述胶合层与所述柔性灯条的端面胶合。

该权利要求主题名称中的“柔性灯条”是对“堵头结构”使用环境的限定。结合权利要求 1 中“所述槽口的另一端的位置与所述柔性灯条的内芯的位置相匹配，所述堵头本体的设有槽口的表面设有胶合层，且通过所述胶合层与所述柔性灯条的端面胶合”可知，“柔性灯条”的作用体现为与“堵头结构”通过胶合层进行端

[1] 参见北京知识产权法院（2019）京 73 行初 5094 号行政判决书。

面胶合，其对“堵头结构”本身并不产生影响。因此，“柔性灯条”对于堵头结构不具有限定作用。

下例权利要求1涉及一种包括药物组合物的药盒。

1. 一种制品，它包含（1）一个容器，（2）容器内包含与ErbB2胞外结构域序列中的表位4D5结合的抗ErbB2抗体的组合物，（3）容器上的标签或容器附带的标签，该标签表明了所述组合物可用来治疗以ErbB2受体过度表达为特征的乳房癌，以及（4）包装插页，该包装插页上有避免使用蒽环类抗生素类化疗剂与所述组合物组合使用的说明。

该权利要求为产品权利要求（包括容器、组合物、标签、包装插页），但其中涉及用途特征和使用禁忌特征的限定，其用途特征为“该标签表明了所述组合物可用来治疗以ErbB2受体过度表达为特征的乳房癌”，“该包装插页上有避免使用蒽环类抗生素类化疗剂与所述组合物组合使用的说明”则属于用药禁忌。无论是其中限定的用途特征，还是用药禁忌特征，是否具有实际的限定作用，均取决于这些文字说明对要求保护的产品本身带来何种影响。因用途特征是该组合物的客观效果，而用药禁忌则是用来指导医生的用药过程，上述特征均未对产品本身的结构、组成产生实质性影响。因此，在确定权利要求保护范围时不应予以考虑。

下例权利要求1涉及一种铸造设备。

1. 用于低压铸造的铸造设备（10），其中，所述铸造设备（10）具有用于至少一个炉（4）的至少一个下部的腔（3）和用于至少一个铸模的至少一个上部的腔（5），并且所述下部的腔（3）与上部的腔（5）通过用于固定所述至少一个铸模的下部件（22）的至少一个下部的模具夹紧板（15）彼此隔开，其特征在于，所述上部的腔（5）具有用于所述至少一个铸模的上部件的上部的模具夹紧板（12），所述上部的模具夹紧板（12）在竖直方向上能移动地支承，所述上部的模具夹紧板（12）与第一连接元件（17）连接，所述下部的模具夹紧板（15）与第二连接元件（16）连接，其中，通过上部的模具夹紧板（12）朝向下部的模具夹紧板（15）的竖直移动，第一连接元件（17）中的每个第一连接元件与第二连接元件（16）中的对应的连接元件进入嵌接。

该权利要求涉及“通过上部的模具夹紧板（12）朝向下部的模具夹紧板（15）的竖直移动，第一连接元件（17）中的每个第一连接元件与第二连接元件（16）中的对应的连接元件进入嵌接”这一技术特征的理解，虽然其中限定的是“通过上部的模具夹紧板（12）朝向下部的模具夹紧板（15）的竖直移动”，而对比文件 1 中相应的运动方式为竖直移动加枢转移动，二者并不完全相同。但鉴于诉争权利要求为产品权利要求，而上述运动方式并非是对产品的直接限定，故上述不同的运动方式并不当然构成区别特征，只有上述不同导致产品本身具有区别的情况下，才可被认定构成区别特征。专利权人主张上述不同点对于产品的影响在于对比文件 1 中采用的上述方式使得其相关部件不能相互接触从而无法“嵌接”。但因对比文件 1 的对应部件同样为可接触的状态，基于此，专利权人有关相关部件不能相互接触从而无法嵌接的主张不能成立。相应地，其以此为由认为上述技术特征未被公开的主张不能成立。[1]

（5）安装方法特征的限定作用

此类特征是否具有限定作用，同样需要考虑其对主题是否会产生影响，而不能一概而论。客观上，在一些产品权利要求中，相关安装方式的限定会对产品的结构或材质等产生影响。

[1] 参见北京知识产权法院（2020）京 73 行初第 17056 号行政判决书。

下例权利要求 1 涉及一种龙骨灯。

1. 一种嵌入式 LED 洁净龙骨灯，安装在具有凹槽的龙骨（1）上，其特征在于：包括灯条（2）、驱动电源（3）和连接灯条（2）与驱动电源（3）的电源线（4），所述灯条（2）包括光源组件（2－1）和透光罩（2－2），所述光源组件（2－1）安装在透光罩（2－2）内部，所述透光罩（2－2）包括罩体（2－22）和两个用于卡接所述龙骨（1）的凹槽的导程条（2－21），所述罩体（2－22）和导程条（2－21）为一体成型设置。

专利权人主张权利要求 1 中对于导程条的限定是“两个用于卡接所述龙骨（1）的凹槽的导程条（2－21）”，其中的“卡接”应理解为自下而上的安装方式，因此，其用以卡接的导程条具有弹性形变的性质。因该安装方式在权利要求中并未限定，专利权人这一主张未被法院接受。但可设想一种情形，如果诉争权利要求将安装方式由“卡接”具体限定为“自下而上地卡接”，则情况可能有所不同。因为如果导程条为刚性材料，二者不太可能自下而上进行安装并固定在一起，而只有安装过程中存在弹性形变时，才可能实现自下而上的安装并卡接固定，因此，此种情况下可将导程条理解为弹性材料。

（6）制备方法特征的限定作用

产品权利要求中可能包括制备方法特征，如果该制备方法对于产品的结构等会产生影响则具有限定作用，否则不具有限定作用。《专利审查指南（2010）》第二部分第三章第 3.2.5 节中亦作了相同的规定：“对于这类权利要求，应当考虑该制备方法是否导致产品具有某种特定的结构和/或组成。如果所属技术领域的技术人员可以断定该方法必然使产品具有不同于对比文件产品的特定结构和/或组成，则该权利要求具备新颖性；相反，如果申请的权利要求所限定的产品与对比文件产品相比，尽管所述方法不同，但产品的结构和组成相同，则该权利要求不具备新颖性。”

下例权利要求1涉及一种乒乓球拍。

1. 一种乒乓球拍，包括手柄、底板和位于底板上的弹性面板，其特征在于：所述手柄和底板由塑料材料和玻璃纤维注塑成型制成，弹性面板与底板通过注塑的方法固定连接在一起，手柄的表面注塑有天然橡胶、人工橡胶、硅胶或塑料胶粒制成的防滑层。

该权利要求中使用了制备方法限定的方式，限定了手柄和底板由塑料材料和玻璃纤维“注塑成型”制成，以及弹性面板与底板通过“注塑的方法”固定连接在一起。因为这一制备方法对于具体结构会产生一定影响，比如，至少可确定该技术方案中的手柄和底板之间，以及弹性面板与底板之间是直接固定在一起，未使用胶黏剂等其他材料进行固定。因此，该制备方法具有相应限定作用。

该案的对比文件中同样使用了制备方法限定的方式，只不过其采用的是另一种制备方法。需要注意的是，此种情况下需要比对的并非是二者的制备方法，而是两种不同制备方法对产品产生的影响。也就是说，不能仅因为二者使用了不同的制备方法而当然认定其属于区别特征。该案中，对比文件采用的是模压制成型的方式，如果模压成型的方式与诉争技术方案中的注塑成型的不同不会导致二者的结构、组成等有所不同，则注塑成型这一技术特征不构成区别特征。反之，则构成区别特征。

下例权利要求1涉及对“缝制”的认定。

1. 一种防火隔热卷帘耐火纤维复合帘面，其中所说的帘面由多层耐火纤维制品复合缝制而成，其特征在于所说的帘面包括中间植有增强用耐高温的不锈钢丝或不锈钢丝绳的耐火纤维毯夹芯，由耐火纤维纱线织成的用于两面固定该夹芯的耐火纤维布以及位于其中的金属铝箔层。

基于与前例相同的理由，该例中的“缝制”虽然会对产品本身产生影响，从而具有限定作用，但并不意味只要对比文件中未使用缝制方式，该方式即构成区别技术特征，而是需要判断两种方式的不同是否会导致产品的结构、组成等有所不同，只有在会导致不同的情况下，该技术特征才构成区别技术特征。

（7）给药剂量特征的限定作用

在制药用途权利要求中，使用给药剂量进行限定是常见的限定方式，但目前常见做法认为，因为给药剂量与医生对于治疗方案的选择密切相关，而与制药过程没有直接、必然的联系，所以给药剂量并不具有限定作用。

制药用途权利要求是一种特殊的权利要求撰写方式，其虽被表述为“在制备用于……的药物的用途”，但该用途仍是药物在使用过程中对于患者身体产生的影响，而与制药过程无关。因此，给药剂量特征与制药过程是否具有直接必然的联系与其是否具有限定作用无关，是否具有限定作用仍需要考虑的是其与使用过程中的用途是否相关。

下例权利要求1、6、7涉及一种制药用途。

1. 雷诺嗪通过具有至少减少电压门控钠通道（VGSC）电流的持续部分而不消除瞬时部分的效果而用于制备减少或预防在表达电压门控钠通道（VGSC）的癌症中的癌症细胞的转移性行为的药物的用途，其中雷诺嗪的剂量使得对表达VGSC的癌症细胞具有所述效果而不杀死所述癌症细胞。

……

6. 根据权利要求1～3中任一项所述的用途，其中所述药物包含的雷诺嗪的剂量水平相当于 1 μmol/l 至 10 μmol/l 的范围。

7. 根据权利要求 4 所述的用途，其中所述药物包含的雷诺嗪的剂量水平相当于 1 μmol/l 至 10 μmol/l 的范围。

该案的权利要求 1 中提及了雷诺嗪的剂量，被诉决定认为上述剂量特征不具有限定作用。但法院认为，因药物的使用过程必然涉及剂量，技术效果通常与剂量相关，因此，剂量在诉争权利要求 1 中具有限定作用。实际上，该案中，被诉决定在判断权利要求 1 是否具备创造性时亦考虑了剂量问题，只是未将其认定为区别技术特征而已。除权利要求 1 外，权利要求 6 ～ 8 亦对剂量进行了限定，而被诉决定在对上述权利要求的评述中同样考虑了剂量。[1]

（8）限定作用认定的必要性

在创造性案件中，确定权利要求保护范围的目的在于将其与最接近现有技术相比以确定区别技术特征。因此，对于权利要求中所包含的功能性限定、技术效果限定等内容，如果其在对比文件中已被公开，则此种情况下无需再对其是否具有限定作用进行判断。比如，诉争技术方案中虽采用了功能性特征，但因现有技术中对应性地公开了相同的功能性特征，故该案中可直接认定该功能性特征已被公开，而无需对功能是否具有限定作用进行认定。

【案例 2 －6】非蛋白质起泡组合物及其制备方法[2]

该案涉及的是专利申请号为 201210401546.9，名称为“非蛋白质起泡组合物及其制备方法”的发明专利申请，其权利要求 1 内容如下。

---

[1] 参见北京知识产权法院（2019）京 73 行初 10670 号行政判决书。

[2] 参见北京知识产权法院（2016）京 73 行初 5753 号行政判决书。

1. 一种提高基于碳水化合物基质的粉剂或片剂的溶解性或分散性的方法，它通过气体对所述粉剂或片剂或其前体进行处理以使得粉剂或片剂中留存有气体，该方法包括使粉剂或片剂具有足够的封闭孔隙率，以使留存于其中的气体促进与水接触时的溶解作用或分散作用。

前文已两次提及该权利要求，其中多处使用了功能性的限定方式，对于“以使得粉剂或片剂中留存有气体”这一功能，权利要求中的记载为“通过气体对所述粉剂或片剂或其前体进行处理”以实现这一功能，但这一记载过于上位，并未具体记载“如何处理”才能实现这一功能。因此，除非专利申请人可以证明本领域技术人员通常知晓该功能的实施方式，否则不具有限定作用。尽管如此，因为对比文件中记载了同样的功能性限定特征，所以无需就是否具有限定作用进行认定。

【案例 2－7】一种粉体燃烧器底置式的立式锅炉[1]

该案涉及的是专利号为 ZL201310031705.5，名称为“一种粉体燃烧器底置式的立式锅炉”的发明专利，其权利要求 1 内容如下。

1. 一种粉体燃烧器底置式的立式锅炉，包括锅炉本体和燃烧器，其特征在于：该燃烧器设置在所述锅炉本体的底部，该燃烧器具有从内至外依次设置的一次送粉风、三次低氧回流风、二次助燃风及四次回流风，所述一次送粉风内混有低氧风。

该案中的“一次送粉风、三次低氧回流风、二次助燃风及四次回流风，所述一次送粉风内混有低氧风”属于功能性特征，亦即燃

---

[1] 参见北京知识产权法院（2016）京 73 行初 5650 号行政判决书。

烧器中的相应设置具有产生上述风的功能。因对比文件中公开了一次风通道、内侧烟气再循环通道、内二次风通道和外侧烟气再循环通道等风道，上述风道必然会形成对应的风，而本领域技术人员无法看出经由上述风道所产生的风与诉争技术方案的上述各种风有何区别，因此，上述技术特征亦已被公开。基于此，对于上述功能性特征是否有限定作用无需认定。

【案例2-8】一种航拍设备的拍摄范围调整系统❶

该案涉及的是专利号为ZL201620142207.7，名称为“一种航拍设备的拍摄范围调整系统”的实用新型专利，其权利要求1内容如下。

1. 一种航拍设备的拍摄范围调整系统，适用于装载在无人机的航拍设备，其特征在于，所述拍摄范围调整系统包括：微处理器，设置在所述无人机上，与所述航拍设备相连接，并对所述无人机进行飞行控制；第一无线信号收发装置，用于收发信号，其设置在所述无人机上，并与所述微处理器相连接；智能移动终端，其上设有与所述第一无线信号收发装置进行数据交互的第二无线信号收发装置以及与所述第二无线信号收发装置相连接的手势识别传感器；其中，所述微处理器根据所述手势识别传感器识别的手势信号而获得所述无人机的飞行控制指令。

该权利要求主题名称中的“拍摄范围调整”属于整体技术方案产生的技术效果。针对专利权人有关其为区别特征这一主张，法院并未从技术效果不具有限定作用角度着手，而是指出对比文件亦公开了一种无人机操控界面交互方法和装置，由无人机、移动终端、

❶ 参见北京知识产权法院（2017）京73行初3971号行政判决书。

网络共同构成了调整系统，其实现的效果就是“拍摄范围的调整”，因此，诉争技术方案中的“拍摄范围调整系统”已被公开。

3. 权利要求未记载的技术特征，仅意味着未限定，并不意味着不包括，但化学组合物中的封闭式权利要求除外

(1) 未记载理解为未限定

专利法虽然要求权利要求应该具有清楚的保护范围，但并不要求记载可最终被使用的产品或方法的全部技术特征。例如，“一种自行车，其特征在于包括车轮、车把”，该权利要求属于专利法中可接受的且保护范围清楚的权利要求。但对于自行车而言，除上述部件外，其必然还包括权利要求中并未涉及的其他部件（比如脚踏、链条等），否则将无法被使用。此种情况下面临的问题在于，未记载上述部件是否意味着权利要求中不包括上述部件。

对这一问题的回答是否定的。权利要求中未涉及的技术特征仅仅意味着权利要求中未对其进行限定，并不意味着没有该技术特征。未限定在确定保护范围上的意义在于，除非存在隐含限定的情形，否则无论是在其与现有技术的对比过程中，还是在与被诉侵权产品的对比过程中，文字上未限定的技术特征属于无需考虑的技术特征。比如，针对前例中的“一种自行车，其特征在于包括车轮、车把”这一权利要求，现有技术公开的自行车只要具有车轮与车把，即可认为其公开了前述权利要求的全部技术特征，该权利要求不具备新颖性。至于该现有技术中是否具有脚踏、链条等其他技术特征，则在所不论。同理，在侵权案件中，被诉侵权产品是否有其他部件亦不影响侵权与否的认定，只要具有其限定的两个部件即可。

下例权利要求涉及对石膏墙板的理解。

1. 一种形成适合用于构造墙、地板、天花板或门的层压结构的方法，所述层压结构包括具有选定厚度和面积的平板，所述方法

包括：将石膏墙板跨过其厚度对分并分离，以提供第一外部层和第二外部层……

现有技术中石膏墙板分为有纸和无纸两种。该权利要求的表述仅为“石膏墙板”，并未限定有纸。这一表述意味着其对有纸或者无纸并无限定，而不能理解为无纸这一情形。也就是说，无论对比文件中公开的是有纸或是无纸的石膏墙板，诉争技术方案中的“石膏墙板”这一特征均已被公开。

下例权利要求1涉及对覆盖方式的理解。

1. 一种麦克风电路板，其特征在于，包括：基板（1），所述基板（1）中具有空腔（11），所述空腔（11）包括三个矩形侧壁（111）、两个腰部侧壁（112）以及一个顶边侧壁（113）；金属层（2），所述金属层（2）覆盖在所述基板（1）的上表面和/或下表面上，所述金属层（2）延伸到所述空腔（11）的矩形侧壁（111）和顶边侧壁（113）上。

该权利要求中涉及对“所述金属层（2）覆盖在所述基板（1）的上表面和/或下表面上”的理解，具体需要确定的是其中的“覆盖”采用的是“全面覆盖”还是“部分覆盖”的方式。因权利要求中对此并未限定，而通读权利要求亦无法当然确定其隐含限定了某种覆盖方式。因此，通常的解释规则是将其解释为同时包括两种方式，而不能当然认定其是全面覆盖。

下例权利要求1涉及申请文本与优先权文本的比对。

1. 一种无线发射/接收单元（WTRU），该WTRU包括：用于接收用于上行链路通信的第一资源分配的装置；用于根据所述第一资源分配而传送上行链路通信的装置；用于接收控制信息的装置，所述控制信息用于指示用于上行链路通信的第二资源分配，其中所述控制信息没有规定持续时间；以及用于根据所述第二资源分配而传送上行链路通信达预定持续时间并在所述预定持续时间之后根据所述第一资源分配传送上行链路通信的装置。

该案较为复杂，判断权利要求 1 是否享有优先权的关键在于，其中的“所述控制信息用于指示用于上行链路通信的第二资源分配，其中所述控制信息没有规定持续时间”与优先权文本中的如下记载是否相同：其一为第 33 段 1）中的“发送信号仅通知无线资源的变化的量，以减少信令开销”；其二为权利要求 48 中的“其特征在于，还包括发送信号通知无线资源的变化的量，以减少信令开销”。

法院认为，对该问题的判断既需要考虑上述内容中明确限定的内容，亦需要考虑虽未明确限定，但与之相关从而可能导致隐含限定的内容。两个技术方案虽然均涉及发送信号通知（对应申请文本中的控制信息），但因发送信号所通知的内容不仅可以是优先权文本中的无线资源的量、申请文本中的持续时间等已明确记载的内容，而且可以是重复周期、序列模式等并未记载的内容，因此，无论是对于权利要求 1，还是对优先权文本上述内容的理解均不能忽视虽未明确记载但与信号通知相关的内容。

将诉争权利要求 1 的上述内容与优先权文本的第 33 段 1）相比，二者至少具有以下不同点，即权利要求 1 中仅限定了不通知持续时间，但对于除持续时间以外的其他内容是否通知未作限定。也就意味着，对于其他内容具有通知与不通知两种可能性。但优先权文本的第 33 段 1）中对于持续时间及其以外的其他内容均明确限定为不通知。

将诉争权利要求 1 的上述内容与优先权文本的权利要求 48 相比，则至少具有以下不同点：权利要求 48 对于持续时间是否通知未予限定，亦即包括通知与不通知两种可能性。但权利要求 1 中对于持续时间则明确限定为不通知。

基于上述对比可以看出，诉争权利要求 1 的上述技术特征与优先权文本中的上述记载并不相同，据此，专利权人有关优先权的主张不能成立。[1]

（2）对于化学组合物的封闭式权利要求，未记载理解为不包括

前述规则存在一种例外情形，其不适用于化学领域组合物中的封闭式权利要求。《专利审查指南（2010）》第二部分第十章第 4.2.1 节中对于化学发明中的组合物的权利要求，规定了开放式和封闭式两种表达方式："开放式表示组合物中并不排除权利要求中未指出的组分；封闭式则表示组合物中仅包括所指出的组分而排除所有其他的组分。开放式和封闭式常用的措词如下：（1）开放式，例如'含有'、'包括'、'包含'、'基本含有'、'本质上含有'、'主要由……组成'、'主要组成为'、'基本上由……组成'、'基本组成为'等，这些都表示该组合物中还可以含有权利要求中所未指出的某些组分，即使其在含量上占较大的比例。（2）封闭式，例如'由……组成'、'组成为'、'余量为'等，这些都表示要求保护的组合物由所指出的组分组成，没有别的组分，但可以带有杂质，该杂质只允许以通常的含量存在。"

与通常情形不同，对于化学组合物的封闭式权利要求而言，未记载意味着不包括。如果现有技术不仅包括了诉争技术方案中记载的组分，而且包括未记载的组分，则该未记载的组分在比对时需要考虑，且构成区别特征。同理，在侵权认定中，如被诉侵权产品中包括其他组分，则其不构成侵权。

比如，权利要求撰写为"一种组合物，由甘油与水组成"，该

---

[1] 参见北京知识产权法院（2020）京 73 行初 13839 号行政判决书。

权利要求为封闭式的权利要求，应理解为该组合物“仅仅”含有上述两种组分。这也就意味着如果现有技术公开的组合物中除上述组分外，亦包括其他组分，则两个技术方案并不相同，该现有技术无法破坏该权利要求的新颖性。同理，如果被诉侵权产品中包括除上述组分以外的其他组分，则其亦并不落入该权利要求的保护范围。

但如果权利要求为“一种组合物，其含有甘油与水”，则其属于开放式权利要求。对于除上述两组分以外的其他组分，应理解为该权利要求中仅是并未限定，而非并不包含。因此，如果现有技术中公开的组合物除上述组分外，亦包括其他组分，其同样可以破坏该权利要求的新颖性。同理，如果被诉侵权产品中亦包括除上述组分以外的其他组分，则其同样落入诉争权利要求的保护范围。

4. 对于文字的含义，如说明书无特别界定，以通常含义为准

对于权利要求中用语的理解，《最高人民法院关于审理专利授权确权行政案件适用法律若干问题的规定（一）》（法释〔2020〕8号）第2条规定：“人民法院应当以所属技术领域的技术人员在阅读权利要求书、说明书及附图后所理解的通常含义，界定权利要求的用语。权利要求的用语在说明书及附图中有明确定义或者说明的，按照其界定。”

权利要求具有公示的效力。因此，虽然客观上可能会存在自造词等本领域技术人员并不知晓或不能当然确定含义的用语，从而需要使用说明书进行特别界定，但该部分表达不能构成权利要求的主要部分，主体上仍应使用本领域的惯用表达，否则会不必要地增加本领域技术人员的理解难度。基于此，除非说明书中有特别的界定，否则对权利要求具体用语的理解以其通常含义为准。即便对某一用语行业内可能存在不同理解，亦应以本领域技术人员的通常理解为依据。

下例权利要求1涉及一种图像投影仪。

1. 一种用于立体图像投影仪的光学偏振装置（3），其特征在于，该装置包括：偏振器光学元件（304），其能够将立体图像投影仪所发出的入射光束（22）分解成……用于所述偏振调制器的控制电路（31），其被程序化为在指定时刻传递控制信号，所述控制信号控制所述第一反射光束和第二反射光束中每一个或者所述透射光束的偏振的切换，使得所述反射光束和透射光束均呈现完全相同的光学偏振状态。

该案涉及对“程序化”这一用语的理解。专利权人主张：“控制电路被程序化为在指定时刻传递控制信号”，其应被理解为控制电路被按顺序化、次序化地发送传递控制信号，既包括软件方式，也包括硬件方式。在说明书对该用语并无具体界定的情况下，法院并未接受这一主张，而是认为应以本领域技术人员的通常理解为准。在“程序化”本身通常具有软件编程含义，而本领域中对于控制电路的传递方式包括软件方式的情况下，本领域技术人员在看到“程序化”一词时，会相应地将其理解为通过软件方式，而非硬件形式，且不会理解为专利权人主张的“顺序化、次序化”的含义。在此基础上，结合考虑专利权人庭审中亦表示目前此类产品主要通过软件方式传递控制信号这一因素，诉争专利中的“程序化”应理解为软件编程的方式。[1]

下例权利要求1同样涉及的是一种投影仪。

1. 一种基于荧光粉提高光转换效率的光源结构，包括激发光源（1）、受激材料（3）和导热衬底（4），所述受激材料（3）紧贴在所述导热衬底（4）上；还包括分光滤光片（2），其特征在

[1] 参见北京知识产权法院（2016）京73行初771号行政判决书。

于：还包括转盘（5），所述导热衬底（4）固定在该转盘（5）上或者为该转盘盘面的一部分；所述激发光源（1）面对所述分光滤光片（2），使激发光线斜射向该分光滤光片（2）；所述受激材料（3）大致正迎向由该分光滤光片（2）引导来的所述激发光线。

该案涉及对“面对”一词的理解，专利权人主张其不仅包括直接面对，而且包括激发光源与分光滤光片错位情况下的位置关系。法院则未支持专利权人这一主张，认为“面对”并非该专利的自造词，因此，有必要基于该词通常含义并将其置于权利要求的具体语境中对其进行理解。权利要求1针对“面对”的相应记载为“所述激发光源（1）面对所述分光滤光片（2），使激发光线斜射向该分光滤光片（2）”。基于该文字表述并结合“面对”一词的通常含义可知，此处的“面对”是指“激发光源”与“分光滤光片”两个部件位置上的面对关系。因为错位关系下两部件之间的位置关系通常不会被理解为“面对”关系，所以专利权人应对其认为“面对”包括两部件错位情况下的位置关系这一主张举证证明或进行合理解释，在其既未举证，也未进行合理解释的情况下，法院对该主张不予支持。[1]

（二）何为“说明书及附图可以用于解释权利要求，但不得限定权利要求”

虽然专利权的保护范围以权利要求为准，但正如前文所述，权利要求与说明书、附图具有不同的功能，仅仅阅读权利要求，本领域技术人员可能很难真正准确地理解其具体含义。基于此，在对权利要求理解的过程中，有必要结合说明书和附图的记载。但需要注意的是，说明书和附图内容仅具有解释的作用，而不具有对权利要

[1] 参见北京知识产权法院（2015）京知行初字第6269、6704号行政判决书。

求进行进一步限定的功能。

1. 如果说明书中对术语有定义，以定义为准，此为“可以用于解释”

权利要求书大体上可被理解为由若干术语构成的技术方案，而对权利要求的解释基本上就是对各个术语的解释的总和。通常情况下，如果说明书中对相关术语的含义有明确定义，则无论其自造词还是现有术语，原则上均会以说明书的记载为准。正因如此，说明书亦被称为权利要求的字典。

下例权利要求1涉及一种金钢石的浆料。

1. 一种浆料，其包括：a. 多个单晶金刚石微粒，其中所述微粒的平均表面粗糙度为大于0至0.84；b. 调液，其选自水基调液、二醇基调液、油基调液或烃基调液及其组合；和c. 一种或多种任选的添加剂。

对于该权利要求中的“表面粗糙度”一词，说明书作了具体限定：“此处所用的术语‘表面粗糙度’表示二维图像的测量值，其按照CLEMEX图像分析仪，Clemex Vision User's Guide PE 3.5© 2001中的规定定量了物体的边缘与边界的坑或尖端的范围或程度。表面粗糙度是由该凸起周长除以周长的比值来确定的。表面粗糙度=凸起周长/周长”。基于此，该案在对表面粗糙度的解释中采用了上述内容。[1]

下例权利要求1涉及一种铸造设备。

1. 用于低压铸造的铸造设备（10），其中，所述铸造设备（10）具有用于至少一个炉（4）的至少一个下部的腔（3）和用于至少一个铸模的至少一个上部的腔（5），并且所述下部的腔（3）

[1] 参见北京知识产权法院（2016）京73行初5740号行政判决书。

与上部的腔（5）通过用于固定所述至少一个铸模的下部件（22）的至少一个下部的模具夹紧板（15）彼此隔开，其特征在于，所述上部的腔（5）具有用于所述至少一个铸模的上部件的上部的模具夹紧板（12），所述上部的模具夹紧板（12）在竖直方向上能移动地支承……

该权利要求中的“腔”虽然属于常用词，本领域技术人员亦知晓其通常含义，但说明书中对其有明确的界定，“术语‘腔’在本文件中应理解为其中带有部分地或完全打开的侧壁的结构”。基于此，该案中对于“腔”的理解以说明书的记载为准。因为对比文件1中“下部的腔”无法看出其具有部分或全部打开的结构，所以对比文件1虽亦有下部的腔，但二者的具体结构并不相同，故此亦为区别技术特征。[1]

2. 说明书中术语定义以外的内容不能引入权利要求，此为“不得限定”

说明书虽然可用于解释权利要求，但不能用于限定权利要求。限定与解释的区别在于，解释是解释该技术特征本身的含义，而限定是增加了其他特征或内容。

比如，权利要求中限定的是“金属材料”，但说明书实施例中使用的是熔点达500℃的金属材料，如果将权利要求中的金属材料解释为熔点为500℃的金属材料，则属于使用说明书限定权利要求的情形，这种解释方法不被准许。但如果说明书中采用的表述方式是“本申请中的金属材料是指熔点为500℃的金属材料”，此为对权利要求的解释，应把诉争权利要求中的金属材料解释为熔点为500℃的金属材料。

---

[1] 参见北京知识产权法院（2020）京73行初第17056号行政判决书。

再如，对于前文中的“腔”，如果说明书中未对其进行界定，而只是在实施方式中采用的腔带有部分地或完全打开的侧壁，则在对“腔”进行理解时，不能引入该实施方式中的这一技术特征。

解释与限定的区别看似仅在文字表述方式的不同，实则不然，二者的本质区别在于两种不同表述方式给社会公众带来的预期不同。采用前一种方式的表述，本领域技术人员通常认为此种情形仅是诉争权利要求保护范围内的情形之一，而非唯一情形。但如果采用后一种表述，则本领域技术人员会认为诉争权利要求仅指向该唯一情形。因为权利要求的解释根本在于本领域技术人员的理解，因此，上述不同表述给本领域技术人员带来的不同预期必然影响权利要求保护范围的确定。

在区分解释与限定时，尤其需要注意的是说明书中有关发明目的的记载。在实践中，一些专利权人会主张结合说明书中有关发明目的的记载，将权利要求进行限缩解释。

比如，权利要求中的限定为“金属材料”，说明书中虽未将金属材料界定为“熔点为500℃的金属材料”，但说明书的背景技术中记载其要解决的是熔点为500℃的金属材料存在的问题。此种情况下，专利权人可能会主张权利要求的理解需要结合考虑发明目的。

因为依据本领域技术人员通常的文字理解能力，其并不会将该权利要求理解为仅包括熔点为500℃的金属材料这一唯一情形，而是会将其理解为一个示例，所以同样不能将权利要求中的金属材料理解为熔点为500℃的金属材料。具体理由同前，不再重复。

不仅如此，如果在对权利要求进行理解时允许其结合发明目的等说明书内容进行限缩解释，则意味着任何情况下，只要存在权利要求的概括“超出”说明书范围的情形，结合说明书进行“限缩”

解释即可。这一解释方式使权利要求的保护范围与说明书的记载范围基本相同。在范围基本相同的情况下，必然不可能得出权利要求的概括超出说明书范围从而无法得到说明书支持的结论。这也就意味着专利法有关权利要求需要得到说明书支持的规定形同虚设，并在一定程度上使权利要求的修改不具有必要性。

仍以“金属材料”为例，权利要求中的限定为“金属材料”，但说明书中仅给出了“熔点为500℃的金属材料”这一唯一实施例，且只有符合该要求的金属材料才可以实现说明书中记载的发明目的。此种情况下，因为其他金属材料无法具有基本相当的效果，所以权利要求中的“金属材料”这一概括超出了说明书公开的范围，无法得到说明书支持。但如果结合发明目的进行解释，则得到的结论是权利要求中的金属材料仅能是“熔点为500℃的金属材料”，这一范围与说明书范围相同，因此，权利要求可以得到说明书支持。可见，这一解释方式使得权利要求无法得到说明书支持这一情形客观上不可能出现。实际上，如果专利申请人希望将金属材料理解为熔点为500℃的金属材料，只需将其写入权利要求或在说明书中进行相应定义即可，完全不需要通过解释的方式达到这一目的。

下例权利要求1涉及对“镜片”的理解。

1. 一种具有宽视野的潜水面罩，其特征在于，其构成包括一副框、一镜面、一面罩及一主框；副框：其框缘配合镜面的框缘，其夹掣镜面及面罩而与主框结合成一体；镜面：是由正向镜片与两侧的侧向镜片以粘合方式结合而成；面罩：具有与镜面外缘结合框缘，该框缘并可置入主框的框槽内；主框；具有与面罩、镜面的外缘、副框的框缘结合的框槽，其与副框可结合成一体。

该权利要求中对“镜片”并未进行任何限定，在说明书背景技术部分提到的现有技术中既有平面镜片也有曲面镜片，而诉争专利的发明目的则在于克服背景技术中“曲面”镜片存在的缺陷。说明书的其他部分也均围绕“平面”镜片的技术方案展开。尽管如此，在说明书并未将镜片具体定义为平面镜片的情况下，该权利要求中的“镜片”仍应理解为既包括平面镜片，也包括曲面镜片，而不能因说明书中有关发明目的的记载而将其仅限缩为平面镜片。

除上述情形，实践中更多出现的是专利权人或专利申请人主张将权利要求理解为实施例或附图中的具体情形，下述各例均涉及此种情形。

在前文提到的专利号为 ZL201410059325.7 的涉案专利中，对于权利要求中“表面粗糙度”，专利权人认为应理解为说明书附图中所显示的金钢石的特定表面样貌，亦即该粗糙度对应的是金钢石颗粒表面尖端的数量，其尖端越多，粗糙度越小，反之则越大，如图 2－6 所示。

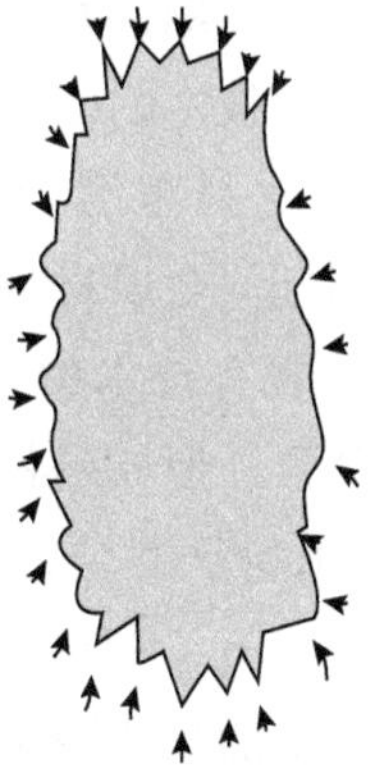

图 2－6　涉案专利 ZL201410059325.7 附图

这一主张使用了说明书中的内容对权利要求进行了进一步限定，因此，未被法院接受。

在前文提到的专利号为 ZL201620271917.X，名称为“一种嵌入式 LED 洁净龙骨灯”的案件中，对于权利要求 1 中的“导程条”，虽然权利要求 1 中的限定仅为“用于卡接所述龙骨（1）的凹槽的导程条（2-21）”，但专利权人则认为应将其具体理解为附图 3 中具体结构特征，如图 2-4 所示。这一主张同样属于使用说明书中内容对权利要求进行限定，未被法院接受。

实际上，对于说明书的内容是否可用于限定权利要求这一问题亦可从另一角度分析。如果专利权人或专利申请人认为应将说明书中具体限定的技术特征解释到权利要求中，其完全可以将该部分内容撰写为权利要求的一部分。专利权人或专利申请人未将其纳入权利要求，虽然存在撰写失误的可能性，但更可能是为了获得更大的保护范围。众所周知，在民事案件中，权利要求的保护范围越大，则被诉侵权产品落入保护范围的可能性越大，对于专利权人越有利。但较大的保护范围是个双刃剑，其附带的后果是在专利授权确权案件中，其更容易落入现有技术的范围内。

仍以前文中提到的金属材料为例，如果将金属材料作通常理解，则被诉侵权产品中使用任何金属材料均落入保护范围。但相应地，在创造性判断中，只要现有技术中公开了任意一种金属材料，都意味着该技术特征已被公开。但如果将金属材料限定为熔点高于500℃的金属材料，则该技术特征被公开的可能性明显会小于金属材料这一技术特征。在此情况下，专利权人或申请人有动机在专利授权或确权案件中将说明书中的具体限定引入权利要求，从而提高授权的可能性，或降低被宣告无效的可能性。但并不修改权利要求，从而在专利侵权案件中获得较大的保护范围。

在实践中，一种相对简单的判断方法是，在专利实审及复审程序中，如果专利申请人在提交修改文本时并不作相应修改，尤其在审查员指出其存在相关创造性缺陷时仍未将说明书内容纳入权利要求，而仅是主张在权利要求解释时引入说明书的内容，则基本上可以认定这一做法属于使用说明书内容限定权利要求，而非解释权利要求的情形，不能被接受。

下例为专利复审案件，该案中法院考虑了修改这一因素。该权利要求1内容如下。

1. 一种microRNA检测试剂盒，包括捕获分子和捕获桥分子，所述捕获分子为寡核苷酸，包被于固相上；所述捕获桥分子为DNA，一端能与捕获分子部分杂交，另一端能与待测microRNA部分杂交；还包括放大桥分子和放大分子……其特征在于，捕获桥分子的部分序列和放大桥分子的部分序列一起与待测microRNA分子的全部序列互补配对，两者与待测microRNA分子互补配对的区域不重叠。

专利申请人主张，虽然依据文字记载，权利要求1包括网状放大及线性放大两种方式，但对于权利要求的理解应结合说明书和附图的记载，因此，应将权利要求理解为仅包括说明书中记载的网状放大这一方式。

考虑到专利申请人在复审阶段提交过两次修改文本这一因素，法院指出，专利复审程序不同于专利无效宣告请求程序，在专利复审程序中并不禁止专利申请人将说明书的内容引入权利要求进行修改。因此，如果专利申请人认为权利要求1仅包括说明书中所限定的网状放大这一方式，则其完全可以将权利要求1修改成该具体方式，但专利申请人并未作此修改。这一情形表明专利申请人只是想通过限缩解释的方式达到既在授权后获得较大的保护范围，又在创造性判断中缩小现有技术的范围的目的，这一两端获利的做法并不为专利制度所接受。[1]

下例为功能性限定部分已提及的案例，其权利要求 1 内容如下。

1. 一种低扭单股环锭纱线的加工方法，用于工业化生产该低扭单股环锭纱线，其特征在于，该方法包括如下步骤：提供一假捻装置，设置在环锭纱机的一对前罗拉和导纱沟之间；将原纱条喂入该假捻装置，在该假捻装置的作用下该纱条被搓合和加捻；从该假捻装置输出的纱线在环锭纱机钢丝圈的旋转和该假捻装置的共同作用下，以与该假捻装置的加捻方向相反的方向被反向加捻，形成单股纱线；该单股纱线通过该导纱沟，经钢丝圈，最终卷绕在环锭纱筒上；其中，该假捻装置与该环锭纱机的纱机锭子之间的传动比例是实时可控的，从而实现该环锭纱机的纱机锭子和该假捻装置之间的特定的传递动作，降低过度纺纱阶段的断头率，提高单纱的可纺性，且该假捻装置可控制和调节单股纱线内部纤维束的排列结构和应力分布状态，使得加工出的单股纱线具有可控的残余扭矩，包括无残余扭矩状态。

该案即便不考虑功能性内容是否具有限定作用这一问题，专利权人针对“实时可控”的解释仍然不能成立。专利权人在结合说明书实施例内容的情况下，认为实时可控意味着“假捻装置与纱机锭子的速度不同”，法院则认为：“因‘实时可控’与二者速度之间并无必然关系，在保持二者速度相同的情况下，仍可以做到‘实时可控’，故该限定无法当然解读出‘假捻装置与纱机锭子的速度不同’这一含义。专利权人虽主张依据说明书实施例中的记载可以推

[1] 参见北京知识产权法院（2017）京 73 行初 1683 号行政判决书。

知其具有这一含义，但在行政程序中对于权利要求的解释不应引入说明书实施例中的具体限定。实际上，假捻装置与纱机锭子之间的设置关系属于本专利的发明点所在，如若‘假捻装置与纱机锭子的速度不同’这一技术特征确属于本专利权利要求1中所包含内容，专利权人应将其在权利要求书中进行明确记载，这一技术特征在文字表达上也并无障碍，无需通过其他内容进行推导。基于此，在权利要求书并无无明确记载的情况下，本院并不认为区别特征2可以理解出被告所理解的含义。”[1]

3. 权利要求用语的文字含义存在理解分歧时，可使用说明书进行确认

权利要求由文字构成，而文字的特点在于其含义并非唯一确定。虽然对于权利要求的理解主体是本领域技术人员，且《专利审查指南（2010）》中对于本领域技术人员的知识和能力进行了相应规定。但在具体案件中，真正解释权利要求的人毕竟是审查员和法官，真实的解释主体对于具体用语的理解出现分歧在实践中并不少见。此种情况下，说明书和附图在相当程度上可以使分歧观点趋于统一。

下例权利要求2涉及一种用于轮毂的支撑组件。

2. 根据权利要求1所述的环绕轮辋安装在整体式轮毂轮槽中的支撑组件，其特征在于：所述环形支撑体用刚性材料制成，其周长最大不超其所组成整个圆环周长的一半。

该案涉及对于“刚性材料”的解释，对于该术语的不同解释决定了该权利要求中的附加技术特征是否被公开。专利权人认为刚性材料是指坚硬且“不易发生变形”的材料，专利权人的这一主张虽然不是唯一合理解释，但属于合理解释之一。诉争专利说明书中记

[1] 参见北京知识产权法院（2016）京73行初254号行政判决书。

载："该支撑组件使用刚性材料制成的环形支撑体，可以使用与轮毂相同或相近特性的材料制成，与轮毂保持相同或相近的热胀冷缩系数"。由该记载可知，诉争专利的刚性材料亦可以具有一定热胀冷缩系数，而具有该系数说明其并非仅能是如专利权人所说的坚硬且不易发生变形的材料。由此可知，专利权人这一主张不能成立。❶

下例同样使用了说明书中的具体记载，该权利要求 1 内容如下。

1. 一种肉汤粉和/或调味粉，它包含，以总粉重量%计，1%～20%的油，不超过95%的碎填料和/或未磨碎的填料，以及以总油脂重量%计，不超过20%的脂肪，以及任选地含香料、风味剂和/或植物提取物，其中所述油是指在室温下为液态并且在20℃下固体脂肪含量低于5%的油或油的混合物，且其中碎填料是碎结晶成分且平均直径为5～80 μm，且其中碎填料为总粉重量%的4%～95%。

专利权人主张诉争专利主题名称"肉汤粉和/或调味粉"指的是一种清汤，不包括淀粉。虽然仅从该名称中无法看出其是否包括淀粉，且从权利要求的其他表述中亦无法确定这一点，但说明书中认为："特别是就单粒状肉汤而言，也可以是例如吸附油的多孔成分诸如麦芽糖糊精、淀粉和/或面粉的细粉"。可见，诉争专利权利要求 1 的肉汤粉和/或调味粉不应被理解为不包括淀粉。❷

下例权利要求 1 涉及对"后台服务器"的理解。

1. 一种采用条形码图像在移动终端与后台服务器之间进行通信的方法，所述移动终端与所述后台服务器通过无线网络进行无线连接，其特征在于，所述方法包括以下步骤：所述移动终端的用户

❶ 参见北京知识产权法院（2015）京知行初字第944号行政判决书。

❷ 参见北京知识产权法院（2017）京73行初8021号行政判决书。

注册为所述后台服务器的用户，所述后台服务器存储所述用户的注册信息，其中，所述用户具有唯一的用户名；通过设置在所述移动终端中的照相机对所述条形码图像进行拍照；通过所述移动终端解码拍摄到的所述条形码图像以获得编码信息；解析所述编码信息，判断所述条形码图像是否根据预定的编码规则所生成，来判断条形码图像的编码规则是否与后台服务器的编码规则和移动终端的解码规则相匹配：如果所述条形码图像是根据所述预定的编码规则所生成的，表明条形码图像的编码规则与后台服务器的编码规则和移动终端的解码规则相匹配，则继续执行下面的步骤；如果所述条形码图像不是根据所述预定的编码规则所生成的，表明条形码图像的编码规则与后台服务器的编码规则和移动终端的解码规则不匹配，则所述移动终端连接到对应于所述编码信息的网页后结束执行所述方法；根据所述编码信息，所述移动终端提取与所述编码信息对应的服务信息；所述移动终端向所述后台服务器发送服务提供请求消息，所述服务提供请求消息至少包括能唯一识别所述移动终端的信息；所述后台服务器根据所述服务提供请求消息的内容向所述移动终端提供服务。

该案中，专利权人主张，涉案专利权利要求 1 未限定后台服务器的数量以及各自功能，因此，后台服务器的数量可以是两个及以上，且在后台服务器为两个及以上时，不同服务器可以分别实施不同的步骤。

但法院认为，权利要求 1 中虽未限定后台服务器的数量，但亦未明确记载服务器可以是两个及以上，且相关步骤可以由不同的后台服务器分别完成。对于本领域技术人员而言，其基于对权利要求 1 文字的整体理解，会认为与后台服务器相关的步骤均由同一后台服务器完成，而不会认为其隐含限定了两个及以上后台服务器，且相关步骤可以由不同后台服务器完成。即便考虑涉案专利说明书及附图的记载，涉案专利说明书中无论是发明内容部分，还是具体实施方式部分，对于后台服务器的记载均未提及后台服务器可以是两个及以上，且不同后台服务器可以分别完成不同步骤。不仅如此，全部附图中也仅涉及同一后台服务器完成全部步骤这一种情形。综上可知，无论是基于权利要求的记载，还是同时考虑说明书和附图的内容，本领域技术人员均不会将涉案专利的后台服务器理解为两个及以上，且相关步骤可以由不同的服务器完成。[1]

下例权利要求 1 在前文中有关给药剂量限定作用部分已提到。

1. 雷诺嗪通过具有至少减少电压门控钠通道（VGSC）电流的持续部分而不消除瞬时部分的效果而用于制备减少或预防在表达电压门控钠通道（VGSC）的癌症中的癌症细胞的转移性行为的药物的用途，其中雷诺嗪的剂量使得对表达 VGSC 的癌症细胞具有所述效果而不杀死所述癌症细胞。

专利申请人在该案中不仅主张给药剂量具有限定作用，更进一步地，其主张应该将权利要求中的“雷诺嗪的剂量”理解为“药学上可接受的量”。法院虽认为给药剂量具有限定作用，但并未支持其有关“雷诺嗪的剂量”理解为“药学上可接受的量”这一主张。法院这一做法除了考虑权利要求中未记载这一因素，另一原因也在于相关实施例的剂量已超出药学上可接受量，即便依据说明书中的记载，同样无法将雷诺嗪的剂量理解为药学上可接受的量。[2]

[1] 参见北京知识产权法院（2020）京 73 民初 919 号民事判决书。
[2] 参见北京知识产权法院（2019）京 73 行初 10670 号行政判决书。

五、专利授权确权程序与专利侵权程序中的解释规则不完全相同

实践中存在一种观点，即针对同一个权利要求，在专利侵权程序与专利授权确权程序中应该具有完全相同的解释，但实际上并非如此。虽然多数情况下，不同程序中对于同一权利要求的解释并无不同，但这并不意味着在任何情况下均应相同。这一做法在现有规定中亦可见一斑。

比如，《最高人民法院关于审理专利授权确权行政案件适用法律若干问题的规定（一）》（法释〔2020〕8号）第3条规定："人民法院在专利确权行政案件中界定权利要求的用语时，可以参考已被专利侵权民事案件生效裁判采纳的专利权人的相关陈述。"依据该规定可以看出，专利权人在侵权诉讼中的表述在专利授权确权案件中仅具有参考作用，并不当然影响权利要求的解释，权利要求的理解仍以本领域技术人员的理解为准判断诉争权利要求是否符合授权条件。这也意味着，针对同一权利要求，在不同程序中的解释可以并不相同。

这一做法在涉及功能性限定的相关规定中有所体现。在专利授权确权案件中，《专利审查指南（2010）》第二部分第三章第3.2.1节规定："对于权利要求中所包含的功能性限定的技术特征，应当理解为覆盖了所有能够实现所述功能的实施方式。"但同样是针对功能性特征，《最高人民法院关于审理侵犯专利权纠纷案件应用法律若干问题的解释》（法释〔2009〕21号）第4条规定："对于权利要求中以功能或者效果表述的技术特征，人民法院应当结合说明书和附图描述的该功能或者效果的具体实施方式及其等同的实施方式，确定该技术特征的内容。"比较上述规定可以看出，专利侵权

案件中功能性限定特征的范围小于专利授权确权案件。

两种程序在权利要求解释上的区别主要体现在说明书的使用上。正如前文所述，在专利授权确权案件中，说明书仅具有解释权利要求的作用，而不能用以限定权利要求。但在专利侵权案件中，说明书则可能在一定程度上具有限定作用。说明书所起作用的不同主要体现在以下两种情形中：其一为技术贡献的不同影响，其二为功能性限定特征的不同解释规则。

（一）技术贡献在不同程序中对于权利要求解释的不同影响

在专利侵权案件中，如果依据说明书记载可以明确认定权利要求的保护范围已大于专利权人的技术贡献，则在此情况下可以采用说明书的内容对权利要求作出与其技术贡献相匹配的限缩解释，以避免专利权人获得超出其技术贡献的保护。这一解释方式通常需要结合的是说明书中记载的背景技术的技术缺陷以及涉案专利的发明目的。

与之不同的是，在专利授权确权案件中对于权利要求的解释并不考虑说明书中记载的技术贡献，不会通过引入背景技术的技术缺陷和诉争发明的发明目的而对权利要求进行限缩解释，而是会以本领域技术人员对于权利要求本身的通常理解为准。

上述程序中不同的解释规则系源于二者不同的制度价值，以及技术贡献在不同程序中的考虑角度。就专利授权确权程序而言，其目的在于要求专利申请人或专利权人撰写一个本领域技术人员可理解且与其技术贡献相匹配的权利要求。基于此，专利法不仅规定保护范围以权利要求记载内容为准，而且要求权利要求需要得到说明书的支持，这一要求的实质在于要求专利申请人在说明书的基础上进行符合其技术贡献的合理概括。基于这一考虑，如果说明书可用以限定权利要求，则任何情况下一旦理解上存在分歧，只需以说明书记载为准即可，不仅不可能存在权利要求无法得到说明书支持的情形，而且不存在对权利要求进行修改的必要。这一情形显然与专利法授权确权的要求不符。比如，权利要求为“一种自行车，其特征在于包括车轮与车把”。说明书中记载的发明目的在于使用者无需训练即可掌握平衡，具体实施方式中涉及4个车轮，除前后车轮外，在后轮两侧增加两个侧轮。因权利要求中并未对车轮进行任何限定，也就意味着其既包括说明书实施方式中的4个车轮的情形，也包括通常的两轮自行车的情形。因为两轮自行车无法达到使用者无需训练即可掌握平衡的技术效果，因此，权利要求的概括过宽，权利要求无法得到说明书支持。在此情况下，如果对于权利要求可以结合发明目的进行解释，则会将其限于能达到声称技术效果的情形，这必然意味着权利要求范围内所有的技术方案均可以实现这一声称的技术效果，从而客观上不可能出现权利要求无法得到说明书支持的情形。因为在专利复审程序中，专利申请人可以修改权利要求，所以不存在采用说明书限定权利要求的必要，如确有此必要，只需要将该部分内容通过修改引入权利要求即可。虽然在专利无效宣告请求程序中，说明书内容不可以通过修改引入权利要求，但基于前文中所述理由，这一结果亦是专利权人撰写行为所致，应由专利权人承担相应后果，而不应使用说明书限定权利要求。

与专利授权确权程序中保护专利权人的技术贡献这一制度价值相对应，专利侵权程序的目的则在于禁止他人未经许可使用专利权人的技术贡献。因理想状态下，权利要求是专利权人基于其说明书所作的合理概括，因此，以权利要求为准确定保护范围，则相当于保护其技术贡献，无需再引入说明书中的内容以确定其技术贡献。但在实践中，这一理想状态并非必然可以达到，发明专利虽然会经过实质审查程序，审查员会对其技术贡献是否匹配进行审查，但审查员的审查必然具有主观因素，不同的审查员可能对同一问题存在不同的判断，从而导致授权的发明专利可能与专利权人的技术贡献并不匹配。发明专利尚且如此，更何况无需实质审查的实用新型专利。在此情况下，如果仍仅以权利要求的记载为准，而不考虑说明书中有关技术贡献的记载，可能导致的结果便是专利权人可能会超出技术贡献获得保护，这一情形在个案中会侵害被告的合法利益，而就整体制度而言，其将会影响社会公众利益。基于上述考虑，在专利侵权程序中，有必要结合说明书中对技术贡献的记载对权利要求作出小于专利授权确权案件中的限缩解释。

基于此，司法实践在专利侵权案件中，会结合说明书中有关技术贡献的记载对权利要求作限缩解释，而非延及权利要求字面含义所述的全部技术方案。

【案例2-9】积木地板[1]

该案涉及的是专利号为ZL00116041.7，名称为“积木地板”的发明专利，其权利要求1内容如下。

一种积木地板，它包括积木地板料，积木地板料指经过加工的、具有一定规格的单个木质材料，其特征是由多个积木地板料（1、4、5、6、7、8、9、15、16、17、18、20、23、25、30）连接成积木地板块（10、19、26、28）。

该案权利要求中对于地板料的具体规格和形状等均未限定，被诉侵权产品为统一的规格、正面均呈长方形，如依据权利要求的文字记载进行理解，被诉侵权产品落入保护范围。但涉案专利权利要

[1] 参见北京市高级人民法院（2005）高民终字第172号民事判决书。

求中认为："本发明涉及一种由多块，尤其是由小块的木料连接组成的地板。公知技术的地板有如下不足：1. 木板用料大、对小于 100 cm^2 的木料难以利用，造成资源浪费……对木材要求严格，木板的木纹走向一致，面积大小也基本相同，不利于利用废料、碎木……本发明目的就是提供一种积木式地板，即用类似积木玩具那样的碎小木块作地板，它能避免上述不足，且带来良好的使用效果，低廉的成本，积极的环保效应……积木地板料，利用边角余料、树枝树桠等碎小木头制成积木地板料，地板料即经过加工的，没有连接在一起的单个地板材料。地板料正面，即使用中的上面，可呈方形、圆形、多边形或不规则形状，可像小孩的积木玩具那样有大有小，长短不一。可呈上大下小，上方下圆的形状。本专利说明书附图中 15 种积木地板料的形状各异、大小不同。"

基于上述记载，法院认为，涉案专利所要达到的技术效果在于它超越了普通地板对板材的选材和规格的严格要求，它所要实现的发明目的是充分利用边角余料，节约资源。它与公知技术的最大区别和显著进步以及其发明点就在于此。在此基础上，因被诉侵权产品为统一的规格，面积较大，并非利用边角余料、树枝等碎小木头制成。因此，未落入涉案专利的保护范围。

【案例 2－10】采用具有波长转换材料的移动模块的多色照明装置❶

该案涉及的是专利号为 ZL200880107739.5，名称为"采用具有波长转换材料的移动模块的多色照明装置"的发明专利，其权利要求 1 内容如下。

---

❶ 参见北京知识产权法院（2014）京知民初字第 46 号民事判决书。

1. 一种用于提供多色光的照明装置，包括：光源（100），其用于产生激发光，所述激发光为蓝光；模板，其包括两个或更多分区，其中所述分区中的一个或多个各自包含波长转换材料（110），该波长转换材料（110）能够吸收所述激发光并发出波长不同于所述激发光的波长的光，其中，第一分区包含第一波长转换材料（110），第二分区不包含波长转换材料（110），其中，所述模板的一部分被布置在所述激发光的光径上，并且其中所述模板和所述激发光相对彼此可移动，以使不同分区在不同的时间暴露于所述激发光；以及二向色元件（120），其被设置在所述波长转换材料和所述光源之间，所述二向色元件（120）透射所述激发光和反射由所述波长转换材料（110）发出的光。

该案中涉及对二向色元件与波长转换材料之间设置角度的理解，如图2－7和图2－8所示（对应图中圆形标注部分）。权利要求中对于角度并未限定，被诉侵权产品设置为45度，因此，如果依据权利要求的记载，该特征落入权利要求的保护范围，但法院在结合分析其技术贡献的基础上，得出了相反的结论。

法院认为，涉案专利将“二向色元件设置在所述波长转换材料和所述光源之间”的目的在于增加光的利用率和亮度，专利权人对此亦表示认可。其具体工作原理为：光源所发出的激发光射向二向色元件，二向色元件透射激发光，透射过去的激发光会作用于波长转换材料，波长转换材料对接收的光进行波长转换，然后射向出射口。因波长转换材料在接收该激发光后所发射的光可能射向不同方向，其中只有一部分会投向出射口，从而导致射向其他方向的光被浪费，因此，有必要设置相应结构以使向各个方向的受激发光尽可能最终均投向出射口，从而提高光的利用率和亮度。涉案专利中所采用的技术手段便是通过二向色元件位置及角度的设置，将由波长转换材料射到该二向色元件的受激发光再反射回波长转换材料，并尽可能投向出射口，从而提高光的利用率。

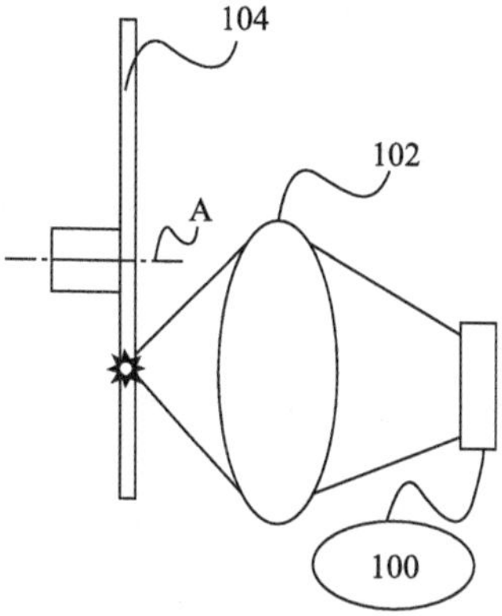

图 2 -7 涉案专利
ZL200880107739.5 附图 1

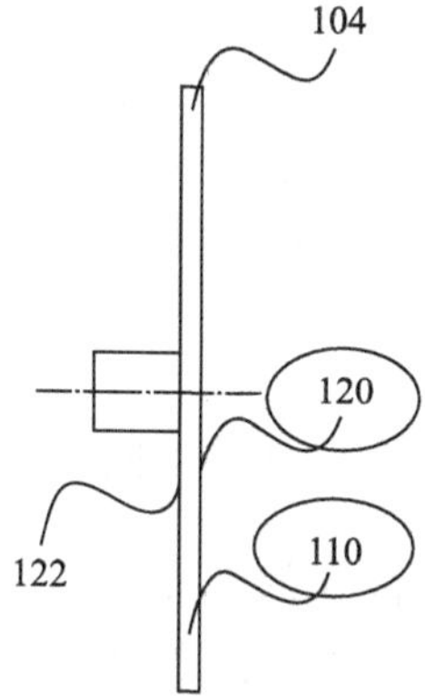

图 2 -8 涉案专利
ZL200880107739.5 附图 2

波长转换材料与二向色元件之间采用不同角度设置时，对于光的利用率和亮度的影响并不相同。当二者采用平行设置时，射向二向色元件的受激发光会最大限度地反射回波长转换材料并射向出射口，从而最有利于增加光的利用率和亮度。正因如此，在涉案专利的附图中，均采用的是平行设置的方式，这一情形亦可佐证采用基本平行的设置方式是增加光的利用率和亮度的优选实施方式。

在基本平行设置为优选实施方式的情况下，在一定角度范围内，波长转换材料与二向色元件之间角度越大，对于光的利用率和亮度的提高作用越小。而当采用被诉侵权产品的 45 度设置时，射向二向色元件的受激发光会很难反射回出射口，因此，这一角度设置方式难以起到提高光的利用率和亮度的效果。

基于此，虽然涉案专利对于二向色元件的限定并未涉及二向色元件与波长转换材料之间的设置角度，但在该特征的技术效果是增加光的利用率和亮度的情况下，应将二者之间的角度设置限于能够达到上述技术效果的角度范围。在被诉侵权产品采用了45度设置，而这一设置方式属于最差设置，无法提高光的利用率和亮度的情况下，被诉侵权产品的该特征与涉案专利权利要求1的上述特征既不相同也不等同。

【案例2－11】光源装置、投影装置及投影方法[1]

该案涉及的是专利号为ZL201010293730.7，名称为“光源装置、投影装置及投影方法”的发明专利，其权利要求1内容如下。

1. 一种光源装置，其特征在于具备：光源，在规定的波段发光；光源光发生部件，利用上述光源的发光，以分时的方式发生发光效率不同的多种颜色的光源光；以及光源控制部件，其控制上述光源和上述光源光发生部件的驱动定时，使得由上述光源光发生部件发生的多种颜色的光源光中，将发光效率较高的至少1种颜色的光源光的发光期间设定得比其他颜色的光源光的发光期间短，并且将已把该发光期间设定得较短的颜色的光源光发生时的上述光源的驱动电力设定得比其他颜色的光源光发生时的上述光源的驱动电力大，由上述光源光发生部件发生的多种颜色的光源光循环发生，上述光源光发生部件是具备涂覆了发出规定波段光的荧光体的区域的色轮。

该案涉及对“发光效率较高的至少1种颜色的光源光”这一技术特征的理解，即其包括全部光源光，还是仅指通过激发荧光体而

---

[1] 参见北京知识产权法院（2016）京73民初59号民事判决书。

产生的光源光。虽然权利要求中并未进行相应限定，但在结合说明书中有关技术问题及技术效果的基础上，法院将其理解为后者。

涉案专利在背景技术中记载，其需要解决的技术问题是，在保证绝对光量的情况下，解决因为荧光体的饱和而导致的发光效率恶化问题。基于此，其发明目的在于“考虑因光源和荧光体的组合而每种颜色不同的发光效率，尽可能地投影明亮且颜色再现性高的图像”。庭审中，专利权人表示背景技术中的荧光体饱和由两个因素导致：激发光的电力大小以及发光期间长短。也就是说，对于发光效率低的颜色光而言，如果电力大，发光时间长，则其所照射的荧光体易于饱和，从而导致发光效率恶化。

需要指出的是，虽然权利要求 1 中限定的是将发光效率较高的至少 1 种颜色的光源光的发光期间设定得较短，而驱动电力设定得较大，但现有技术的技术缺陷并不体现在光源光本身上，而是体现在荧光体上。对于此类产品而言，并非圆盘的全部区域均有荧光体，无论是涉案专利还是被诉侵权产品，其发光效率最高的蓝光所对应部分并无荧光体。基于此，如果“发光效率较高的至少 1 种颜色的光源光”对应的是蓝光，则因该部分区域不存在荧光体，相应地，不存在荧光体饱和这一问题，故该区域的发光期间及驱动电力大小的设定实际上与荧光体饱和这一技术缺陷并无直接关系，而仅可能是该技术缺陷被解决后客观存在的一个结果。换言之，即便蓝光区域的发光期间及驱动电力符合涉案专利的限定，但如果对于有荧光体区域的发光期间及驱动电力并未进行相应调整，其仍可能存在前述发光效率恶化这一技术缺陷。基于此，在结合考虑涉案专利所要解决的技术问题及其发明目的的基础上，权利要求 1 中所限定的“发光效率较高的至少 1 种颜色的光源光”并非包括全部光源光，而应指向的是通过激发荧光体而产生的光源光。

【案例2-12】一种多面投影系统[1]

该案涉及的是专利号为ZL201310289212.1，名称为“一种多面投影系统”的发明专利，其权利要求1内容如下。

1. 一种多面投影系统，包括：两个以上的投射装置，其在多个投射面上投射影像；以及管理装置，其对上述两个以上的投射装置投射的影像进行管理，并且对上述两个以上的投射装置进行控制，将相互同步化的影像投射于上述多个投射面上，所述多面投影系统的特征在于，考虑投射面的相对性质，上述管理装置对上述多个投射面上所要投射的影像进行修正，并且将修正的影像传送至上述多个投射装置；上述两个以上的投射装置包括如下两种投射装置：其一，用于投射根据数字电影包或数字屏幕广告的主影像；以及其二，用于投射与上述主影像相匹配的辅助影像。

该案涉及对于“考虑投射面的相对性质”的理解。法院同样在结合技术贡献的基础上进行了相对字面含义的限缩解释。法院认为，在解释涉案专利权利要求保护范围时，需要考虑涉案专利的技术贡献。涉案专利相对于现有技术的贡献在于，管理装置考虑不同投射面的相对性质而对图像进行修正。综合涉案专利权利要求及说明书第［0066］段、第［0078］段、第［0085］段、第［0090］段、第［0091］段、第［0092］段、第［0094］段等可知，影响获得专注感、立体感、一体感高的影像的因素，包括投射面的信息（包括大小、模样的形状、色彩、材料、反射率等）以及投射装置的信息（分辨率、亮度、到投射面的距离等）。因此，在修正影像的过程中，可以考虑的信息包括投射装置的型号、投射装置的分辨

[1] 参见最高人民法院（2019）最高法知民终1号民事判决书。

率、投射装置投射的影像的亮度、到投射面的距离、与投射面形成的角度、投射面的大小和形状、投射面上所形成的凹凸或者构造物的外形、投射面的材料、色彩、反射率等。在根据上述信息对影像修正过程中，只有管理装置根据不同投射面的相对性质（例如相对的材料差异、相对的反射率差异、相对的色彩差异等）对影像进行的修正才属于权利要求中限定的“考虑投射面的相对性质”。对于投射面的表面信息（例如投射面的大小、凹凸等的弯曲形状、构造物设置部分等）和投射装置信息（投射装置的型号、投射装置的分辨率、投射装置投射的影像的亮度、到投射面的距离、与投射面形成的角度等）的考虑，均非权利要求 1 中所限定的“考虑投射面的相对性质”。

（二）功能性特征在不同程序中的不同解释规则

前文中提及的在不同程序中对于权利要求的不同解释，虽符合不同程序的制度价值，但并未明确体现在法律规定中。然而，针对功能性特征的不同解释规则，则有明确法律依据。

1. 专利侵权司法解释中相关规则的解读

最高人民法院有关专利侵权的司法解释中从何为功能性特征、功能性特征的解释以及功能性特征的保护范围 3 个角度对于功能性特征进行了规定。

对于何为功能性特征，《最高人民法院关于审理侵犯专利权纠纷案件应用法律若干问题的解释（二）》第 8 条规定：“功能性特征，是指对于结构、组分、步骤、条件或其之间的关系等，通过其在发明创造中所起的功能或者效果进行限定的技术特征，但本领域普通技术人员仅通过阅读权利要求即可直接、明确地确定实现上述功能或者效果的具体实施方式的除外。”该规定中对于功能性特征进行了限缩解释，即其只限于本领域技术人员不能直接知晓具体实施方式的功能性特征，而非只要特征中包括了功能性文字便被视为功能性特征。当然，一些情况下当事人有必要提交相关证据证明哪些技术特征属于该规定中的功能性特征。

对于功能性特征的解释规则，司法解释中同样进行了限缩。《最高人民法院关于审理侵犯专利权纠纷案件应用法律若干问题的解释》（法释〔2009〕21 号）第 4 条规定："对于权利要求中以功能或者效果表述的技术特征，人民法院应当结合说明书和附图描述的该功能或者效果的具体实施方式及其等同的实施方式，确定该技术特征的内容。"即仅限于说明书和附图中的实施方式及与之等同的实施方式，而非涵盖全部实施方式。

在民事侵权案件中之所以采用上述规则，主要原因在于权利要求是在实施例基础上的合理概括，而功能性概括属于常见的概括方式之一，尤其需要考虑的是，很多使用功能限定的词语已成为所属领域的常用术语，且本领域技术人员亦知晓如何实现相关功能，比如，导体、散热装置、黏结剂、放大器、变速器等。因此，不能一味地禁止采用功能性特征，否则会使得在一些情况下无法对实施例进行合理概括。实际上，将符合上述要求的功能性特征理解为实施此功能的全部实施方式，亦不会对公共利益产生影响。

但同时需要注意的是，专利保护的是技术方案，而非功能。无论是产品，还是方法，本领域技术人员关注的均是可被实施的技术方案。因此，不能不加以限制地使用功能进行限定。对于本领域技术人员不依赖说明书的记载便不知晓具体实施方式的功能，该功能性的概括方式属于不合理的概括，难以得到说明书支持，因此，这一撰写方式不被允许。

尽管存在上述针对权利要求的撰写要求，但实践中很难做到每个权利要求均符合上述要求。不少案件中针对本领域技术人员并不知晓实施方式的技术特征，仍会使用功能性限定的方式，且基于各种原因这一撰写方式可能会被接受。对于此类功能性限定的特征，其技术贡献仅限于说明书中的具体实施方式，如果仍将其理解为全部实施方式，则会使专利权人获得超出其技术贡献的保护。因此，在民事侵权案件中的合理做法应是将功能性特征限于说明书中具体实施方式，以与其技术贡献相匹配，此即为民事司法解释中采用上述做法的原因。

此外，有必要一提的是，前述司法解释中亦规定了功能性特征的保护范围。对于功能性特征的保护范围，则既包括相同的技术特征，也包括等同的技术特征。《最高人民法院关于审理侵犯专利权纠纷案件应用法律若干问题的解释（二）》第 8 条第 2 款规定，“与说明书及附图记载的实现前款所称功能或者效果不可缺少的技术特征相比，被诉侵权技术方案的相应技术特征是以基本相同的手段，实现相同的功能，达到相同的效果，且本领域普通技术人员在被诉侵权行为发生时无需经过创造性劳动就能够联想到的，人民法院应当认定该相应技术特征与功能性特征相同或者等同。”

在这一条款的适用中，较易出现争议的问题是何为“基本相同的手段”。通常情况下，构成等同的技术手段至少应具有基本相同的技术构思，不同技术构思的技术手段通常不应认定二者属于等同的技术手段。但具有相同构思的技术手段亦并非当然构成等同，如果二者属于该技术构思中惯用的技术手段，通常可以认定构成等同，但如果被诉侵权产品使用的是本领域技术人员在专利申请日之前并未公开的技术手段，则即使具有基本相同的技术构思，同样不能认定构成等同的技术特征。

2. 不同程序中不同解释规则之间的对比

前文中已提及专利授权确权案件中应区分以下两种采用不同的

解释规则的情形：其一，在本领域技术人员不依据说明书的记载，亦知晓该功能实施方式的情形下，功能性限定内容具有限定作用，应被理解为可实现该功能的全部实施方式；其二，如果不依据说明书记载，本领域技术人员并不知晓实现该功能的具体方式，则此种情况下《专利审查指南（2010）》不允许采用功能性限定的方式。如果已采用这一限定方式，则应理解为该内容并无限定作用。需要指出的是，《专利审查指南（2010）》中虽规定的是功能性特征包括该功能的全部实施方式，但其适用的前提是符合撰写要求的功能性特征，而对于后一种情形，其无法得到说明书支持，并不允许采用功能性的撰写方式，相应地，不能使用《专利审查指南（2010）》中对于功能性特征的解释规则，即不能理解为全部实施方式。

将该解释规则与司法解释中前述规定相比可以看出，司法解释中同样涉及前述两种情形，只是其采用了不同的规定角度。对于第一种情形，授权确权案件中视其为功能性特征，但专利侵权司法解释中并未将其视为功能性特征，相应地，亦未规定特殊的解释规则。尽管如此，因司法解释中只是将其所称的功能性特征限缩为说明书和附图中的具体实施方式或等同方式，这也就意味着对于除上述功能性特征之外的使用功能进行限定的技术特征应理解为实现该功能的全部实施方式，而这一解释规则与专利授权确权案件并无不同。

但在第二种情形下二者采用了不同的解释规则。司法解释将侵权案件中的此种功能性限定特征理解为限于说明书和附图的实施方式及与之等同的实施方式，但授权确权案件中在对权利要求解释时不考虑该功能，其并不具有限定作用。这一解释规的不同会带来不同的后果。在专利授权确权案件中，因为此类功能性特征不具有限定作用，无需考虑，故该内容不会构成区别特征，相应地，不会基于该功能性特征而被认定具备新颖性或创造性。但在专利侵权案件中，因其限于说明书和附图中的实施方式及其等同方式，无论是相较于授权确权中的不予考虑这一解释规则，还是将该功能理解为全部实施方式这一解释规则，其均被解释为更小的保护范围，故被诉侵权产品均具有更低的侵权可能性。这一后果意味着采用此种功能性限定的方式撰写的权利要求，无论是在专利授权确权阶段，还是在专利侵权阶段，均采用的是不利于专利权人的解释规则，而这一情形真正希望达到的目的实际上是希望发明人在撰写权利要求时不要采取这种撰写方式。

例如，假定诉争权利要求为“一种用于治疗癌症的组合物，其包括：可治疗一切癌症的化合物、油脂、抗氧化剂”，该权利要求中对于3个组分并无进一步限定。在专利授权确权案件中，因为现有技术中并无可用于治疗一切癌症的化合物，所以即便说明书中记载了几种具体化合物，且其确定可治疗一切癌症，但如果权利要求书中在上述列举的具体化合物基础上将概括为全部可治疗一切癌症的化合物，则该概括无法得到说明书支持，不应被授权。而就权利要求的撰写方式而言，亦属于不被允许采用功能性限定的情形。

但如果该权利要求已被授权（虽在医药领域基本不存在这一可能性），在专利无效宣告请求案件中，则应认定该功能性特征并无限定作用。这也就意味着如果现有技术公开的组合物中包括化合物、油脂、抗氧化剂，无论该化合物具有何种用途，其均可以破坏该权利要求的新颖性。实际上，如果认定该功能性特征具有限定作用，则可能出现的不合理的结果在于，因现有技术中并未公开可治疗一切癌症的化合物，即便诉争专利说明书中并未记载任何可实现该功能的化合物，但无论选用任何对比文件，均无法破坏该权利要求的新颖性、创造性。

在专利侵权案件中，解释规则的不同在于实施方式限定作用的认定上。实施方式在授权确权案件中不具有限定作用，但在侵权案件中有限定作用。如果被告上市了一种药物，其包括可治疗一切癌症的化合物，以及油脂、抗氧化剂。依据司法解释中的规则，功能性特征应被理解为说明书中的实施方式，故如果说明书并无实施方式，或者该实施方式与被诉侵权产品并不相同，则被告并不侵权。但如果说明书中公开了实施方式，且被告使用的是说明书中的实施方式，则侵权成立。

【案例2－13】激光测距仪的光接收电路[1]

该案涉及的是专利号为ZL01009414.1，名称为“激光测距仪的光接收电路”的发明专利，其权利要求1内容如下。

1. A一种激光测距仪的光接收电路，其特征在于，包含有：B一感光元件，能将感测到的光信号转为电流信号输出；C一转阻放大回路，连接于该感光元件，用来将该感光元件所输出的电流信号转为电压信号输出；D一偏压稳定主放大器，连接于该转阻放大回路，用以将该转阻放大回路的电压信号予以放大，同时确保该电压信号保持在一固定的偏压值；E一单击回路，连接于该偏压稳定主放大器，用以将该偏压稳定主放大器所输出的电压信号整形为数字信号后输出；由此，F可将感测到的光信号转为电流信号再转为电压信号并将之稳定与放大后转为数字信号，供激光测距仪判断、分析而测出目标物的距离。

该侵权案件中与功能相关的技术特征包括技术特征B～E的感

[1] 参见北京知识产权法院（2015）京知民初字第287号民事判决书。

光元件、转阻放大电路、偏压稳定主放大器、单击回路。法院认为，上述技术特征虽然只对所实现的功能进行了描述，但感光元件、转阻放大电路、偏压稳定主放大器、单击回路的构成部件和配置电路都属于本领域公知的现有技术，即本领域普通技术人员仅通过阅读权利要求1即可直接、明确地确定实现技术特征B～E中功能或者效果的具体实施方式，因此，上述技术特征并非司法解释中所规定的功能性特征。这也就意味着对于上述技术特征不能理解为说明书中限定的具体实施方式，被诉侵权产品中只要具有可实现上述功能的技术特征，即应认定采用了诉争技术方案中的上述技术特征。

本章案例2－10涉及的是功能性特征与说明书和附图中的实施方式的对应关系。[1] 也就是说，功能性特征的范围应限于说明书和附图中实现“该功能”的实施方式，而非与之“相关”的实施方式。

该权利要求中，功能性特征是“二向色元件”，被告认为因涉案专利说明书中的二向色元件均采用与波长转换材料平行的设置，故应将二向色元件理解为与波长转换材料之间采用基本平行设置的二向色元件。

法院认为，二向色元件的功能是“透射所述激发光和反射由所述波长转换材料发出的光”，由权利要求书和说明书中的记载可知，该技术方案中的透射及反射功能系由二向色元件所实现，与波长转换材料和二向色元件之间的角度设置方式无关。也就是说，无论波长转换材料和二向色元件之间采用何种角度设置，该角度设置本身均不会影响二向色元件的透射及反射功能，因此，实施例中的平行

[1] 参见北京知识产权法院（2014）京知民初字第46号民事判决书。

设置这一方式并非实施透射及反射功能的具体实施方式，不能用于解释“二向色元件”这一功能性特征。

【案例 2-14】加温器[1]

该案涉及的是专利号为 ZL201210136962.0，名称为“一种加湿器”的发明专利，其权利要求 1 内容如下。

1. 一种加湿器，是由水槽（1）、圆筒形湿膜（2）、驱动装置（3）、风机（4）、外壳（5）、水位控制器（6）组成，其中驱动装置（3）驱动轴向水平放置的圆筒形湿膜（2）转动，圆筒形湿膜（2）的底部浸没在水槽（1）的水中，水槽（1）通过水位控制器（6）与自来水连接，外壳（5）设有进风口（10）、出风口（11），其特征在于：圆筒形湿膜（2）的弧形面的外面一侧设置了进风口（10），圆筒形湿膜（2）的弧形面的外面的另一侧设置了风机（4）；圆筒形湿膜（2）轴向两端设有封堵板（8）；圆筒形湿膜（2）顶部对应的外壳（5）的内侧设有密封条（7）；同时在外壳（5）的进风口（10）两端内侧，封堵板（8）的外侧设有封堵（9）。

该侵权案件中涉及功能性特征的解释及保护范围的认定问题。专利权人主张涉案专利中的“水位控制器（6）”属于以功能限定的技术特征，应理解为全部可以实现水位控制功能的部件。因被诉侵权产品中的相关 3 个部件配合使用可以实现水位控制功能，故被诉侵权产品中的上述部件与涉案专利的水位控制器相对应。

该案中，因专利权人的相关证据不能证明水位控制器对于本领域普通技术人员而言，仅通过阅读权利要求即可直接、明确地确定

---

[1] 参见北京知识产权法院（2019）京 73 民初 1109 号民事判决书。

实现上述功能或者效果的具体实施方式，故其属于《最高人民法院关于审理侵犯专利权纠纷案件应用法律若干问题的解释（二）》第8条中规定的功能性特征。

而对于功能性特征的解释，依据《最高人民法院关于审理侵犯专利权纠纷案件应用法律若干问题的解释》（法释〔2009〕21号）第4条规定，应当限于说明书和附图描述的该功能或者效果的具体实施方式及其等同的实施方式。对于水位控制器，涉案专利的说明书文字部分虽无具体限定，但附图中有相应记载。尽管附图为示意图，但至少可以确定的是附图中的水位控制器均是位于特定位置的单独部件。基于此，在专利权人认可被诉侵权产品中的水位控制功能系由上述3个部件共同实现，而非单独部件实现的情况下，被诉侵权产品与涉案专利在水位控制这一功能上并未采用“相同”的技术特征。

对于被诉侵权产品中是否采用了与该功能性特征相“等同”的技术特征，前文中已提及，等同的技术手段至少应具有基本相同的技术构思，不同技术构思的技术手段通常不应认定二者属于等同的技术手段。该案中，由实施例可以看出，涉案专利采用的技术构思是使用单独的部件实现水位调节的功能，但被诉侵权产品中则使用的是3个部件共同实现水位调节功能的技术构思，二者技术构思并不相同，在此情况下，二者即便功能和效果相同，亦不构成等同的功能性特征。

【案例2－15】折叠车架[1]

该案涉及的是专利号为ZL200710156429.X，名称为折叠车架

[1] 参见上海市高级人民法院（2012）沪高民三（知）终字第10号民事判决书。

的实用新型专利，其权利要求1内容如下。

1. 一种折叠车架，包括前车架（2）、后车架（3）及踏板（1），其特征在于：它还包括控制前车架（2）和后车架（3）间夹角变化的锁定装置（5），所述前车架的后端与后车架的前端与踏板的中部三处共同铰接在同一根铰轴（4）上，所述锁定装置的前部与前车架（2）连接，所述锁定装置的后部与后车架（3）连接。

与前案相同，该案亦涉及功能性特征的解释与保护范围的确定问题，与之相关的技术特征为“控制前车架（2）和后车架（3）间夹角变化的锁定装置（5）”（判决中称之为技术特征4），如图2-9所示。法院认为，技术特征4只是陈述了锁定装置的功能而未描述其具体结构，故技术特征4为功能性特征。涉案发明专利的说明书和附图记载了锁定装置的5个具体实施方式A1～A5，因此，技术特征4的内容应当限定为上述锁定装置A1～A5的具体实施方式及其等同实施方式。

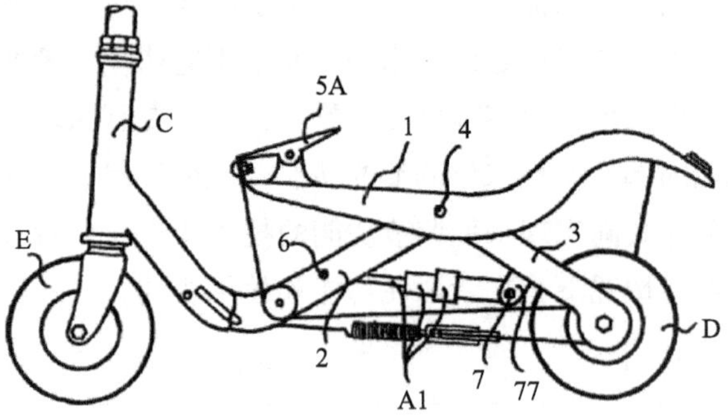

图2-9　涉案专利ZL200710156429.X附图

被控侵权产品的技术特征中与之相对应的锁定装置是气弹簧，即气弹簧可以实现伸缩定位锁定，从而控制前车架和后车架间夹角变化。因涉案专利权利要求 1 中技术特征 4 的具体实施方式 A1、A4 采用的是机械弹簧式的锁定装置，通过拉动插销拉手体而使插销插入或者抽出插销孔，从而使伸缩杆在伸缩杆套管中的轴向滑动来实现“控制前车架和后车架间夹角变化”，而被诉侵权产品中使用的是气弹簧，故二者并不构成相同的技术特征。

对于二者是否属于等同特征，法院认为被控侵权产品采用的是气弹簧式的锁定装置，通过开启、关闭控制阀门来控制气缸桶内的压力平衡从而使活塞杆在气缸桶中的轴向滑动来实现“控制前车架和后车架间夹角变化”。被诉侵权产品使用的气弹簧与涉案专利技术特征 4 的具体实施方式 A1、A4 的工作原理不相同，二者的技术手段并不相同，也非基本相同，故二者不构成等同的技术特征。

第三章 现有技术与最接近的现有技术

第一节 现有技术

一、何为现有技术

《专利法》第22条第3款规定："创造性，是指与现有技术相比，该发明具有突出的实质性特点和显著的进步，该实用新型具有实质性特点和进步。"因现有技术是诉争技术方案的对比对象，因此，现有技术的确认是创造性判断的前提。

对于何为现有技术，《专利审查指南（2010）》第二部分第二章第2.1节的"现有技术"规定："根据专利法第二十二条第五款规定，现有技术是指申请日以前在国内外为公众所知的技术。现有技术包括在申请日（有优先权的，指优先权日）以前在国内外出版物上公开发表、在国内外公开使用或者以其他方式为公众所知的技术。"

依据上述规定可知，现有技术需要符合以下两个构成要件，不符合以下要件的技术内容无法被用以评价诉争专利的创造性。

其一，公开要件，即该技术内容需要已为公众所知。这一要件强调的是"已"为公众所知，而非仅仅具有可为公众所知的可能性。同时，其中的公众亦并非数量意义上的限定，而是从保密义务意义上的限定，任何不具有保密义务的人，均可被视为专利法意义上的公众。

其二，时间要件，即公开时间早于诉争发明创造的申请日或优先权日。对于申请日，《专利法》第 28 条规定："国务院专利行政部门收到专利申请文件之日为申请日。"对于优先权日的理解，则需要以专利法有关优先权制度的规定为基础。优先权包括外国优先权与本国优先权两种情形，二者均规定于《专利法》第 29 条。其中，外国优先权是指"申请人自发明或者实用新型在外国第一次提出专利申请之日起十二个月内，或者自外观设计在外国第一次提出专利申请之日起六个月内，又在中国就相同主题提出专利申请的，依照该外国同中国签订的协议或者共同参加的国际条约，或者依照相互承认优先权的原则，可以享有优先权"。本国优先权是指："申请人自发明或者实用新型在中国第一次提出专利申请之日起十二个月内，或者自外观设计在中国第一次提出专利申请之日起六个月内，又向国务院专利行政部门就相同主题提出专利申请的，可以享有优先权"。优先权制度对于专利申请人或专利权人的主要利益在于如果优先权成立，则除非法律有特殊规定，否则优先权日视为申请日。《专利法实施细则》第 11 条规定："除专利法第二十八条和第四十二条规定的情形外，专利法所称申请日，有优先权的，指优先权日。"

在对于现有技术的理解中，需要注意与以下情形相区分。

（一）在先申请在后公开的专利或专利申请

在先申请在后公开的专利或专利申请被称之为抵触申请，因其公开日在后，不符合现有技术的要求，故不能评价创造性，但其可用于评价新颖性。《专利法》第 22 条第 2 款规定："新颖性，是指该发明或者实用新型不属于现有技术；也没有任何单位或者个人就同样的发明或者实用新型在申请日以前向国务院专利行政部门提出过申请，并记载在申请日以后公布的专利申请文件或者公告的专利文件中。”

之所以抵触申请可用于评价新颖性而不能用于评价创造性，主要原因在于两个制度各自具有不同的制度价值。新颖性的制度价值既在于避免将公有领域的技术方案授予专利权从而损害公共利益，避免给专利权人不应有的保护。同时亦在于避免重复授权，即避免同时存在两个保护范围相同的专利权。重复授权的存在会使得在后续的维权过程中，同一侵权人可能面临两个或以上专利权人的侵权指控，因此，基于发明人利益与社会公众利益的平衡，如果诉争发明创造与抵触申请构成重复授权，则尽管诉争发明创造相对于现有技术确有其技术贡献，仍不会授予专利权。实际上，不仅专利法中有避免重复授权这一基本原则，商标法同样具有这一规则，二者的考虑角度并无实质不同。

新颖性中的这一做法强调对于社会公众的保护，在一定程度上牺牲了发明人利益，使得一些相对于现有技术具有技术贡献的发明创造仅因与抵触申请构成重复授权便无法获得应有的保护。为平衡发明人与公众之间的利益，作为后续条款的创造性，在针对抵触申请的使用上有必要向发明人的利益倾斜。即使诉争技术方案相较于抵触申请不具备创造性，仍不会据此使得该技术方案基于创造性问题而不被授权。换言之，抵触申请不得作为评价创造性的对比文件。

（二）同日公开的技术内容

就客观情形而言，技术内容公开的时间点包括3种情形：早于申请日、申请日的同日、晚于申请日。《专利审查指南（2010）》

第二部分第三章第 2. 1. 1 节的“时间界限”规定：“申请日当天公开的技术内容不包括在现有技术范围内。”同日公开的证据形式可分为两种，专利文件和专利文件以外的其他证据形式。无论上述哪种证据形式，其中所记载的现有技术均无法用以破坏创造性。当然，实践中这一情形亦极少出现。

实际上，基于有关抵触申请的规定可推知，同日公开的技术内容虽然不能用于评价创造性，但如果公开的是专利申请，则可以用于评价新颖性。虽然抵触申请的规定仅涉及了在先申请“在后”公开的专利或专利申请，而未提及“同日”公开的情形，但如果公开“在后”的可用于评价新颖性，“同日”公开的必然可用于评价新颖性。

（三）同日申请的专利

某一技术内容是否构成现有技术强调的是其公开时间，而非申请时间。因为同日申请的专利，其公开日期必然晚于诉争专利，因此，其不可能构成诉争专利的现有技术，无法用于评价创造性。与此同时，因为可用于评价新颖性的技术内容中同样不包括同日申请的专利，因此，其亦不能用于评价新颖性。

同日申请的专利无法用于评价新颖性和创造性，并不意味着其在专利法中没有意义，只是其对应于其他制度。《专利法》第 9 条对于重复授权制度进行了规定：“同样的发明创造只能授予一项专利权。但是，同一申请人同日对同样的发明创造既申请实用新型专利又申请发明专利，先获得的实用新型专利权尚未终止，且申请人声明放弃该实用新型专利权的，可以授予发明专利权。”依据该规定可知，如果两个或以上发明创造均在同一日申请专利，此种情况下在这些专利申请中只能授予一个专利权。至于具体的处理方式，在《专利审查指南（2010）》有相应规定，其中专利实审程序中的相应规定见于第二部分第三章第6节的“对同样的发明创造的处理”部分，在专利无效宣告请求程序中的相应规定见于第四部分第七章的“无效宣告程序中对于同样的发明创造的处理”部分，此处不再详述。

二、现有技术的认定

（一）“公开”的认定

《专利法》第22条第5款规定：“现有技术是指申请日以前在国内外为公众所知的技术。”依据该规定可以看出，对现有技术的认定中，其核心在于“为公众所知”。实践中通常亦将“为公众所知”称之为“公开”。已公开的技术通常需要符合如下要件。

1. 该技术内容需要“已”为公众所知

已为公众所知指的是一种客观事实状态，对于客观事实的确认，必然需要证据支持。通常情况下，已为公众所知的初步举证责任在于专利实审程序中的审查员，或者无效宣告程序中的无效宣告请求人，但其仅需证明至该技术内容处于公众想获得即可获知的状态即可，至于是否确实已有公众获得该技术方案，通常无需进一步举证证明，而是依据常理进行推定。

对于推定的事实，通常可以通过反证推翻，只不过提交反证的责任在于专利申请人或专利权人，而非审查员或无效宣告请求人。也就是说，如果专利申请人或专利权人对这一推定持有异议，则其有责任举证证明该技术虽处于可知晓的状态，但事实上并未被任何人知晓。例如，对于专利权人于申请日之前在网络公开的技术信息，无效宣告请求人的证据虽然可证明在申请日或优先权日之前专利权人已将其在网络上公开，但专利权人提交了反证可以证明其在很短时间内即已删除，且该存续时间内并未被任何人浏览或下载，则此种情况下该技术信息仍仅为专利权人所知，并不符合为公众所知这一要求。

之所以需要该技术内容“已”为公众所知，主要原因在于具有专利保护必要性的技术方案首先应该是“新”的技术方案，对于“已”为公众所知的技术方案显然并非新的技术方案，如果对于此类技术内容提供专利保护会侵占社会公众利益。同理，对于虽曾处于公开状态但没有被除专利权人或专利申请人以外的任何他人知晓的技术内容，则因为其并未实际进入公有领域，所以无需认定为现有技术。

《专利审查指南（2010）》在第二部分第三章第 2.1.2.1 节的“出版物公开”有如下规定：“出版物……是否有人阅读过……是无关紧要的”，第 2.1.2.2 节的“使用公开”亦有类似规定：“只要通过上述方式使有关技术内容处于公众想得知就能够得知的状态，就构成使用公开，而不取决于是否有公众所知。”就文字而言，似乎无论是出版物公开，还是使用公开均只要求具有获知的“可能性”，而不要求确实有人知晓。需要注意的是，上述要求更多的是基于举证角度的规定。如果审查员或无效宣告请求人已举证证明某一技术已处于公众想得知就能够得知的状态，即可认定其已满足举证要求，而无需证明该技术内容确已被公众所获知的程度。毕竟对于一个已处于公开状态的技术内容而言，其最终并未被公众知晓的可能性微乎其微，如果要求必需证明具体有哪些公众已知晓该技术内容，客观上具有很高的举证难度。基于效率和举证可能性的考虑，并无必要要求在每个案件中必需证明已被公众实际知晓的地步。但即便小概率事件同样有发生的可能性，因此，仍需为专利权人保留举反证的权利。如果其确有证据证明该技术内容并未被任何人知晓，当然不应认定这一技术内容构成现有技术。

2. 该技术内容需要已为“公众”所知

专利法意义上的“公众”是从保密义务角度，而非数量角度进行的界定。如果知晓技术方案的人并不具有保密义务，即使现有证据仅能证明只有某一特定对象知晓，亦属于为“公众”所知。也就是说，对于不具有保密义务的人而言，一人知晓即意味着公众知晓。

需要注意的是，因为“为公众所知”指的是一种事实状态，与导致该事实状态的原因无关，因此，具有保密义务的人违背保密义务而导致的公开同样属于现有技术的公开。比如，专利申请人将其技术资料送交给具有保密义务的合作伙伴，该行为并不会导致技术内容为公众所知。但如果该合作伙伴违背保密义务将该技术资料送交给不具有保密义务的第三方，则该行为会导致该技术内容为公众所知，并不会因其具有保密义务而影响这一公开事实的认定。

保密义务既包括有明确合同约定的情形，也包括依据惯例约定俗成的情形。比如，一些情况下，具有委托开发关系的双方虽然并未签订书面保密协议，但依据惯例，开发方显然不应将其所开发内容公之于众。再如，在招投标过程中，投标方提交的技术资料，招标方具有保密义务，等等。

目前案件中较易产生分歧的情形在于微信朋友圈、QQ 空间等社交媒体记载的内容是否应被认定为公开。实践中有观点认为，类似微信朋友圈等环境中的内容仅向好友公开，而好友需要添加验证才可通过，因此，好友并不属于公众，相应地，微信朋友圈等内容中的公开不属于向公众公开。

这一观点存在的问题在于混淆了专利法中的公众概念与通常意

义上的公众概念。正如前文所说，专利法中的公众是从保密义务角度进行的界定，因此，尽管在相关社交媒体中添加好友需要经过验证，即便所有好友均限于熟人范围内，但就惯例而言，熟人之间并不具有保密义务，因此，除非专利权人有反证证明，否则均无法否认其已处于公开状态这一事实。

此外，需要注意的是，某一行为是否构成公开与该行为是否具有经营目的无关。也就是说，即便用户将相关内容置于社交媒体的目的并非为经营目的，但只要不具有保密义务的他人可以看到这一内容，即可认定该内容已处于公开的状态。不过现有案件中通常会更关注经营目的这一要素，本章案例 3－1 和案例 3－2 即是从这一角度着手认定相关技术内容已为公众所知。

【案例 3－1】茶叶罐（配置扣压密封易撕盖的一泡式）[1]

该案涉及的是专利号为 ZL201730027420.3，名称为“茶叶罐（配置扣压密封易撕盖的一泡式）”的外观设计专利。因为在公开的认定上，现有设计与现有技术的认定标准并无不同，因此，该案中的做法亦适用于发明或实用新型案件。

该案中的现有设计证据为微信朋友圈里的内容。法院认为，尽管微信朋友圈具有好友之间信息分享的属性，但其同时还是微信用户推广产品的营销平台。此类微信朋友圈，在一定程度上具有了社会公开性和市场价值，承载了产品广告发布功能，符合产品销售广告的性质特征。通常情况下，此类微信朋友圈的信息发布者具有明示或者默示圈内好友对外转发推广的意愿，而随着圈内好友的转发或共享行为，此类微信朋友圈所发布的信息的私密程度不断降低，

---

[1] 参见北京知识产权法院（2019）京 73 行初 7599 号行政判决书。

逐渐处于不特定的社会公众想获知即能获知的状态。

该案中，法院认为，从“原创包装彤”微信号的名称以及发布的多篇朋友圈内容，可以看出该微信用户通过微信朋友圈从事经营和产品推广的目的和用途很明确。该微信用户对于发布在朋友圈的内容主观目的也是宣传和推广其产品。其中有关“上市”“一罐难求”“滴水不漏一罐难求！明天正式上市”等文字均可以进一步确认其推广意图和行为，属于明确且真实的推广和销售这款卡奇诺品牌产品的意思表示。因此，该证据中所显示内容已处于社会公众想获得即可获知的状态。

【案例3-2】电源支架[1]

该案涉及的是专利号为ZL201530515149.9，名称为“电源支架”的外观设计专利，无效宣告请求人使用的现有设计内容来自于QQ空间。法院认为，QQ空间中的内容是否构成现有设计不可一概而论，应综合考虑用户使用QQ空间的目的、具体方式等因素判断公众是否能够获得该信息，以及该信息何时处于为公众所知的状态。

该案中的现有设计证据涉及的是“周顺兴五金的空间”中名为“ZSX-708”的相册，该相册的上传时间为2015年1月3日，其权限明确显示为对“所有人可见”，并有网友询问“这个支架多少钱”。综合考虑涉案QQ空间的名称、最新动态中的意思表示、可见相册的内容全部为商品展示、网友的询价行为以及“所有人可见”的权限设置等事实，可知该QQ用户将QQ空间作为一种对外推销商品的平台展示其商品，目的是让更多人知悉其商品。从这个

---

[1] 参见北京知识产权法院（2018）京73行初7134号行政判决书。

角度而言，将商品照片上传到涉案QQ空间与在展会展示及橱窗陈列商品的本质无异。

法院认为虽然涉案QQ空间需要添加为好友才能查看，但这并非是针对特定人的限制，公众也完全可以通过添加好友等方式获知商品照片，让更多人获知其商品显然更符合该用户推销商品本意，没有证据显示该用户会拒绝特定人添加好友的请求，亦没有证据显示其“好友”需要遵守保密义务。故该QQ账号中的“好友”并非特定人，而是属于专利法意义上的公众。因此，涉案QQ空间中相关商品照片为公众所知的设计。

（二）公开“时间”的确定

某一技术方案是否属于“现有”技术，取决于该技术方案的公开时间是否早于诉争发明创造的申请日或优先权日。对于公开时间的确定本质上仍属于对于客观事实的认定，因公开这一事实是可确定的，故公开时间亦应该是确定的。同时因为确定公开时间的目的在于判断其是否属于现有技术，所以公开时间应是确定的，但这并不意味着该公开时间必需精确到月、日，只要能确定其早于诉争发明创造的申请日即可。

【案例3-3】核苷酸膦酸酯类似物前药及其筛选和制备方法[1]

该案涉及的是专利号为ZL01813161.1，名称为“核苷酸膦酸酯类似物前药及其筛选和制备方法”的发明专利。该案中的现有技术证据为证据11a。无效宣告请求人主张该证据的公开日为1999年3月22日，早于诉争专利的优先权日，构成诉争专利的现有技术。

证据11a是专利权人在专利EP0719273A1申请程序中答复审

[1] 参见北京知识产权法院（2020）京73行初3498号行政判决书。

查意见时所提交的意见陈述书及权利要求书的修改，该证据显示欧洲专利局于1999年3月22日收录。无效宣告请求人认为该收录日即为公开日，该主张的依据为《欧洲专利公约》第128条第（4）项的规定："在欧洲专利申请公布后，有关该申请或其以后的欧洲专利，除实施细则另有限制条件规定的，应适用该规定外，经请求可供查阅。"

虽然依据《欧洲专利公约》的上述规定，欧洲专利申请在公布后可供查阅，但仅依据该规定无法确定专利申请是否在收录日即处于被公布可被公众查询的状态。诉讼中，专利权人提交了其向欧洲专利局询问证据11a公开时间的相关往来邮件，从邮件内容中可看出欧洲专利局并不能确定该文件的具体公开时间，而仅是认为，"从书面请求或电话请求到实际查看文档的时间，我们估计收到日期（1999.03.22）至少一个月至可能几个月，具体取决于工作量、交付后情况和其他因素……至少不早于2003年……极有可能在2001年之前向公众公开"。基于上述邮件可以看出，对于证据11a的公开日目前并无法确定，相应地，也无法认定其公开日是否早于诉争专利的优先权日，因此，无法认定证据11a构成诉争专利的现有技术。

【案例3-4】治疗乙肝的中药及其制备方法[1]

该案涉及的是专利号为ZL03118126.0，名称为"治疗乙肝的中药及其制备方法"的发明专利，该案中的现有技术证据为一份出版物，但仅记载了公开年份，而未公开具体日期。

该出版物为《国家中成药标准汇编（中成药地方标准上升国家

---

[1] 参见北京市第一中级人民法院（2011）一中知行初字第91号行政判决书。

标准部分）内科肝胆分册》，其中显示有“国家药品监督管理局编，二○○二年”字样。由查明的事实可知，该标准属于国家药品监督管理部门为规范药品生产要求而统一发布的药品标准汇编，其并不局限于特定的对象，且上述标准可以通过不同的渠道、不受限制地予以获得。因此，法院认定该出版物处于能够为公众所知的状态。

对于公开日期，证据 1 中仅标有“二○○二年”字样。《审查指南（2001）》规定：“出版物的印刷日视为公开日，有其他证据证明其公开日的除外。”印刷日只写明年、月或者年份的，以所写月份的最后一日或者所写年份的 12 月 31 日为公开日。该案中，在当事人均未提交证据证明其具体公开日的情况下，法院推定证据 1 的公开日为 2002 年 12 月 31 日，早于诉争专利的申请日，构成现有技术。当然，就该案而言，因诉争专利的公开日为 2003 年，而该证据中显示的是 2002 年，故即便不将公开时间具体到日期，也可以认定其构成现有技术。

（三）公开方式

对于公开方式，《专利法》列举了出版物公开、使用公开及其他方式公开等具体形式，《专利审查指南（2010）》则对上述方式作了更为细化的规定。上述公开方式虽然在表现形式上有所不同，但因为其公开标准并无不同，均既包括国内公开，也包括国外公开，所以在具体案件中没有必要首先确定该证据属于出版物公开、使用公开还是其他方式公开，而只需考虑其是否可以证明在先公开这一事实即可。

虽然 2020 年和 2008 年修正的《专利法》对于不同公开方式的公开要求并无不同，但在 2000 年第二次修正及以前的《专利法》中，不同的公开方式对应不同的公开要求。其中，出版物公开采用绝对新颖性原则，既包括国内出版物的公开，也包括国外出版物的公开。对于使用公开及其他方式公开，则采用相对新颖性原则，仅限于国内公开，而不包括国外公开的情形。2000 年第二次修正《专利法》涉及该条款的相关表述为："新颖性，是指在申请日以前没有同样的发明或者实用新型在国内外出版物上公开发表过、在国内公开使用过或者以其他方式为公众所知，也没有同样的发明或者实用新型由他人向国务院专利行政部门提出过申请并且记载在申请日以后公布的专利申请文件中。"基于这一历史渊源，在其后修改的专利法中仍延续了上述规定，区分了不同公开方式，但对各公开方式的公开要求进行了统一。

在涉及出版物公开的案件中，该出版物被称之为对比文件。多数案件中使用的对比文件是在先公开的专利文献，少部分案件会使用非专利文献，包括在先出版的图书、文章或者研讨会记录、网页内容等。需要注意的是，专利法中的出版物不仅限于纸质出版物，而且包括其他形式，比如音视频资料、网页内容等。就实践中的情形而言，对于纸质出版物证据，专利权人通常会认可其真实性及公开时间，尤其是专利文献，其真实性通常不会被质疑。但对于网络证据，当事人则可能会以网络证据具有可修改的可能性为由，对其真实性表示质疑。针对这一主张，目前司法实践中的通常做法是，法院虽然认同相较于纸质出版物，网络证据更易被修改，但具有被修改的可能并不当然说明网络证据的真实性无法认定，仍需要结合案件具体内容，分析案件当事人是否有修改的可能性、修改的难度大小等。比如，如果该网络证据系第三方门户网站，当事人并非该网站经营者，亦与其无任何关联，此种情况下，除非对方当事人提出更具证明力的反证，否则无法否认其真实性。

与出版物公开不同，使用公开是因产品或方法的实际使用导致的公开，此种情况下对于公开时间以及被公开的技术方案的认定通常不可能仅依据一份证据就确认，而是需要一系列证据的相互佐证。比如，产品的购买合同、发票、产品目前的状态等。在使用公开的案件中既需要关注单个证据的真实性，也需要考虑证据链条的完整性以及相互之间的印证。与此同时，因为使用公开的证据只可能出现在专利无效宣告请求案件中，而无效宣告请求案件中所涉及专利的申请日往往在无效宣告请求提出前的几年甚至十年之前。因此，在使用公开的案件中无效宣告请求人会有较重的举证负担。与出版物公开相比，因为使用公开的事实时间久远且需要多个证据共同佐证一个事实，客观上并不容易做到每个证据之间完美衔接。因此，专利权人经常会对证据的证明力提出异议。但实践中通常不会对无效宣告请求人分配过高的举证责任，而是会评估双方当事人举证的可能性，在考虑优势证据的基础上对于案件事实予以认定。

此外，在使用公开的情况下，还应关注对于被公开的技术内容的认定。也就是说，并非只要某一产品或方法存在使用公开的情形，必然意味着该产品或方法的整个技术方案均已被公开。比如，如果生产厂家在展销会上仅对产品进行了展示，但未进行销售，亦未分发任何与该产品相关的技术资料，则此种情况下，公众可获得的已公开的技术方案仅是其肉眼可见部分，对于无法肉眼可见的部分不应被认定为已公开内容。

【案例3－5】环保型紧密负压除尘器❶

该案为出版物公开的案例，涉及的是专利号为ZL200820035961.6，名称为“环保型紧密负压除尘器”的实用新型专利。涉及的出版物

❶ 参见北京市第一中级人民法院（2011）一中知行初字第2201号行政判决书。

证据为证据 3 中国纺织工程学会空调除尘专业委员会所召开的研讨会的论文集。专利权人认为证据 3 并非公开出版物，不能作为诉争专利的对比文件。法院则认为，虽然其并非通常意义上的公开出版物，但是否属于通常意义上的公开出版物与其是否属于专利法上的出版物公开并无必然关联。专利法关注的是该出版物是否已使得公众可以获得相关技术信息，至于其是否符合有关出版物的行政审批要求等则在所不论。基于对于研讨会的一般理解，研讨会中提交的论文应处于能让公众获得的状态，而非保密状态。因此，该证据可以认定其中相关技术内容已处于公开状态，可以作为现有技术使用。

【案例 3－6】床（B－161）[1]

该案为网页证据的案例，涉及的是专利号为 ZL201730025995.1，名称为“床（B－161）”的外观设计专利。该案中用于证明现有设计的证据为花瓣网中显示的相关网页内容，该网页中有一款床的图片，该图片即为对比设计。此外，该网页中还包括“国内最优质图片灵感库 已有数百万出众网友，用花瓣保存喜欢的图片”“网名 itsJane 从 itsJane 转采于 2016－07－08 10：46：44”等文字。

专利权人认为网页内容具有修改的可能性，因此，对于该证据的真实性不予认可。针对这一主张，法院认为：“花瓣网系创建时间较早的一家基于兴趣的社交分享网站，其网站所示图片下方标注的转采时间通常是由服务器自动生成，无法被用户自行修改，原告虽对该网站的公开内容提出质疑，但并未提交证据证明波特罗公司与该网站的经营者或该贴发布人存在利害关系，从而存在修改公开时间的可能性。因此，原告有关波特罗公司未能证明对比设计真实

[1] 参见北京知识产权法院（2019）京 73 行初 8031 号行政判决书。

性和公开时间的主张不能成立。对比设计的转发时间早于本专利的申请日，可以作为本专利的现有设计。”

【案例3－7】带图形用户界面的手机[1]

该案同样为网络证据的案例，但相较于本章案例3－6，该案涉及不同网络证据之间的相互印证。该案涉及的是专利号为ZL201530383753.0，名称为“带图形用户界面的手机”的外观设计专利，无效宣告请求人认为专利权人在先公开的UC浏览器10.6.2.626版本构成该外观设计的现有设计。专利权人对此不予认可。

该案中的证据1为UC官方网站中UC浏览器有关10.6.2.626版本的内容，该证据为无效宣告请求人的核心证据，其中有两处内容显示了与10.6.2.626版本相关的时间，其一为网页中有关版本信息为“Android U3内核版10.6.2.626”“2015－08－20”的显示。其二为安装文件名称中所显示的“UC Browser_V10.6.2.626”“Build 150820110852”。

法院认为，对于第一处显示的日期，因该页面中所显示的是UC优视公司官网上发布的UC浏览器各历史版本。在无其他标记的情况下，依照一般公众的普通认知，版本号下方显示的时间应为该版本的发布时间，故该版本信息中的2015年8月20日应为“Android U3内核版10.6.2.626”版本的发布日期。

对于第二处显示的日期，因为各方对“Build”一词具有编译的含义并无争议，所以在无相反证据的情况下，可以认定“Build”后所显示的时间为编译完成日期。虽然编译时间与公开时间可能不

[1] 参见北京知识产权法院（2017）京73行初5729号行政判决书。

同，但在前述历史版本信息中亦显示的是2015年8月20日的情况下，可认定UC优视公司在2015年8月20日完成了10.6.2.626版本编译，并于当日将其上传至官网供公众下载。

此外，无效宣告请求人亦提交了其他证据佐证该版本的发布时间，包括机锋论坛、新浪数码网站、百度知道中与涉案版本相关的内容。其中，2015年8月20日机锋论坛发布了10.6.2.626版本的帖子，新浪数码网站在2015年8月26日发布了10.6.2.626版本的下载页面，百度知道在2015年8～9月也有关于该版本的相关问答。虽然专利权人主张无效宣告请求人并未实际下载该软件，不能仅因版本号相同便认定其公开的是涉案软件。但法院认为，依据常理版本号完全一致意味着软件一致，在无效宣告请求人提交的证据1已下载了涉案软件，而前述证据仅是佐证证据1中软件公开时间的情况下，无效宣告请求人已尽到其举证责任。如果专利权人对上述证据与涉案软件的对应关系持有异议，应承担相关举证责任。实际上，专利权人与涉案UC浏览器的实际运营商UC优视公司同属于阿里巴巴集团下的子公司，其若认为10.6.2.626版本在UC官方网站的公开日并非2015年8月20日，并不存在举证障碍，但专利权人就此没有提交任何证据。基于此，法院对于10.6.2.626版本在先公开的事实予以确定。

【案例3-8】一种制作切割花岗岩锯条钢带的方法[1]

该案为使用公开的案例，涉及的是专利号为ZL02135565.7，名称为“一种制作切割花岗岩锯条钢带的方法”的发明专利。无效宣告请求人主张以证据35、36作为核心证据，用其他证据作为辅助

[1] 参见北京市第一中级人民法院（2009）一中知行初字第190号行政判决书。

证据证明山东省五莲县轧钢厂在诉争专利申请日之前已经公开使用了用废旧钢轨生产带钢的技术。

法院认为，证据35中山东省五莲县轧钢厂《九零年度工作总结》上虽然标明的日期是1991年1月10日，但没有证据证明该总结在何时已通过何种方式对外公开，因此，不能证明其中记载的内容处于公众想得知就能得知的状态。就内容而言，虽然其中记载了有关该厂“生产的耐磨锯石带钢新产品”“选用材质有保证的原材料（道轨）进行生产”“采用氧气、乙炔切割道轨”等内容，但是这些内容是分散的，并不能直接推导出该厂系采用旧道轨作为原材料生产锯石带钢的结论。因此，无效宣告请求人有关涉案技术方案存在在先使用公开事实的主张不能成立。

【案例3-9】用于自动裁剪机的普通型平衡轴装置[1]

该案亦为使用公开的案例，涉及的是专利号为ZL200710172577.0，名称为“用于自动裁剪机的普通型平衡轴装置”的发明专利。该案属于使用证据的认定较为复杂的案件，法院在考虑优势证据的情况下，对于使用公开的事实予以认定。

该案的核心使用证据为第7235号公证书。该公证书中除公证了在先销售的机器，亦记载了与之相关的付款凭证、发票以及记载有该机器内部结构的视频与图片。专利权人对于涉案机器的铭牌真实性提出质疑，认为具有更换的可能性。法院认为，虽然实践中生产厂家可以自行选择使用何种机器铭牌，但不能仅因涉案机器所采用铭牌具有易被替换的可能性，便当然确认其确已被更换。该更换事实是否确实存在需要相关证据佐证。

---

[1] 参见北京知识产权法院（2015）京知行初字第75号行政判决书。

专利权人虽提交了第2086号公证书，其中显示另一台同型号机器的铭牌外观与该涉案机器并不相同，但该证据足以否认第7235号公证书中记载内容真实性的前提是这一证据具有强于第7235号公证书的证明力。实际上，该公证书中仅记载了第三方企业的销售合同以及该产品的外观，而无效宣告请求人提交的第7235号公证书中除此之外还记载了付款凭证、发票以及记载有该机器内部结构的视频和图片。相比而言，显然无效宣告请求人的公证书更具证明力。

专利权人对于使用证据提出的另一异议在于，该公证书中所附的发票、付款凭证与合同中的相应金额有一定出入。法院认为，这一情形的存在虽然会影响上述证据的证明力，但在实际的商业活动中，上述票据之间金额存在一定出入亦时常出现，故除非专利权人有更具证明力的反证，否则仅依据上述瑕疵并不足以否认上述证据的真实性。在专利权人并未提交相关证据的情况下，上述情形不足以否认在先销售的事实。

此外，专利权人认为，用以证明在先公开的第7235号公证书的公证时间晚于诉争专利申请日，因此，存在在后修改的可能性。法院则认为，虽然这一情形使得理论上存在修改涉案机器内部结构的可能性，但不能当然认定存在修改的事实，是否进行了实际的修改需要考虑该类机器修改的难度。由公证书中视频和图片可以看出，涉案机器属于相对大型的机械设备，各部件之间具有相对严格的配合关系，如对其中某一部件进行修改，则意味着对于与其有直接或间接配合关系的一系列部件均需进行修改，这一难度使得无论是无效宣告请求人，还是该机器的使用者均较难对其进行修改。即便如专利权人所说该机器的相关配件已超过使用期限，存在更换的可能性，此种更换亦应仅是原部件的更换，在无反证的情况下，仅依据其推论不足以说明涉案机器公证时的状态与购买时不同。

基于上述分析，法院认为，无效宣告请求人第7235号公证书中所记载内容为涉案机器的客观样态，且该销售行为发生于诉争专利申请日之前，构成诉争专利的现有技术。

【案例3－10】软华夫饼烤炉脱模送饼机构[1]

该案同样为使用公开的案例，涉及的是专利号为ZL200910041143.6，名称为“软华夫饼烤炉脱模送饼机构”的发明专利。

该案中专利权人的理由与案例3－9的理由较为类似。专利权人认为，因2014年制作的公证书无法证明设备在2006年的状态，无法确定2006～2014年该设备未经改装和更换，且在案显示的进口产品是作为生产线进口的，不能证明生产线中含有证据11中的设备。此外，证据11中对设备的使用方式仅是在特定工厂中的使用，该使用不属于公开使用方式，不属于专利法意义上的使用公开。据此，现有证据无法证明证据11中所显示的设备在诉争专利申请日之前存在使用公开的事实。

该案中的证据11为第18362号公证书，其中记载了公证员在“福建省海新食品有限公司”对一套复制文件装袋密封的过程，以及对一台机器进行现场拍摄照片及录像的过程，该机器铭牌上记载了“FRANZ HAAS WAFFEL－und KEKSANLAGEN INDUSTRIE GMBH”“TYPE：SOW 90G”“YEAR：2006”字样。该份证据公开了一种软华夫自动烘焙机，其包括脱模送饼机构，该脱模送饼机构具体包括滚筒以及驱动滚筒转动的驱动装置。

法院在该案中的观点与案例3－9并无不同。对于证据11，法

[1] 参见北京知识产权法院（2015）京知行初字第5972号行政判决书。

院认为其中所显示对设备的公证时间虽发生在 2014 年，而非该设备的进口时间 2006 年，从而使得其具有被改装的可能性。但鉴于该设备本身属于大型设备，被改装的成本较高且难度极大，在专利权人未提交相反证据予以否定的情况下，仅依据时间因素，无法证明该证据中所显示设备曾被改装或更换。专利权人认为因为公证时间与进口时间不同，所以无法证明该装置未被改装或更换的主张不能成立。

针对涉案机器是否处于公开状态，法院认为，虽然证据 11 中的设备处于特定工厂的生产车间中，但在该工厂并无保密义务的情况下，该工厂中的相关技术人员亦属于公众的范畴。因此，自该设备于 2006 年 6 月从国外进口至国内之后，至少便已处于该工厂相关人员想得知就能够得知的状态，这一情形显然属于使用公开的情形。故专利权人认为在特定工厂中的使用不属于使用公开的方式这一主张不能成立。证据 11 所显示设备属于诉争专利的现有技术。

三、不丧失新颖性的公开

现有技术认定的目的在于评价新颖性和创造性，但《专利法》第 24 条中规定了 4 种不破坏新颖性的例外情形。对于符合该 4 种例外情形的发明创造，尽管其在申请日前已被公开，已构成现有技术，但在规定期限内仍不能用以破坏新颖性。

《专利法》第 24 条规定："申请专利的发明创造在申请日以前六个月内，有下列情形之一的，不丧失新颖性：（一）在国家出现紧急状态或者非常情况时，为公共利益目的的首次公开的；（二）在中国政府主办或者承认的国际展览会上首次展出的；（三）在规定的学术会议或者技术会议上首次发表的；（四）他人未经申请人同意而泄露其内容的。"对于该条款的理解，需要注意以下两点。

第一，被公开的技术方案应是专利申请人的技术方案。

专利法之所以会规定该4种例外情形，主要目的在于为专利申请人提供更多的保障，避免专利申请人在基于一些客观理由公开其技术方案的情况下，无法将该技术方案申请专利。这也就意味着，如果该现有技术并非是专利申请人的技术方案，则无需提供这一额外保障。换言之，该4种例外情形中的技术方案均仅指向专利申请人的技术方案。

第二，只有在公开之日起6个月内提出专利申请，该4种例外情形才不视为现有技术。

该条款虽然属于对于专利申请人利益的额外保障，但该保障具有时间限制，限于公开之日起6个月内。亦即如果在该6个月内，发明人提出了专利申请，则以上述方式公开的技术方案不会被认定为现有技术。但如果专利申请的提出是在6个月之后，其仍属于现有技术，可用于破坏新颖性。

对于该4种例外情形的具体理解，《专利审查指南（2010）》中已有详细规定，此处不再重复。

四、对比文件与现有技术

在涉及出版物公开的案件中，该出版物通常被称为对比文件。《专利审查指南（2010）》第二部分第三章第2.3节的“对比文件”规定：“为判断发明或者实用新型是否具备新颖性或创造性等所引用的相关文件，包括专利文件和非专利文件，统称为对比文件……引用的对比文件可以是一份，也可以是数份；所引用的内容可以是每份对比文件的全部内容，也可以是其中的部分内容。”

对比文件与现有技术之间的关系大体相当于内容与形式之间的关系，对比文件是现有技术的载体，现有技术是对比文件中所记载的技术内容。因此，在创造性判断中需要用到的是现有技术，而非对比文件。前文中已提到，创造性的判断存在单独比对与结合比对两种情形。二者的区别在于使用的现有技术的数量不同，而非对比文件的数量不同。也就是说，如果一篇对比文件中记载了两个及以上技术方案或技术内容，而该案的创造性判断中使用了该对比文件中不同部分的技术内容，则尽管其仅使用了一篇对比文件，但同样属于结合比对的情形。

【案例3-11】用于吸烟物品的包装盒❶

该案涉及的是专利号为ZL200980151978.5，名称为"用于吸烟物品的包装盒"的发明专利，其权利要求1内容如下。

1. 一种用于吸烟物品的包装盒（1），所述包装盒包括较大的前平面板（2）和后平面板（3）以及较小的侧平面板（4、5），所述平面板构造为形成包装盒，其中所述较大的前平面板和后平面板中的至少一个包括多个非连续的凸出物（18），所述凸出物彼此间隔开并且从所述较大的前平面板和后平面板的外表面向外凸起。

该案属于结合比对的情形，但使用的现有技术内容均来源于同一篇对比文件，即名为 *PAPER AND PAPERBOARD PACKAGING TECHNOLOGY* 的书籍。其中，作为最接近的现有技术使用的是其中第十章图10.9所显示的技术内容及相关说明，但被结合的现有技术则记载在同一份对比文件的第10.4.4节中有关压印凸起的部分。

尽管对比文件与现有技术具有不同含义，但有时在案件的具体表述中并不会刻意在文字中予以区分。比如，无效宣告请求人提交

❶ 参见北京知识产权法院（2017）京73行初1817号行政判决书。

的对比文件是一篇专利文献，但真正作为最接近现有技术使用的可能只是其中具体的实施例，而非权利要求书和说明书中的全部内容。但实践中未必会在表述上将最接近的现有技术具体到该实施例，而是仍将该对比文件描述为最接近的现有技术。虽然本领域技术人员均可理解此种表述方式的具体含义，但在一些情况下亦可能带来一些问题。

比如，最接近的现有技术应是单独的技术方案，而非只要来源于同一对比文件即可。但实践中存在的问题之一在于，无效宣告请求人或者审查员选择的最接近现有技术并非单独的技术方案，而是将同一篇对比文件中的不同技术方案之间进行了拼凑。出现这一情形的原因之一便可能在于表述时未将最接近的现有技术具体到技术文献中的具体技术方案，从而使得在确定最接近现有技术时，未注意不同技术方案之间的区分，导致将同一技术文献中处于不同技术方案中的技术特征进行了结合。

当然，在已将最接近现有技术具体到对比文件中的特定内容的情况下，仍可能出现组合不同技术方案作为最接近现有技术使用的情形。这一情形的产生在一定程度上与对比文件本身的复杂性相关。比如，对比文件中包含多个不同技术方案，且不同方案之间既有共同的技术特征，又存在区别特征。再如，对比文件所涉及技术方案复杂程度较高，不同技术方案之间划分并不清晰等。

【案例3－12】多价肺炎球菌多糖－蛋白质缀合物组合物[1]

该案涉及的是专利申请号为201210192553.2，名称为“多价肺炎球菌多糖－蛋白质缀合物组合物”的发明专利申请，是专利申请

[1] 参见北京知识产权法院（2018）京73行初5019号行政判决书。

号为200680017776.8的分案申请，其权利要求1内容如下。

1. 多价免疫原性组合物，其包含：13种不同的多糖-蛋白质缀合物，以及生理学上可接受的载体，其中每种缀合物包含缀合到载体蛋白的来自不同血清型的肺炎链球菌的荚膜多糖，并且所述荚膜多糖从血清型1、3、4、5、6A、6B、7F、9V、14、18C、19A、19F和23F制备，其中所述载体蛋白是CRM_{197}并且其中通过还原胺化实现缀合，其中血清型4缀合物是通过纯化来自肺炎链球菌血清型4的荚膜多糖获得的，化学活化所述荚膜多糖使得所述荚膜多糖能够与CRM_{197}反应，并且其中所述活化包含利用盐酸水解所述荚膜多糖，并且一旦被活化，所述荚膜多糖缀合到CRM_{197}上形成所述缀合物；其中血清型6A缀合物是通过纯化来自肺炎链球菌血清型6A的荚膜多糖获得的，化学活化所述荚膜多糖使得所述荚膜多糖能够与CRM_{197}反应，并且其中所述活化包含在氧化之前将血清型6A荚膜多糖减小大小，一旦被活化，所述荚膜多糖缀合到CRM_{197}上形成所述缀合物。

该案中，被诉决定中使用的最接近现有技术是对比文件3权利要求14、说明书第8页第6～7段。尽管最接近的现有技术已具体到了对比文件的具体内容，但因被用作最接近现有技术的内容既涉及对不同权利要求之间的引用关系的考虑，亦涉及不同技术方案与不同技术效果之间的对应，同时还存在复审阶段对于权利要求的修改使得对应的最接近现有技术的内容有所变化等。因此，审查员并未发现其最终确定的最接近现有技术来源于不同技术方案。实际上，不仅审查员未发现，专利申请人在一审程序中同样未发现这一问题，只是在二审程序中将其作为上诉理由提出，二审法院最终以此为由撤销了被诉决定和一审判决。

第二节　最接近的现有技术

最接近现有技术是无效宣告请求人或审查员在众多现有技术中选中的一个具体的技术方案，最接近现有技术的确定是“三步法”判断创造性的第一步。

《专利审查指南（2010）》第二部分第四章第3.2.1.1节的“判断方法”规定：“最接近的现有技术，是指现有技术中与要求保护的发明最密切相关的一个技术方案，它是判断发明是否具有突出的实质性特点的基础。最接近的现有技术，例如可以是，与要求保护的发明技术领域相同，所要解决的技术问题、技术效果或者用途最接近和/或公开了发明的技术特征最多的现有技术，或者虽然与要求保护的发明技术领域不同，但能够实现发明的功能，并且公开发明的技术特征最多的现有技术。应当注意的是，在确定最接近的现有技术时，应首先考虑技术领域相同或相近的现有技术。”

一、最接近的现有技术在创造性判断中的作用

因为创造性的判断与客观真实的研发过程相对应，而至少目前而言，所有客观的研发过程均是站在前人肩膀上进行的，因此，每个研发过程均必然存在“研发起点”，这一研发起点在创造性判断中即对应于最接近的现有技术。换言之，最接近现有技术仅具有研发起点的地位。

既然最接近的现有技术是发明创造的起点，而在真实的研发过程中，起点的作用在于使本领域技术人员发现该现有技术存在的技术缺陷，从而产生解决该缺陷的研发动机。因此，在创造性的判断中，最接近现有技术的作用亦在于判断本领域技术人员基于该现有

技术“是否会产生研发动机”。

《专利审查指南（2010）》第二部分第四章第 3. 2. 1. 1 节有关显而易见性判断部分亦指出，显而易见性判断的是本领域技术人员是否“有动机改进该最接近的现有技术并获得要求保护的发明”。这也就意味着，如果最接近的现有技术不会使本领域技术人员产生研发动机，则本领域技术人员从该起点出发必然不会得到诉争技术方案。此种情况下，相对于该现有技术，诉争技术方案具备创造性。反之，则不具备创造性。

仍以前文中所提及的儿童用四轮自行车为例说明真实的研发过程与创造性判断过程的对应关系。在真实的研发过程中，本领域技术人员基于两轮自行车而研发产生了儿童用四轮自行车，其中两轮自行车是研发的起点，儿童用四轮自行车是研发的终点。其与具体案件的对应关系为，两轮自行车对应于创造性判断中的最接近现有技术，儿童用四轮自行车则对应于诉争技术方案。如果本领域技术人员基于两轮自行车可以产生研发动机，并在此基础上获得儿童用四轮自行车，则该技术方案不具备创造性。反之，则具备创造性。

二、最接近的现有技术的选取

（一）可破坏创造性的最接近的现有技术应与诉争技术方案属于同一应用领域

最接近现有技术的确定是创造性判断的第一步。因此，无论是对于实审程序中的审查员，还是无效宣告程序中的无效宣告请求人，在使用创造性条款时，均首先需要选取最接近的现有技术。虽然在创造性判断中，最接近现有技术仅具有起点的地位，但因其作用在于产生研发动机，而不同的现有技术对于研发动机的产生影响并不相同，故选取不同的现有技术对于创造性判断结论有可能产生影响。

因所有专利法意义上的发明均是以实际应用为目的，而依据客观的研发规律，技术人员通常不会因为发现了其他应用领域现有技术存在的缺陷，而产生改进其所属应用领域技术方案的动机。例如，技术人员不会因发现“冰箱”存在的技术缺陷，而产生改进“电视机”的动机。因此，理想的最接近现有技术应与诉争技术方案属于同一应用领域的现有技术。或者说，只有同一应用领域的技术方案才有可能破坏诉争技术方案的创造性。这也就意味着，当选择了不同应用领域的最接近现有技术时，将会因为无法使本领域技术人员产生研发动机，从而无法获得诉争技术方案。

对于最接近现有技术的选取，《专利审查指南（2010）》并未强调应用领域，而是从密切程度的角度进行了规定，亦即，最接近的现有技术应是与要求保护的发明“最密切相关”的一个技术方案。因《专利审查指南（2010）》将最接近现有技术的作用对应于研发动机的产生，因此，对于“最密切相关”的现有技术应理解为最密切相关，从而足以导致产生研发动机的现有技术。

此外，《专利审查指南（2010）》中亦对何为密切相关规定了一些具体考虑因素，包括技术领域是否相同、公开技术特征的多少等。需要注意的是，上述因素仅是用于确定研发动机的考虑因素，与研发动机的有无并无必然对应关系。比如，虽然前述规定中提及了公开技术特征的多少，但对于与诉争技术方案并非相同应用领域的现有技术而言，即便其公开了较多的技术特征，同样不会使本领域技术人员产生研发动机。这也就意味着，无论是实质审查阶段的审查员，还是无效宣告程序中的无效宣告请求人，在选择最接近现有技术时均不能仅仅机械地考虑上述规定中涉及的考虑因素，而更要从研发动机角度出发去选择合适的最接近的现有技术。

《专利审查指南（2010）》中的上述规定不仅提及了技术领域这一因素，且将其作为优先考虑因素，即在最接近现有技术的确定上规定："应首先考虑技术领域相同或相近的现有技术"。2020年《专利审查指南修改草案（第二批征求意见稿）》在此基础上增加"其中，要优先考虑与发明要解决的技术问题相关联的现有技术"。这里需要注意应用领域与技术领域的区别在于，前者着眼于用途层面，后者则着眼于技术层面。因二者具有不同的着眼点，不同的界定角度，因此，并不当然具有对应关系。也就是说，同一应用领域的技术方案虽然通常属于同一技术领域，但并非必然。反之，同一技术领域亦并非必然属于同一应用领域。针对应用领域与技术领域之间的区别，在第一章中已有详述，此处不再重复。

基于上述分析，无论是从应用领域角度着手，还是从《专利审查指南（2010）》规定的技术领域、技术特征角度着手，其目的均在于确定本领域技术人员的研发动机。也就是说，二者具有共同的目标，但采用了并不完全的考虑角度，而不同的考虑角度使得二者与研发动机的关系并不相同。应用领域相同与否与研发动机的有无具有直接对应关系，但《专利审查指南（2010）》中所规定的各考虑要素则与研发动机并非必然相对应。尽管如此，大量案件显示，就适用结果而言，基于《专利审查指南（2010）》规定的上述因素而确定的最接近现有技术，绝大部分均与诉争技术方案属于相同的应用领域。因此，在绝大多数案件中，使用任一角度确定最接近的现有技术并不会有实质差别。

《专利审查指南（2010）》中之所以在上述考虑因素与研发动机之间并无必然联系的情况下，仍将其作为最接近现有技术选取的考虑因素，原因在于专利授权确权行为作为一种具体行政行为，需要兼顾效率与公平。虽然创造性制度的目的在于尽可能确保只有对现有技术“整体”具有技术贡献的发明创造方可获得授权，但因现有技术包括海量的技术方案，每个案件均在海量的技术方案中寻找显然并不可行。因此，为保证专利授权的质量和效率，有必要给出相对确定且可操作的选择指引，使得审查员和无效宣告请求人可将检索的范围限于合理的限度内。尽管《专利审查指南(2010)》中规定的各要素与研发动机并非必然对应，但通常情况下，选取的现有技术与诉争发明创造之间的关系越为密切，技术人员从该现有技术出发将越容易获得该发明创造，相应地，其被认定不具备创造性的可能性越大，越有可能有效实现创造性的制度价值。

就指引作用而言，技术领域显然是最合理的划分标准之一，且最具操作性。《专利审查指南（2010)》第二部分第七章第 6.2.2 节的“常规检索”规定：“所属技术领域是申请的主题所在的主要技术领域，在这些领域中检索，找到密切相关的对比文件的可能性最大。”但其同时亦并未将其规定为唯一检索标准，而是规定：“对申请的其他应检索的主题，应当在其所属和相关的技术领域采用类似的方法进行检索。如果通过本节中的检索，发现确定的技术领域不正确，审查员应当重新确定技术领域，并在该技术领域中进行检索。”

实践中存在一种情形，一些案件中的最接近现有技术与诉争技术方案并非同一应用领域，但最终仍合理地得出不具备创造性的结论。这一结论看似与本部分所指出的选择不同应用领域的最接近现有技术会导致诉争技术方案具备创造性这一观点有所矛盾，但实则不然。此类案件中被用作最接近现有技术的技术方案仅是形式上的最接近现有技术，实质则是被结合的现有技术。也就是说，该现有技术并未被用作研发起点，也未被用来确定实际解决的技术问题，而是用于判断是否给出了解决技术问题的启示。此类案件中，研发起点及实际解决的技术问题通常是基于诉争技术方案所属应用领域的“常规需求”而产生。因为对于被结合的现有技术并无应用领域的要求，因此，此种情况下，不会因该现有技术与诉争技术方案并非相同应用领域，而认定诉争技术方案具备创造性。

【案例 3-13】粉碎机以及具备该粉碎机的吸收体制造装置[1]

该案涉及的是专利号为 ZL201320614824.9，名称为“粉碎机以及具备该粉碎机的吸收体制造装置”的实用新型专利。其中证据 1 为最接近的现有技术。诉争技术方案与证据 1 虽然均是粉碎机，但二者的加工对象不同。诉争技术方案加工对象是纸浆片材，而证据 1 的粉碎对象是作为制成品的普通纸张，二者的关系类似于原材料与制成品之间的关系。尽管如此，对于普通纸张与纸浆片材的粉碎需求毕竟不同，因此，本领域技术人员通常不会基于原材料领域的技术问题而产生一个与制成品相关的技术方案。比如，本领域技术人员不会因为发现面粉制备方法的技术缺陷而研发出一种制备面包的方法。

该案中，被诉决定认定诉争技术方案相对于证据 1 不具备创造性，理由为“在证据 1 公开内容的基础上，当使用粉碎纸浆片材的粉碎机遇到同样的外刀需要进行维护但维护、拆卸作用性欠佳而需要增大打开空间的技术问题时，所属领域技术人员有充足的理由和动机将证据 1 所述的粉碎机应用于纸浆片材的粉碎以生成纸浆纤维，从而解决上述技术问题，而且该应用也未给本专利带来预料不到的技术效果。”

---

[1] 参见国家知识产权局专利复审委员会第 29248 号无效宣告请求审查决定。

由上述表述可以看出，被诉决定中考虑的技术问题是使用“粉碎纸浆片材的粉碎机”（即诉争技术方案所涉产品）遇到的问题，而非证据1存在的技术问题。也就是说，虽然证据1被作为最接近现有技术使用，但是上述判断过程并非是将证据1作为研发起点，发现证据1的问题并对其进行研发，而是将诉争技术方案所针对的粉碎机常规存在的技术问题作为研发的起点（外刀需要进行维护但维护、拆卸作用性欠佳而需要增大打开空间）。证据1的作用只是给出了解决该问题的启示而已，因此，其实际作用是被结合的现有技术，而非真正意义上的最接近现有技术。

【案例3-14】豆腐乳的生产工艺❶

该案涉及的是专利号为ZL02139085.1，名称为“豆腐乳的生产工艺”的发明专利，诉争技术方案要求保护的是一种豆腐乳的生产工艺，其步骤包括制作成品豆腐胚、黄豆成曲、糙米成曲、制作汤汁、制作豆腐乳产品等。证据1则是一种利用黄豆豆浆制造类似天然乳酪的发酵食品的制造方法。

该案中，专利权人的起诉理由之一即为诉争技术方案与证据1的最终产品并不相同，因此，该现有技术不适于用作最接近现有技术。依据前文中的分析可以看出，严格来说，本领域技术人员通常不会基于发现黄豆乳酪产品在制作工艺上的问题，而改进豆腐乳的制备工艺。但与本章案例3-13相同，证据1虽然被用作最接近的现有技术，但研发动机并非来源于证据1，而是来源于本领域技术人员对于豆腐乳产品制备工艺的常规需求，只不过其在该案中并未作为现有技术的方式体现出来，而证据1在该案中的作用实际上相

❶ 参见北京市第一中级人民法院（2013）一中知行初字第2428号行政判决书。

当于被结合的现有技术，其作用在于将其所公开的豆浆发酵得到凝乳，将凝乳经过压榨、模压成型形成固态等步骤结合到常规的豆腐乳的制作工艺中而已。

（二）最接近现有技术应是确定的，且并非拼凑的技术方案

因最接近现有技术在创造性判断中具有研发起点的地位，且被用于判断研发动机，而只有针对确定的技术方案才可能分析出其技术缺陷，并产生研发动机，故最接近现有技术必须是确定的技术方案，且不能是基于多个不同技术方案拼凑而成。

例如，如果某一对比文件中既公开了一种成人用两轮自行车，也公开了一种儿童用四轮自行车，上述两个技术方案均可以单独作为最接近的现有技术使用。但如果将上述两个技术方案中的相关技术特征拼凑组合形成一个成人用四轮自行车，则该技术方案不得作为最接近现有技术使用。

这一要求可使用地理位置的起点和终点进行类比理解，当以 A 点为终点时，人们如欲到达这一终点，既可以从 B 点出发，也可以从 C 点出发，但无法同时既从 B 点出发，也从 C 点出发。

【案例 3－15】经修饰松弛素多肽及其用途[1]

该案涉及的是专利申请号为 201180050176.2，名称为“经修饰松弛素多肽及其用途”的发明专利申请，其权利要求 1 内容如下。

1. 经修饰松弛素多肽，其含有非天然编码氨基酸，其中：(a) 所述松弛素多肽含有松弛素 A 链多肽 SEQ ID NO：4 和松弛素 B 链多肽 SEQ ID NO：5 或 SEQ ID NO：6，所述松弛素 A 和 B 链多

[1] 参见北京知识产权法院（2018）京 73 行初 3579 号行政判决书。

肽序列在选自A链残基1、A链残基5、A链残基13、A链残基18，以及B链残基7的位置被非天然编码氨基酸的取代；并且（b）所述非天然编码氨基酸与聚合物连接，所述聚合物含有平均分子量在约0.1 kDa和约100 kDa之间的聚乙二醇；其中所述经修饰松弛素多肽是有生物活性的。

该案被诉决定存在的问题在于无法确定最接近现有技术的具体内容。被诉决定中记载最接近现有技术来自对比文件1说明书的不同段落（即说明书第［0013］～［0015］段、［0024］段、［0072］段、［0081］段、［0084］段），以及对比文件1表1和序列表。庭审中被告则指出在上述段落中，主要考虑的是第［0072］段，即“所述类似物可以通过使氨基酸被类似的结构所替换而产生，例如使用gem－二氨基烷基或烷基丙二酰，含有或不含修饰的末端或烷基、酰基或胺取代以修饰它们的电荷”。被告认为基于上述内容并结合其他段落可以看出，通过对A链或B链的天然序列氨基酸进行取代可以获得类似物，这一方案为最接近现有技术。

但法院认为，尽管第［0072］段指出可以对A链或B链进行氨基酸取代，但无论是基于该段，还是被诉决定中引用的其他段落均无法确定究竟是对A链还是B链进行了取代，以及如果进行了取代，在哪些具体位点上进行了取代。被诉决定中对上述内容亦未确认，因此，依据被诉决定中引用的内容无法得到确定的技术方案。因最接近现有技术的确定是创造性评述的基础，在最接近现有技术的技术方案无法确定的情况下，该案中无法对权利要求1是否具备创造性进行评价。

【案例 3－16】粒子分析仪的光学系统❶

该案涉及的是专利申请号为201310213994.0，名称为“粒子分析仪的光学系统”的发明专利申请，其权利要求1内容如下。

1. 粒子分析仪的光学系统，包括：前光组件，用于提供照射被检测粒子的光束；流动室，用于提供被检测粒子被光束照射的场所；散射光收集组件，用于接收被检测粒子被光束激发后的散射光，其特征在于所述散射光收集组件包括：低角度光阑……低角度光电感应装置……中角度光阑……中角度光电感应装置……大角度光阑……大角度光电感应装置，其设置在第三角度范围的散射光经大角度光阑后出射的光路上，用于感应第三角度范围的散射光并输出电信号……

该案中，被诉决定使用的最接近现有技术是将对比文件中不同部分的技术信息拼凑而成。该案中的最接近现有技术应为对比文件2图6C中所公开的技术方案，但被诉决定在将诉争申请与最接近现有技术进行对比时，除考虑了图6C的技术内容，亦结合考虑了图2，并在考虑图2的基础上认为诉争申请中的“大角度光电感应装置”已被公开。但因图2与图6C并非同一技术方案，因此，图2中公开的信息在确定区别特征时不应考虑，相应地，图2中公开的大角度光电感应装置应属于诉争申请权利要求1相对于图6C的区别特征。

（三）最接近现有技术的选取不存在对错

虽然如前文所分析，只有来源于同一应用领域的技术方案更适于用作最接近的现有技术，但这仅表示符合这一要求的最接近现有

❶ 参见北京知识产权法院（2020）京73行初4183号行政判决书。

技术具有破坏诉争技术方案创造性的可能性，更有利于实现创造性条款的制度价值，从而避免因最接近现有技术的选取不当而导致原本不应授权的技术方案被授予专利权。但这并不意味着只有符合这一要求的现有技术才可以作为最接近现有技术使用。最接近现有技术在创造性判断中仅具有研发起点的地位，而起点的不同仅是不同而已，与对错无关，因此，最接近现有技术的选择不存在对错问题，只存在是否适合的问题。选择适合的最接近现有技术更有利于得出不具备创造性的结论。

仍以地理位置上的起点、终点进行类比说明。在将终点确定为A点时（相当于诉争技术方案），人们可以选择不同的起点（相当于最接近现有技术），其中一些人选择了B点作为起点，另一些人则选择了C点。如果B点与A点之间有道路相通，而C点与A点之间无道路相通，则从B点出发的人可以到达A点，但从C点出发的人无法到达A点。此种情况下，起点的选择决定了是否可以到达终点这一结果。此外，还存在另一种可能，B点与A点之间，以及C点与A点之间均有道路连接，因此，无论是从B点出发，还是从C点出发，均可以抵达A点，但在起点不同的情况下，两点之间的路径并不相同。

将上述道理置换到创造性的判断中则意味着，相对于诉争技术方案这一终点，选择不同的最接近现有技术作为起点，在一些情况下影响的是能否到达终点以获得诉争技术方案，另一些情况下则影响的是从起点到终站之间具体路径的选择。但无论属于上述哪种情形，最接近现有技术本身的选择均不存在对错。

仍以儿童用四轮自行车这一技术方案为例。如果选择汽车作为最接近现有技术，因基于汽车并不会产生以自行车为研发方向的研发动机，因此，本领域技术人员不会获得儿童用四轮自行车这一技术方案。但如果选择两轮自行车作为最接近现有技术，本领域技术人员基于这一起点，无需付出创造性劳动即可获得儿童用四轮自行车这一技术方案，因此，该技术方案会被认定不具备创造性。尽管判断结果存在上述不同，但无论是汽车，还是两轮自行车均可以作为判断起点，而不能因汽车与儿童用自行车不属于同一应用领域或技术领域，从而认为该最接近现有技术的选择错误。

在实践中，与最接近现有技术的选择相关的一个常见起诉理由为，最接近现有技术的选择不符合《专利审查指南（2010）》的规定，故该最接近现有技术的选择有误，被诉决定应予撤销。针对这一起诉理由，即便不考虑前文中所分析的最接近现有技术的选择并不存在对错这一问题，该理由同样不能成立。被诉决定是否应被撤销，取决于被诉决定中针对具体授权条款的评述结论是否有误。最接近现有技术仅是创造性判断中的步骤之一，而不是授权条件，其虽然可能会影响创造性判断的结论，但最接近现有技术的选择不合理并不意味着创造性的判断结论必然有误。因此，即便确定存在选择错误的情形，仍需要对创造性结论是否有误进行判断，而不能直接撤销被诉决定。

【案例 3－17】防泡颗粒❶

该案涉及的是专利申请号为 201010182156.8，名称为“防泡颗粒”的发明专利申请，其权利要求 1 内容如下。

1. 防泡颗粒（P），含有（A）脲或三聚氰胺，或它们的混合物与烷醛的多孔共聚物，以及（B）在0℃时为液体的硅酮防泡组合物，其中硅酮防泡组合物（B）含有至少一种具有通式（2）的

❶ 参见北京知识产权法院（2015）京知行初字第 2527 号行政判决书。

单元的有机硅化合物（C），$R_a(R^1O)_bR^2_cSiO_{(4-a-b-c)/2}$（2）……

该技术方案涉及一种防泡颗粒，主要作用在于消除洗涤剂的泡沫，专利申请人的起诉理由之一为最接近现有技术的选择错误。该案涉及两个对比文件，其中对比文件1为最接近的现有技术，其发明名称为“洗涤剂和织物软化剂配方”，专利申请人认为对比文件1无论是发明名称，还是说明书全篇均重点涉及了织物软化剂或者包含软化剂物质的洗涤组合物，其并不涉及除泡组合物的技术领域。而对比文件2的发明名称为“除泡组合物”，与诉争申请属于相同的技术领域，且由于均采用了硅酮防泡组合物（B）作为主要活性成分因而在技术上密切相关，因此，对比文件2应为最接近的现有技术。被诉决定将对比文件1作为最接近的现有技术，该做法有误。

针对这一起诉理由，法院认为，最接近现有技术仅是发明创造产生的起点。因此，即便具体案件中所确定的最接近现有技术与诉争发明创造并不“最密切相关”，甚至并不“相关”，法院亦不会仅因此而撤销被诉决定。此外，法院还指出：“原告之所以主张被诉决定中有关最接近现有技术的认定有误，其实质目的在于通过更换最接近现有技术，证明本申请具备创造性，从而获得授权。但实际上，创造性制度的目的在于确保诉争发明创造相对于现有技术的‘整体’，而非某个或某几个特定的现有技术具有创造性。由此，即便如原告所称，本申请相对于对比文件1与2的结合确实具备创造性，但只要被诉决定中所认定的本申请相对于对比文件1与2的结合不具备创造性这一结论正确，则本申请仍不应被授权。基于此，本案中，本院并不关注对比文件1与2哪一个与本申请‘最密切相关’，本院仅关注在以对比文件1为最接近现有技术的情况下，被诉决定中有关创造性的认定结论是否正确。”

（四）技术方案不可实施不影响其作为最接近现有技术使用

实践中存在一种情形，被用作最接近的现有技术的技术方案客观上无法实施，或者其记载的技术效果无法实现。此种情况下，当事人会以此为由主张该技术方案无法作为最接近的现有技术使用。

例如，诉争技术方案为一种用于连接地球与卫星轨道的天梯，最接近的现有技术同样为一种用以连接地球与卫星轨道的天梯，因该现有技术采用的是普通金属材质，故可以确定该技术方案无法实现，此种情况下，涉及的问题在于该天梯可否作为最接近现有技术使用。

对于该问题的分析同样需要围绕研发起点这一地位展开，最接近现有技术仅是用于判断研发动机的起点而已。而即便该技术方案无法实施或无法实现相应效果，其同样可作为研发的起点，甚至可能恰恰是因为该技术方案无法实现，反而更加有利于研发动机的产生。因此，前述情形的存在并不会影响将其作为最接近现有技术使用。只不过如果该技术方案不可实施或者相应技术效果无法实现，很可能意味着本领域技术人员需要付出更多的创造性劳动对其改进，从而更可能得出诉争技术方案具备创造性的结论，但这一影响针对的已是创造性判断的结论，而非其作为最接近现有技术的地位。

仍以前述天梯的技术方案为例，尽管该技术方案客观上不可实现，但这反而可能促使本领域技术人员去分析其无法实现的原因，并以此为起点进行后续研发。只不过，在天梯技术方案不可实现的情况下，很可能得出的结论是本领域技术人员需要付出创造性劳动才可得到诉争技术方案，因此，诉争技术方案具备创造性。

【案例 3-18】药物制备方法[1]

该案涉及的是专利申请号为 201010144554.0，名称为“含有硅酸的挤出物的制备方法、所述的挤出物、其应用和含有所述挤出物的药物组合物”的发明专利申请，其权利要求 1 内容如下。

1. 制备用于口服的含有稳定的硅酸的挤出物的方法，其中所述稳定的硅酸为生物适合性固体形式，包括下列步骤：i）通过在有胆碱作为稳定剂存在的情况下将硅化合物水解成原硅酸和/或其低聚物形成稳定的硅酸；ii）将稳定的硅酸与达到硅酸用载体的载荷容量的用量的载体混合，其中所述的载体为微晶纤维素且硅酸的载荷容量为 <50%；iii）挤出所得混合物，由此形成挤出物；iv）将所述的挤出物球化成颗粒；v）将所述颗粒干燥为具有水含量保持在 5% 以下的丸粒，其中如筛析测量的 90% 以上的丸粒具有 800～1200 μm 大小，且其中 50% 以上的丸粒具有 950～1100 μm 的大小，并且其中所述丸粒具有 0.7%～1.2% 重量的硅含量，其中所述干燥是通过流化床干燥进行的；和 vi）包囊所获得的丸粒。

该案中，专利申请人的起诉理由之一为，对比文件 1 的实验报告可以证明按照对比文件 1 的方法根本无法获得含有稳定的硅酸的固体挤出物产品。因此，对比文件 1 并非制造季胺化合物稳定化硅酸固体药物制剂的技术方案，不应以对比文件 1 作为最接近的现有技术评价该申请的创造性。

法院对此起诉理由的回应为：“用于评价创造性的现有技术应是指在申请日以前处于能够为公众获得的状态，并包含有能够使公众从中得知实质性技术知识的内容，并不强制要求现有技术达到能

[1] 参见北京知识产权法院（2015）京知行初字第 5729 号行政判决书。

够实现的标准。即便现有技术的技术方案存在缺陷，导致其可能无法实施，但如果本领域技术人员能从中得知实质性技术知识……从而有动机对该现有技术进行改进，则该现有技术已经符合作为创造性评价对比文件的基本条件……本案中，本领域技术人员能够从对比文件 1 公开的技术方案中获得实质性技术知识，故不论原告生物矿物公司提交的重复试验的条件是否与对比文件 1 一致，该重复试验的结论均不影响对本申请创造性的判断。”

【案例 3－19】一种 dsRNA 分子[1]

该案涉及的是专利申请号为 201280048884.7，名称为“通过抑制酵母氨酸脱氢酶基因控制真菌和卵菌的 RNAi”的发明专利申请，其权利要求 1 内容如下。

1. 一种 dsRNA 分子，其包含 1）含有与真菌或卵菌酵母氨酸脱氢酶基因的至少 18 个连续核苷酸基本相同的序列的第一条链和 ii）含有与所述第一条链基本互补的序列的第二条链，其中所述真菌或卵菌基因选自：a）包含如 SEQ ID NO：17、23、31 所示序列的多核苷酸；b）编码具有如 SEQ ID NO：18、24、32 所示序列的多肽的多核苷酸；c）与具有如 SEQ ID NO：17、23、31 所示序列的多核苷酸具有至少 95% 序列相同性的多核苷酸；d）编码与具有如 SEQ ID NO：18、24、32 所示序列的多肽具有至少 95% 序列相同性的多肽的多核苷酸；e）在严谨条件下与具有如 SEQ ID NO：17、23、31 所示序列的多核苷酸杂交的多核苷酸；和 f）在严谨条件下与编码具有如 SEQ ID NO：18、24、32 所示的序列的多肽的多核苷酸杂交的多核苷酸。

---

[1] 参见北京知识产权法院（2018）京 73 行初 2871 号行政判决书。

该案中，最接近的现有技术对比文件 2 为一篇公开发表的论文，因其中未记载任何实验数据，故专利申请人认为其仅是一种推测，并非确定可实现的技术方案，不应作为最接近现有技术使用。

针对这一起诉理由，法院认为："对比文件 2 虽未记载相应实验数据，但未记载实验数据并不意味着其仅是一种推测，从而无法作为最接近现有技术使用。最接近现有技术仅是创造性判断的起点，无论其是否记载了确切的技术效果均不影响其作为起点的作用。当然，如果最接近现有技术未记载相应技术效果，可能的后果是本领域技术人员因无法预知该技术方案是否可行以及是否有相应效果，从而需要付出创造性劳动才能获得涉案发明创造，但此种情况下，其影响的是后续的非显而易见性的判断，而非最接近现有技术的确定。"

三、相同对比文件组合中选择不同的最接近现有技术，得出的创造性结论可能不同

实践中存在一种观点，针对相同的两个或以上现有技术，采用其中任一作为最接近现有技术，得出创造性判断结论不会不同。也就是说，假定案件中存在两个现有技术（对比文件 1、2），无论是采用对比文件 1，还是对比文件 2 作为最接近的现有技术，得出的创造性结论不会不同。

这一结论显然并不成立。仍以地理上的起点终点进行类比，以 A 点作为终点，人们有两种选择：其一为从 C 点到 B 点再到 A 点，其二为从 B 点到 C 点再到 A 点。上述两种路线是否均能够到达 A 点取决于上述 3 个地点之间是否均有道路相通。假定 C 点与 A 点之间不存在道路相通，则第一种方式可以到达，但第二种方式则无法到达。

同样的道理，因最接近的现有技术是创造性判断的起点，在选用的起点不同的情况下，本领域技术人员需要解决的技术问题以及相应的解决手段或可能获得的技术启示均可能不同。基于此，其后续的判断路径通常并不相同，相应地，是否可以到达诉争技术方案这一终点的结论亦可能并不相同。

例如，诉争技术方案是电动自行车，两篇对比文件分别为自行车与充电遥控玩具车。如果采用自行车作为最接近的现有技术，本领域技术人员会发现其存在人力驾驶费力的技术问题，为解决这一问题，其有动机并有能力检索到电动遥控车中电池这一技术手段以实现电动驾驶功能，从而解决上述技术问题并获得诉争技术方案。因此，在以自行车作为最接近现有技术的情况下，电动自行车这一技术方案可能不具备创造性。

但如果采用充电遥控玩具车作为最接近的现有技术，针对该技术方案，本领域技术人员通常会产生的是对遥控车的改进动机，而不会产生对自行车的改进动机，相应地，其不会基于这一动机进行检索并发现自行车这一技术方案，从而无法获得电动自行车这一技术方案。据此，在采用这一结合方式的情况下，诉争技术方案必然具备创造性。

在第一章案例 1 - 8 中，法院认定采用不同的结合方式得出的结论并不相同。[1]

该案涉及的是专利申请号为200980149984.7，名称为“氢捕获材料、制备方法及应用”的专利申请，其权利要求 1 ～4 对于吸氢材料进行了限定，权利要求 5 内容如下。

5. 一种能够容纳放射性材料的封闭外壳，所述放射性材料可以

[1] 参见北京知识产权法院（2015）京知行初字第 6679 号行政判决书。

通过辐射分解或化学反应产生至少一种可燃气体，其特征在于，所述外壳进一步容纳根据前述权利要求中任一项所述的至少一种材料。

该案中使用了两个对比文件以评价权利要求5的创造性，其中对比文件1公开了一种在封闭电池中阻止氢气聚集的氢气吸收材料，对比文件2公开了一种在存储核废料的封闭容器内减少氢气聚集的方法。基于以下分析可以看出，采用不同的对比文件作为最接近现有技术，对应的不同判断路径，以及不同的判断结论。

如果以对比文件1作为最接近的现有技术，因对比文件1为一种用于电池中的吸氢材料，诉争申请的权利要求5虽亦包含吸氢材料，但该产品为一种封闭核废料的容器。在对比文件1的应用领域并非封闭核废料的容器的情况下，其客观上不存在诉争申请中“封闭核废料的容器内聚集的氢气浓度过高”这一技术问题，因此，本领域技术人员在看到对比文件1的技术方案时，便不会产生“降低封闭核废料的容器内聚集的氢气浓度”的动机。在不存在这一动机的情况下，其显然不会为解决上述问题而去检索现有技术，从而不会发现对比文件2，亦不会将其中的相应技术特征与对比文件1相结合从而获得诉争申请权利要求5的技术方案。基于此，在以对比文件1为最接近现有技术的情况下，诉争申请权利要求5具备创造性。

但如果以对比文件2作为最接近的现有技术，得到的创造性结论则有所不同。对比文件2与诉争申请同属核废料领域，对比文件2公开了一种能够容纳放射性材料的封闭外壳内减少氢气聚集的方法。基于对比文件2公开的内容，本领域技术人员能够意识到“封闭核废料的容器内聚集的氢气浓度过高”这一技术问题，并产生解决问题的动机。基于这一动机，本领域技术人员会寻求相关技术手段以解决其所存在问题，从而有可能发现对比文件1。因为该申请权利要求5相对于对比文件2的区别特征已被对比文件1公开或属于惯常技术手段且有结合启示，所以认定该申请权利要求5不具备创造性。

【案例3-20】用于监视床的电极布置[1]

该案涉及的是专利申请号为201080019204. X，名称为“用于监视床的电极布置”的发明专利申请，其权利要求1内容如下。

1. 一种用于指示床是否湿的设备，所述设备包括：具有两个电极（9，10）的遗尿者垫片（8），所述电极（9，10）为导电材料的，并且，电极（9，10）相互间隔地布置在遗尿者垫片（8）中或遗尿者垫片（8）处；用于测量电极（9，10）之间的电阻、电容或阻抗的测量电路；用于基于来自测量电路的测量来确定遗尿者垫片（8）是否湿的控制单元，其特征在于，各电极（9，10）在两端具有连接电极（9，10）与测量电路的电连接点（11，12，13，14），并且测量电路被装备以通过在各电极（9，10）的两个电连接点（11，12；13，14）之间执行导电测试来执行电极（9，10）是否完好的测试。

该案与前案不同，该案中采用不同对比文件作为最接近的现有技术，得到的创造性结论并无不同，但判断路径有所不同。诉争技术方案是一种用于指示床是否湿的设备，对比文件1涉及一种水检测器，其应用于在大面积范围内检测建筑物和构筑物内水分含量，以保证建筑安全；对比文件2是一种潮湿检测装置，并限定其应用于尿布，主要用于检测尿布尿湿与否。

在以对比文件1为最接近的现有技术的情况下，因对比文件1是使用在建筑物内的水检测器，基于该技术方案本领域技术人员无

[1] 参见北京知识产权法院（2016）京73行初5648号行政判决书。

论如何不会产生研发用于检测床湿与否的设备的动机。在并无上述改进动机的情况下，本领域技术人员必然不可能基于上述改进动机去寻求技术手段，因此，其不可能想到或获知对比文件2，亦不会产生将二者相结合的动机。基于此，在对比文件1为最接近现有技术的情况下，诉争技术方案必然具备创造性。

在以对比文件2作为最接近现有技术的情况下，因该对比文件2的应用领域为一次性尿布，但诉争技术方案是一种用于指示床是否湿的设备，对比文件2所应用的一次性尿布领域客观上不可能存在检测床是否湿这一技术问题，因此，本领域技术人员亦不会产生改进动机。在不存在这一动机的情况下，其不会为解决上述问题而去检索现有技术，也就不会发现对比文件1，并将其中的相应技术特征与对比文件2相结合从而获得诉争技术方案。基于此，在以对比文件2作为最接近现有技术时，诉争技术方案亦具备创造性。

【案例3-21】制药用途[1]

该案涉及的是专利申请号为201410419543.7，名称为“生物膜有机体的抑制”的发明专利申请，其权利要求1内容如下。

1. 半胱胺在制备用于治疗哺乳动物的细菌感染的药物中的用途。

该案属于另一种情形，虽然采用不同对比文件作为最接近的现有技术，得到的创造性结论并无不同，但均得出的是不具备创造性这一结论。

被诉决定使用的两个技术方案记载于同一份专利文件中，其中最接近现有技术为对比文件1中的如下记载：“一种组合物，包括至少一种选自半胱氨酸及其衍生物的微生物膜渗透剂，其可以阻止

[1] 参见北京知识产权法院（2019）京73行初14181号行政判决书。

至少一个医疗装置表面的微生物生物膜的生长或增殖”，该医疗装置可以是嵌入或植入人体或动物的医疗装置。被结合的现有技术则为实施例1。

采用对比文件1前述内容作为最接近现有技术的情况下，诉争技术方案与该技术方案的区别特征为“对比文件1是半胱氨酸及其衍生物在医疗装置表面抗生物膜，本申请则是半胱胺用于哺乳动物的抗菌”。基于此，诉争技术方案实际解决的技术问题应是提供了半胱胺用作哺乳动物抗菌这一新用途。对于本领域技术人员而言，其通常情况下不会只看上述最接近现有技术的技术方案涉及的技术信息，而是会阅读整个专利文件。被结合的现有技术实施例1中有如下记载：“生物膜渗透剂N－乙酰半胱氨酸能够渗透和破坏生物膜并杀死嵌入生物膜中的微生物，例如金黄色葡萄球菌，其抗微生物活性超过抗生素利福平。N－乙酰半胱胺可单独用于抗微生物”。由上述内容可以看出N－乙酰半胱氨酸在作为生物膜渗透剂的同时亦具有抗菌作用。在此基础上，因对比文件1载明的“该生物膜渗透剂可以选自：半胱胺”，因此，本领域技术人员容易想到半胱胺亦具有抗菌作用，或至少有动机进行相应尝试，从而知晓其抗菌作用。据此，在对比文件1上述内容的基础上，本领域技术人员知晓半胱胺具有抗菌作用无需付出创造性劳动。

虽然对比文件1是使用在医疗装置表面，而诉争技术方案是用于治疗哺乳动物的细菌感染，但因对比文件1的医疗装置可以是嵌入或植入人体或动物体的医疗装置，且无相反证据证明细菌本身的特性通常会因载体不同而有所不同，故对于医疗装置表面的细菌有抗菌作用的半胱胺适用于哺乳动物上的相应细菌同样会起到抗菌作用。即便用于医疗装置的半胱胺并非当然可用于哺乳动物，但至少本领域技术人员有动机进行相应尝试，而在无证据证明存在适用障碍的情况下，本领域技术人员将用于医疗装置的半胱胺用于哺乳动物无需付出创造性劳动。据此，诉争技术方案不具备创造性。

但如果采用实施例 1 作为最接近现有技术，实际上更符合发明创造客观规律的评述逻辑。诉争技术方案的核心特征在于半胱胺及其抗菌用途，但被诉决定中使用的最接近现有技术中既未明确提及半胱胺，也未明确提及抗菌作用。而实施例 1 公开了 N－乙酰半胱氨酸的抗菌作用，相对于被诉决定中使用的最接近现有技术，本领域技术人员基于实施例 1 公开的抗菌作用，显然更有动机基于抗菌的需求而在 N－乙酰半胱氨酸的基础上作进一步研究，在半胱胺与 N－乙酰半胱氨酸化学性质较为类似的情况下，本领域技术人员有动机尝试半胱胺的抗菌作用。因此，在实施例 1 作为最接近现有技术的情况下，本领域技术人员知晓半胱胺具有抗菌作用无需付出创造性劳动。

第四章　区别技术特征与实际解决的技术问题

“三步法”中有关第二步的规定见于《专利审查指南（2010）》第二部分第四章第3.2.1.1节的“（2）确定发明的区别特征和发明实际解决的技术问题”部分，其具体内容为：

“在审查中应当客观分析并确定发明实际解决的技术问题。为此，首先应当分析要求保护的发明与最接近的现有技术相比有哪些区别特征，然后根据该区别特征在要求保护的发明中所能达到的技术效果确定发明实际解决的技术问题。从这个意义上说，发明实际解决的技术问题，是指为获得更好的技术效果而需对最接近的现有技术进行改进的技术任务。

“审查过程中，由于审查员所认定的最接近的现有技术可能不同于申请人在说明书中所描述的现有技术，因此，基于最接近的现有技术重新确定的该发明实际解决的技术问题，可能不同于说明书中所描述的技术问题；在这种情况下，应当根据审查员所认定的最接近的现有技术重新确定发明实际解决的技术问题。

“重新确定的技术问题可能要依据每项发明的具体情况而定。作为一个原则，发明的任何技术效果都可以作为重新确定技术问题的基础，只要本领域的技术人员从该申请说明书中所记载的内容能够得知该技术效果即可。对于功能上彼此相互支持、存在相互作用关系的技术特征，应整体上考虑所述技术特征和它们之间的关系在要求保护的发明中所达到的技术效果。”

上述规定将第二步具体细化为以下两个步骤：区别技术特征的认定、实际解决的技术问题的确定。在上述两步骤中，实际解决技术问题的确定是核心，区别技术特征只是确定实际解决的技术问题的前提条件。下文中将分别针对该两个步骤进行具体分析。

第一节　对实际解决的技术问题的理解

一、“实际解决”的技术问题对应于最接近现有技术“需要解决”的技术问题

虽然具体案件中的创造性判断是对真实发明创造过程的重构，因此需要遵循发明创造的客观规律，但二者毕竟不同。在真实的研发过程中，本领域技术人员知晓作为研发起点的现有技术，但并不知晓作为研发结果的发明创造。而在具体案件中，则可以同时看到最接近现有技术及诉争技术方案，既能知晓研发的起点，又能知晓研发结果。因此，在具体案件中需要从诉争技术方案出发反推得到真实的研发过程，以判断在“不知晓”诉争技术方案，而只知道现有技术的情况下，是否可以获知诉争技术方案。

在真实的研发过程中，本领域技术人员是因为发现了研发起点的技术问题，产生了研发动机，从而启动研发过程，并最终获得研发成果。因此，在具体案件中判断诉争技术方案是否具备创造性，必然需要确定最接近现有技术（研发起点）存在的技术问题，否则将无法进行后续判断。

因为最接近现有技术存在的问题，对应的是诉争技术方案已解

决的问题，而已解决的技术问题必然会以技术效果的方式出现，所以最接近现有技术的技术问题对应于诉争技术方案的技术效果，即前述规定中的“发明实际解决的技术问题，是指为获得更好的技术效果而需对最接近的现有技术进行改进的技术任务”。需要指出的是，因创造性判断的是技术方案，而不是技术效果是否显而易见，但非显而易见的技术方案相较于最接近现有技术既可能具有更好的技术效果，又可能只具有相当的技术效果，故该规定中“更好的”技术效果的表述并不全面。

之所以实际解决的技术问题需要与“区别技术特征”的技术效果相关，原因在于最接近的现有技术可能存在多个被改进的地方，但诉争技术方案可能只是改进了其中具体的一个或几个地方。此种情况下，因其他未被改进的地方所存在的问题与诉争技术方案创造性的判断无关，创造性判断仅需针对与其改进点对应的地方即可，而这一改进点便与区别技术特征相对应。基于此，前述规定中要求“首先应当分析要求保护的发明与最接近的现有技术相比有哪些区别特征，然后根据该区别特征所能达到的技术效果确定发明实际解决的技术问题”。

例如，对于成人用自行车这一现有技术方案，其至少存在两个可改进的地方：其一，需要人力驾驶，较为费力；其二，即使缩小比例，儿童也会因难以掌握平衡而容易倾倒。但在具体案件中，上述哪一技术缺陷需要考虑，取决于诉争技术方案相较于该技术方案的区别技术特征。如果诉争技术方案是儿童用四轮自行车，其区别特征在于尺寸不同及增加两个侧轮，则需要解决的是后一个问题，即儿童因无法掌握平衡而容易倾倒，这就是诉争技术方案实际解决的技术问题，至于人力驾驶这一技术问题则无需考虑。但如果诉争技术方案是电动自行车，其与自行车的区别在于增加了电机，则此时其具有的技术效果是可以电动驾驶，从而解决了前一个问题（即人力驾驶问题），但与后一个问题无关。

实践中存在一种情形，专利权人或专利申请人主张的某一技术效果在对比文件中并无记载，但该技术效果对应的是已被公开的技术特征，而非区别技术特征。此种情况下，这一技术效果不可被认定为实际解决的技术问题。也就是说，实际解决的技术问题并不能对应于“已公开”技术特征所导致的技术效果，即便该技术效果对于本领域技术人员而言非显而易见，同样不能作为实际解决的技术问题。

例如，诉争技术方案为一种炒菜的方法，其特征在于加糖，加料酒。其与最接近现有技术的区别在于加料酒这一步骤。在此情况下，如果最接近现有技术中加糖的作用在于增加甜度，而诉争技术方案加糖的作用在于提鲜，且提鲜这一作用对于本领域技术人员而言非显而易见，但因加糖这一技术特征已被公开，故提鲜这一技术效果亦无法被认定为实际解决的技术问题。

之所以无需考虑这一技术效果，原因在于创造性的判断客体是诉争技术方案，而非其技术效果。因为诉争技术方案是在最接近现有技术基础上的进一步研发，这也就意味着其会保留最接近现有技术中的部分技术特征，此部分技术特征即为“已公开的技术特征”。研发人员需要做的是发现那些并未存在于最接近现有技术中的技术特征以解决技术问题，此部分技术特征即为“区别技术特征”。前例中加糖这一步骤并非区别技术特征，意味着其已存在于在后的诉争技术方案中，本领域人员不用再去寻找这一技术手段，也无需创造性劳动即可获得。因此，本领域技术人员是否知晓其对应的技术效果与区别特征的获得是否显而易见无关，相应地，亦与诉争技术方案的创造性无关。即便该技术效果非显而易见，同样不会影响这一结论。

【案例4-1】高浓度抗体和蛋白制剂”[1]

该案涉及的是专利申请号为201110202263.7，名称为“高浓度抗体和蛋白制剂”的发明专利申请，其权利要求1内容如下。

1. 一种稳定的、低混浊度的液体制剂，包含（a）量约150mg/ml的抗IgE抗体，其中所述抗IgE抗体包含两条相同的轻链和两条相同的重链，每条轻链包含图10A中鉴定为E25的氨基酸序列且每条重链包含图10B中鉴定为E25的氨基酸序列，（b）量为200mM的精氨酸-HCl，（c）量为20mM的组氨酸，（d）量为0.01%到0.1%的聚山梨醇酯，其中所述制剂更进一步具有6.0的pH值。

该案中，专利申请人主张实际解决的技术问题应为解决高浓度制剂的稳定性及混浊度问题，该技术效果由“量为200mM的精氨酸-HCl”所带来。法院对该主张未予支持的理由便在于“量为200mM的精氨酸-HCl”这一技术特征并非区别技术特征。因其已存在于诉争技术方案中，无需本领域技术人员去寻找，故即使诉争申请说明书中记载有混浊度和稳定性数据，且其与精氨酸-HCl及其含量相关，该技术效果亦不可能构成该申请实际解决的技术问题。

二、确定最接近现有技术“需要解决”的技术问题的目的在于确定针对具体“研发方向”的研发动机

在真实的发明创造过程中，一项发明创造之所以会产生，通常是因为技术人员发现了现有技术存在的一些问题，进而产生了研发

[1] 参见北京知识产权法院（2019）京73行初2993号行政判决书。

的动机，找到研发方向，并提出了可以解决上述技术问题的技术方案。在这一过程中，指向具体研发方向的研发动机是获得技术方案必不可少的前提条件，这一因素在“三步法”中即对应于诉争技术方案实际解决的技术问题（或者说确定最接近现有技术需要解决的技术问题）。

对于该问题的判断存在两种认定结论。如果结论是可以产生针对该特定研发方向的研发动机，则应进一步判断基于该研发动机，对于本领域技术人员而言区别特征的获得是否显而易见。但如果判断结论是不具有研发动机，则因不具有研发动机必然不可能获得研发成果，故此种情况下可直接认定诉争技术方案的获得非显而易见，而无需进行“三步法”中后续步骤的判断。

例如，在无触屏手机时，本领域技术人员基于键盘式的传统手机，并不会产生以触屏手机为研发方向的改进动机。再如，普通的手表均是顺时针旋转，本领域技术人员基于这一技术方案，通常不会产生以逆时针旋转手表为研发方向的改进动机。因此，在前述两种情况下，均无需再对具体的区别技术特征的获得是否显而易见进行判断，而可直接认定上述技术方案具备创造性。但是，如果诉争技术方案仅仅是在现有手表上增加了标注日期的功能，则因本领域技术人员会产生这一改进动机，故有必要进一步判断是否无需付出创造性劳动即可获得标注日期的具体技术手段。

《专利审查指南（2010）》中规定了若干发明的类型，其中的开拓性发明是不会产生研发动机的典型情形，第二部分第四章第4.1节规定：“开拓性发明，是指一种全新的技术方案，在技术史上未曾有过先例，它为人类科学技术在某个时期的发展开创了新纪元……例如……蒸汽机、白炽灯、收音机、雷达、激光器、利用计算机实现汉字输入。”因开拓性发明在未出现之前，其研发方向基本上会被本领域技术人员认为是痴人说梦，必然不可能产生研发动机。因此，开拓性发明与不会产生研发动机基本具有对应关系。实践中，人们对于开拓性发明或其他不具有改进动机的发明创造的创造性程度很少质疑，因此，涉及此类发明的驳回复审案件或者无效宣告请求案件基本不会出现。

【案例 4 – 2】便携式频谱仪[1]

该案与第一章的案例 1 – 15 涉及的是同一件专利，即专利号为 ZL201420052110.8，名称为“便携式频谱仪”的实用新型专利，其权利要求 1 内容如下。

1. 一种便携式频谱仪，包括一本体，所述本体带有能产生红外辐射的频谱发生器，其特征在于，所述本体包括上转体、上转轴、中转体、下转轴、手柄，所述上转体与所述中转体通过上转轴转动连接，所述中转体与手柄通过下转轴转动连接，所述上转轴与下转轴垂直；所述频谱发生器位于所述上转体内，所述上转体与所述频谱发生器的辐射面相对应的一面设有栅格，所述频谱发生器所产生的红外辐射可透过所述栅格。

该案属于可产生针对特定研发方向的研发动机的情形。如图 4 – 1 和图 4 – 2 所示，诉争技术方案与对比文件的区别实质在于对比文件未公开上转轴 5（用于左右旋转）、下转轴 6（用于上下旋转），在上述两部件未公开的情况下，与之相关的其他技术特征亦未被公开，具体为“所述上转体与所述中转体通过上转轴转动连接，所述中转体与所述手柄通过下转轴转动连接，所述上转轴与下转轴垂直”。上述区别特征的作用在于通过转轴的设置使得上转体

[1] 参见北京知识产权法院（2017）京 73 行初 9165 号行政判决书。

和中转体可绕轴转动，而该技术手段所直接导致的技术效果即为对于上转体和中转体实现多角度调整。基于此，该案中，首先需要判断的是本领域技术人员是否会产生使得上转体和中转体实现多角度调整的研发动机。在使用过程中调整使用角度显然是使用者的常规需求，因此，该案中本领域技术人员具有针对该研发方向的改进动机。在此基础上，因为区别技术特征在其他对比文件中已被公开，所以诉争技术方案不具备创造性。

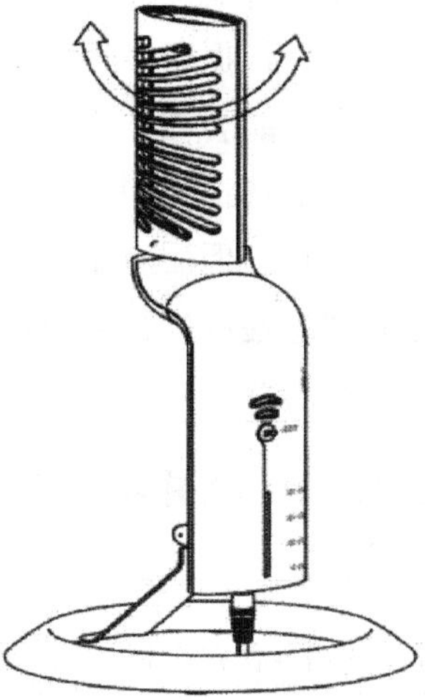

图4－1　涉案专利 ZL201420052110.8 附图1

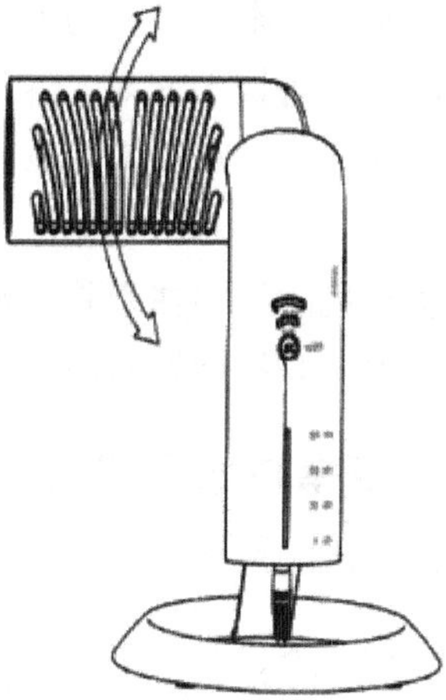

图4－2　涉案专利 ZL201420052110.8 附图2

需要区分的是，前文在涉及最接近现有技术的章节中，亦提到改进动机的问题，即如果最接近现有技术选择了与诉争技术方案不同应用领域的技术方案，则无需适用“三步法”，可直接以不具有研发动机为由认定诉争技术方案具备创造性。该步骤中的研发动机与发明实际解决的技术问题中的研发动机具有递进的关系。前者通常针对的是一类产品或方法，判断的是本领域技术人员是否会产生改进“某类”产品的动机。比如，针对电视这一最接近的现有技术，本领域技术人员不会产生对于手表的改进动机。但第二步中确定的研发动机，则更进一步地针对特定研发方向。比如，同样是手表，本领域技术人员针对常规的手表，是否会产生具体到逆时针旋转这一研发方向的研发动机。

此外，二者不会产生研发动机的原因并不相同。前者不会产生研发动机是因为最接近现有技术的选择违反了客观的研发规律，而非因为技术方案本身具有的创造性高度。一旦依据研发规律选择了相同应用领域的技术方案，诉争技术方案就可能会被认定不具备创造性。在最接近现有技术的章节中，也对比了选择不同的最接近现有技术的情况下，对于创造性判断结论的影响。但后者不同，其不具有研发动机的原因在于其客观上具有的创造性高度，与应用领域的选择无关。开拓性发明即属于此类典型的情形。

三、诉争技术方案实际解决的技术问题并不必然等同于说明书中“声称”要解决的技术问题

通常情况下，专利说明书中会记载诉争技术方案的背景技术及其技术缺陷，包括对于诉争技术方案如何克服了该技术缺陷，具有何种技术效果。因此，似乎该技术效果可用于确定诉争技术方案实际解决的技术问题。但是，需要注意的是，专利法中创造性要求的是诉争技术方案相对于整体现有技术均具备创造性，因此，在具体案件中，任一现有技术均可作为对比文件使用。这也就意味着，在具体案件中判断的是诉争技术方案相对于“特定的现有技术”是否具备创造性，而非相对于“背景技术”是否具备创造性。因案件中使用的现有技术多数情况下与说明书中记载的背景技术并不相同，

故具体案件中的研发起点与说明书中记载的研发起点并不相同，相应地，需要解决的技术问题当然可能不同。

在具体案件中需要重新确定该现有技术的技术缺陷，此即为前述规定中的“由于审查员所认定的最接近的现有技术可能不同于申请人在说明书中所描述的现有技术，因此，基于最接近的现有技术重新确定的该发明实际解决的技术问题，可能不同于说明书中所描述的技术问题；在这种情况下，应当根据审查员所认定的最接近的现有技术重新确定发明实际解决的技术问题。”

以摩托车为例，说明书中记载的背景技术为自行车，声称解决的技术问题为克服现有自行车需要人力驾驶的技术缺陷。但在具体案件中，如果使用的最接近现有技术为电动自行车，则其实际解决的技术问题将不再是说明书所记载的需要人力驾驶的问题，而是如何解决电动自行车动力不足和续航时间短等问题。因此，案件中需要以此作为实际解决的技术问题，而非说明书中记载的技术问题。

【案例4-3】一种胸骨合拢固定器[1]

该案涉及的是专利号为ZL201310158734.8，名称为“一种胸骨合拢固定器”的发明专利。

该技术方案为一种医疗器械，用于心胸外科开胸手术后胸骨的合拢固定。其中，用于勾住两侧肋骨的部分为图4-3和图4-4中圆形标注部分（对应附图标记分别为3-1，2-2）。该两部分勾住肋骨后做相向运动后卡合固定在一起，起卡合作用的主要是中间部分的设置。

[1] 参见北京知识产权法院（2019）京73行初11908号行政判决书。

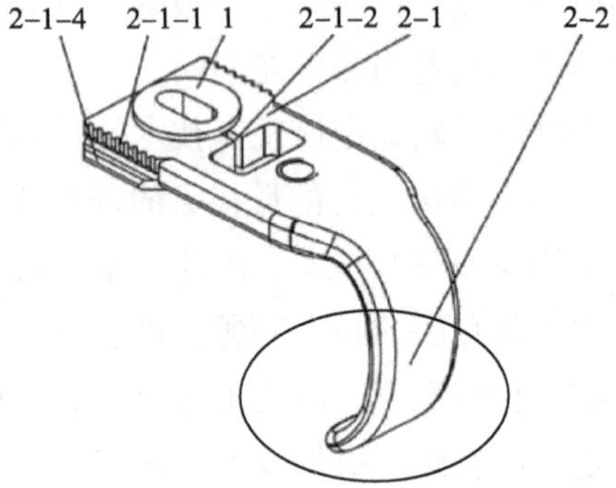

图 4-3　涉案专利 ZL201310158734.8 附图 1

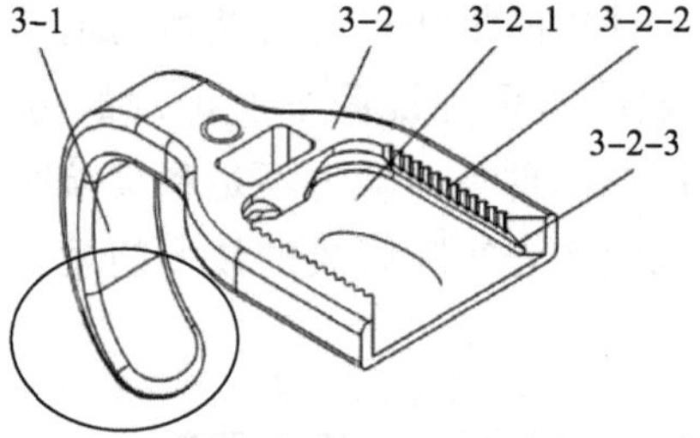

图 4-4　涉案专利 ZL201310158734.8 附图 2

该专利申请说明书中记载的背景技术为采用“钢丝”捆扎固定胸骨的方式。这一方式是在开胸手术结束把胸关闭时，整个胸骨上下用钢丝捆扎固定，由手术医生用连着钢丝的缝针把左、右切开的胸骨用钢丝抽紧，使切开的胸骨合拢起来后给予固定。传统的钢丝固定胸骨方法存在下列不足：①固定松紧很难把握、统一；②容易产生钢丝对胸骨的切割，导致胸骨裂开，带来不良后果；③穿钢丝有一定的难度；④不便于调节开胸宽度。诉争技术方案的目的在于解决上述技术问题。

但在案件中，用以评述创造性的对比文件并非背景技术中的技术方案，而是一种与诉争技术方案整体技术构思大体相同的胸骨固定器。因此，该专利说明书中声称解决的上述问题在对比文件中并不存在。基于此，在具体案件中认定的实际解决的技术问题并非上述问题，而是如何使锁紧孔与锁紧轮相配合使得锁紧轮的旋转更稳定等。

四、诉争技术方案“实际解决”的技术问题判断有误或者不确切，并不必然影响创造性判断的结论

在具体案件中，当事人经常提及的理由之一为，被诉决定中对于诉争技术方案实际解决的技术问题的认定有误，因此要求撤销被诉决定。类似的理由在前文有关最接近现有技术的部分亦有所提及，此处的分析方法与之并无实质不同。无论是最接近现有技术，还是实际解决的技术问题，其均仅是创造性判断中的环节之一，上述问题的认定错误并非必然导致创造性判断的结论错误。

比如，一些情况下，被诉决定中认定的技术问题因为过于上位，无法与区别技术特征直接相对应，在创造性的判断中难以起到其应有的作用，因此，在判决中有必要对其进行细化。但判决中以此细化后的技术问题出发得出的创造性结论与被诉决定的结论并非必然不同。再如，如果诉争技术方案相较于最接近现有技术存在多个实际解决的技术问题，但被诉决定中仅认定了其中部分技术问题。此种情况下，因为创造性判断的客体是技术方案，而非技术问题。因此，如果基于已认定的技术问题，本领域技术人员可以获得诉争技术方案，即便其他技术问题确有遗漏，也可以认定诉争技术方案不具备创造性。

还有一种常见情形是，当事人之间对于技术效果所达到的程度

有分歧。比如，被诉决定认定诉争技术方案仅具有与最接近现有技术相当的技术效果，因此，实际解决的技术问题仅是提供一种替代手段，而专利申请人则认定其具有更好的效果。或者与此相反，被诉决定认定其具有更好的效果，而无效宣告请求人认为其仅是一种替代手段。但无论属于上述哪种情形，因为实际解决的技术问题的作用在于确定研发动机和研发方向，无论是基于相当的技术效果还是更好的技术效果，其研究方向并无不同，只是最终达到的程度不同而已，所以上述分歧不会影响对是否具有研发动机的认定。进一步地，如果基于获得基本相当的技术效果这一研发动机，获得诉争技术方案无需付出创造性劳动，则在技术方案已获得的情况下，并不会因该技术效果更好而使诉争技术方案不会被获得。如果基于获得更好的技术效果，获得诉争技术方案无需付出创造性劳动，则为获得相当的技术效果，获得诉争技术方案当然亦无需付出创造性劳动。因此，在这些情形下，即便对于技术效果的认定有误，也不会影响创造性判断的结论。

综上可知，在具体案件中即便技术问题的认定有误或不准确，亦不能当然以此为由撤销被诉决定。只不过因为上述情况的存在会影响到后续的判断过程，有必要对此予以纠正，但仍需在确认后的技术问题的基础上进行后续的创造性判断。

第一章案例 1 –5 即属于此种情形。[1]

该案涉及的是专利申请号为 201080008349. X，名称为“乳糖成分较少的发酵乳及其制作方法”的发明专利申请，其权利要求 1 内容如下。

1. 一种发酵乳的制作方法，包括对原料乳进行脱氧处理的脱

[1] 参见北京知识产权法院（2015）京知行初字第 3888 号行政判决书。

氧工序；对所述进行了脱氧处理后的原料乳添加发酵剂和酶的工序；以及使含有发酵剂与酶的原料乳发酵的发酵工序，其特征在于，所述酶为，在酸碱度为中性的条件下活性最佳且在酸性条件下失去活性，并且，在具有活性的状态下，能够使所述原料乳中含有的乳糖分解。

该技术方案作为一种酸奶的制作方法，主要步骤是将牛奶与发酵剂和酶进行混合发酵，其与对比文件 1 的区别在于其中对于原料乳的脱氧工序，即诉争技术方案中在对原料乳添加发酵剂及酶这一工序之前增加了脱氧工序。

该案中，区别技术特征使得诉争技术方案实际解决的技术问题体现在以下 4 个方面：发酵时间、硬度、凝乳刀侵入角度、乳糖分解率。被诉决定中认定的技术问题为“如何优化发酵乳自身质量及生产工艺”，并基于此认定诉争技术方案不具备创造性。该技术问题的认定中存在的问题是过于上位，与区别特征不具有直接对应关系。因此，法院对此进行了具体细化。但是，法院并未因此撤销被诉决定，而是基于其所认定技术问题进行后续判断，同样得出诉争技术方案不具备创造性的结论。

该案中需要注意的是，针对上述 4 个技术问题，被结合的对比文件 2 中仅在 3 个技术问题给出了技术启示，即对比文件 2 中明确记载了脱氧组与非脱氧组发酵乳发酵时间、硬度及凝乳刀侵入角度 3 个方面的效果的差异。在此情况下，之所以另一未被记载的技术问题不会使诉争技术方案具备创造性，原因在于即使乳糖分解率均一这一技术效果对于本领域技术人员而言并非显而易见，但因为创造性判断的是技术方案的获得是否显而易见，而本领域技术人员为获得前述 3 个方面的技术效果已有动机，将脱氧工艺与对比文件 1 相结合，从而得到诉争技术方案，所以诉争技术方案并不具备创造性。

这一情形意味着，假定被诉决定中并不存在过于上位的问题，但仅认定上述3个技术问题，而遗漏了另一个技术问题，此种情况下，同样不会基于其遗漏了技术问题而导致创造性判断的结论有误。

【案例4-4】具有维生素D和皮质类固醇的多微泡局部组合物及其应用和制造方法❶

该案涉及的是专利申请号为201510208126.2，名称为“具有维生素D和皮质类固醇的多微泡局部组合物及其应用和制造方法”的发明专利申请，其权利要求1内容如下。

1. 一种包含连续相和至少一种非连续相的适于局部施用的组合物，所述组合物包含至少一种多微泡分散体、至少一种维生素D或维生素D类似物和至少一种皮质类固醇，其中所述皮质类固醇主要在所述非连续相中，并且所述维生素D或维生素D类似物主要在所述非连续相中，其中，所述维生素D或维生素D类似物是维生素D、卡泊三醇、西奥骨化醇、骨化三醇、他卡西醇、马沙骨化醇、帕立骨化醇、氟骨三醇、1α，24S-二羟基-维生素D2、1（S），3（R）-二羟基-20（R）-[((3-(2-羟基-2-丙基)-苯基)-甲氧基)-甲基]-9，10-开环-孕甾-5（Z），7（E），10（19）-三烯或它们的混合物，其中，所述组合物包含相对于所述组合物的总重量为5重量%至90重量%的水，并且其中，所述组合物的pH为7.0至8.5，所述组合物是稳定的，其中，将稳定性衡量为：在40℃于密封的玻璃容器中储存3个月后，相对于原始

❶ 参见北京知识产权法院（2020）京73行初2606号行政判决书。

量，所述维生素 D 或维生素 D 类似物的量的减少不超过 5%，并且所述皮质类固醇的量的减少不超过 5%。

该技术方案是一种用于治疗银屑病的组合物，属于一种外用乳剂，包括水和两个活性成分（维生素 D 或维生素 D 类似物、皮质类固醇），该两个活性成分不能在水环境中共存，因此均分布在油相（诉争技术方案中的非连续相）中，形成水包油的状态。

诉争技术方案与最接近现有技术对比文件 1 的区别特征主要为：①诉争技术方案的组合物包含多微泡分散体，对比文件 1 是乳剂，即二者采用的剂型并不相同；②诉争技术方案的皮质类固醇主要在非连续相中，但由对比文件 1 中仅可看出其在混合相中，并未进一步公开其在连续相中还是非连续相中。

该案中，专利申请人对于被诉决定中认定的实际解决的技术问题有异议。被诉决定认定诉争技术方案实际解决的技术问题是提供了一种避免皮质类固醇和维生素 D 或其类似物在水环境中共存的替代剂型形式，专利申请人则认为诉争技术方案并非仅仅提供了一种替代剂型形式，而是提供了一种可以提高化学稳定性的剂型形式。法院最终因专利申请人并无证据证明诉争技术方案具有更好的技术效果，故对该主张未予支持。

但是，即便专利申请人有关实际解决的技术问题的主张成立，该主张对于诉争技术方案创造性的认定亦无影响。在创造性判断中，确定发明实际解决的技术问题的作用在于确定本领域技术人员是否会发现最接近现有技术存在的技术问题从而产生研发动机，并从该研发动机出发，获得诉争技术方案。就该案而言，因保证活性成分的稳定性是该领域的常规需求，故本领域技术人员既有寻求替代剂型的动机，也有追求更好技术效果的剂型的动机，两种动机在指引本领域技术人员获得诉争技术方案所起到的作用方面并无差别。

进一步地，创造性的判断客体是技术方案，而非技术效果，一项技术方案相对于现有技术具有更好的技术效果并不当然意味着其非显而易见。如果从被诉决定认定的获得“替代手段”这一研发动机出发，本领域技术人员无需付出创造性劳动即可获得诉争技术方案的技术方案，即便诉争技术方案相较于对比文件 1 具有“更好”的技术效果，亦不会使得该技术方案因此而被认定非显而易见。

即便创造性的判断客体不仅包括技术方案，而且包括技术效果，且诉争技术方案的技术效果确定好于对比文件 1，但考虑稳定性是需要测试的常规数据，如果本领域技术人员无需创造性劳动即可获得诉争技术方案，则必然意味着该技术效果的获得显而易见，从而不会使诉争技术方案权利要求 1 具备创造性。由此可见，即便专利申请人有关技术问题的相关主张成立，对于诉争技术方案是否具备创造性的判断亦不会产生影响。

第二节　区别技术特征的确定

区别技术特征是将诉争技术方案与最接近现有技术相比较的结果，而可进行比较的前提是二者均有明确的范围。因此，诉争技术方案保护范围的确定和现有技术公开内容的确定是区别技术特征认定的前序环节。在上述内容均已确定的情况下，进一步需要判断的是两个技术方案中相关技术特征的对应关系，在对应关系的确定中各自的功能是否相同是主要考虑因素。只有对应关系确定之后，才可对技术特征是否公开进行判断，技术特征的公开包括三种情形：明确公开、推定公开和视为公开，属于上述任意一种情形，相关技术特征均不能被认定为区别技术特征。

一、诉争技术方案保护范围的确定

本书第二章已详细分析了权利要求的解释规则，虽然对于权利要求进行合理的解释是确定权利要求保护范围的必要前提之一，但并非唯一前提，另一个前提在于确定权利要求的保护范围是否“清楚”。

这一要求体现在《专利法》第 26 条第 4 款，该条款虽然看似是与第 22 条第 3 款创造性条款并列的单独的复审和无效宣告请求条款，但因为创造性的判断过程是将诉争发明创造与现有技术比较的过程，而只有在诉争发明创造具有清楚的保护范围的情况下，才可能进行后续的比较，这也就意味着已进入创造性判断的案件应推定其具有清楚的保护范围。但实践中，因为这一审查逻辑顺序并未被明确规定在《专利审查指南（2010）》中，故对于一些权利要求保护范围并不清楚的发明创造，在具体案件中亦可能被直接适用创造性进行评判。此类案件有必要在进行创造性判断之前首先对保护范围是否清楚进行判断。

需要注意的是，虽然在涉及创造性的案件与涉及《专利法》第 26 条第 4 款的案件中对于权利要求保护范围是否清楚的判断标准并无不同，但毕竟两类案件形式上审查的是不同条款，因此，权利要求不清楚这一因素在上述两类案件中的使用角度有所不同。如果案件中涉及的条款是《专利法》第 26 条第 4 款，在权利要求不清楚的情形下，应直接以该条款作为法律依据认定驳回申请或者宣告无效。但如果案件涉及的是创造性条款，则此种情况下，无法直接以权利要求不清楚为由驳回专利申请或宣告无效，而应将其作为诉争发明创造不具备创造性的理由之一，最终仍落脚于是否具备创造性的判断上。实践中，常用的表述包括：因诉争发明创造存在保护范围不清楚的情形，故无法将其与现有技术进行比对，进一步地，无法得出诉争权利要求相对于现有技术具备创造性的结论。或者，因诉争发明创造存在保护范围不清楚的情形，对于诉争权利要求是否具备创造性的判断缺少必要前提，故无法得出诉争权利要求具备创造性的结论。

【案例4-5】用于检测组织样本中的基因的系统[1]

该案涉及的是专利申请号为201380007711.5，名称为“用于检测组织样本中的基因的系统”的发明专利申请，其权利要求1内容如下。

1. 一种用于检测组织样本中的基因的放大的基于计算机的系统，包括：存储器，用于存储程序指令序列；以及可编程处理器，其被配置为：执行所述指令，以便：接收组织样本的彩色图像；基于细胞核的形态来标识所述彩色图像中被不同的染色的所述细胞核的基因和染色体；以及确定所标识的所述基因与所述染色体的比例，以确定所述组织样本中的所述基因的放大；其中处理器被进一步编程为：通过将所述彩色图像从RGB色彩空间转换为L*a*b色彩空间来创建新的单色图像，以增强所述组织样本的所述彩色图像中的所述基因和所述染色体的色彩，并且针对增强的彩色图像中的每个像素计算L、a、b的线性组合，使得该新的单色图像强调所述图像中的红色和黑色的色彩，其中在所述L*a*b色彩空间中，“L”通道表示像素的亮度，“a”通道反映像素的红色分量和绿色分量，并且“b”通道表示像素的蓝色分量和黄色分量，其中通过使得红色和黑色增强的图像运行通过滤波器而在增强的图像中检测

[1] 参见北京知识产权法院（2020）京73行初2601号行政判决书。

所述基因和所述染色体。

该案中，被诉决定在将诉争权利要求与对比文件比对后，适用“三步法”得出了不具备创造性的结论。法院虽认同这一结论，但采用了不同的分析逻辑，认为诉争权利要求不具有清楚的保护范围，无法进行后续步骤，因此无法得出其具备创造性的结论。

该权利要求的不清楚之处主要与“单色图像”与“彩色图像”的含义相关。说明书对于“单色图像”与“彩色图像”并无专门定义。专利申请人庭审中最初的解释为，单色图像应为仅包括一种颜色的图像，彩色图像包括两种以上颜色。但如果作上述理解，则与权利要求中有关“使得该新的单色图像强调所述图像中的红色和黑色的色彩”的限定相矛盾，依据该限定，单色图像包括红色和黑色两种颜色，而非单一颜色。专利申请人虽然在后续庭审中改变了其主张，但依据其后续的主张导致的结果是单色图像与彩色图像具有相同的含义，这显然不具合理性。此外，权利要求对于二者的限定还存在其他矛盾之处。依据权利要求 1 的记载，需要创建新的“单色图像”以“增强色彩”，但权利要求中后续限定中“增强的”不是单色图像，而是彩色图像，但权利要求 1 全文均未涉及对于彩色图像的增强，等等。

基于上述分析可知，权利要求 1 中单色图像与彩色图像的具体含义并不清楚，基于此，诉争权利要求不具有清楚的保护范围，在权利要求的保护范围不清楚的情况下，缺少将诉争权利要求与对比文件进行比对的前提，因此，无法得出诉争权利要求具备创造性的结论。

【案例4-6】具有多个互补反馈机制的自动重发请求（ARQ）协议[1]

该案涉及的是专利号为ZL200680017875.6，名称为“具有多个互补反馈机制的自动重发请求（ARQ）协议”的发明专利，其权利要求1内容如下。

1. 一种在无线通信系统中控制数据单元重发的方法，包括步骤：在接收机接收来自发射机的多个数据单元；响应于接收到所述多个数据单元的每个数据单元，在所述接收机尝试解码所述数据单元，并且：如果所述数据单元被成功解码，从所述接收机发送正反馈至所述发射机，所述正反馈向所述发射机指示所述数据单元被所述接收机成功解码；或者，如果所述数据单元未被成功解码，从所述接收机发送负反馈至所述发射机，所述负反馈向所述发射机指示所述数据单元未被所述接收机成功解码；并且选择第一或第二反馈机制来发送所述正反馈或负反馈，其中所述反馈机制至少在信道特性方面不同；并且从所述接收机发送状态消息至所述发射机，所述状态消息包括标识一些所述多个所述数据单元的显式信息；其中所述正反馈包括确认消息和所述负反馈包括不确认消息；并且其中所述确认和不确认消息在第一无线电信道上传输，并且所述状态消息在第二无线电信道上传输。

该技术方案涉及数据的重传方法，可以大致理解为我们日常使用的手机终端与基站之间的数据传输。主要包括对数据的接收、解码。解码存在成功与不成功两个结果，因此，两个不同结果的后续步骤亦不相同。在解码成功的情况下，发送正反馈，不成功则发送

[1] 参见北京知识产权法院（2019）京73行初10815号行政判决书。

负反馈。不同反馈的数据在不同的信道上传输。

该权利要求的保护范围不清楚的原因在于与“正反馈”或“负反馈”相关的限定存在矛盾之处。对于何为“正反馈”或“负反馈”，权利要求中限定“所述正反馈包括确认消息和所述负反馈包括不确认消息”。基于这一限定和本领域技术人员通常的理解，“正反馈”或“负反馈”应理解为对应于“确认消息”或“不确认消息”，专利权人亦认可这一理解。针对正反馈和负反馈，权利要求限定了具体的传输渠道，指出：“选择第一或第二反馈机制来发送所述正反馈或负反馈，其中所述反馈机制至少在信道特性方面不同”。因为“正反馈”或“负反馈”对应于“确认消息”或“不确认消息”，所以前述限定意味着“确认消息”“不确认消息”可以在不同信道上传输。但权利要求对传输渠道又作了另一限定，指出：“确认和不确认消息在第一无线电信道上传输”，这一限定与前一限定相矛盾，基于诉争权利要求的记载，本领域技术人员无法确定“确认消息/不确认消息”的传输信道。在存在矛盾限定的情况下，诉争权利要求不具有清楚的保护范围。在诉争权利要求无法确定保护范围的情况下，必然不可能进行后续的创造性判断。据此，对于专利权人有关诉争权利要求具备创造性的主张，法院未予支持。

二、现有技术公开内容的确定

在具体案件中，现有技术既包括最接近现有技术，也包括被结合的现有技术。二者虽然出现在“三步法”中的不同环节（最接近现有技术公开内容的认定出现在第二步区别特征认定环节，而被结合现有技术公开的认定则出现在第三步非显而易见性的认定环节），但在公开内容的认定规则上并无不同。通常情况下，现有技术公开的内容包括两部分：明确公开的内容和隐含公开的内容。对于明确公开的内容实践中较易认定，而对于隐含公开内容的确定，则需要注意的是其仅指可以从对比文件中直接地、毫无疑义地确定的内容。换言之，是指对比文件中虽未记载但必然存在的内容。

对于隐含公开的认定，《专利审查指南（2010）》在第二部分第三章第2.3节“对比文件”部分亦有相应规定：“对比文件是客观存在的技术资料。引用对比文件判断发明或者实用新型的新颖性和创造性等时，应当以对比文件公开的技术内容为准。该技术内容不仅包括明确记载在对比文件中的内容，而且包括对于所属技术领域的技术人员来说，隐含的且可直接地、毫无疑义地确定的技术内容。但是，不得随意将对比文件的内容扩大或缩小。另外，对比文件中包括附图的，也可以引用附图。但是，审查员在引用附图时必须注意，只有能够从附图中直接地、毫无疑义地确定的技术特征才属于公开的内容，由附图中推测的内容，或者无文字说明、仅仅是从附图中测量得出的尺寸及其关系，不应当作为已公开的内容。”

【案例4-7】一种文字、图案户外广告的结构[1]

该案涉及的是专利号为ZL201220127940.3，名称为“一种文字、图案户外广告的结构”的实用新型专利，其权利要求1内容如下。

1. 一种文字、图案户外广告的结构，包括广告画面（1）、发光光源（2）、供电及信号发生装置，其特征在于：所述广告画面（1）为背面设有不干胶的粘贴，将该粘贴背面粘附在附着物上，所述发光光源（2）为LED显示模块或LED灯条，将该LED显示模

[1] 参见北京知识产权法院（2016）京知行初5597号行政判决书。

块或 LED 灯条的背面粘附在所述的广告画面（1）的正面上。

该案涉及对“信号发生装置”是否属于隐含公开的认定。专利权人认为最接近的现有技术中并未公开诉争权利要求中的“信号发生装置”。法院则认为，虽然对比文件中文字部分未明确记载“信号发生装置”，但因对比文件的技术方案可以使“每一 LED 电路板上的 LED 灯齐亮或闪烁”，而作为一室外广告装置，其闪烁效果不可能采用例如人工控制开关装置的开闭等“人为”控制的手段来实现，其必然是通过“自动”控制装置产生的开闭信号来实现 LED 灯的闪烁，因此，必然需要信号发生装置产生控制信号，进而通过该控制信号控制 LED 灯的闪烁。也就是说，对比文件的广告必然具有信号发生装置，其属于隐含公开的技术特征。

本书第一章案例 1 - 3 同样属于隐含公开的情形。[1]

该案中，专利权人认为，对比文件只公开了高反射率衬底，而未公开诉争技术方案中的导热衬底，被诉决定未将其认定为区别特征的做法有误。对此，法院则认为，对比文件虽然并未明确记载其中的“高反射率衬底”具有导热功能，但被诉决定中的相关推理逻辑显然成立，即“由于其还需要热耦合到散热器 116，并通过散热器 116 将来自荧光粉元件 112 的热耗散掉，如果其不具有导热性能，荧光粉元件 112 上积聚的热量将难以顺利地传递到散热器 116 并通过其散热，因此，该高反射率衬底 115 必然具有导热性能”。在上述推理逻辑成立的情况下，该高反射率衬底具有导热性能属于从对比文件中直接地、毫无疑义地确定的内容。据此，该高反射率衬底相当于诉争技术方案中的导热衬底。

[1] 参见北京知识产权法院（2015）京知行初字第 6269 号行政判决书。

【案例4-8】LTE中用于可变数据速率服务的动态资源分配、调度和信号发送❶

该案涉及的是专利号为ZL200780031049.1，名称为“LTE中用于可变数据速率服务的动态资源分配、调度和信号发送”的发明专利，其权利要求1内容如下。

1. 一种无线发射/接收单元（WTRU），该WTRU包括：用于接收用于上行链路通信的第一资源分配的装置；用于根据所述第一资源分配而传送上行链路通信的装置；用于接收控制信息的装置，所述控制信息用于指示用于上行链路通信的第二资源分配，其中所述控制信息没有规定持续时间；以及用于根据所述第二资源分配而传送上行链路通信达预定持续时间并在所述预定持续时间之后根据所述第一资源分配传送上行链路通信的装置。

该案同样属于隐含公开的情形。诉争权利要求中限定了各种装置，但对比文件并未明确公开装置本身，而仅是公开了装置所实现的功能。基于此，被诉决定中认定对比文件仅公开了诉争权利要求的“装置”所执行的功能，并没有明确公开“装置”实体，因此，各装置均构成区别特征。法院则认为，对比文件中虽然未明确公开装置，但因任何功能均由装置实现，在诉争权利要求对于装置并无任何限定的情况下，对比文件隐含公开了实现权利要求中相应功能的装置。因此，该技术特征并不构成区别特征。

此外，专利权人亦主张对比文件中无法看出在预定持续时间之后，会从动态分配的资源转换到预定义分配的资源，因此，未公开“在所述预定持续时间之后根据所述第一资源分配传送上行链路通

---

❶ 参见北京知识产权法院（2020）京73行初13839号行政判决书。

信”。法院同样认为该技术特征属于隐含公开的内容。对比文件中虽仅明确记载了“无线资源分配可以对一个或多个传输时间间隔TTI有效”，即当TTI期间过后，结束L1/L2控制信道分配的资源，而未直接记载在结束之后，是否转换到预定义分配的资源。但通常而言，在一个或多个TTI期间过后，如果结束了控制信道动态分配的资源，必然会涉及如何处理信息的后续传输的问题。虽然理论上存在停止信息传输这一选择，但在实践中显然不会采用这一方式，这也就意味着会采用默认的预定义分配。因此，对比文件隐含公开了从控制信道动态分配的资源转换到预定义分配的资源这一技术特征。

【案例4-9】一种制浆机的制浆方法❶

该案涉及的是专利号为ZL200910115503.2，名称为“一种制浆机的制浆方法”的发明专利，其权利要求1内容如下。

1. 一种制浆机的制浆方法，制浆过程至少包括以下几个阶段：(a) 制浆物料预热阶段：加热装置（7）加热，直至将豆料加热至温度T1，制浆物料预热阶段中，20℃≤T1≤70℃；(b) 制浆物料磨浆粉碎阶段：电机（2）带动粉碎装置（6）先搅打粉碎浆料时间t1，然后停止时间t2，如此循环n1次；然后加热装置（7）加热直至浆液触及防溢装置（3），然后停止时间t3；该阶段的循环次数为n2次；(c) 制浆物料的熬煮阶段：加热装置（7）加热，浆液触及防溢装置（3）后停止t4，该阶段的循环次数为n3次；其特征在于，系统从启动键按下后开始计时，并在一段预定的时间t0后结束制浆，不管该制浆程序是否完成。

❶ 参见北京知识产权法院（2014）京知行初字第3号行政判决书。

与前述案件不同，该案并未认定隐含公开。该案中，被诉决定认定诉争权利要求的步骤 A 未被证据 2 公开，证据 2 中的相应技术特征是“首先将浸泡有豆子的水液预加热至 65 ～ 75℃中的任意一个温度后控制温升速率继续加热 5 ～ 360 s 停止，并立即打浆”，其中仅提到了在什么温度下开始控制温升速率，并没有公开和记载究竟是什么样的温度预热，在什么样的温度下打浆。但无效宣告请求人对此持有异议，认为该技术特征已被证据 2 隐含公开。

对于证据 2 中是否隐含限定了将制浆预热阶段的打浆用水及豆料的加热温度限于 20 ～ 70℃。法院认为，由证据 2 公开内容可以看出，打浆用水及豆料的最终加热温度不仅受起始水温、加热时间等因素的影响，而且受加热功率等其他因素影响。因证据 2 仅对起始水温及加热时间予以限定，对其他影响温度的因素并未涉及，且即便其明确需控制温升速率，亦未具体该温升速率的大小，故即便打浆用水的温度采用 65 ～ 75℃中的最低温度 65℃，且继续加热时间采用 5 ～360s 中的最短时间 5s，其所最终达到的具体温度仍无法确定。也就是说，仅依据上述限定尚无法直接地、毫无疑义地得出最终停止加热时的温度将处于 20 ～ 70℃这一结论。据此，证据 2 中的上述记载不能证明步骤 A 已被其隐含公开。

此外，证据 2 中虽确有“如果水温 T 低于 50℃，加热元件 H1 全功率工作加热水液”这一表述，但其随后记载：“随着水温上升，当测得水温达到 68℃时，进入定时模糊加热阶段”，据此记载，证据 2 所提供的方案是：在制浆预热阶段，当水温低于 50℃时，其首先应加热到 68℃，然后再进行定时模糊加热。与此同时，证据 2 上述记载对于模糊加热的时间和加热功率等因素均未予进一步限定。由此，依据上述记载亦同样无法直接地、毫无疑义地得出最终停止加热时的温度将处于 20 ～ 70℃这一结论。证据 2 中的上述记载同样不能证明步骤 A 已被其隐含公开。

本章案例 4－2 同样属于未认定隐含公开的情形，其权利要求 1 内容如下。[1]

1. 一种便携式频谱仪，包括一本体，所述本体带有能产生红外辐射的频谱发生器，其特征在于，所述本体包括上转体、上转轴、中转体、下转轴、手柄，所述上转体与所述中转体通过上转轴转动连接，所述中转体与手柄通过下转轴转动连接，所述上转轴与下转轴垂直；所述频谱发生器位于所述上转体内，所述上转体与所述频谱发生器的辐射面相对应的一面设有栅格，所述频谱发生器所产生的红外辐射可透过所述栅格。

该案中使用的最接近现有技术为 1 件外观设计专利（授权公告号 CN3021243885）。虽然外观设计专利可以作为现有技术的证据，但外观设计视图的目的不是为了反映技术方案，因此，在使用外观设计视图确定技术方案时，只能使用其中直接地、毫无疑义地可确定的内容。

具体到该案，无效宣告请求人主张该证据的视图中，尤其是立体图和左视图中（如图 4－5 和图 4－6 所示）可以看出有卡套且卡套位于支架上，因此，公开了诉争技术方案的“支架可与本体相分离”这一技术特征。但法院认为，有卡套且卡套位于支架上并非必然意味着本体与支架是分离状态，其同样可能对应于一体状态，因此，无效宣告请求人有关其公开了诉争专利中的“支架可与本体相分离”的主张不能成立。此外，虽然俯视图中可以看出其有轴状部件，且依据本领域技术人员的认知，其很可能具有转轴的作用。但这仅为可能性之一，而非必然为转轴，基于此，专利权人有关其必

[1] 参见北京知识产权法院（2017）京 73 行初 9165 号行政判决书。

然公开了“所述支架包括支架转轴，所述卡套连同置于其中的本体可绕支架转轴转动”这一特征的主张亦不能成立。

立体图

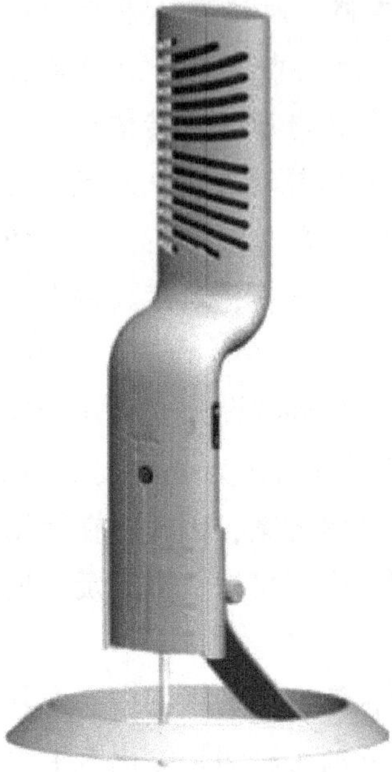

图4-5 对比文件 CN3021243885视图

左视图

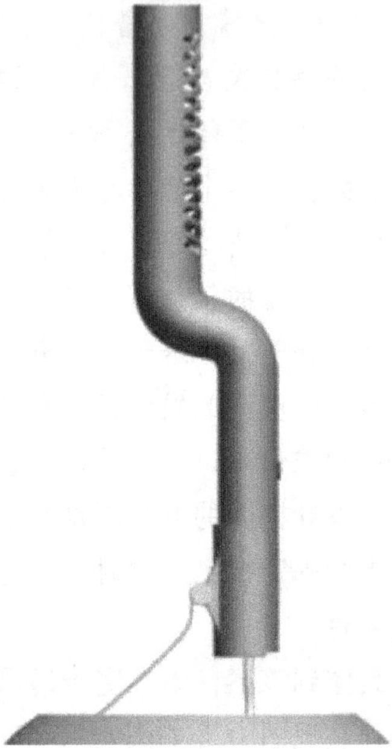

图4-6 对比文件 CN3021243885视图

【案例4-10】电连接器[1]

该案涉及的是专利号为ZL200410004084.2，名称为“电连接器”的发明专利，其权利要求1内容如下。

---

[1] 参见北京知识产权法院（2015）京知行初字第115号行政判决书。

1. 一种电连接器，设有用来容纳对方连接器的容纳凹部，该容纳凹部由大致呈方筒状的周壁的内壁面形成，在所述周壁的一对互为相对的壁上排列有多个端子，其特征在于，所述周壁的上面具有一邻接于所述容纳凹部的开口缘的内侧区域和一围绕所述内侧区域的外侧区域，所述内侧区域的至少一部分设有向容纳凹部的底部侧凹入的凹入上面部，所述外侧区域和所述凹入上面部之间、在容纳凹部的周边方向的至少端子排列区域以外的位置，形成倾斜部作为从所述外侧区域向凹入上面部的过渡区域。

该案与前案相同，亦涉及对于视图所公开内容的认定，不同之处在于前案使用的是外观设计的视图，但该案使用的专利附图。该案最接近的现有技术为对比文件 2，其公开了一种板对板连接器。该案的争议之一在于，诉争技术方案中的“凹入上面部”是否被对比文件 2 的附图所公开。

该案中，各方当事人均认可附图 3 与附图 3a 剖视图选取的剖面位置并不一致，且均认可这属于对比文件 2 附图 2、附图 3 中不符合机械制图的缺陷。附图 3 分别是附图 1、附图 2 的竖直剖视图，但附图 3、附图 3a 中所显示的上述台阶状结构的位置存在矛盾之处。

基于此，法院认为，在对比文件 2 的附图存在不符合机械制图的若干缺陷，剖面位置无法确定，且对比文件 2 的说明书没有任何文字记载的情况下，本领域技术人员无法从上述附图中直接地、毫无疑义地确定该台阶状结构的具体位置和作用。因此，不能认定对比文件 2 已经公开了该台阶状结构具备有利于连接器导入的作用。故对比文件 2 并未公开诉争专利权利要求 1 中有利于连接器导入作用的“凹入上面部”这一特征。

三、技术特征之间对应关系的确定

在实践中，同一技术信息在不同的技术文献中使用不同的术语表达是一种常见情形，少数情况下亦存在同一术语表示不同的技术信息的情形。因此，在很多案件中，在诉争权利要求的保护范围与现有技术的内容确定之后，仍无法直接对区别技术特征作出判断，而是首先需要将诉争技术方案中技术特征与现有技术中的各技术特征相对应，对应关系确定之后才可判断哪些技术特征属于区别特征。

（一）功能是确定技术特征对应关系的主要考虑因素

在产品权利要求中，产品结构、部件（或化学领域中的组分）、材质、数量等内容通常具有限定作用，但功能、制备方法等内容是否具有限定作用取决于其是否对于产品本身（即产品结构、部件或组分等）产生影响，这一问题在前文中有关权利要求的解释部分也已作详细介绍，此处不再重复。因为上述内容均是围绕产品部件或组分而作的限定，所以在对诉争技术方案与现有技术进行比对时，核心仍然是部件或组分之间的对应关系。该对应关系确定之后，其他特征之间的对应问题也就迎刃而解。

例如，诉争技术方案为一种自行车，其特征在于具有车轮、车身、车把、车座及车铃。其中，车轮分别位于车身的前后两端，车把位于前车轮的上部，车座位于车身的中间上部。所述车轮的轮胎由橡胶制成，所述车把由金属制成，所述车座由硬质塑料制成，所述车铃由金属制成。

分析该技术方案可以看出，其从3个角度对自行车进行了限定：部件、部件之间的位置关系、部件的材质。因为后两者均是围绕部件作的进一步限定，因此，在将其与对比文件相比时，首先需要确定的是各部件之间的对应关系，即对比文件中是否包括车轮、车身、车把、车座及车铃。如果其中某一部件在对比文件中未公开，比如，对比文件未公开车铃，则与车铃相关的其他特征必然亦未公开。对于已公开的车轮、车身、车把、车座，则需要进一步确定诉争技术方案中记载的各个部件之间的位置关系，以及各部件的材质是否在对比文件中有所公开。在此基础上确定诉争技术方案与对比文件的区别技术特征。

部件（或化学领域中的组分）之间是否具有对应关系一般取决于各自在技术方案中所起的功能，具有相同功能的技术特征通常被认为具有对应关系，这一对应关系既包括一对一的情形，也包括一对多或多对一的情形。在对功能的考虑中，有必要注意的是，此处考虑的功能既包括明确记载的功能，也包括虽未明确记载，但必然具有的功能。

方法权利要求技术特征的对应关系的确定与产品权利要求既有相同也有不同，不同点主要在于比对核心的不同。依据《专利审查指南（2010）》的规定，产品权利要求是对物的描述，而方法权利要求是对过程的描述。因任何过程均是由步骤（行为）构成，而每一步骤（行为）均有其作用对象，因此，在方法权利要求中，必然具有限定作用的内容是步骤（行为）及其作用对象。其中，步骤是比对核心，其他技术特征的对应关系均是以步骤的对应关系为基础。但除此以外的其他比对规则，方法权利要求与产品权利要求基本相同。

本章案例 4－3 可以说明技术特征对应关系的确定，其权利要求 1 内容如下。[1]

1. 一种胸骨合拢固定器，其特征在于：它包括锁紧轮（1）以

[1] 参见北京知识产权法院（2019）京 73 行初 11908 号行政判决书。

及可插接在一起的公固定件（2）和母固定件（3），锁紧轮（1）的截面为橄榄形或椭圆形，公固定件（2）具有弹性插头（2－1）和第一爪形勾板（2－2），弹性插头（2－1）的两侧设置有第一锯齿（2－1－1），弹性插头（2－1）的中部开有收紧槽（2－1－2），并在该收紧槽（2－1－2）上设置有与锁紧轮（1）的外壁面相过渡配合的锁紧孔（2－1－3），并且锁紧孔（2－1－3）的长轴方向为公固定件（2）和母固定件（3）的插接方向，母固定件（3）具有第二爪形勾板（3－1）和插座（3－2），插座（3－2）具有与弹性插头（2－1）配合的插槽（3－2－1），插槽（3－2－1）的两侧设置有与第一锯齿（2－1－1）相配合的第二锯齿（3－2－2），锁紧孔（2－1－3）内装入可旋转的锁紧轮（1），以便通过旋转锁紧轮（1），当收紧槽（2－1－2）增大时第一锯齿（2－1－1）和第二锯齿（3－2－2）相啮合，当收紧槽（2－1－2）减小时第一锯齿（2－1－1）和第二锯齿（3－2－2）相脱离。

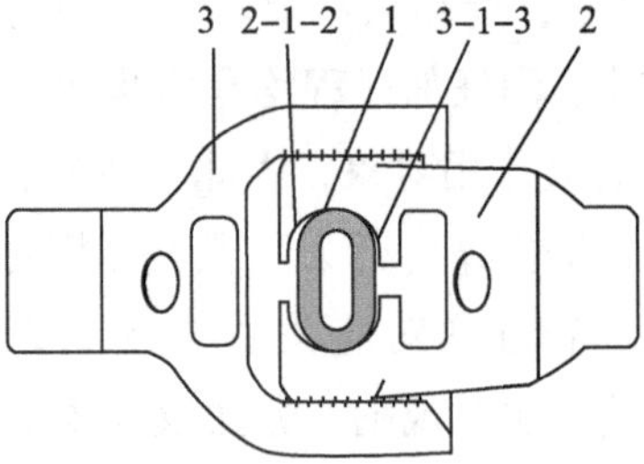

图4－7　涉案专利ZL201310158734.8附图3

诉争技术方案涉及一种医疗器械，用于心胸外科开胸手术后把胸骨合拢固定，其中，用于勾住两侧肋骨的部分为附图标记（3－1）和（2－2），如图4－3和图4－4所示。该两部分勾住肋骨做相向运动后卡合固定在一起，用于卡合的主要是中间部分的设置。合拢后的状态的俯视图，其机理在于当两个中间部分合拢之后，通过旋转锁紧轮（1）使得两部分固定卡合住，该锁紧轮位于锁紧孔（2－1－3）内，同时因收紧槽（2－1－2）的存在使得锁紧轮（1）在锁紧孔（2－1－3）内可以旋转以达到收紧或扩张的效果，如图4－7所示。

该案中，诉争技术方案与对比文件（专利号为ZL201110285556.6）基本上均采用了相同的技术术语，且二者具有基本相同的功能，因此，各部件之间的对应关系非常容易确定：对比文件中的公固定件（1）和母固定件（2）相当于诉争技术方案中的公固定件（2）和母固定件（3），弹性插头（1－1）和第一爪形勾板（1－2）相当于弹性插头（2－1）和第一爪形勾板（2－2），第一锯齿（1－3）相当于第一锯齿（2－1－1），插座（2－1）相当于插座（3－2），第二爪形勾板（2－2）相当于第二爪形勾板（3－1），第二锯齿（2－3）相当于第二锯齿（3－2－2），槽（4）相当于收紧槽（2－1－2），如图4－8、图4－9和图4－10所示。

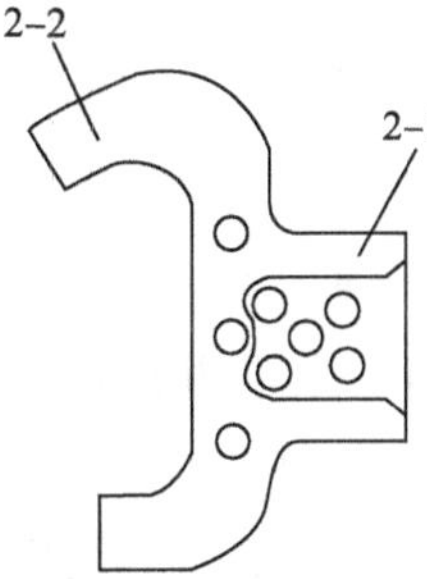

图4－8　对比文件 ZL201110285556.6附图1

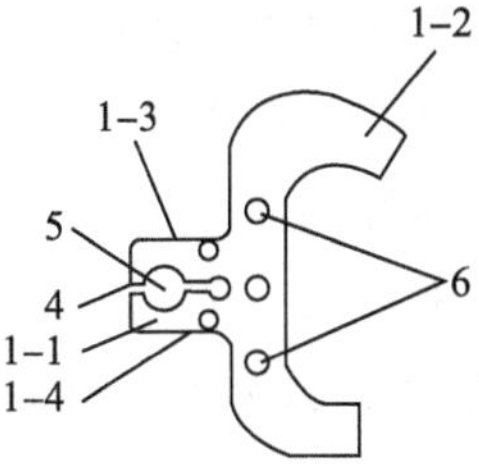

图4－9　对比文件 ZL201110285556.6附图2

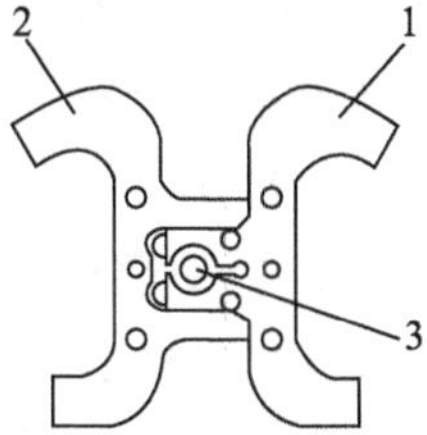

图4－10　对比文件 ZL201110285556.6附图3

在上述对应关系的认定中，专利权人对于对比文件的槽（4）与诉争技术方案的收紧槽（2－1－2）之间的对应关系持有异议，理由为收紧槽（2－1－2）的作用在于收紧，槽（4）的作用在于扩张，亦即专利权人认为二者具有不同的功能，故二者不具有对应关系。

专利权人这一主张是否成立，取决于其所主张的技术特征与功能之间是否具有对应关系。实际上，专利权人所主张的收紧作用并非直接由收紧槽带来，而是“通过旋转锁紧轮”获得，即“当收紧槽增大时第一锯齿和第二锯齿相啮合，当收紧槽减小时第一锯齿和第二锯齿相脱离”。在未旋转锁紧轮，不会产生收紧作用。收紧槽（2－1－2）在这一过程中的作用在于，其具有的弹性性质使得旋转锁紧轮成为可能，并进而产生收紧效果。由此可见，在考虑槽（4）与收紧槽（2－1－2）之间是否具有对应关系时，需要考虑的并非其是否具有收紧效果，而是其是否具有弹性性质从而使得旋转锁紧轮带来收紧作用成为可能。因对比文件的槽（4）亦具有上述功能，因此，其与诉争技术方案的收紧槽（2－1－2）相对应。

本书第一章案例1－3则与案例4－3情形有所不同。[1]

该案中，诉争技术方案与对比文件中相应部件使用的术语并不相同。此种情况下，需要基于对技术方案的整体理解，确定各部件的功能并在此基础上确定各部件之间的对应关系。

如图4－11所示，诉争技术方案的各部件包括激发光源（1）、分光滤光片（2）、受激材料（3）、导热衬底（4）及转盘（5）。在证据1（专利US20050270775A1）的附图11A（如图4－12所示）中，光源（102）相当于诉争技术方案中的激发光源，盘（712）

[1] 参见北京知识产权法院（2015）京知行初字第6269、第6704号行政判决书。

上的荧光粉相当于受激材料（3），二向色立方体（710）中的滤光部分相当于分光滤光片（2），盘（712）相当于转盘（5）。

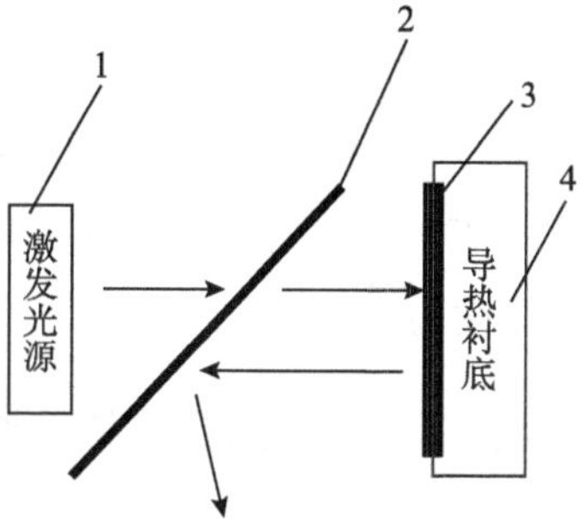

图4－11　涉案专利 ZL200810065225. X 附图

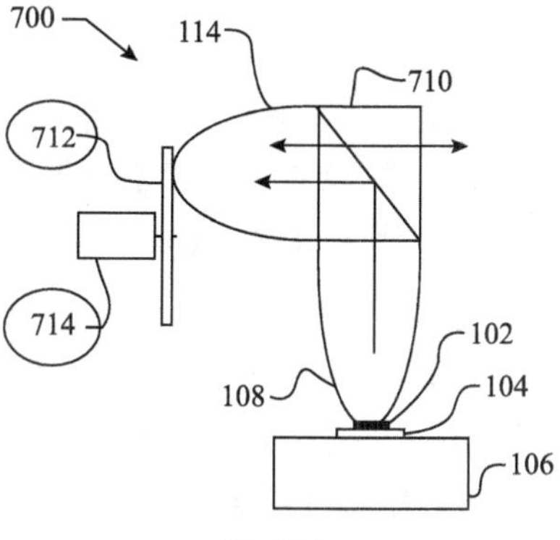

图4－12　证据1 US20050270775A1 附图11A

在确定上述部件的对应关系之后，进一步对各部件之间的位置关系等其他限定内容进行认定。在证据1附图11A中，光源（102）面对二向色立方体（710），其发出的光斜射向二向色立方体（710），并且盘（712）上的荧光粉大致正迎向由该二向色立方体

(710) 引导来的光。上述内容相当于诉争技术方案中的“所述激发光源（1）面对所述分光滤光片（2），使激发光线斜射向该分光滤光片（2），所述受激材料（3）大致正迎向由该分光滤光片（2）引导来的所述激发光线”。

在上述比对的基础上可以确定，诉争技术方案相对于证据 1 的附图 11A 的区别技术特征在于“所述导热衬底（4）固定在该转盘（5）上或者为该转盘盘面的一部分”。

【案例 4-11】电磁选针器线圈铁芯结构[1]

该案涉及的是专利号为 ZL201220016331.0，名称为“电磁选针器线圈铁芯结构”的实用新型专利，其权利要求 1 内容如下。

1. 一种电磁选针器线圈铁芯结构，包括铁芯本体（1）、铁芯固定端（4），其特征在于，所述铁芯本体（1）与铁芯固定端（4）为分体结构，铁芯本体（1）设置有连接端（2），铁芯固定端（4）一侧设置有定位槽（3），铁芯本体（1）与铁芯固定端（4）通过所述连接端（2）和所述定位槽（3）固接为一体。

诉争技术方案附图如图 4-13 所示，主要包括两个部件，即铁芯本体（1）、铁芯固定端（4），该两部件与对比文件中相应部件的对应关系容易确定，对比文件中磁铁座（3）相当于诉争技术方案中的铁芯固定端（4），铁芯（11）相当于铁芯本体（1）。除部件以外，权利要求中亦限定了两部件的连接关系及结构，二者“通过所述连接端（2）和所述定位槽（3）固接为一体”。因为连接端实际上是铁芯本体的端部，而定位槽亦是铁芯固定端的一部分，因此，二者之间的连接关系可大致理解为铁芯本体与铁芯固定端基于

[1] 参见北京知识产权法院（2020）京 73 行初 13594 号行政判决书。

二者特定的结构而直接相连以达到固定效果。

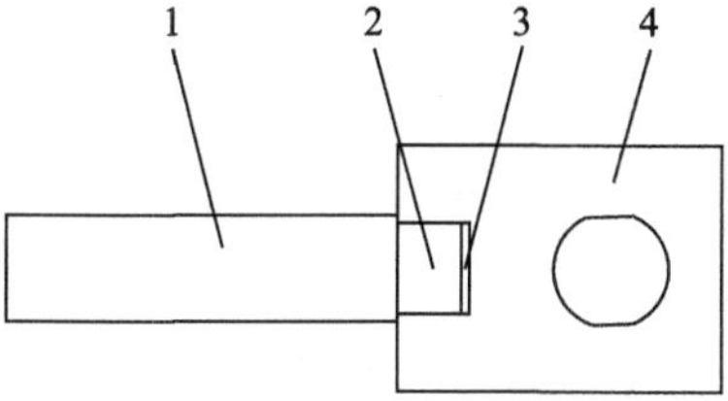

图 4－13　涉案专利 ZL201220016331.0 附图

对比文件（专利 CN201280636Y）公开了一种选针单元，如图 4－14 所示。具体包括一只轴套（9）、一根弹簧（10）、一支铁芯（11）、一个线圈骨架（12）、一组电磁螺线管（13），轴套（9）装在磁铁座（3）的长眼中，电磁螺线管（13）缠绕在线圈骨架（12）上，弹簧（10）及线圈骨架（12）装在铁芯（11）上，铁芯（11）一端装在轴套（9）上，另一端装在磁铁座（3）上。

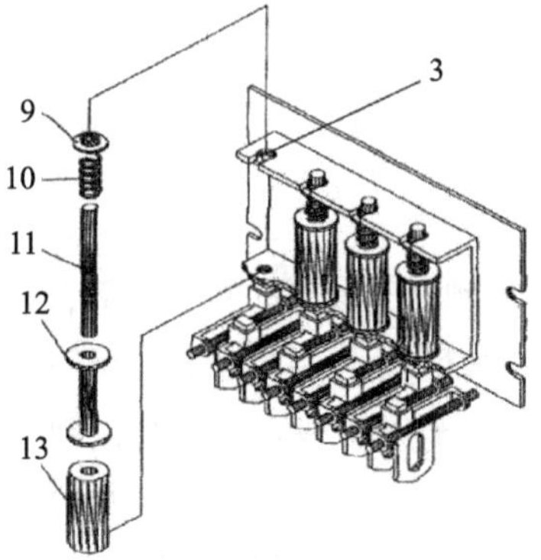

图 4－14　对比文件 CN201280636Y 附图

在对比文件中寻找相应效果可发现，对比文件中起固定功能的并非是铁芯本体与铁芯固定端的特定结构，而是增加了轴套这一部件，即“轴套固定在磁铁座（3）［相当于铁芯固定端（4）］的长眼中以及铁芯（11）固定在轴套（9）内”。也就是说，虽然对比文件中磁铁座（3）亦与铁芯（11）相连接，但仅仅二者的连接关系并不足以起到固定作用，而是通过轴套实现。基于此，诉争技术方案中的“铁芯本体（1）与铁芯固定端（4）通过所述连接端（2）和所述定位槽（3）固接为一体”与对比文件中的“轴套固定在磁铁座（3）［相当于铁芯固定端（4）］的长眼中以及铁芯（11）固定在轴套（9）内”相对应，而非仅仅是铁芯（11）通过长眼固定在磁铁座（3）内。

基于上述对比可以看出，对比文件中实现固定功能的部件数量多于诉争技术方案。但这一情形并不影响二者之间对应关系的认定。也就是说，用于实现同一功能的技术特征的数量是否相同在所不论。只不过此种情况下，上述具有对应关系的技术特征属于区别技术特征而已。

【案例4-12】一种圆柱形导针同向引出束腰封口的锂离子动力电池[1]

该案与第二章案例2-4为同一案例，涉及的是专利号为ZL201120536153.X，名称为“一种圆柱形导针同向引出束腰封口的锂离子动力电池”的实用新型专利，其权利要求1内容如下。

1. 一种圆柱形导针同向引出束腰封口的锂离子动力电池，包括装于圆柱形铝壳（1）中的锂离子电池芯（2），其特征在于，

[1] 参见北京知识产权法院（2016）京73行初4355号行政判决书。

所述的锂离子电池芯（2）的正负极金属箔（3）与圆柱体导针（4）后段压制成的极耳片（5）连接，导针（4）前段由橡胶端盖（7）的导针孔（8）引出，所述的锂离子电池芯（2）通过滚动成型的束腰封口（9）和橡胶端盖（7）封装于圆柱形铝壳（1）之中。

该案涉及对诉争技术方案是否具有防爆功能，以及与该功能相关的技术特征是否为区别特征的认定，其具体争议点在于诉争技术方案中的橡胶端盖的导针孔（8）是否与对比文件中端盖（3）上的孔相对应。

被诉决定认为该特征未被对比文件公开，其理由为“本专利权利要求1的导针孔不仅起到使导针引出的作用，同时还起到释放电池产生的气体防止爆炸的作用，而对比文件1仅公开了正负导针（4）、（5）由端盖（3）或橡胶塞（9）穿过，并未公开其具有释放气体防止爆炸的作用，而且，对比文件1中专门设置有防爆压痕（6）用于释放气体防止爆炸，因此，不能认为对比文件1公开了本专利中的导针孔”。由上述表述可以看出，被诉决定是在考虑防爆作用的基础上，认定二者的技术特征功能不同，故技术特征亦不相同。

但前文中已提及，基于功能确定技术特征对应关系时，需要考虑的是其客观具有的功能，而非仅仅考虑文字记载内容。对比文件与诉争技术方案均存在导针及导针孔，且均限定了导针是从导针孔“引出”。虽然诉争技术方案说明书中记载了其具有防爆功能，而对比文件1中并无相应记载，但在二者的技术特征结构并无不同的情况下，其具有的功能亦不会有所区别，基于此，上述二者的技术特征之间具有对应关系，诉争技术方案中的导针孔已被对比文件所公开，并非区别技术特征。

【案例 4－13】腰封自动贴标装置❶

该案涉及的是专利号为 ZL201820449831.0，名称为“一种腰封自动贴标装置”的实用新型专利，其权利要求 1 内容如下。

1. 一种腰封自动贴标装置，其特征在于：包括在贴标方向上依次设置的标纸卷放置处（3），第一穿纸支架（4），第一标纸压紧部（5），第二穿纸支架（6），测标电眼（7），第三穿纸支架（8），第一张紧凸轮（9），第二标纸压紧部（10），标纸板（11），第二张紧凸轮（12），收料机构（13），压板（14），压平杆（15），第一光电开关（16），第二光电开关（17），毛刷（18），吹气管（19），横移气缸（20）和覆标机构（21）。

证据 1（专利 CN201406051Y）中同样公开了一种贴标签装置，被诉决定将对比文件与诉争技术方案中的上述部件进行一一对应，但专利权人对其中压板的对应关系持有异议，认为诉争技术方案（见图 4－15）中的压板（14）不相当于对比文件中的弹性压板（1105）。

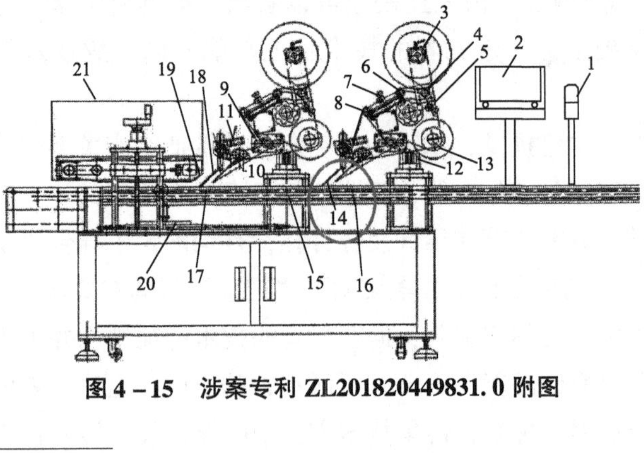

图 4－15　涉案专利 ZL201820449831.0 附图

❶ 参见北京知识产权法院（2020）京 73 行初 14172 号行政判决书。

法院在考虑两部件在各自技术方案中的功能的基础上，并未支持专利权人这一主张，相应表述为："本专利权利要求 1 并未对压板的结构进行具体限定，其说明书及附图中亦无明确定义，本领域普通技术人员根据本专利说明书记载'压板（14）将布卷上方的标纸粘贴在布卷上'和证据 1 说明书记载'弹性压板（1105）……使标签更平整和稳固地粘贴在手帕纸小包上表面'可知，二者在各自技术方案中所起的作用均是粘贴标签，粘贴对象和方式的区别并未影响二者的相同作用。"基于此，诉争技术方案中的压板（14）已被证据 1（见图 4－16）的弹性压板（1105）公开。

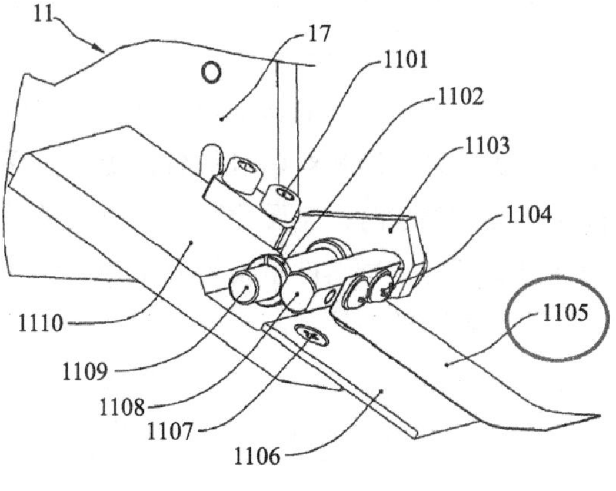

图 4－16　对比文件 CN201406051Y 附图

【案例 4－14】用户终端进行初始小区搜索第一步的方法[1]

该案涉及的是专利号为 ZL200510096847.5，名称为"用户终端进行初始小区搜索第一步的方法"的发明专利，其权利要求 1 内

[1] 参见北京知识产权法院（2019）京 73 行初 15224 号行政判决书。

容如下。

1. 一种用户终端进行初始小区搜索第一步的方法，包括如下步骤：将每个子帧的数据分为 M 个时间片；在连续的几个子帧里都接收第一个时间片里的信号，并将每一个子帧的接收信号对所有 32 个下行同步码做滑动相关，将计算结果和存储器所存的相应数据累加，从累加的相关的结果中找出一个最大值，并记住相对应的值，下行同步码和相关位置，用相同的方法可以依次获得每一个时间片的相关结果的最大值及其所对应的下行同步码和相关位置；将 M 个最大值中最大的值所对应的下行同步码作为小区搜索第一步所检测到的下行同步码，而通过该最大的值所对应的时间片和位置信息可得到小区搜索第一步所检测到子帧帧头位置。

诉争专利为方法专利，其与证据 1 均涉及用户终端进行初始小区搜索第一步的方法，且均涉及对信号的各个处理步骤。因此，在进行技术特征对应关系确定时，需要比对的是具体的处理步骤和处理对象。就处理对象而言，虽然诉争技术方案与证据 1 均涉及对信号的处理，但二者所处理的信号并不相同，诉争技术方案是先“将每个子帧的数据分为 M 个时间片”，后续处理的是每个时间片里的信号，但证据 1 并未将子帧分成时间片，其处理的是整体子帧的信号。

因为“将每个子帧的数据分为 M 个时间片”是诉争技术方案中的第一步，后续的接收、滑动相关、累加等具体步骤均涉及对于信号的处理。因此，虽然证据 1 亦涉及上述处理步骤，但在处理对象不同的情况下，上述各步骤仍然构成区别技术特征。

基于此，诉争技术方案与证据 1 的区别技术特征为：“将每个子帧的数据分为 M 个时间片；在连续的几个子帧里都接收第一个时间片里的信号，并将每一个子帧的接收信号对所有 32 个下行同步码做滑动相关，将计算结果和存储器所存的相应数据累加，从累加的相关的结果中找出一个最大值，并记住相对应的值，下行同步码和相关位置，用相同的方法可以依次获得每一个时间片的相关结果的最大值及其所对应的下行同步码和相关位置。”

（二）技术特征的功能与技术方案的整体技术效果

在对技术特征的功能的确定过程中，需要注意将技术特征的功能与技术方案的技术效果相区分。每个技术方案均有其整体技术效果，每个技术特征各自的功能相互作用才使得整体技术方案的技术效果成为可能。因此，整体技术效果与技术特征各自的功能同时存在。但需要注意的是，确定对应关系并进行技术特征比对时，需要考虑的是各个技术特征的功能，而非整体技术方案的技术效果。

【案例4－15】一种双轮铣槽机❶

该案涉及的是专利号为ZL200810028551.3，名称为“一种双轮铣槽机”的发明专利，其权利要求1内容如下。

1. 一种双轮铣槽机，包括导向架（1）、装置于导向架（1）下部的密封箱体（2）、装置于密封箱体（2）内的驱动装置（4）、装置于密封箱体（2）下部的可对土层、岩层进行正、反铣挖的环布有若干铣刀头的两个铣轮（3），其特征在于所述驱动装置（4）包括通过油浸润滑密封装置于密封箱体（2）内的低转速、大扭矩液压马达（41）及由装置于该液压马达（41）输出轴上的小链轮（42）、用于驱动铣轮（3）旋转的大链轮（43）及连接小链轮（42）、大链轮（43）的链条（44）组成的变速传动机构。

该案中，被诉决定将权利要求中的特征部分视作一个“整体技

❶ 参见北京知识产权法院（2017）京73行初8468号行政判决书。

术特征”，即将“所述驱动装置（4）包括通过油浸润滑密封装置于密封箱体（2）内的低转速、大扭矩液压马达（41）及由装置于该液压马达（41）输出轴上的小链轮（42）、用于驱动铣轮（3）旋转的大链轮（43）及连接小链轮（42）、大链轮（43）的链条（44）组成的变速传动机构”视为一个技术特征。这一做法的主要依据在于前述各技术特征之间具有配合关系，如不视为一个“整体技术特征”，将无法达到说明书中所记载的发明目的。在将其视为一个整体技术特征的情况下，被诉决定认定该技术特征并未被对比文件公开。

但法院认为，在该案所涉机械类产品专利中，其技术特征既包括单独的部件，也包括部件之间的相互配合关系或位置关系。在划分技术特征时不能将存在相互配合关系的所有部件一并划分为所谓的“整体技术特征”。虽然在确定技术特征时需要考虑其对应的功能，但这一功能是该技术特征在整体技术方案中所起的作用，而非整个技术方案所起的全部技术效果。被诉决定中所考虑的技术效果为该专利“采用由低转速、大扭矩液压马达与链条传动相结合组成驱动装置的结构，无须齿轮多级减速可达铣刀轮转速、扭矩要求……结构简单可靠，制作成本低廉，拆装维修方便且维修成本低，便于推广”。这一技术效果对应的是整个技术方案，而非具体技术特征。如果在技术特征的划分中考虑整个技术方案的全部技术效果，其产生的结果必然是整个技术方案或者至少是其特征部分仅包括一个技术特征，这一结果显然并不合理。

四、技术特征的公开

在诉争技术方案与对比文件相关技术特征的对应关系确定之后，下一步需要判断的是诉争技术方案中哪些技术特征已被对比文件公开。通常情况下，技术特征的公开包括如下三种情形：明确公开、推定公开和视为公开。依据上述三种情形进行判断均无法认定公开的技术特征则属于区别技术特征。

（一）明确公开的技术特征

诉争技术方案中的技术特征，如果与对比文件中的相应技术特征具有相同的内容，则该技术特征应被认定为已公开的技术特征。因为相同的技术内容采用不同的文字进行表述在实践中是常见情形，同时存在相同文字指代不同技术内容的情形，所以内容相同的技术特征不等同于文字相同的技术特征，反之亦然。也就是说，技术特征的公开指的是技术内容的公开，而非文字表述的公开。

此外，需要指出的是，虽然权利要求记载的内容并非均对保护范围有限定作用，而理论上讲，在区别特征判断时应首先排除诉争权利要求中不具有限定作用的内容，但如果该部分内容已被对比文件公开，则无需再花费时间对该技术特征是否具有限定作用作出判断。

【案例 4－16】太阳能固定支架❶

该案涉及的是专利号为 ZL201320544952.0，名称为“剪式千斤顶多点支撑同步可调角度太阳能固定支架”的实用新型专利，其权利要求 1 内容如下。

1. 剪式千斤顶多点支撑同步可调角度太阳能固定支架，包括剪式千斤顶，传动轴，转动梁，光伏组件支撑梁，支撑立柱，支撑铰链，连接铰链，摇把，其特征是：剪式千斤顶的下端经支撑铰链与支撑立柱中部连接，剪式千斤顶的上端经连接铰链与转动梁中间的一侧连接，转动梁的中部经连接铰链与支撑立柱上端连接，在转

❶ 参见北京知识产权法院（2020）京 73 行初 3523 号行政判决书。

动梁上固定光伏组件支撑梁。

该案中，诉争技术方案与对比文件针对同一技术内容采用了不同的表达。对比文件公开了一种手动太阳能面板支撑装置，其中涉及千斤顶装置，但其采用的名称是“螺旋千斤顶”，而非诉争权利要求中的“剪式千斤顶”。专利权人据此认为剪式千斤顶未被对比文件公开。

法院认为，二者虽然采用了不同的用语，但本领域技术人员均知晓二者实质相同，只是用语不同。在诉争权利要求中仅将其限定为“剪式千斤顶”，而未对其作进一步限定的情况下，该技术特征已被对比文件的“螺旋千斤顶”公开，专利权人有关该技术特征未被公开的主张没有得到法院支持。

此外，该案亦涉及诉争技术方案中的“同步可调”是否公开的认定，虽然其对于诉争权利要求不具有限定作用，但因对比文件同样公开了同步可调这一技术效果，故法院认定其即便具有限定作用，亦不构成区别技术特征。

【案例 4 -17】电磁炉与燃气炉的组合结构❶

该案涉及的是专利号为 ZL03224719.2，名称为“电磁炉与燃气炉的组合结构”的实用新型专利，其权利要求书 1 内容如下。

1. 一种电磁炉与燃气炉的组合结构，它包括炉面（1）、炉体（2）及炉头，其特征在于炉面安装在炉体上，炉体内安装有电磁炉（3）和燃气炉（4），电磁炉与燃气炉之间设置有空气导流板（5），后者与炉体面板、底板、侧板一起构成电磁炉室（6）。

该案同样属于针对同一技术内容采用不同表达方式的情形，具

❶ 参见北京知识产权法院（2010）一中行初字第 1256 号行政判决书。

体涉及“空气导流板”是否相当于“隔板”的认定。专利权人认为，由附件3的图中可以看出该隔板中设有小孔，但诉争权利要求1中的空气导流板，其作用在于对空气进行导流，其上并不设有小孔，否则无法起到对空气进行导流的作用，故诉争权利要求1中的空气导流板与附件3中的隔板并不相同。

但法院认为，附件3的附图标示了空气的走向，并非只有在隔板为一整体的情况下，其才具有对空气进行导流的作用，隔板（9）及其上设置的小孔（9a）的作用对于空气也进行一定程度的导流。在此基础上，鉴于诉争权利要求1中限定的仅是“空气导流板”，而未对其构造进行任何具体限定，故在附件3中的隔板亦起到导流作用的情况下，诉争权利要求1中的空气导流板相当于附件3中的隔板。

【案例4－18】在线交易系统[1]

该案涉及的是专利号为ZL201380067141.9，名称为“在线交易系统”的发明专利，其权利要求1内容如下。

1. 一种使用POS系统通过移动设备执行数字交易的方法，包括以下步骤：通过所述POS系统（或通过顾客的所述移动设备）生成识别所述交易的唯一的一次性数字码……将所述移动设备与所述POS系统连接，其中，由于所述连接，在所述唯一的一次性数字码从所述移动设备发送至所述POS系统的情况下，所述移动设备将其自身的IMSI（国际移动用户身份），或IMEI（国际移动设备身份），或MAC（介质访问控制）地址，或任意其他唯一标识号与所述唯一的一次性数字码一起发送至所述POS系统……

[1] 参见北京知识产权法院（2020）京73民初831号民事判决书。

与前两案相反，该案属于相同用语在不同技术方案中对应不同含义的情形，该案虽为民事侵权案件，但可将该案中的诉争权利要求与被诉侵权方法的情形置换到专利无效宣告请求案件中，将被诉侵权方法视为对比文件，将二者进行对比。具体涉及对销售时点信息（POS）系统的认定。诉争权利要求中对于 POS 系统有如下记载，“所述 POS 系统将其自身的 IMSI、IMEI、MAC 地址或任意其他唯一标识号与所述唯一的一次性数字码一起发送至所述移动设备”，因为 IMSI、IMEI、MAC 地址等标识号需要对应于硬件设备，所以如果 POS 系统具有其自身的 IMSI、IMEI、MAC 地址等标识号，则意味着其只能为硬件设备。也就是说，诉争技术方案中的 POS 系统是一种可实现相关功能的硬件设备。

对比文件中同样涉及移动支付，其中亦包括 POS 系统，但其对于 POS 系统的定义为：“POS 收银系统，是录入商品信息、生成订单、客户支付主、打印小票等功能的系统。接入支付功能主要涉及 POS 软件系统的开发和测试，所以在下文中提到的商户收银系统特指 POS 收银软件系统”。上述记载中虽然亦采用了 POS 这一用语，但可明确看出对比文件中的 POS 系统指向的是软件系统。

由此可知，虽然诉争技术方案与对比文件中均使用了 POS 系统这一用语，但诉争技术方案指向的是硬件设备，而对比文件指向的是软件系统，故诉争技术方案中的 POS 系统未被公开。

（二）推定公开的技术特征

在排除了诉争权利要求中被明确公开的技术特征之后，需要对于未被明确公开的技术特征是否属于区别技术特征进行认定。未被明确公开的内容并非必然属于区别技术特征，如果未被明确公开的内容对于诉争权利要求不具有限定作用，则其同样不属于区别技术特征。

前文中已提到，对于制备方法特征、使用环境特征、安装方法特征等内容而言，因为并未对产品和方法进行直接描述，所以只有在对产品或方法产生影响时才具有限定作用。针对此类技术特征，专利权人有义务举证证明或说明其对产品或方法本身会产生影响。否则，此类技术特征不具有限定作用。

但实践中通常不会直接表述为某一技术特征不具有限定作用，而是会采用推定公开这一折中的表述方式。也就是说，对于权利要求中的可能不具有限定作用的技术特征，如果专利权人不能证明其对于产品或方法本身具有影响，则推定该特征已被对比文件公开，不构成区别特征。当然，既然属于推定，也就意味着如果专利权人后续可以证明其对于产品或方法会产生影响，仍可以认定其为区别特征。

《专利审查指南（2010）》第二部分第三章第 3.2.5 节针对“包含性能、参数、用途或制备方法等特征的产品权利要求”的新颖性问题即采用了这一推定公开的做法，虽然其涉及的是新颖性问题，但因不具备新颖性必然意味着技术特征已被对比文件公开，故二者并无实质不同。

对于包含性能、参数特征的产品权利要求，《专利审查指南（2010）》第二部分第三章第 3.2.5 节规定：“如果所属技术领域的技术人员根据该性能、参数无法将要求保护的产品与对比文件产品区分开，则可推定要求保护的产品与对比文件产品相同，因此申请的权利要求不具备新颖性，除非申请人能够根据申请文件或现有技术证明权利要求中包含性能、参数特征的产品与对比文件产品在结构和/或组成上不同。”

对于包含用途特征的产品权利要求，《专利审查指南（2010）》第二部分第三章第 3.2.5 节规定：“对于这类权利要求，应当考虑权利要求中的用途特征是否隐含了要求保护的产品具有某种特定结构和/或组成。如果该用途由产品本身固有的特性决定，而且用途特征没有隐含产品在结构和/或组成上发生改变，则该用途特征限定的产品权利要求相对于对比文件的产品不具备新颖性。”

对于包含制备方法特征的产品权利要求，《专利审查指南(2010)》第二部分第三章第 3.2.5 节规定：“对于这类权利要求，应当考虑该制备方法是否导致产品具有某种特定的结构和/或组成。如果所属技术领域的技术人员可以断定该方法必然使产品具有不同于对比文件产品的特定结构和/或组成，则该权利要求具备新颖性；相反，如果申请的权利要求所限定的产品与对比文件产品相比，尽管所述方法不同，但产品的结构和组成相同，则该权利要求不具备新颖性，除非申请人能够根据申请文件或现有技术证明该方法导致产品在结构和/或组成上与对比文件产品不同，或者该方法给产品带来了不同于对比文件产品的性能从而表明其结构和/或组成已发生改变。”

【案例 4-19】干燥聚合物的方法和设备[1]

该案涉及的是专利申请号为 201310429217. X，名称为“干燥聚合物的方法和设备”的发明专利申请，其权利要求 1 内容如下。

1. 一种用于通过惰性气体的方式干燥聚合物的方法，其包括：在具有环形形状的第一干燥室内干燥聚合物颗粒，其……在与所述第一干燥室同轴的包括管状体的第二干燥室内进一步干燥聚合物颗粒，其中将形成第二干燥室的管状体设计成具有减小的体积，并且聚合物颗粒以柱塞流下降，与所述惰性气体的第二物流接触……

[1] 参见北京知识产权法院（2018）京 73 行初 2152 号行政判决书。

该案涉及“柱塞流”是否公开的认定。“柱塞流”为一种特定的流动状态，权利要求中并未记载如何形成这种状态，而仅是限定为“聚合物颗粒以柱塞流下降”，这一限定可被视为功能性特征。

虽然在没有证据证明本领域技术人员知晓柱塞流的实现方式的情况下，该功能性特征并无限定作用，相应地不可能构成区别技术特征。但在判决中，法院并未直接认定其不具有限定作用，而是采用了推定公开的认定逻辑：对于诉争权利要求中的“聚合物颗粒以柱塞流下降”，在没有其他限定的情况下，只能看出重力作用是形成柱塞流的手段之一（说明书中亦记载是通过重力使柱塞流下降）。对应于对比文件，因为对比文件中的固体进入下导管（9）后同样是通过重力下降，并且在下降过程中与从下导管底部向上流动的气体接触。可见，其运动过程与诉争权利要求中的前述记载难以区分。因此，无论对比文件是否产生了“柱塞流”，“柱塞流”均不构成区别特征。

【案例 4-20】非蛋白质起泡组合物及其制备方法[1]

该案涉及的是专利申请号为201210401546.9，名称为“非蛋白质起泡组合物及其制备方法”的发明专利申请，其权利要求1内容如下。

1. 一种起泡组合物，它含有：包含碳水化合物颗粒的起泡粉状无蛋白质可溶组合物，所述颗粒具有大量容纳截留的受压气体的内部空隙，所述组合物包含大于基于干重量的90%的碳水化合物，并且不含蛋白质；当在环境条件下溶解于液体时，其中的可溶组合物释放至少2 cc气体/克所述组合物。

---

[1] 参见北京知识产权法院（2016）京73行初5753号行政判决书。

该案中，专利申请人的起诉理由之一在于，对比文件1中并未公开发泡型的水溶性粉剂，因此，其未公开诉争技术方案中的“起泡组合物”。法院认为，虽然诉争权利要求1要求保护的产品是一种“起泡组合物”，但根据其所限定的该组合物的组成等，本领域技术人员无法将其与对比文件1所公开的组合物区别开来，因此，推定该技术特征已被对比文件1公开。

【案例4-21】干式分层分离机[1]

该案涉及的是专利号为ZL201720039500.5，名称为“干式分层分离机”的实用新型专利，其权利要求书1内容如下。

1. 一种干式分层分离机，包括分离机本体及辊筒，其特征在于，所述辊筒为圆柱形，所述辊筒的外侧表面设置有用以研磨物料的砂粒，所述分离机本体内设置有用于容置所述辊筒的圆柱形容置空腔，所述分离机本体的内侧表面开设有若干导流槽，所述导流槽的开口朝向所述辊筒的轴心，所述若干导流槽的上端设置有供物料进入的进料阀，所述若干导流槽的下端设置有用以输出物料的出料阀。

该案中，专利权人认为被诉决定中遗漏了区别技术特征，理由为诉争技术方案中是对物料进行“研磨”，对比文件1是进行“碾磨”，二者并不相同，因此，该技术特征构成区别特征。针对这一理由，法院认为：“无论是本专利中的‘研磨’，还是对比文件1中的‘碾磨’，因其均需通过技术方案中的具体结构特征得以实现，故二者是否具有区别取决于本专利与对比文件1的相关结构特征是否存在区别。”在专利权人不能指出二者在相应结构特征上的区别

---

[1] 参见北京知识产权法院（2019）京73行初8034号行政判决书。

的情况下，法院对其遗漏区别技术特征的主张未予支持。

（三）视为公开的技术特征

对于未被明确公开的技术特征，除了需要判断其是否具有限定作用或是否属于推定公开的情形，还需要判断其是否属于以下几种视为公开的情形。在第二章已提及，概括式的权利要求应视为一个技术方案，而非多个并列技术方案的集合。因此，概括式的技术特征应被视为一个技术特征，只要现有技术中公开了该概括范围内的任一具体技术特征，即视为该技术特征已被公开。

《专利审查指南（2010）》在对于上位概念、数值范围、马库什要素及功能性限定特征等 4 种情形的规定中均采用上述公开规则。当然，除了该 4 种情形，实践中亦存在其他的概括方式，比如在第二章中提及的用“至少”概括的技术特征。但无论采用了哪一种方式，只要属于概括式技术特征，其认定规则并无相同。

之所以采用这一公开规则，主要考虑因素在于对于概括式权利要求而言，其中概括的只是各个具体实施方式的共性。但各个具体实施方式除共性之外，还具有各自的特性。鉴于每一个下位概念、具体数值、具体的马库什选项、实现功能的具体方式等均具有概括式技术特征的共性，因此，上述内容的公开即意味着概括式技术特征的公开。

1. 上位概念

对于包括上位概念的技术特征，如果现有技术中公开了其中任何一个下位概念，则该技术特征已被公开。《专利审查指南（2010）》第二部分第三章第 3. 2. 2 节规定：“如果要求保护的发明或者实用新型与对比文件相比，其区别仅在于前者采用一般（上位）概念，而后者采用具体（下位）概念限定同类性质的技术特征，则具体（下位）概念的公开使采用一般（上位）概念限定的发明或实用新型丧失新颖性……反之，一般（上位）概念的公开并不影响采用具体（下位）概念限定的发明或者实用新型的新颖性。”

【案例4－22】一种环绕轮辋安装在整体式轮毂轮槽中的支撑组件[1]

该案涉及的是专利号为ZL201320155312.0，名称为“一种环绕轮辋安装在整体式轮毂轮槽中的支撑组件”的实用新型专利，其权利要求1和权利要求2内容如下。

1. 一种环绕轮辋安装在整体式轮毂轮槽中的支撑组件，其特征在于：所述支撑组件是由至少两个环形支撑体组成的圆环；两相邻所述环形支撑体相邻端由紧固件连接；在各所述环形支撑体内侧与轮辋之间安装有支撑块。

2. 根据权利要求1所述的环绕轮辋安装在整体式轮毂轮槽中的支撑组件，其特征在于：所述环形支撑体用刚性材料制成，其周长最大不超其所组成整个圆环周长的一半。

该案中权利要求2附加技术特征中的“刚性材料”为上位概念，因为对比文件中明确提到支撑垫带由钢铁等延展性较差的材料制成，而钢铁是刚性材料的下位概念，所以“刚性材料”这一技术特征已被公开。

2. 数值范围

对于包含数值范围的技术特征，如果现有技术中明确记载了该范围内的任一点值，则该数值范围应视为已公开。具体的记载方式既可以是以具体点值的方式出现，也可能是公开了一个数值范围，

[1] 参见北京知识产权法院（2015）京知行初字第944号行政判决书。

且该范围的端点或范围落入诉争技术方案的数值范围内。

例如，诉争技术方案中的数值范围为3～10，对比文件中如果公开了3～10之间的任一点值，或公开了3～10的任一数值范围（比如4～10或3～6），该数据范围均已被公开。如果对比文件中公开的数值范围与诉争技术方案属于交叉情形，比如2～5或4～11，则因其中公开的端点4、5落入诉争技术方案的范围内，因此，该数值范围同样被公开。但如果对比文件公开的数值范围大于诉争技术方案，比如2～11，则因该公开内容中无论是数值范围，还是端点值均未落入诉争技术方案的数值范围3～10，因此，该数值范围未被公开。

针对数值范围的相关规定见于《专利审查指南（2010）》第二部分第三章第3.2.4节，具体为："对比文件公开的数值或者数值范围落在上述限定的技术特征的数值范围内，将破坏要求保护的发明或者实用新型的新颖性。"但是如果要求保护的发明或实用新型中"上述限定的技术特征的数值或者数值范围落在对比文件公开的数值范围内，并且与对比文件公开的数值范围没有共同的端点，则对比文件不破坏要求保护的发明或者实用新型的新颖性"，这一情形中因为对比文件无论是范围还是端点，均未在诉争技术方案的范围内，因此，该数值范围不应被视为公开。

【案例4－23】用于钣金薄板快速自攻锁紧螺钉[1]

该案涉及的是专利号为ZL200920075414.5，名称为"用于钣金薄板快速自攻锁紧螺钉"的实用新型专利，其权利要求1和权利要求3内容如下。

---

[1] 参见国家知识产权局第24259号无效宣告请求审查决定。

1. 一种用于钣金薄板快速自攻锁紧螺钉，包括螺钉体和位于螺钉体顶部的螺盖以及设在螺盖中央的改锥槽，其特征是：所述螺钉体的螺纹为双线螺纹，螺纹延至螺钉头下支承面，所述螺钉头下支承面呈凹形台。

3. 根据权利要求1所述的用于钣金薄板快速自攻锁紧螺钉，其特征是所述螺钉体尾部呈断尖状，为35°±5°束尾。

该权利要求3中包含数值范围特征“35°±5°”。针对该技术特征，自攻螺钉用螺纹的国家标准中在图2的R型中已确定了自攻螺钉的末端为倒圆或截锥（相当于诉争权利要求的断尖状），束尾角度为45°±5°。因为其中一个的端点与诉争技术方案的数值范围相重合，故诉争技术方案中该数值范围特征已被公开。

【案例4-24】一种轮式拖拉机用复合式配重[1]

该案涉及的是专利号为ZL200420075156.8，名称为“一种轮式拖拉机用复合式配重”的实用新型专利，其权利要求1内容如下。

1. 一种轮式拖拉机用复合式配重，主要由黑色金属外壳（1）、（3）和内部填充物（2）组成，金属外壳由2块或2块以上的板材按照形状、大小，根据实际需要经冲压成型后焊接而成，其特征在于：所述的复合式配重，其壳体板材的厚度在<1 mm的范围内。

该权利要求中的数值范围特征“壳体板材的厚度在<1 mm的范围内”，应被理解为并不包括1 mm。而对比文件中的复合式配重的壳体厚度为1～5 mm，二者既无范围的交叉，也不具有共同的端点1 mm。据此，该技术特征未被公开。

---

[1] 参见北京市第一中级人民法院（2008）一中行初字第908号行政判决书。

3. 功能性特征

前文已提及，功能性特征是否具有限定作用需要区别两种不同情形，相应地，其有关公开的认定规则亦不相同。如果本领域技术人员均知晓如何实现该功能，则该功能性特征具有限定作用，相应地，应将其理解为实现该功能的全部实施方式。这也就意味着，如果现有技术中公开了实现该功能的任何一种方式或使用了相同的功能性限定，均可认定该特征已被公开。对于本领域技术人员不知晓实施方式的功能性限定内容，则不具有限定作用，在比对的时候无需考虑。当然，亦可以采用前文中所提及的推定公开的方式进行认定。

【案例4-25】用于确定轴承状态的系统或方法❶

该案涉及的是专利号为ZL201180011187.X，名称为“用于确定轴承状态的系统或方法”的发明专利，其权利要求1内容如下。

1. 一种用于确定电机（10，11，12，13）的轴承（14）的轴承状态的系统，所述系统具有：模拟单元（22），传感器单元（20），和分析处理单元（24），其中，所述模拟单元（22）具有模拟模型并设计用于处理所述传感器单元（20）的数据（21），和其中，所述分析处理单元（24）设计用于处理所述模拟单元（22）的数据。

该权利要求中的“用于确定电机（10，11，12，13）的轴承（14）的轴承状态的系统”“传感器单元（20）”“分析处理单元（24）”等均属于功能性特征，因最接近的现有技术中公开了实现上述功能的具体方式，故上述技术特征无论是否具有限定作用，均

❶　参见国家知识产权局第40888号无效宣告请求审查决定。

已被对比文件公开。

具体而言，对比文件中记载了需要检测和/或测量轴承电流，以防止电力传动系统的轴承损坏，其中轴承电流能够指示轴承的状态。将相应功能进行对应可以看出，对比文件中指示电力传动系统的轴承内部放电的系统相当于权利要求1中用于确定电机轴承的轴承状态的系统；对比文件中用于检测射频信号的装置包括磁场传感器，用于检测与放电相关联的磁场，相当于权利要求1中的传感器单元；对比文件中用于将预测的放电与预设的阈值进行比较的装置相当于权利要求1中的分析处理单元，用于处理所述模拟单元的数据。

【案例4-26】一种快速反应水平振动微型电机[1]

该案涉及的是专利号为ZL201420033253.4，名称为“一种快速反应水平振动微型电机”的实用新型专利，其权利要求1内容如下。

1. 一种快速反应水平振动微型电机，包括机壳（1）、盖装在所述机壳（1）上而与所述机壳（1）形成安装空间的盖板（2）、通过分别位于所述机壳（1）的两个相对侧壁上的弹性支撑件（3）的定位而悬挂在所述安装空间内的振动组件（4），以及位于所述振动组件（4）表面一定距离处的线圈（5）……其特征在于……所述弹性支撑件（3）包括固定在所述振动块（41）的与所述往复振动方向平行一侧端部上的第一连接部（31）、固定在所述机壳（1）的与所述往复振动方向平行一侧上的第二连接部（32），以及通过连接所述第一连接部（31）和所述第二连接部（32）以形成开口

[1] 参见北京知识产权法院（2017）京73行初1638号行政判决书。

槽（30）的中间连接部（33）……

该案涉及的是诉争技术方案中的“弹性支撑件（3）”是否被对比文件公开的问题。该技术方案中的弹性支撑件属于无需依据说明书记载即可知晓实施方式的技术特征，因此，该功能具有限定作用。只要对比文件中公开了任意一种可实现支撑作用的弹性件，则该技术特征即被公开。对比文件1中与“弹性支撑件”相对应的装置为簧片装置（27），该装置具有支撑作用，亦属于弹性部件，因此，其公开了诉争技术方案中的弹性支撑件（3）。

【案例4－27】造纸或纸板的方法[1]

该案涉及的是专利号为ZL00815238.1，名称为“纸和纸板的制造”的发明专利，其权利要求1内容如下。

1. 一种造纸或纸板的方法，包括形成纤维素悬浮液、使悬浮液絮凝、使悬浮液在筛网上滤水以形成片材以及随后干燥片材，其中通过加入特性粘度至少为4dl/g的水溶性阳离子聚合物来絮凝该纤维素悬浮液，将该絮凝的纤维素悬浮液通过离心筛进行机械剪切，然后，通过随后加入再絮凝体系进行再絮凝，其中再絮凝体系包含i）硅质材料和ii）特性粘度至少为4dl/g的水溶性阴离子聚合物，其特征在于，或者，硅质材料和水溶性阴离子聚合物同时加入到悬浮液中，或者，在加入水溶性阴离子聚合物之前或之后加入硅质材料，硅质材料i）和水溶性阴离子聚合物ii）在离心筛之后加入到纤维素悬浮液中，以及水溶性阳离子聚合物加入到纤维素悬浮液的稀浆料中。

该案中，无效宣告请求人主张诉争技术方案中的“水溶性阴离

[1] 参见北京知识产权法院（2015）京知行初字第4405号行政判决书。

子聚合物”中的“水溶性”是指该聚合物客观上具有可溶于水的特性，附件1实施例G中的丙烯酸－丙烯酰胺共聚物分散体及实施例H中的丙烯酸均聚物分散体具备可溶于水的特性，因此，该特征已被公开。

法院并未支持无效宣告请求人这一主张，而是认为附件1上述实施例中的丙烯酸－丙烯酰胺共聚物分散体及丙烯酸均聚物分散体并不具有水溶性的特性。由附件1说明书中有关实施例G和H的记载可知，上述方案中的丙烯酸－丙烯酰胺共聚物的制备溶液中包括50%（重量）的丙烯酰铵水溶液96g、丙烯酸12g、硫酸钠46.5g和离子交换水145.5g。因该溶液包括硫酸钠，故其属于盐水溶液，而非水溶液。但说明书中记载，该溶液在稀释至1/40浓度的情况下，分散体中的聚合物仍未溶解。虽然在稀释至该浓度的情况下，其仍包括硫酸钠，但因该溶液中的硫酸钠浓度已经相当低，在无效宣告请求人并无充分理由和证据的情况下，这一浓度使得法院合理认为如果丙烯酸－丙烯酰胺共聚物分散体在这一溶液中无法溶解，其在水溶液中亦无法溶解，即附件1中的阴离子聚合物不能溶于水。虽然无效宣告请求人提出了具有絮凝作用的高分子聚合物均具有水溶性，以及同一制备方法得到的阳离子聚合物具有水溶性的情况下，相应的阴离子聚合物也具有水溶性等主张，但上述主张均缺少证据支持。据此，无效宣告请求人有关附件1公开了“水溶性阴离子聚合物”的主张不能成立。

4. 马库什要素

通式化合物通常用马库什权利要求表示。原则上，马库什权利要求应理解为由马库什要素各可选项共同构成的一个整体技术方案，而非多个并列技术方案。如果对比文件中公开的通式与诉争通式化合物结构相同，但对应的马库什要素的可选项范围“小于”诉争通式化合物，或者公开了诉争通式化合物范围内的“具体”化合物，则该通式化合物应被认定已公开。

比如，诉争技术方案限定了式1化合物，其中的马库什要素包括 Q^1、Q^2、X、R^1 等。上述马库什要素的具体限定包括“Q^1 为苯环或吡啶基，每个任选被至多5个独立地选自以下的取代基取代：R^3；Q^2 为苯环或吡啶基，每个任选被至多5个取代基取代，所述取代基独立地选自 R^3；X 为 O、S（O）$_m$、NR^4、$CR^{15}R^{16}$、C（═O）或 C（═S）；R^1 为 H、卤素、C_1—C_6烷基、C_1—C_6卤代烷基……”。

针对该马库什权利要求，如果对比文件中公开的是具体化合物，而该具体化合物落入该马库什权利要求的保护范围，或者对比文件同样公开了一种通式化合物，其结构与诉争技术方案相同，且马库什要素采用了诉争技术方案 Q^1、Q^2、X、R^1 上述各选项中的一个或几个，则上述马库什要素均被公开。

【案例4-28】由二烷基铝阳离子前体试剂得到的铝氧烷催化剂活化剂、用于制备其的方法以及其在催化剂和烯烃聚合中的用途[1]

该案涉及的是专利申请号为200880104220.1，名称为“由二烷基铝阳离子前体试剂得到的铝氧烷催化剂活化剂、用于制备其的方法以及其在催化剂和烯烃聚合中的用途”的PCT发明专利申请，其权利要求1内容如下。

1. 一种组合物，其由至少下述物质得到：a）中间体组合物，其由至少有机铝化合物、载体和氧源得到；以及 b）R^2_2AlY，其中每一个 R^2 独立地包括具有1个到20个碳的烃基，且Y包括卤化物

[1] 参见北京知识产权法院（2015）京知行初字第2988号行政判决书。

基团、醇盐基团、芳族醚基团、烷基取代的酰胺基、芳基取代的酰胺基、甲硅烷氧基、二羟硼氧基、二芳基二羟硼氧基或卤代二芳基二羟硼氧基，其中，所述载体包括无机氧化物，且所述无机氧化物具有不小于0.3ml/g的孔体积和5微米到500微米的平均粒径。

该案涉及马库什权利要求的比对对象问题，即比对的是整个马库什权利要求，还是其中的马库什要素。专利申请人起诉理由之一为，因为诉争权利要求和对比文件均为马库什权利要求，均应被视为整体技术方案，所以应将二者整体进行比对，而不是选取对比文件中的具体可选项进行对比。

法院认为，判断马库什技术特征是否被公开，取决于在先马库什技术特征中的全部马库什要素的可选项范围是否均落入在后马库什要素的范围内，如果落入，则应认定该特征已被公开。诉争技术方案中的马库什要素为“R_2^2AlY，其中每一个 R^2 独立地包括具有1个到20个碳的烃基，且Y包括卤化物基团、醇盐基团、芳族醚基团、烷基取代的酰胺基、芳基取代的酰胺基、甲硅烷氧基、二羟硼氧基、二芳基二羟硼氧基或卤代二芳基二羟硼氧基”，对比文件公开的相应技术特征为“分子式为 R''_2AlX 的卤代烃基铝的组分，其中X独立地是氟、氯或溴，R″独立地是具有1到约20个碳原子的烃基。”虽然诉争权利要求的马库什部分与对比文件的马库什部分并不完全相同，但对比文件的马库什要素已落入诉争技术方案马库什要素的范围，因此，该技术特征已被对比文件所公开，不构成区别特征。

本章第二章案例2－2也涉及马库什权利要求的公开问题。[1]

该技术方案为一种混剂，包括a、b两个组分，对于化合物a

[1] 参见北京知识产权法院（2018）京73行初9342号行政判决书。

采用的是马库什的撰写方式，其中 X、n、R 均为马库什要素，每个马库什要素均包含多个可选项。

对比文件实施例 Id32 公开了结构式为 IA 的化合物，并具体公开了其中 R^1 为 H，R^Y 为 H，R^2 为 H，R^3 为 4 – Cl – 苯基，R^4 为甲基，X 为 O 的化合物，该化合物对应于诉争技术方案中 X 为 CH，n 为 1，以及 R 为 Cl 的化合物，基于此，诉争技术方案中的 a 组分已被公开。

5. 其他概括式的权利要求

除上述 4 种情形外，实践中亦存在其他类型的概括式权利要求，其中一种常见情形是使用“至少”概括的权利要求。就公开规则而言，只要所概括范围内的任何一个具体技术特征被公开，即可认定该概括技术特征已被公开，而无需对该范围内每一个具体技术特征是否公开逐一进行确认。

【案例 4 – 29】一种手持稳定器的塑料电机[1]

该案涉及的是专利号为 ZL201710233007.1，发明名称为“一种手持稳定器的塑料电机”的发明专利，其权利要求 1 内容如下。

1. 一种手持稳定器的塑料电机，包括上端轴承（6）、下端轴承（7）、电机铁芯（4）、铁芯载体（5）、电机外壳（2）和电机端盖（1）；铁芯载体（5）一端与电机端盖（1）可拆卸连接，另一端承载电机铁芯（4）；其特征在于，所述铁芯载体（5）、电机外壳（2）、电机端盖（1）至少有一种为塑料材质；所述塑料电机还包括金属中空电机轴（3）；所述电机外壳（2）固定连接金属中空电机轴（3）的一端，金属中空电机轴（3）依次穿过上端轴承

[1] 参见北京知识产权法院（2020）京 73 行初 16794 号行政判决书。

(6)、铁芯载体（5）和下端轴承（7），金属中空电机轴（3）的另一端设有锁紧结构（8）。

该权利要求中采用“至少”概括的技术特征为：“所述铁芯载体（5）、电机外壳（2）、电机端盖（1）至少有一种为塑料材质”，因为其属于概括式的限定方式，所以只要对比文件中公开了上述任何一个部件为塑料材质，该技术特征即已被公开。在对比文件中，注塑成型的底壳（10）相当于诉争权利要求的电机端盖（1），注塑成型的头盖相当诉争权利要求的电机外壳（2），头盖（40）和底座（10）是注塑成型的，即头盖（40）和底座（10）是塑料的，电机为塑料电机，因此对比文件公开了诉争权利要求1的技术特征“所述铁芯载体（5）、电机外壳（2）、电机端盖（1）至少有一种为塑料材质”。

专利权人的起诉理由之一在于，被诉决定未对该技术特征的其他3种具体情形进行评述，具体为“所述铁芯载体（5）、电机外壳（2）、电机端盖（1）均为塑料材质”“所述铁芯载体（5）、电机外壳（2）均为塑料材质”“所述铁芯载体（5）、电机端盖（1）均为塑料材质”，因此，被诉决定存在漏审情形。但法院并未支持这一观点，而是认为：“所述铁芯载体（5）、电机外壳（2）、电机端盖（1）至少有一种为塑料材质，并非并列几个必择其一的具体特征，上述内容不能理解为并列技术方案”，因此，被诉决定未对上述3种具体情形进行审理，并不属于漏审。

【案例4－30】中间板[1]

该案涉及的是专利号为ZL200880118796.3，名称为“中间板”

---

[1] 参见北京知识产权法院（2017）京73行初8739号行政判决书。

的发明专利，其权利要求1内容如下。

1. 一种行李箱，包括至少一个内部空间（26），所述内部空间由行李箱的至少一个壁（16）和至少一个从所述行李箱的壁（16）突出的侧壁（10，12，14，15）限定，所述内部空间（26）通过至少一个中间板（6）分隔，其特征在于，至少一个行李绑带（2，4）在第一端被固定到中间板（6），所述行李绑带（2，4）通过至少两个偏转装置（8）沿着行李箱的所述壁（16）和至少两个相对侧壁（10，12）可调节地被引导，于是中间板（6）到行李箱的所述壁之间的距离能够可变地调节，而且行李绑带（2，4）的自由第二端也可以固定到中间板（6）。

诉争技术方案中亦在多处使用了“至少一个”或“至少两个”的限定方式，虽然上述限定涉及多个部件，而各部件采用不同数量时，必然对应的是不同的具体实施方式。但该案中同样未将其视为并列技术方案，而是认为在上述部件在对比文件中已公开，且其公开数量为一个或两个的情况下，采用“至少一个”或“至少两个”限定的技术特征即已被公开，最终认定的区别技术特征仅为“行李绑带与中间板的位置关系以及中间板与底壁间距的调节方式不同”。

五、区别技术特征的确定

（一）一般规则

在最接近现有技术所公开的内容、诉争技术方案的保护范围以及两个技术方案的技术特征之间的对应关系均已确定的情况下，即可对区别技术特征作出认定。通常情况下，如果诉争技术方案中的全部技术特征在最接近的现有技术中均已公开（包括前文中提到的明确公开、推定公开和视为公开），则意味着诉争技术方案相对于最接近现有技术不存在区别技术特征，亦即诉争技术方案相较于最接近的现有技术不具备新颖性。如果仅部分存在上述被公开的情形，则其他技术特征应被认定为区别技术特征。

需要注意的是，区别技术特征认定的是“诉争技术方案”相对于最接近现有技术是否存在未公开的技术特征，而非相反。最接近现有技术中是否存在诉争技术方案未公开的内容对于区别技术特征的认定并无意义。换言之，如果诉争技术方案相较于最接近的现有技术不具备新颖性，并不意味着二者必然属于相同的发明创造，具有“相同”的保护范围，而是既包括保护范围“相同”的情形，又包括诉争技术方案的保护范围“大于”最接近现有技术的情形。也可以理解为，如果最接近的现有技术落入诉争技术方案的保护范围，则诉争技术方案不具备新颖性。

例如，诉争技术方案中限定了一种桌子，包括桌面与桌腿。最接近的现有技术中除公开了上述技术特征，亦限定了桌面为金属材料，桌腿为方形。此种情况下，虽然最接近现有技术中的技术特征多于诉争技术方案，或者说，诉争技术方案的保护范围大于最接近的现有技术，但诉争技术方案中的全部技术特征均已被公开，则诉争技术方案仍不具备新颖性，诉争技术方案相较于最接近的现有技术不存在区别技术特征。

再如，诉争技术方案中限定了一种桌子，包括桌面与桌腿。最接近的现有技术也限定了一种桌子，包括桌面，且桌面为金属材料。则此种情况下，区别技术特征为诉争技术方案限定了桌腿，至于最接近现有技术中的桌面为金属材料这一技术特征并非区别技术特征。针对该案的创造性判断仅考虑的是桌腿这一技术特征是否非显而易见。

（二）特殊情形

虽然通常情况下，在确定区别技术特征时，只需要看诉争技术方案中哪些技术特征未被最接近现有技术公开，而不考虑最接近现有技术是否存在多于诉争技术方案的技术特征。但针对化学领域组合物的封闭式权利要求而言，则情形有所不同。在封闭式权利要求的情况下，即便诉争技术方案的全部技术特征在最接近现有技术中均已公开，但只要最接近的现有技术中还有其他组分，则该组分同样属于区别技术特征，诉争技术方案相较于最接近现有技术具备新颖性。

《专利审查指南（2010)》第二部分第十章第 4.2.1 节对于化学发明中的组合物的权利要求，规定了开放式和封闭式两种表达方式。“开放式表示组合物中并不排除权利要求中未指出的组分；封闭式则表示组合物中仅包括所指出的组分而排除所有其他的组分。开放式和封闭式常用的措词如下：(1) 开放式，例如‘含有’、‘包括’、‘包含’、‘基本含有’、‘本质上含有’、‘主要由……组成’、‘主要组成为’、‘基本上由……组成’、‘基本组成为’等，这些都表示该组合物中还可以含有权利要求中所未指出的某些组分，即使其在含量上占较大的比例。(2) 封闭式，例如‘由……组成’、‘组成为’、‘余量为’等，这些都表示要求保护的组合物由所指出的组分组成，没有别的组分，但可以带有杂质，该杂质只允许以通常的含量存在。”在上述规定中需要关注“组分”与“杂质”的区别，通常情况下，组分是主动添加的成分，而杂质是该组合物中虽非主动添加，但可能产生的物质。

例如，如果权利要求撰写为“一种组合物，由甘油与水组成”，则该权利要求为封闭式的权利要求，应理解为该组合物“仅仅”含有上述两种组分。如果最接近的现有技术中公开的组合物中除上述组分外，亦包括其他组分，比如赋形剂，则赋形剂属于区别技术特征，该现有技术无法破坏该权利要求的新颖性。

【案例4－31】治疗妇科疾病的栓剂及其制备工艺[1]

该案涉及的是专利号为ZL03143332.4，名称为“治疗妇科疾病的栓剂及其制备工艺”的发明专利，其权利要求1内容如下。

1. 一种治疗妇科疾病的栓剂，其特征在于：其由下述原料制成：苦参200～1000 g，百部100～500 g，蛇床子100～500 g，仙鹤草100～500 g，紫珠100～500 g，白矾5～20 g，硼酸10～100 g，冰片5～20 g，樟脑5～20 g，加甘油明胶基质制成。

该案中使用的最接近技术为证据3，其公开了一种妇炎灵胶囊，处方包括华紫珠100 g、硼酸60 g、苦参100 g、樟脑10 g、仙鹤草100 g、白矾10 g、百部100 g、冰片5 g、蛇床子100 g、新洁尔灭6 g、葡萄糖适量。

诉争技术方案采用“由下述原料制成”的表述，其应被理解为该栓剂“仅仅”包括上述组分，属于封闭式权利要求。基于此，在确定区别技术特征时，诉争技术方案未记载的组分应理解为“不包括”该组分。也就是说，对于证据3有记载但诉争技术方案未记载的组分仍需被认定为区别技术特征。

二者相比，其区别技术特征有两种情形，其一为证据3有记载但诉争技术方案未记载的组分，即“诉争技术方案不含新洁尔灭，而证据3含有新洁尔灭”。其二为功能对应，但并不相同的组分，包括：①诉争技术方案含有紫珠，而证据3公开了华紫珠；②诉争技术方案的辅料为甘油和明胶，而证据3的辅料为葡萄糖和胶囊壳；③诉争技术方案的剂型为外用栓剂，而证据3的剂型为外用胶囊剂。

上述区别技术特征的认定是基于封闭式权利要求的撰写方式，

[1] 参见北京知识产权法院（2019）京73行初7334号行政判决书。

但如果诉争技术方案并非封闭式权利要求，而是开放式权利要求，则区别技术特征的认定会有所不同，在开放式权利要求的情况下，证据3中的新洁尔灭并非区别技术特征。

【案例4－32】控制血糖水平的营养组合物[1]

该案涉及的是专利申请号为02817531.X，名称为“控制血糖水平的营养组合物”的发明专利申请，其权利要求1内容如下。

1. 一种控制血糖水平、预防肥胖的营养组合物，其特征在于，所述组合物含有蛋白质、脂类和碳水化合物，其中由蛋白质、脂类和碳水化合物提供的能量百分比分别为10%～25%、20%～35%和40%～60%；脂类中的油酸提供60%～90%的能量，碳水化合物中的异麦芽酮糖和/或1－O－α－D－吡喃葡糖基－β－D－果糖提供60%～100%的能量。

对比文件1中公开了一种营养组合物，其中公开了该组合物含有提供10%～20%能量的蛋白质源、提供30%～50%能量的脂质源和提供35%～55%能量的碳水化合物源，以及含包括黏性可溶性纤维和菊粉或菊粉水解物在内的纤维混合物。

诉争权利要求采用了“含有”的撰写方式，属于开放式权利要求。基于此，在对比文件中已公开，但诉争权利要求中未记载的内容不属于区别技术特征。对比文件1中除公开了诉争权利要求中的“蛋白质、脂类和碳水化合物”3种组分外，还公开了纤维混合物。因为诉争权利要求属于开放式权利要求，所以该组分并未被认定为区别技术特征。但如果诉争权利要求采用了封闭式权利要求的撰写方式，则该组分属于区别技术特征。

[1] 参见北京知识产权法院（2015）京知行初字第3886号行政判决书。

第三节　实际解决的技术问题的认定

一、区别技术特征所对应技术效果的确定

确定区别技术特征使得诉争技术方案所具备的技术效果是认定诉争技术方案实际解决技术问题的前提。不过需要注意的是，二者虽具有相关性，但不完全对应（下文中会对此进行详细分析）。不仅如此，就性质而言，二者亦不相同。其中，技术效果的确认属于事实认定，但某一特定技术效果是否可以被认定为实际解决的技术问题，以及符合何种条件的技术效果可被认定为实际解决的技术问题则涉及法律规则的适用。

作为事实的确认，技术效果的确认与证据的采信密切相关。在实践中，最常使用的证据是专利文件的说明书。除此之外，当事人在无效宣告请求或诉讼程序中，亦可能补交证据。补交证据的证明目的通常可分为两类：其一用于证明本领域技术人员的认知水平，毕竟案件中的审查员和法官并非真实的本领域技术人员，有必要通过举证使得审查员和法官更为贴近本领域技术人员的认知水平；其二则用于证明诉争技术方案的技术效果本身。

上述情形意味着，实践中技术效果通常涉及以下 3 种情形：其一，说明书中明确记载且可确定存在的技术效果。其二，说明书中未明确记载，但本领域技术人员可以确认的技术效果；其三，当事人补交的证据可证明的技术效果。

（一）说明书明确记载且确定存在的技术效果

1. 将说明书中记载的背景技术作为最接近现有技术的情形

因技术效果是专利文件必需记载的内容之一，故依据说明书的

记载以确定技术效果是案件中的常用方式，尤其当最接近现有技术采用的是背景技术时，说明书记载的技术效果通常由诉争技术方案与背景技术之间的区别特征所带来，故可直接用以认定其技术效果。

在第一章案例1－5中提到的涉及专利申请号为201080008349.X，名称为“乳糖成分较少的发酵乳及其制作方法”的发明专利申请的复审案件中，使用的最接近现有技术即为背景技术。该案中直接依据说明书的记载确定了区别技术特征在发酵乳发酵时间、硬度及凝乳刀侵入角度、乳酸分解率方面的技术效果。[1] 这些技术效果可直接用以确定实际解决的技术问题。

当然，这一认定的前提是该技术效果确定存在。如果有证据证明诉争技术方案并不具有该技术效果，则尽管其被记载在说明书中，亦不能被认定为技术效果，相应地，无法被用于确定实际解决的技术问题。

此外，在诉争发明创造包括多个权利要求的情况下，因每个权利要求的技术特征并不完全相同，其技术效果也不会完全相同。因此，即便最接近现有技术是背景技术，也应将记载的各技术效果与各权利要求的技术方案分别进行对应以确定技术效果。

【案例4－33】一种轴向磁路永磁无刷直流电机定子[2]

该案涉及的是专利号为ZL201720255978.1，名称为“一种轴向磁路永磁无刷直流电机定子”的实用新型专利，其权利要求1和权利要求4内容如下。

---

[1] 参见北京知识产权法院（2015）京知行初字第3888号行政判决书。

[2] 参见北京知识产权法院（2020）京73行初8344号行政判决书。

1. 一种轴向磁路永磁无刷直流电机定子，其特征在于，所述定子通过铁芯和线圈组成的 2N 个绕组环绕成圆形，并固定于平面底座，最后通过包覆材料一体成型，定子中心预留空间，在该预留空间轴中心，轴向布置轴套且所述轴套在包覆成型过程中直接埋入定子内。

4. 按权利要求 1 或 2 所述的轴向磁路永磁无刷直流电机定子，其特征在于，所述轴套为耐高温塑料轴套。

该案中使用的最接近现有技术是诉争专利的背景技术。针对该背景技术，说明书中记载的技术效果在于其可以“解决轴向磁路永磁无刷直流电机苛刻高温、高载荷使用环境下的失效问题”。因为该专利申请包括多个权利要求，故上述技术效果与各权利要求之间的对应关系需要逐一确认。其中，权利要求 1 与背景技术的区别主要在于是否设置轴套。因为轴套的材质既可能是耐高温材料，也可能是非耐高温材料，而在未采取耐高温材料的情况下，其无法避免在高温下的电机失效问题。因此，区别技术特征使权利要求 1 相较于对比文件具有的技术效果不包括在“高温”下的失效问题，仅为电机在“较高载荷”下的失效问题。但对于权利要求 4，因其限定了“轴套为耐高温塑料轴套”，其相应的技术效果同时包括电机在“较高载荷”和“高温”下的失效问题。

2. 未选择背景技术作为最接近现有技术的情形

在最接近的现有技术不同于背景技术的情况下，说明书中记载的技术效果同样可用以确定技术问题，只不过需要确定说明书中记载的技术效果与区别技术特征相关。

【案例4－34】纺纱机械[1]

该案涉及的是专利号为ZL201120305294.0，名称为“纺纱机械”的实用新型专利，其权利要求1内容如下。

1. 一种纺纱机械，具备：多个纺纱单元，沿第一方向排列，分别具有对纤维束加捻而生成细纱的纺纱部和卷绕由上述纺纱部生成的上述细纱而形成卷装的卷取部；至少一个作业台车，配置为能够沿上述第一方向行驶，具有面向由上述纺纱部和上述卷取部形成的纱线通道的第一面和设置在上述第一面的相反侧的第二面；以及至少一个单元框架，具有支持上述纺纱单元的支持部、上述作业台车的行驶空间以及与上述作业台车的上述第二面相通的开口部。

诉争技术方案相对于最接近现有技术证据1的区别技术特征在于“单元框架具有与作业台车的第二面相通的开口部”。也就是说，证据1是从单元框架的“侧面”拆卸作业台车，而诉争技术方案是从单元框架的背面（即第二面）拆卸作业台车。

虽然该案中的最接近对比文件并非背景技术，但背景技术与诉争技术方案的区别之一亦在于“侧面”维修问题。说明书中记载，现有技术中维护作业台车通常从作业台车的背面进行作业，由于作业台车背面配置有吸引管道，因此要从纺纱机械的“侧面”拆卸作业台车。基于此，说明书中记载的可以更方便地从作业台车背面进行维护的技术效果同样属于区别技术特征使诉争技术方案具有的技术效果。因此，法院认为，实际解决的技术问题是如何解决证据1中从侧面拆卸这一技术手段导致的缺陷，方便从背面进行维护。

本书第三章案例3－11也采用了说明书中记载的技术效果，其

[1] 参见北京知识产权法院（2016）京73行初1776号行政判决书。

权利要求1内容如下。[1]

1. 一种用于吸烟物品的包装盒（1），所述包装盒包括较大的前平面板（2）和后平面板（3）以及较小的侧平面板（4、5），所述平面板构造为形成包装盒，其中所述较大的前平面板和后平面板中的至少一个包括多个非连续的凸出物（18），所述凸出物彼此间隔开并且从所述较大的前平面板和后平面板的外表面向外凸起。

该技术方案涉及一种烟盒（专利ZL200980151978.5），对比文件同样是烟盒的技术方案，二者区别的实质在于诉争技术方案在香烟盒表面（2、3）上具有一个或多个凸起（18），如图4－17所示，对比文件并无上述凸起。该区别在诉争技术方案的表述为"所述较大的前平面板和后平面板中的至少一个包括多个非连续的凸出物（18），所述凸出物彼此间隔开并且从所述较大的前平面板和后平面板的外表面向外凸起"。

虽然最接近的现有技术并非背景技术，但诉争专利说明书中亦记载了区别特征的相应技术效果，认为："在常规包装盒的制造和封装过程中，吸烟物品，特别是包含在其中的烟草可受到热量的不利影响，该热量是包装盒所受到的（例如来自包装纸的密封热量等）热量。该热量可对吸烟物品产生不利影响，包括使包含在包装盒中的吸烟物品中水分损失、吸烟物品的质量变劣以及存放期减小……凸出物将包装物材料与板的表面间隔开，从而在两者之间形成空隙并且显著的降低包装物与所述板接触的表面区域"。因此，"可用于将传导热量自所述包装盒的表面区域显著地降低……降低从加热原件和周围环境至所述包装盒的热量传递，并从而降低传递

[1] 参见北京知识产权法院（2017）京73行初1817号行政判决书。

至包含在所述包装盒内吸烟物品的热量，由此显著地限制热量对包含在所述包装盒中吸烟品质的任何不利影响。”

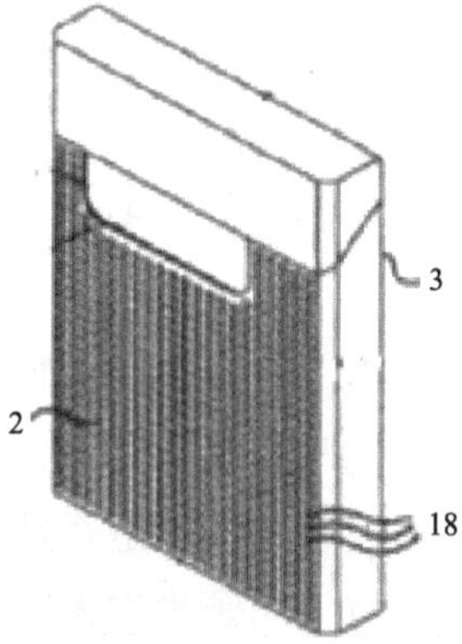

图4－17　涉案专利 ZL200980151978.5 附图

简言之，诉争技术方案中的香烟盒上的凸起可以起到隔热作用，而隔热作用使得香烟相对而言不容易因为高温而变质。此为区别特征使得诉争技术方案具有的技术效果，亦是其实际解决的技术问题，对应最接近的现有技术存在的缺陷。

（二）说明书未明确记载，但本领域技术人员可确定的技术效果

虽然技术效果是说明书中必需记载的内容，但必需记载的仅是该发明创造相较于背景技术具有的技术效果，至于其他技术效果是否记载则并无要求。因此，如果案件中使用的最接近现有技术并非背景技术，而诉争技术方案相较于该现有技术具有的技术效果并非发明人所关注的技术效果时，其可能不会被记载在说明书中。此种情况下，技术效果的确认需要依据本领域技术人员的判断。

仍以儿童用四轮自行车为例，说明书中记载的背景技术是成人

自行车，其发明点在于两个侧轮，说明书中记载了该发明点所带来的技术效果（即解决了儿童驾驶过程中平衡问题），但并未涉及其他效果。在具体案件中，采用的最接近现有技术是另一个儿童用四轮自行车的技术方案，二者的区别技术特征仅在于是否有铃铛，因为铃铛这一技术特征并非发明人所关注，相应的技术效果并未在说明书中记载，则在确定技术效果时无法以说明书的明确记载为依据。

此外，一些专利文件中，虽然有技术效果的记载，但其记载的技术效果非常上位，且可能与技术方案并无具体关系。针对此种技术方案，无论使用的最接近现有技术是否是背景技术，该说明书中的记载在确定实际解决的技术问题时均无实际意义。因此，亦需要结合本领域技术人员的知识与能力，对于其客观起到的技术效果进行判断。案例 4 - 35 即属于此种情形。

【案例 4 - 35】一种乒乓球拍❶

该案涉及的是专利号为 ZL201020130726.4，名称为“一种乒乓球拍”的实用新型专利中，其权利要求 1 内容如下。

1. 一种乒乓球拍，包括手柄、底板和位于底板上的弹性面板，其特征在于：所述手柄和底板由塑料材料和玻璃纤维注塑成型制成，弹性面板与底板通过注塑的方法固定连接在一起，手柄的表面注塑有天然橡胶、人工橡胶、硅胶或塑料胶粒制成的防滑层；所述弹性面板由天然橡胶、人工橡胶、硅胶或塑料胶粒制成；所述制成底板的塑料材料是 PP、ABS 或聚丙烯；所述塑料胶料为 PPE、PU、TPU、EPDM 或 POE。

---

❶ 参见北京知识产权法院（2015）京知行初字第 5974 号行政判决书。

诉争技术方案相对于最接近现有技术的区别体现在3个方面：①手柄和底板相固定方法不同；②手柄和底板的材质不同；③诉争技术方案有防滑层。

针对技术效果，说明书中背景技术部分仅记载了如下内容，“目前现有技术，一种乒乓球拍包括手柄、底板和位于底板上的弹性面板，手柄和底板由木质材料制成，弹性面板粘贴在底板。存在问题是：浪费森林资源，生产效率低；在使用过程中，弹性面板与底板的周边的结合易分离”。在发明内容部分有关技术效果的记载亦仅是重复了前述内容。

在该说明书的记载中，背景技术部分并未记载任何相对具体的技术方案，其所指出的技术缺陷及技术效果中“浪费森林资源，生产效率低”看不出与该专利方案有任何关系，而“在使用过程中，弹性面板与底板的周边的结合易分离”这一技术缺陷与专利方案的关系亦相当微弱。因此，此类专利文件中有关技术缺陷或技术效果的记载，在实践中并无意义。实践中存在相当比例的此类专利文件，且在实用新型的专利中更为明显。

该案中，虽然诉争技术方案的技术效果无法直接从说明书中获得，但法官和审查员无需证据支持即可认识到，诉争技术方案的技术效果与最接近现有技术大体相当，仅是针对手柄和底板的固定方式及材质提供一种替代手段，同时解决乒乓球拍的防滑问题。

（三）补交证据所证明的技术效果

在实践中，当事人无论是在无效宣告请求程序中，还是在诉讼程序中，均存在补交证据的情形，即通过提交专利文本之外的证据以证明诉争技术方案的技术效果。补交证据以证明的技术效果通常涉及两种情形。

其一为技术效果的有无。对于说明书并无记载，且本领域技术人员依据说明书内容及其掌握的知识亦无法确认的技术效果，专利权人或专利申请人通过补交证据以证明该技术效果的存在。或者相反，虽然说明书有记载，但无效宣告请求人认为该技术效果并不存在，通过补交证据的方式以证明。

其二为技术效果的好坏。一些情况下，对于某些技术效果，虽然说明书中有所记载，但在最接近现有技术并非背景技术时，可能无法依据现有记载对二者直接进行技术效果的比对（比如，因二者实验方法的不同导致效果数据无法直接比对），此种情况下，当事人可能会补交证据以证明二者之间的技术效果的好坏。

【案例 4-36】吡喃葡萄糖基取代的苯基衍生物[1]

该案涉及的是专利号为 ZL201310379906.4，名称为“吡喃葡萄糖基取代的苯基衍生物、含该化合物的药物、其用途及其制造方法”的发明专利，其权利要求 1 内容如下。

1. 通式Ⅰ.2c 的吡喃葡萄糖基取代的苯衍生物

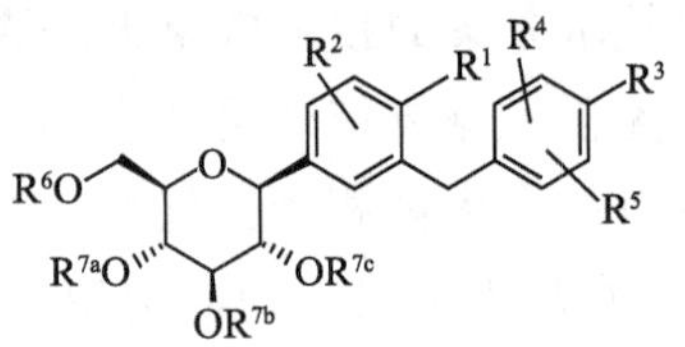

Ⅰ.2c

其中 R^1 选自氯，以及 R^2 为氢，以及 R^3 选自四氢呋喃-3-基氧基；R^4、R^5 表示氢，R^6、R^{7a}、R^{7b} 和 R^{7c} 为氢，或其生理上可接受的盐。

该案涉及的是技术效果有无的证明。专利权人主张钠-葡萄糖

[1] 参见北京知识产权法院（2018）京 73 行初 1099 号行政判决书。

共转运载体－1（SGLT－1）高选择性是诉争技术方案的技术效果之一，但其亦认可该技术效果在说明书中并无明确记载，且本领域技术人员对此并无知晓。为证明该技术效果专利权人补交了相关实验记录数据。

【案例4－37】杀真菌的吡唑化合物[1]

该案涉及的是专利申请号为201080019806.5，名称为“杀真菌的吡唑化合物”的发明专利申请，其权利要求1内容如下。

1. 选自式1的化合物、其N－氧化物和其盐，

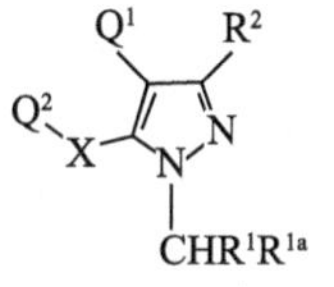

1

其中

Q^1 为苯环，其任选被至多5个独立地选自以下的取代基取代：R3；

Q^2 为苯环，其任选被至多5个取代基取代，所述取代基独立地选自R3……

该案涉及的是技术效果好坏的证明，为证明诉争技术方案相较于对比文件4实施例145（最接近的现有技术）具有更好的技术效果，专利申请人补交了实验数据，如表4－1所示。

---

[1] 参见北京知识产权法院（2020）京73行初10016号行政判决书。

表 4-1　涉案专利 201080019806.5 附表

化合物	等级，ppm	测试 B（TBT）	测试 F（WGB）	测试 I（WLR）	测试 J（WPM）
266（本申请）	250	100	100	100	100
	50	96	78	100	100
	10	87	0	98	96
B（D4，通式范围）	250	41	0	41	0
	50	0	0	9	0
	10	0	0	9	0
377（本申请）	250	100	100	100	100
	50	100	100	100	100
	10	99	90	100	99
A（本申请）	250	100	100	100	100
	50	99	100	100	100
	10	99	90	100	99
C（D4，通式范围）	250	99	0	19	0
	50	0	0	0	0
	10	0	0	0	0

针对上述两个案件，在无效宣告请求程序和诉讼程序中均接受了上述证据，但对于上述证据的证明目的则均未予支持，具体理由在本节下文中会详细分析，此处不再详述。

二、实际解决的技术问题的认定

实际解决的技术问题对应于区别技术特征在诉争技术方案中所起到的技术效果，但并非只要是区别技术特征的技术效果就可以被认定为实际解决的技术问题，其还需要同时符合其他相关条件。包括，该技术效果应与区别技术特征有对应关系；该技术效果应是说明书中记载的，或者虽未记载在说明书中，但本领域技术人员可以确认的技术效果；该技术效果需要针对的是已公开内容的技术效果，而不仅仅是技术特征本身的功能；对技术效果的概括应该合理而不能过于上位；该技术效果应该是区别特征使得权利要求保护范围内的全部技术方案均具有的效果，等等。即便相关技术效果符合上述要求，亦需要注意一点，即并非区别技术特征使得诉争技术方案具有的全部技术效果都会被认定为实际解决的技术问题，在这一过程中，还需要考虑该技术效果所对应的技术缺陷在对比文件中是否存在，等等。

（一）实际解决的技术问题对应的技术效果应与区别技术特征有对应关系

因确定技术效果的目的在于确定实际解决的技术问题，确定实际解决的技术问题的目的在于还原真实研发过程中的研发动机，而只有区别技术特征与具体案件中需要还原的研发过程相关。因此，实际解决的技术问题仅对应于“区别技术特征”使得诉争技术方案具有的技术效果。诉争技术方案的其他技术效果与创造性的判断无关，从而无需考虑。基于此，在具体案件中，首先需要在若干技术效果中确定区别技术特征对应的技术效果。

例如，对于儿童用四轮自行车这一诉争技术方案，其技术效果既包括可以依靠人力驾驶行进，也包括儿童在驾驶过程中不倾倒。但相对于成人用自行车这一最接近现有技术而言，与区别技术特征相关的技术效果仅在于使得儿童在驾驶过程中不倾倒，而与是否可通过人力驾驶行进无关，因此，其实际解决的技术问题仅在于如何使得儿童在驾驶过程中不倾倒。

【案例4-38】肉汤粉[1]

该案涉及的是专利号为ZL02812105.8，名称为“肉汤粉”的发明专利，其权利要求1内容如下。

1. 一种肉汤粉和/或调味粉，它包含，以总粉重量%计，1%～20%的油，不超过95%的碎填料和/或未磨碎的填料，以及以总油脂重量%计，不超过20%的脂肪，以及任选地含香料、风味剂和/或植物提取物，其中所述油是指在室温下为液态并且在20℃下固体脂肪含量低于5%的油或油的混合物，且其中碎填料是碎结晶成分且平均直径为5～80μm，且其中碎填料为总粉重量%的4%～95%。

该技术方案是一种日常食用的调料粉（类似于方便面中的调料包），诉争权利要求主要对具体组分进行了限定，其与最接近现有技术的区别仅在于其中一种组分的粒径不同，即“权利要求1中对碎结晶成分的粒径进行了限定，而证据1中并未限定结晶成分的粒径”。

被诉决定认为上述区别技术特征实际解决的技术问题为：“提供一种自由流动易于溶解，热水溶解后冷却时脂肪不固化的肉汤粉”。这一认定虽然来源于说明书的记载，但需要注意的是，说明书中不仅记载了上述技术效果，同时亦记载了达到上述技术效果的技术方案，而该技术方案中并不包括区别技术特征。

说明书记载：“本发明的头三个目的（即被诉决定中认定的三个技术效果）可以通过一种肉汤粉满足，该肉汤粉包含，以总肉汤粉重量%计，1%～20%的油和可能是脂肪，高达95%，优选4%～95%的碎填料，和高达95%的未磨碎的填料，并且，以总油脂重量%计，高达80%或者甚至高达70%，优选高达60%或者甚至高

[1] 参见北京知识产权法院（2017）京73行初8021号行政判决书。

达50%，更优选高达40%或者甚至高达30%，甚至更优选高达20%或者甚至高达10%，和甚至更优选高达仅5%或者甚至高达仅1%的脂肪，以及任选地包含香料、风味剂和/或植物提取物”。上述技术方案中并未涉及碎填料结晶成分的粒径。可见，上述3个发明目的的实现与区别技术特征并无关联，因此，其不能构成诉争技术方案实际解决的技术问题。

针对该区别技术特征（亦即为何选择该数值范围的粒径）的技术效果，因为说明书中既无相应说明也无实验数据，所以其技术效果无法从说明书中直接得到，而仅能基于本领域技术人员的知识和能力进行判断。依据本领域技术人员的通常理解，结晶成分的粒径大小不同对效果的影响在于溶解速度。因此，法院认定诉争技术方案实际解决的技术问题仅是选择了一种特定溶解速度。

本书第一章案例1－6可用于说明这一问题。[1]

诉争技术方案是一种用于制备异丙基苯的方法，异丙基苯是化学和聚合物工业中重要的中间体，其大部分用于制备苯酚，在电子、医疗保健和汽车工业中具有重要应用价值。诉争技术方案为并列技术方案，针对其中原料为异丙醇的原料流这一技术方案，其与对比文件的区别包括：①使用的催化剂不同，权利要求1使用的是MCM－22族催化剂，对比文件1使用的丝光沸石催化剂；②烷基化区域的水浓度不同，权利要求1的为“至少为5100 ppm且不超过40000 ppm”，对比文件1的为“42871 ppm”。

专利申请人认为，基于上述区别技术特征，诉争技术方案实际解决的技术问题是，在高水浓度的情况下，获得较高的异丙醇转化率和相当的选择率。因对水浓度的不同限定是诉争技术方案与对比

[1] 参见北京知识产权法院（2018）京73行初2528号行政判决书。

文件 1 的区别特征，而非技术效果，故前述主张中“在高水浓度的情况下”不属于技术问题范畴。对于选择率相当这一技术效果，双方当事人并无异议，故技术问题认定的关键在于对较高的异丙醇转化率的认定上。

较高的异丙醇转化率如果被认定为实际解决的技术问题，需要符合两个要件：其一，诉争技术方案具有该技术效果；其二，该技术效果与区别特征有关。对于具体的异丙醇转化率，在诉争技术方案与对比文件 1 中均有数据记载。诉争技术方案中除实施例 1 为 99%，其余实施例都为 100%，对比文件 1 的转化率则为 97.5%。就数值而言，诉争技术方案高于对比文件 1。但上述技术效果是否与区别特征相关，则需要进一步分析。因异丙醇转化率不仅受催化剂种类和水浓度的影响，同时亦受反应温度、原料比等条件的影响，而诉争技术方案与对比文件 1 中反应温度、原料比等条件并不相同，故诉争技术方案较高的异丙醇转化率可能由上述各因素所导致，无法看出转化率的不同当然由区别特征所带来。实际上，通过对比诉争技术方案与背景技术亦可发现，二者同样存在催化剂和水浓度的不同。但即便针对背景技术，说明书中亦未记载诉争技术方案具有较高异丙醇转化率这一技术效果。可见，现有证据无法看出前述区别特征能使诉争技术方案具有较高的异丙醇转化率。因此，专利申请人有关提高异丙醇转化率为实际解决的技术问题的主张不能成立。

本书第三章案例 3－17 同样涉及这一问题。[1]

诉争技术方案是一种用于洗涤剂中的颗粒，其作用在于减少洗涤过程中产生的泡沫。该技术方案可以简单理解为包括（A）和

[1] 参见北京知识产权法院（2015）京知行初字第 2527 号行政判决书。

（B）两个组分，其中组分（B）起消泡作用，组分（A）则是一种载体，组分（B）需要附着于该载体上。

诉争技术方案相对于最接近现有技术的区别特征仅在于组分（B），即消泡剂的结构不同。专利申请人主张诉争技术方案具有如下预料不到的技术效果，包括：①与其他无机或有机载体材料相比，诉争技术方案的共聚物（A）表现出显著改善的对液体硅酮防泡组合物（B）的吸收能力；②与本领域中优选用作硅酮防泡组合物的载体材料的淀粉相比，包含诉争技术方案共聚物（A）作为载体材料的防泡颗粒在储存期间出乎意料地未损失其泡沫抑制效果。

就该案而言，专利申请人上述主张如果成立则意味着上述技术效果与消泡剂的不同选择相关，具体地，需要将上述两种不同的消泡剂，即区别技术特征分别与同一载体材料多孔共聚物（A），即二者共同使用的载体材料相混合，比对两种混合物各自具有的技术效果，由此可以看出不同的消泡剂所带来的技术效果。但无论是诉争申请说明书中所记载的具体效果，还是专利申请人在复审阶段所提交的实验数据所记载的效果，均针对的是同一消泡剂“硅酮防泡组合物（B）”，即诉争技术方案中使用的消泡剂与不同载体材料相混合所形成的混合物具有的不同技术效果，而这些技术效果显然与区别技术特征无关。因此，专利申请人所主张的上述技术效果无法被认定属于诉争申请实际解决的技术问题。

（二）实际解决的技术问题对应的技术效果应是说明书中记载的，或者虽未记载在说明书中，但本领域技术人员可以确认的

前文中已提及技术效果的获取渠道。对于其中说明书有记载的技术效果和本领域技术人员可确认的技术效果，如果符合实际解决的技术问题的其他认定要求，均可以被认定为实际解决的技术

问题。

但对于补交的实验数据所证明的技术效果，情形则有所不同。如果专利权人或专利申请人所主张的技术效果既未在说明书中记载，本领域技术人员依据说明书公开的内容也无法确认，则针对这些技术效果，即便专利权人或专利申请人补交的实验数据可以证明其确为诉争技术方案的技术效果，这些技术效果亦不能被认定构成实际解决的技术问题。

上述技术效果不会被认定为实际解决的技术问题，主要基于专利法的两个基本原则：公开换保护原则和先申请原则。专利权属于垄断性权利，因为对于获得专利权保护的技术方案，社会公众未经专利权人许可不得实施，所以为平衡专利权人与社会公众利益，专利权人获得专利保护的对价之一在于需要将发明创造的必要信息公之于众。而对于社会公众而言，因为无法知晓技术效果的技术方案对其并无实质意义，所以公开换保护中的“公开”，既包括技术方案的公开，也包括技术效果的公开。这也就意味着，如果诉争技术方案基于未被公开且本领域技术人员无法知晓的技术效果而获得专利权的保护，将会有损公众利益，有违公开换保护原则。

需要注意的是，创造性判断中对于技术效果公开的要求，与《专利法》第 26 条第 3 款说明书公开充分条款中对于技术效果的公开程度要求并不完全一样。《专利法》第 26 条第 3 款规定：“说明书应当对发明或者实用新型作出清楚、完整的说明，以所属技术领域的技术人员能够实现为准。”对于何为“能够实现”，《专利审查指南（2010）》第二部分第二章第 2. 1. 3 节给出了更为具体的要求，“所属技术领域的技术人员能够实现，是指所属技术领域的技术人员按照说明书记载的内容，就能够实现该发明或者实用新型的技术方案，解决其技术问题，并且产生预期的技术效果。”该条款中虽亦涉及对于技术效果的要求，但其并不强制要求说明书中对于发明创造的全部技术效果均予以记载，只要记载有基本的技术效果即可认定其符合该条款中公开充分的要求。其与创造性判断中对技术效果要求的不同在于，未记载某个技术效果并不必然导致说明书公开不充分，只要有记载的基本技术效果即可，但未记载且本领域技术人员无法确认的某个技术效果在创造性判断中必然不会被认定为实际解决的技术问题。

比如，不同人对于咖啡口味有不同需求，有人喜欢加糖的咖啡，有人喜欢加盐的咖啡。诉争技术方案为加盐的咖啡，说明书中记载的技术效果是让人产生咸的口感。诉争技术方案中并未限定加盐的量，而在仅加微量盐的情况下，人们并不会感觉到咸味，却可以感受到咖啡风味的变化。但这一技术效果并未被记载在说明书中。如果从说明书是否公开充分角度进行判断，因为其已记载了咸口感这一技术效果，所以满足充分公开的要求。但如果从创造性角度进行分析，因为该提高风味的技术效果未被记载在说明书中，所以如果本领域技术人员并不知晓，则其无法认定构成实际解决的技术问题。

此类案件还可能涉及对先申请原则的维护。依据专利权人或专利申请人获知技术效果时间的不同，可将其区分为申请日之前获知与申请日之后获知两种情形。其中，对于申请日之后获知的技术效果不予考虑的原因，除涉及公开换保护原则，还涉及先申请原则。也就是说，即便不考虑公开换保护原则，而仅考虑先申请原则，该技术效果在创造性判断中亦无法考虑。

先申请原则是专利法的基本原则。很多制度均是以申请日作为时间点，比如现有技术的确定需要以申请日为分界点，本领域技术人员的认知水平亦仅考虑申请日之前的认知水平，等等。先申请原则的主要目的在于确保提供专利保护的技术贡献的产生时间，亦即只对申请日之前获得的技术贡献提供保护。因为技术贡献既体现在技术方案上，也可能体现在该技术方案的技术效果上（比如，选择发明是否显而易见主要取决于技术效果是否预料不到）。因此，如果申请日之后的技术效果予以考虑，则意味着对于申请日之后的技术贡献提供了专利保护，有违先申请原则。

这一做法在《专利审查指南（2010）》中亦有体现，其在第二部分第十章第 3.5 节关于补交的实验数据第 3.5.1 节“审查原则”部分规定：“对于申请日之后申请人为满足专利法第二十二条第三款、第二十六条第三款等要求补交的实验数据，审查员应当予以审查。补交实验数据所证明的技术效果应当是所属技术领域的技术人员能够从专利申请公开的内容中得到的。”因为说明书中未记载且本领域人员无法确认的技术效果并不属于本领域技术人员能够从专利申请公开的内容中可以得到的技术效果，因此，依据该规定，亦无法被认作实际解决的技术问题。

本书第三章案例 3－12 即属于此种情形。[1]

该技术方案涉及一种肺炎疫苗，专利申请人主张实际解决的技术问题是“提供一种激发 13 种血清型足够的抗体水平并保持核心的 7 种核心血清型的免疫原性的组合物”。因说明书中仅记载了其可以激发 13 种血清型的抗体，并未记载其同时保持核心的 7 种核心血清型的免疫原性，且说明书中的相应实验数据亦无法看出其针对 7 种核心血清型具有这一效果，同时对该技术效果本领域技术人员亦无法确认。因此，无法确定诉争技术方案具有上述技术效果，相应地，其亦不构成诉争技术方案相对最接近现有技术实际解决的

[1] 参见北京知识产权法院（2018）京 73 行初 5019 号行政判决书。

技术问题。诉争技术方案实际解决的技术问题仅在于提供一种激发13种血清型抗体水平的组合物。

退一步讲即便该案中专利申请人补交了可证明其针对7种核心血清型的实验数据，可以确定其确实具有上述技术效果，但在该技术效果在该说明书中并未记载，且本领域技术人员无法确认的情况下，其同样无法被认定为实际解决的技术问题。

本章案例4－36也涉及对该问题的认定。[1]

该案与前案的相同点在于两案中当事人主张的技术效果在说明书中均未记载，且本领域技术人员基于说明书记载的内容均无法确认该技术效果，但不同点在于该案中专利权人针对该技术问题提交了相关证据，而前案中并未举证。

该案中，专利权人主张SGLT－1高选择性是诉争技术方案实际解决的技术问题之一，但其亦认可该技术效果在说明书中并无明确记载，且本领域技术人员对此并不知晓。为证明该技术效果，专利权人补交了相关实验数据，但相关实验数据的形成时间均晚于申请日。对此，法院认为，申请日之后发现的技术效果不能用于确认诉争技术方案实际解决的技术问题，否则将会对专利先申请制度造成影响。法院同时指出，即便该技术效果在申请日之前已被专利权人获知，但因为其未被说明书记载，且本领域技术人员亦不知晓，所以在创造性判断中同样不应考虑。否则，将会使得专利权人基于其在专利文件中未公开的内容而获得专利权，从而违背公开换保护的基本原则。

---

[1] 参见北京知识产权法院2018京73行初1099号行政判决书。

【案例4-39】制备SGLT2抑制剂的方法[1]

该案涉及的是专利申请号为201410098658.0，名称为“制备SGLT2抑制剂的方法”的发明专利申请，其权利要求6内容如下。

6.（2S，3R，4R，5S，6R）-2-(4-氯-3-(4-(2-环丙氧基乙氧基）苄基）苯基)-6-(羟基甲基）四氢-2H-吡喃-3，4，5-三醇·双（L-脯氨酸）复合物的一种晶体形式，其特征在于X-射线粉末衍射图案具有基本根据图2的峰。

该案与案例4-36均涉及补交实验数据的采信问题，但不同点则在于该案中法院将补交实验数据所证明的技术效果认定为实际解决的技术问题，而案例4-36中未予认定。导致这一区别的原因在于，该案中实验数据所证明的技术效果不仅在说明书中有所记载，本领域技术人员亦可从已公开内容中获得相关实验数据以验证这一技术效果。因此，尽管说明书中并未记载相关实验数据，但并不影响其被认定为实际解决的技术问题。

该案涉及一种晶型，专利申请人主张的技术效果为诉争技术方案具有SGLT2抑制作用，该技术效果在说明书中有记载，但无实验数据，专利申请人在无效宣告请求程序中补交了实验数据。法院认为，补交的实验数据是否可以采信，或者判断说明书文字记载的技术效果是否仅为断言，取决于该技术效果是否属于专利申请人在诉争发明“申请日”之前的技术贡献，以及公众在获知诉争发明之时是否可以确认该效果。如果符合上述要求，则对实验数据的采信既不会使专利申请人获得超出其技术贡献的保护，也不会影响公众利益，这一实验数据所证明的技术效果在创造性判断中应予考虑，而

[1] 参见北京知识产权法院（2018）京73行初2626号行政判决书。

不能仅因其未在说明书中记载相关数据而当然认定该技术效果属于断言式的技术效果。

该案中，专利申请人提交的实验数据来源于在先专利申请，其专利申请人亦为该案专利申请人，在先专利申请与诉争技术方案的关系在于，该申请中的化合物 BQ 即为诉争技术方案的化合物，诉争技术方案的 SGLT2 抑制作用即来源于该母体化合物。

因在先申请文件中可以证明在诉争技术方案的申请日之前专利申请人已通过实验验证了诉争技术方案中的化合物的 SGLT2 抑制效果，而诉争技术方案的 SGLT2 抑制效果来源于其化合物，晶体形式的改变并不会导致其 SGLT2 抑制效果的改变，故该证据可以证明诉争技术方案中记载的 SGLT2 抑制效果并非断言。在对诉争技术方案的创造性判断中考虑该技术效果，并不会使专利申请人获得超出其申请日前所作技术贡献的保护。

此外，因在先申请的公开日亦早于诉争技术方案的公开日，公众在获知诉争技术方案时已可获得在先申请，并确认诉争技术方案的化合物具有 SGLT2 抑制效果，故接受在先申请中的实验数据并不会对公众利益造成损害。基于此，在确定诉争技术方案实际解决的技术问题时，应考虑 SGLT2 抑制这一技术效果。

【案例 4 - 40】二芳基乙内酰脲化合物[1]

该案涉及的是专利号为 ZL200680025545.1，名称为“二芳基乙内酰脲化合物”的发明专利，其权利要求 1 内容如下。

[1] 参见北京知识产权法院（2019）京 73 行初 5353 号行政判决书。

1. 具有下式的化合物：

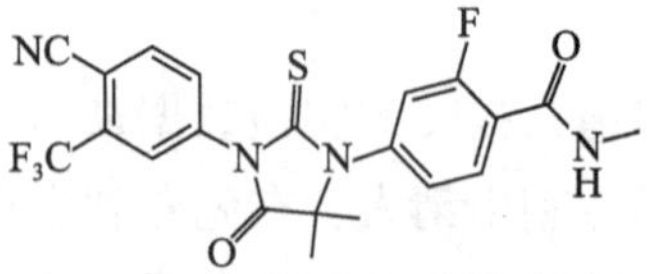

与案例4－39不同，该案中对于补交实验数据所证明的技术效果未予认定。专利权人主张的技术效果为诉争化合物具有更好的高拮抗低激动AR活性效果，并补交了相关证据，主要包括第三方机构所作的证据4化合物41（即最接近的现有技术）的合成报告、前列腺癌母细胞（LNCaP）及过表达雄激素受体的前列腺癌细胞（LNCaP cell/AR）的细胞鉴定、受试物对LNCaP/AR表达雄激素受体的前列腺癌细胞动物抑制瘤模型的体内抗肿瘤药效研究报告等。

法院认为，虽然说明书中记载有高拮抗低激动AR活性效果，且专利权人提交了相关实验数据，但因说明书中所给出的技术效果为“体外实验”中的高拮抗低激动AR活性效果，而补交的实验数据所测试的则是动物“体内实验”中对于肿瘤大小变化的效果，在两种技术效果并非必然对应的情况下，该实验数据无法证明诉争技术方案在“体外实验”中相对于化合物41具有更好的高拮抗低激动AR活性效果。

本章案例4－37也涉及对补交实验数据的认定问题。[1]

该案中补交实验数据的目的在于证明诉争技术方案相较于对比文件4化合物145（最接近的现有技术）具有更好的技术效果。在该补交实验数据中，专利申请人选择的是对比文件4通式范围内的化合物B和化合物C，而非作为最接近现有技术使用的化合物145，与之对比的是诉争技术方案通式化合物中的3个具体化合物，分别

[1] 参见北京知识产权法院（2020）京73行初10016号行政判决书。

为化合物 266、化合物 377 及化合物 A，但在该 3 个化合物中，化合物 266 在说明书中给出了实验数据，化合物 377 虽然在说明书中有记载，但并未给出实验数据，而化合物 A 既未被明确记载在说明书中，亦无相应的实验数据。

针对上述实验数据，法院认为，专利申请人依据补交实验数据想要证明的是诉争技术方案相对于对比文件 4 化合物 145 具有预料不到的技术效果。但在相关实验数据中，与诉争化合物进行对比的并非对比文件 4 化合物 145，而是另外两个化合物。在专利申请人认可对比文件 4 化合物 145 可被制备的情况下，上述对比例的选择不符合常理。尽管被诉决定中对于化合物 145 技术效果的确认是基于对比文件 4 中已公开的测试结果作出的推定，即“对比文件 4 中没有具体测定化合物 145 的杀真菌活性，但本领域技术人员基于对比文件 4 已经公开的杀真菌活性测试结果能够合理预期化合物 145 也具有类似的杀真菌活性”。但在专利申请人认可化合物 145 可被制备，且其已作对比实验的情况下，对于化合物 145 的技术效果不应再通过其他化合物的技术效果进行推定。在专利申请人未测试化合物 145 的技术效果的情况下，对于其有关诉争技术方案相较于化合物 145 具备预料不到的技术效果的主张，法院不予支持。

退一步讲，即便该补交实验数据可用于说明化合物 145 与该申请中两个化合物之间技术效果的不同，但是，因专利申请人主张的是权利要求 1 具备创造性，而不仅仅是该两个化合物具备创造性，因此，其有必要证明上述技术效果的差别适用于权利要求 1 保护范围内的全部具体化合物。但由说明书给出的数据可以看出，表 A 中化合物 53、63、260、307 的全部测试数据均为 0，这也就意味着上述具体化合物不具有任何技术效果。基于此，其相对于对比文件化合物 145 不可能具有更好的技术效果。据此，即便考虑原告提交的补交实验数据，亦不能证明诉争技术方案的全部化合物相较于化合物 145 具有预料不到的技术效果。

（三）实际解决的技术问题对应的技术效果应是区别技术特征的直接具体的技术效果，不能过于上位或者过于下位

1. 过于上位的情形

技术效果的概括包括若干不同层级，用来确定实际解决的技术问题的技术效果应该是直接的、具体的技术效果，而不是过于上位的技术效果。

例如，诉争技术方案是一种炒菜方法，其相较于现有技术唯一的区别特征在于诉争技术方案中会加适量的糖。针对加糖这一区别特征，其技术效果可以是较为具体的“提鲜”，亦可以是更为上位的“好吃”。上述技术效果中与实际解决的技术问题相对应的应是“提鲜”，而非“好吃”。

在实践中，不少案件会存在此种较为上位的认定方式。这种认定方式存在的问题在于其无法发挥实际解决的技术问题这一环节在创造性判断中的功能。实际解决的技术问题对应的是现有技术的缺陷，而确定该缺陷的目的在于确定研发方向，并在此基础上判断本领域技术人员是否会认识到这一研发方向，或者基于这一研发方向是否容易获得诉争技术方案。如果技术问题的认定过于上位，则因其可能会对应几种不同的研发方向，因此，很难针对性地确定与诉争技术方案相关的研发方向，从而难以进行后续的判断环节。

例如，如果将前述技术方案实际解决的技术问题认定为提供一种做菜更好吃的方法，则因为何为好吃存在多个评价维度，提鲜仅是其维度之一，故客观上存在多个研发方向，比如，提鲜、保持原味、锁住水分等。而实际上其他维度的效果均与区别特征无关，亦与诉争技术方案相对于最接近现有技术的研发方向无关，因此，这

种技术问题的认定虽然并没有错误，但对创造性判断并无意义。

本书第一章案例 1－5 即属于对技术问题认定过于上位的情形。[1]

该技术方案涉及的是一种酸奶的制作方法，主要步骤与家庭制作酸奶的流程基本相同，均是将牛奶与发酵剂和酶进行混合发酵，不同点在于诉争技术方案增加了对于原料乳的脱氧工序，此亦为诉争技术方案相对于对比文件 1 的区别特征，即诉争技术方案在对原料乳添加发酵剂及酶这一工序之前增加了脱氧工序。

被诉决定认定的实际解决的技术问题为"如何优化发酵乳自身质量及生产工艺"。因为无论是发酵乳的质量还是生产工艺，均存在多个不同的优化角度，而在该技术问题中无法看出其中哪一个优化角度与脱氧工序相关。因此，这一认定虽然不算错误但过于概括，与脱氧工序这一技术特征缺少直接对应关系，在创造性判断中并不会发挥实质作用。

专利申请人对于实际解决的技术问题进行了细化，认为技术问题在于如何使不同批次的发酵乳获得均一的风味及品质，其依据为说明书第［0010］段中如下记载："本发明基本上是基于这样的思想作出的，即，在使含有酶的原料乳发酵之前对其进行脱氧处理，从而无论乳酸菌与酶的状况为如何，都能够将风味与品质维持在一定状态"。但上述记载仍无法看出发酵乳中哪些品质与脱氧程序具有直接关系。因此，这一主张同样过于概括，缺乏针对性。

实际上，诉争技术方案说明书中对于脱氧工艺的具体的技术效果有相关记载。尤其考虑到对比文件 1（最接近的现有技术）恰为诉争技术方案的背景技术这一因素，诉争技术方案中的记载更具有

[1] 参见北京知识产权法院（2015）京知行初字第 3888 号行政判决书。

针对性。说明书中表1和表2对于脱氧工艺的技术效果作了对比分析。其中，脱氧组选取了4个实施例，非脱氧组选取了2个实施例。经对比，脱氧组中发酵乳在乳糖的分解率、发酵时间方面不同批次的差异均小于非脱氧组。而在硬度方面，无论脱氧组还是非脱氧组，不同批次的发酵乳的硬度都比较均一，但脱氧组的硬度高于非脱氧组。

不仅如此，对比文件2（被结合的现有技术）中对于脱氧工序在发酵乳中的技术效果的对比分析亦可佐证。由说明书表1中的记载可知，相对于非脱氧组，脱氧组在发酵时间、硬度及凝乳刀侵入角度3个方面的效果均优于非脱氧组。与诉争技术方案说明书中的记载基本相同。

基于诉争技术方案及对比文件2中的记载可知，区别技术特征在诉争技术方案中实际解决的技术问题在于使得发酵乳在乳糖的分解率、发酵时间方面更为均一，且在发酵时间、硬度及凝乳刀侵入角度3个方面的效果更好。上述技术问题实际上是对于被诉决定中的“优化发酵乳自身质量及生产工艺”以及专利申请人所主张的“风味与品质维持在一定状态”作了进一步细化，这一具有明确对应关系的技术问题显然有利于本领域技术人员确定研发的具体方向并进行相应的检索。

本书第三章案例3-12同样存在概括过于上位的情形。[1]

该案在本节前文涉及技术效果的认定部分已提到。该技术方案是一种13价肺炎球菌多糖结合疫苗，针对13种肺炎链球菌有效，与13种血清型具有对应关系。最接近的现有技术同样是13价肺炎球菌多糖结合疫苗，其与诉争技术方案的区别技术特征在于，二者

[1] 参见北京知识产权法院（2018）京73行初5019号行政判决书。

的载体蛋白不同，诉争技术方案针对其中两种血清型限定了具体的活化方法。具体表述为诉争技术方案“每种缀合物是多糖－蛋白质缀合物形式，所述载体蛋白是 CRM_{197} 并且其中通过还原胺化实现缀合，并具体限定了血清型 4 和血清型 6A 的活化方法”。

被诉决定认定的实际解决的技术问题是“提供一种具有更强免疫原性的组合物”。该认定类似于前案中的认定的“如何优化发酵乳自身质量及生产工艺”，均存在过于上位的问题，难以在显而易见性的判断中起到实质作用，因此，有必要将其涉及的免疫原性具体化。

由诉争技术方案说明书中的表 3 可以看出，诉争技术方案可以激发 13 种血清型的抗体。对比文件 3 虽亦针对 13 种血清型，但因其说明书中仅对其中 11 种提供了实验数据，故仅能确认其对 11 种血清型具有效果。由此可知，诉争技术方案实际解决的技术问题仅在于提供一种激发 13 种血清型抗体水平的组合物。

本书第一章案例 1－13 中，法院对技术问题进行了细化。[1]

该技术方案涉及一种用于车辆前照灯的光模块，实质是前灯内部的灯结构。该光模块主要包括两部分：冷却体、多个固定在冷却体上的灯单元。灯单元则分别至少包括光源、光源支架和固定在光源支架处的反射器单元。该技术方案的作用在于为车辆提供各种光功能，包括远光、近光等。

诉争技术方案相对于对比文件 1（专利 US2013051058A1）存在 3 个区别特征：①诉争技术方案灯单元直接放置于冷却体的支承面上，但对比文件 1 中的灯单元，包括光源（12）、L 形托架（26）、PCB21 构成的光源支架、反射器（23），与冷却体（22）的

[1] 参见北京知识产权法院（2019）京 73 行初 8019 号行政判决书。

支承面之间设置有调节装置；②诉争技术方案光源支架由电路板形成，但对比文件的光源支架包括 L 形支架（26）及电路板（21）；③诉争技术方案的光源相对于冷却体的支承面为水平设置，对比文件 1 的光源（12）相对于冷却体（22）的支承面为垂直设置。（对比文件 1 中，图 4 – 18 为多个灯单元实际使用状态，图 4 – 19 为单个灯单元的结构）

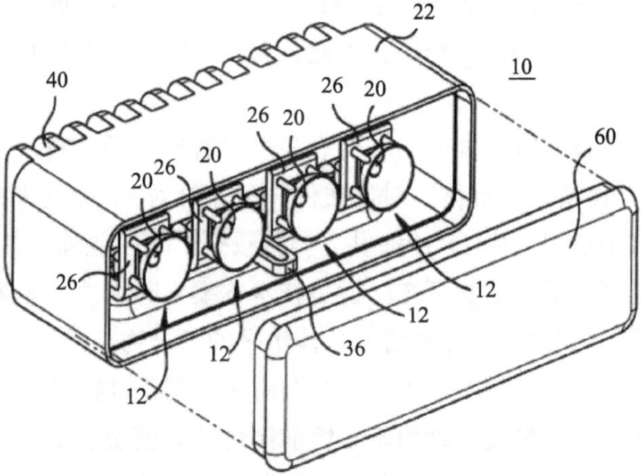

图 4 – 18　对比文件 US2013051058A1 附图 1

被诉决定认定的实际解决的技术问题是，提供另一种光源支架结构。但实际上，该案中区别技术特征的技术效果可进一步细化。与前文中所提及的需要实验数据的技术方案不同，该技术方案属于机械类产品，即便其技术效果在说明书中未明确记载，本领域技术人员基于掌握的知识与能力亦能作出判断。

对于区别特征 1，对比文件 1 中之所以在灯单元与冷却体的支承面之间设置调节机构，其作用在于使得多个灯单元可以“同步”转动，诉争技术方案中因为直接将灯单元可转动地放置在支承面上，所以其虽使得灯单元可转动，但如果存在两个及两个以上灯单元时则不具有“同步”转动的效果。在此基础上，区别特征 2 在诉争技术方案及对比文件 1 中的技术效果均为可转动的固定作用。区别特征 3 的效果则是提供射向不同方向的光。据此，诉争技术方案相对于对比文件 1 实际解决的技术问题在于寻求一种使得灯单元相对于冷却体可转动，但在具有两个及两个以上灯单元时无需同步转动，同时获得与冷却体支承面相垂直的光线的光单元与冷却体之间的连接方式。

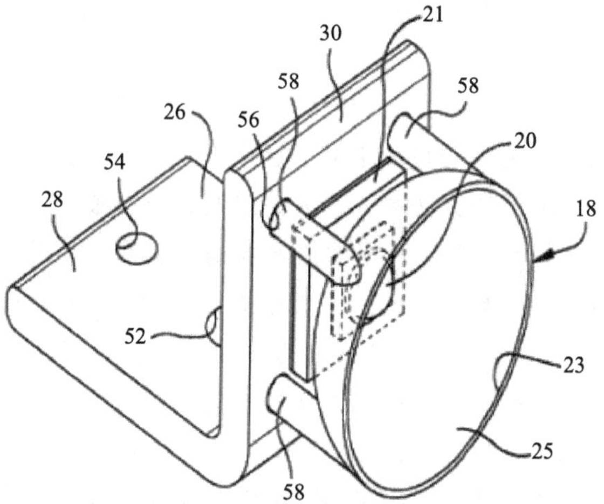

图 4－19　对比文件 US2013051058A1 附图 2

2. 过于下位的情形

实际解决的技术问题不仅不能过于上位，而且不能过于下位。比如，最接近现有技术是不具有减震装置的自行车，而诉争技术方案是具有减震装置的自行车，即便诉争技术方案具有很好的减震效果，但实际解决的技术问题只能是如何减震，而非如何“提高”减震效果。虽然技术问题认定的目的在于确定研发动机与研发方向，但针对同一方向亦存在不同的研发阶段，不能将后一阶段的技术效果用于前一阶段。因此，即便诉争技术方案确实具有某种更为具体的技术效果，但针对最接近现有技术的改进尚未到这一研发阶段，亦不能将其认为实际解决的技术问题。

【案例4－41】发送PDCP层的状态报告的方法以及通信模块[1]

该案涉及的是专利号为ZL201210301159.8，名称为“发送PDCP层的状态报告的方法以及通信模块”的发明专利，其权利要求1内容如下。

1. 一种在移动通信系统中发送分组数据汇聚协议PDCP层的状态报告的方法，在由接收端PDCP层将一系列数据的状态报告发送给发送端PDCP层的方法中，该方法包括以下步骤：由所述接收端PDCP层确定所述一系列数据的接收状态，其中，所述一系列数据是PDCP服务数据单元SDU；由所述接收端PDCP层生成所述PDCP SDU的接收状态报告，该接收状态报告指示是否已在所述接收端PDCP层成功接收到所述一系列数据中的各个数据；以及由所述接收端PDCP层将所述接收状态报告发送给所述发送端，其中，以PDCP控制协议数据单元PDU的格式发送所述接收状态报告，其中，所述接收状态报告包括数据/控制D/C字段、控制PDU类型字段、LSN字段或FSN字段和位图字段，所述LSN字段包括与位图字段内最后一位对应的PDCP SDU的序号SN信息，并且所述FSN字段包括与位图字段内第一位对应的PDCP SDU的序号SN信息，所述位图字段包括针对由所述LSN字段或FSN字段指示的至少一

[1] 参见北京知识产权法院（2019）京73行初10816号行政判决书。

个 PDCP SDU 来指示所述至少一个 PDCP SDU 的接收状态的至少一个指示符，各个指示符指示相应的 PDCP SDU 的接收是成功还是失败，并且其中，通过按照所述 PDU 类型字段、所述 LSN 字段或 FSN 字段以及所述位图字段的次序对这些字段进行排列，来构造所述接收状态报告。

该案中，诉争技术方案与对比文件相比，其区别特征 1 在该专利中采用了位图形式的接收状态报告格式并限定了具体内容，对比文件中并未作上述限定。基于该区别特征，被诉决定认定的实际解决的技术问题为“如何设置 PDCP 状态报告的具体格式”，但专利权人则认为应是“如何在报告 PDCP 服务数据单元接收状态时提高无线资源的效率”，即专利权人强调该技术特征具有更好的技术效果，可以“提高”无线资源的效率。

针对专利权人这一主张，法院认为，实际解决的技术问题虽然通常对应区别特征的技术效果，但如果技术效果包含不同层次，则并非所有层次的技术效果都应被认定为实际解决的技术问题。哪一层次的技术效果需要被认定为“实际解决”的技术问题取决于最接近的现有技术“需要解决”的问题。专利权人主张的技术效果“在报告 PDCP 服务数据单元接收状态时提高无线资源的效率”即便确实存在，因为只有存在不同格式接收状态报告可进行对比的情况下，才会涉及效率是否“提高”问题，而对比文件并未公开接收状态报告的任何格式，所以对比文件需要解决的技术问题不涉及“如何提高”效率，而尚处于“如何设置”状态报告格式可使发送端知晓接收状态这一阶段，两者所处阶段不同。因本领域技术人员均知晓状态报告需要设定具体格式才可实现功能，故被诉决定认定的“如何设置 PDCP 状态报告的具体格式”这一技术问题并无不当。

（四）实际解决的技术问题对应的技术效果应适用于保护范围内的全部技术方案

创造性的判断客体是权利要求中记载的技术方案，因此，实际解决的技术问题所对应的技术效果应适用于保护范围内的全部技术方案。在实践中，记载在说明书中的技术效果在很多情况下对应的是具体实施例。因权利要求一般情况下是在实施例的基础上进行适度概括而得，其范围大于实施例，故具体实施例的技术效果并非当然适用于诉争权利要求内的其他技术方案。因此，在认定实际解决的技术问题时对此应予关注。

仍以炒菜的方法举例，该技术方案中虽有加糖这一步骤，但未对加糖的量进行限定。该技术方案说明书中某一具体实施例记载了加糖具有提鲜的效果，但该实施例中糖的用量为一具体数值。依据生活常识可知晓，并非加入任何重量的糖均会起到提鲜的作用。因此，这一技术效果虽适于该实施例，但并非适用于保护范围内的全部技术方案。如果加糖这一步骤是该技术方案相较于最接近现有技术的区别特征，则提鲜不能被认定为实际解决的技术问题。

本书第二章案例 2－2 即涉及这一问题的认定。[1]

诉争技术方案涉及一种农药，其作用在于杀灭有害真菌，主要包括两个组分：化合物 a、化合物 b。最接近现有技术虽然公开了化合物 a，但未公开其与 b 组分的组合以及用量比。专利申请人认为，a、b 两个组分在限定的重量比范围内的联合使用具有协同增效的作用。因此，诉争专利实际解决的技术问题为提供一种具有协同增效作用的杀真菌混剂，而非被诉决定中所认定的仅仅是提供一种杀真菌混剂。

---

[1] 参见北京知识产权法院（2018）京 73 行初 9342 号行政判决书。

对于两个组分的联合使用，说明书中有 3 个实施例中可看出有协同增效的作用。需要注意的是，3 个实施例中的 a 组分均为同一个具体化合物，而诉争技术方案中对于 a 组分采用的是马库什的限定方式，其中 X、n、R 均包括两个及两个以上的可选项，这一情形意味着 a 组分包括多个具体化合物。此外，3 个实施例中的两个组分采用的是 1∶1 的重量比，而权利要求中的 a、b 两个组分的重量比为 10∶1～0.01∶1，也就是说，权利要求中限定的重量比的上限及下限之间相差 1000 倍。在此情况下，虽然 3 个实施例均具有协同增效的作用，但本领域技术人员无法得出权利要求 1 中 a 组分的全部化合物以 10∶1～0.01∶1 之间任意重量比与 b 组分联合使用均具有协同增效作用。

专利申请人虽主张在具体结构相似的情况下，实施例中所使用的 a 组分中的具体化合物与权利要求范围内的其他化合物具有基本相同的活性。但即便如此，亦仅能说明 a 组分范围内的各具体化合物具有基本相同的活性，而不能当然得出活性基本相同的 a 组分在相差 1000 倍的重量比范围内与 b 组分联合使用均具有协同增效的作用。据此，专利申请人前述有关技术问题的主张不能成立。该案中实际解决的技术问题仅是提供一种杀真菌混剂的替代方案。

【案例 4－42】AKT 抑制剂化合物和阿比特龙的组合及使用方法[1]

该案涉及的是专利申请号为 201280026868.8，名称为“AKT 抑制剂化合物和阿比特龙的组合及使用方法”的发明专利申请，其权利要求 1 和权利要求 10 内容如下。

[1] 参见北京知识产权法院（2018）京 73 行初 4164 号行政判决书。

1. 用于与阿比特龙或者其药用盐使用的式 I_a 的化合物或者其药用盐在制备用于在哺乳动物中处置前列腺癌的药物中的用途，所述式 I_a 为：

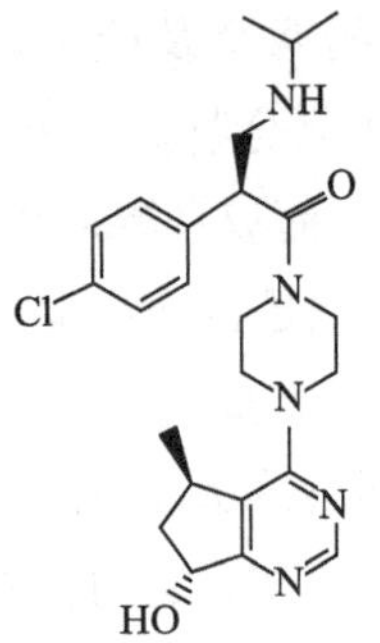

（I_a）

……

10. 权利要求 1～9 中任一项的用途，其中所述组合在治疗过度增殖性病症中提供协同效应。

该技术方案在第二章第二节已有提及，是用途权利要求，涉及两个化合物的联合用药，用途为治疗前列腺癌，该两个化合物分别为“阿比特龙”与“式 I_a 化合物”。专利申请人主张“式 I_a 的化合物或者其药用盐”与“阿比特龙或者其药用盐”的组合使用在治疗中具有协同效应，因此，权利要求 10 具备创造性。依据诉争技术方案说明书中的记载，诉争技术方案中的“协同”是指比两种或更多种单个药剂累加效应更有效的治疗组合。

专利申请人用以证明其主张的依据为说明书附图 1 中的相关数据。从相关数据可以看出，在组合使用“式 I_a 的化合物或者其药用盐”与“阿比特龙或者其药用盐”的情况下，肿瘤体积的缩小效果好于单独使用上述任一种药物的效果的累加。但是，附图 1 中的两种药物均给出了特定的剂量（分别为 40mg/kg 与 200mg/kg），而权利要求 10 中未对剂量进行限定。本领域技术人员均知晓，特定剂量的联合用药具有协同作用，并不当然意味着其他剂量同样具有协同作用，在权利要求 10 对于剂量未予限定的情况下，这一协同效果不能视为权利要求 10 的技术效果，相应地，协同作用亦不构成诉争技术方案实际解决的技术问题。

（五）实际解决的技术问题应对应与最接近现有技术的技术缺陷相关的技术效果

在实践中，区别技术特征使得诉争技术方案可能存在多个技术效果，但这些技术效果并非均必然构成诉争技术方案实际解决的技术问题。前文中已提到，确定实际解决的技术问题的目的在于确定基于最接近现有技术而产生的具体研发方向。因此，如果诉争技术方案的某一技术效果在最接近现有技术中并不存在对应的技术缺陷，则因为不会引发本领域技术人员的改进动机，从而无需认定这一技术效果构成实际解决的技术问题。

仍以儿童用四轮自行车举例，相较于成人两轮自行车这一最接近现有技术，其区别特征在于尺寸不同且有两个侧轮，侧轮具有如下两个技术效果：在驾驶过程中避免倾倒，以及在停车时支撑自行车。因为成人自行车有支撑部件，不存在停车时无法支撑这一技术问题，本领域技术人员没有解决该问题的需求，所以该两个技术效果中只有第一个技术效果（即避免倾倒）有必要认定成实际解决的技术问题。当然，儿童用自行车中侧轮的设置使得成人自行车原有的支撑部件需要被取代，从而产生支撑问题。但这一问题并非最接近现有技术存在的问题，而仅是在研发过程中产生，因此，在实际解决的技术问题实际上相当于最接近现有技术的技术缺陷的情况下，支撑问题无需认定为实际解决的技术问题，而仅需在后续环节考虑该特征是否显而易见。

需要注意的是，在哪一阶段考虑支撑问题对于创造性判断的结果可能会产生实际影响。如果采用与研发过程相匹配的判断逻辑，采用的判断思路是：因为最接近的现有技术成人自行车具有无法使儿童掌握平衡从而导致倾倒的技术缺陷，所以本领域技术人员产生解决这一问题的研发需求。针对该技术问题，本领域技术人员无需创造性劳动可以获得增加侧轮这一解决手段。在采用这一解决手段的情况下，虽然可解决最接近现有技术本身的技术缺陷，但因为侧轮的设置会取代原来成人用自行车支撑部件的位置，从而无法使用原有的支撑部件，所以产生新的支撑问题。但本领域技术人员完全可以意识到这一问题，并知晓侧轮在防止倾倒的同时具有支撑作用，侧轮这一技术手段在解决原有平衡问题的同时，亦解决了支撑问题。因此，区别特征的获得无需付出创造性劳动，诉争技术方案不具备创造性。

但如果机械地将实际解决的技术问题对应于区别特征具有的全部技术效果，则分析思路变为：区别特征在诉争技术方案中同时具有保护平衡与解决支撑两个效果，因此，需要考虑的是本领域技术人员是否会产生解决上述两个问题的动机，并基于该动机获得诉争区别特征。如果本领域技术人员不会产生解决动机，或无法获得诉争区别特征，均可以认定其具备创造性。针对最接近现有技术成人自行车，本领域技术人员通常只会产生解决平衡问题的动机，而不会产生解决支撑问题的动机，诉争技术方案的获得也就具备创造性。这一思路与真实的研发思路并不匹配，因此，得出的结论并不合理。

【案例4－43】可缩回注射器❶

该案涉及的是专利号为ZL201520893201.9，名称为“可缩回

❶ 参见北京知识产权法院（2019）京73行初12949号行政判决书。

注射器”的实用新型专利，其权利要求1内容如下。

1. 可缩回注射器，具有筒体和能够在所述筒体内移动的柱塞，所述筒体具有设置在其前部内的压盖组件，所述压盖组件容纳可移动的针接口，皮下注射针连接至该针接口；其特征在于，弹簧设置在所述压盖组件和所述针接口之间，从而趋于将所述针接口推入所述筒体；其中，所述柱塞具有能够收纳所述针接口的内腔；其中，所述针接口在使用前被止动装置保持在位，防止所述针接口移动进出所述筒体；所述止动装置包括一个或者多个位于所述针接口中的止动区，所述一个或者多个止动区具有在被结合时能够防止所述针接口在所述筒体的内部或者外部移动的轮廓，以及一组弹性爪，所述弹性爪具有与占据所述一个或者多个止动区的一个或者多个止动件互补的轮廓，所述一个或者多个止动件的内轮廓为正方形或者矩形，从而克服所述偏压元件的推力将所述针接口锁固在位，其中所述弹性爪的上区域具有倾斜远离所述针接口的倾斜面，使得当被沿注射方向移动的元件结合时，所施加力由此能够有助于推动所述弹性爪远离所述针接口，从而释放所述针接口，并且使所述弹簧能够将所述针接口推入所述柱塞内，其中，所述柱塞与所述针接口结合，促使所述止动装置释放，使所述弹簧能够将所述针接口推入所述柱塞的所述内腔内。

诉争权利要求撰写得虽然复杂，但实际产品相对简单。其涉及一种注射器，基本上相当于日常生活中的医用注射器。主要部件是筒体和位于筒体内的针接口（即针头），因为针接口在注射过程中需要伸出或缩回，因此需要止动装置使其在向上或向下的过程中固定位置，该止动装置主要包括两个部件：止动区、弹性爪。二者分别设置在针接口和筒体上，因为二者在形状上的互补关系，从而起到固定针接口的作用。

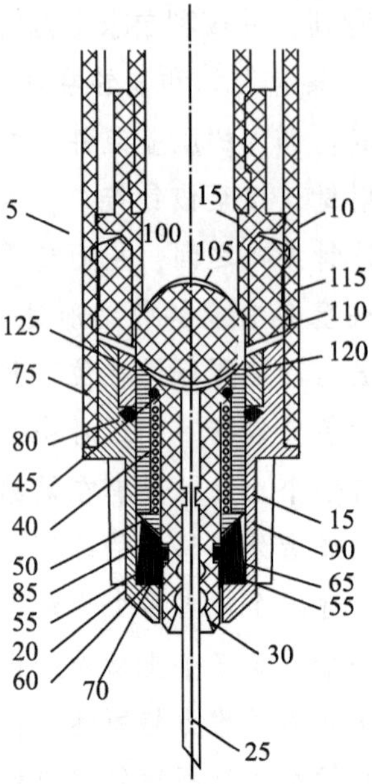

图 4-20　涉案专利 ZL201520893201.9 附图

该案的区别特征在于止动装置，具体为“权利要求 1 中的止动区的内轮廓为正方形或者矩形，弹性爪具有与占据止动区互补的轮廓，对比文件 1 的技术方案中的可释放锁定装置（4）中的挡块凸缘（30）与抵接肩部（31）的结合轮廓为一具有一定角度的双边结构，即两个技术方案中的止动组件的轮廓形状存在差别”，如图 4-20 和图 4-21 中黑色阴影部分所示。

因为诉争技术方案的止动区与弹性爪之间在上、下两边均存在贴合关系，所以诉争技术方案可以实现对针接口内、外两个方向的位置锁定（即诉争技术方案既可以防止针接口向筒体内移动，又能防止向外移动）。而对比文件 1（专利 WO03066144A1）因只有一边具有贴合关系（类似于门和门挡的关系），故只可以实现一个方向的锁定，即只能防止针接口向内移动。基于此，区别特征使得诉争技术方案具有的技术效果既可以在使用过程中避免针接口缩回筒体内，又可以避免其从前端脱出。对比文件因无形状上的匹配关系，只可以避免针管回缩，但不可以避免针接口脱出。

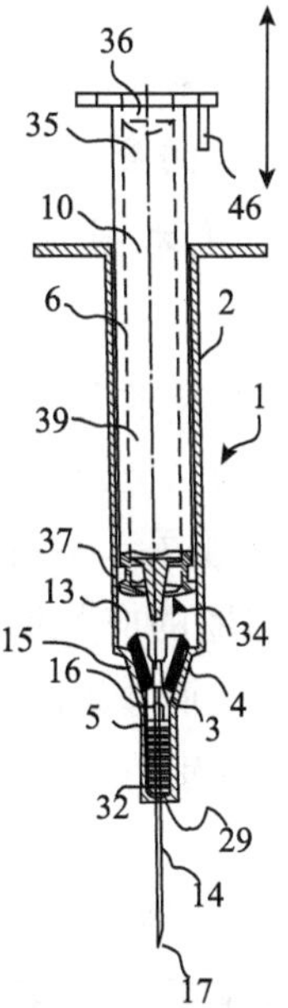

图 4－21　对比文件 WO03066144A1 附图

专利权人认为区别特征的两个技术效果均应被认定为实际解决的技术问题，但法院则认为避免针接口脱出这一效果在该案中无需考虑。原因在于实际解决的技术问题的认定目的在于确定研发动机，而对于最接近现有技术不存在的问题，即便属于诉争技术方案的技术效果，亦因其不会产生相应的研发动机，从而无需认定为实际解决的技术问题。对于针接口向前端脱出这一问题，对比文件1设置了另一部件可解决该问题，即在管状管口（2）设置有管状末端（29）以避免设置在其内的针组件（3）从前端脱出，故避免脱出这一技术效果并非对比文件中需要克服的技术缺陷。在对比文件中并不存在该技术缺陷的情况下，本领域技术人员基于该对比文件不会产生解决避免从前端脱出这一需求，因此，实际解决的技术问题仅是提供一种替代手段以避免针接口缩回筒体内。

（六）实际解决的技术问题是区别特征作用于现有技术“已公开”内容所产生的技术效果，而非“区别特征”本身的功能

在创造性判断中，本领域技术人员研究的仅可能是最接近现有技术已公开内容中存在的问题。至于诉争技术方案中的区别特征及其本身的功能，其属于研发成果，不可能出现在研发过程中。因此，构成实际解决的技术问题的应是区别技术特征作用于“已公开”内容而产生的技术效果，而非该区别技术特征本身的功能。但二者之间具有因果关系，即区别特征的功能使得已公开部分产生相应技术效果。

例如，诉争技术方案与最接近现有技术均涉及一种烧开水的方法，区别在于诉争技术方案是用火，但现有技术用微波。诉争技术方案中火这一技术特征的功能在于加热，而加热功能产生的技术效果是使水（即已公开内容）沸腾。因此，实际解决的技术问题应是如何使水沸腾，而非如何加热，亦即提供另一种使水沸腾的方法。由此可看出技术效果与功能的区别。

之所以需要区分功能与技术效果，原因在于技术效果与“已公开”内容相关，而功能与“未公开”的区别特征相关。在将与公开内容相关的技术效果认定为技术问题的情况下，因解决该技术问

题的手段可能有多种，而每种技术手段的功能可能并不相同，因此，诉争技术方案采用的区别特征及其功能对于本领域技术人员可能并不容易想到。但如果将功能认定为技术问题，可能会忽略对于功能的选择这一判断环节，从而使得原本非显而易见的技术特征成为显而易见的技术特征。

例如，诉争技术方案与最接近现有技术均涉及一种药品储存方法，具体为在同一容器中储存可用于联合用药的两种药片。两个技术方案的区别在于，诉争技术方案在容器中使用挡板将两种药片分开存放，而最接近现有技术中则将二者混放。针对挡板这一区别技术特征，其具有的“功能”是将两种药片分隔开，但相应的“技术效果”则在于避免两种药片混放对稳定性的影响，从而延长有效期。基于此，诉争技术方案实际解决的技术问题在于如何延长有效期，而非如何将两种药片分隔开。该例中作上述区分的意义在于，如果将技术问题认定为如何将两种药片分隔开，则对于本领域技术人员而言，很容易想到挡板这一技术手段，因此，诉争技术方案会被认定不具备创造性。但实际上，对于最接近现有技术为有效期较短，本领域技术人员可能并不知晓系由两种药片混放所带来，这也就意味着可能不会想到需要将二者分隔开存放，相应地，可能不会想到采用挡板这一技术手段，因此，这一区别特征的获得非显而易见。

在案例 4－43 中提及的可缩回注射器案中❶，被诉决定认定的实际解决的技术问题为“利用止动区与弹性爪实现对针组件两个方向的位置锁定”。被诉决定存在的问题便在于混淆了区别特征对于已公开内容产生的效果与区别技术特征本身的功能。

---

❶ 参见北京知识产权法院（2019）京 73 行初 12949 号行政判决书。

该案中，区别技术特征体现为止动区与弹性爪的形状及形状之间的互补关系（或者说三边贴合关系），这一特征的“功能”在于使得止动区与弹性爪相互锁定。该功能对于现有技术已公开内容产生的“技术效果”则体现在针接口的脱出或缩回上。因区别特征中的止动区实际上是针接口的一部分轮廓，因此，止动区与弹性爪之间的锁定功能会传导给针接口，使得针接口不会脱出或缩回筒体，此为技术效果。被诉决定认定的技术问题中的“两个方向的位置锁定”，应为区别技术特征的功能，而非其作用于现有技术已公开内容而产生的技术效果。实际上，对于避免脱出或缩回这一技术效果，并非仅仅通过“两个方向的位置锁定”这一功能达到，亦可以通过其他方式达到。因此，判断前述区别技术特征是否容易想到，首先需要判断的是其是否容易想到通过位置锁定以达到避免脱出或缩回的技术效果，如果容易想到，再考虑是否容易想到通过区别技术特征以实现位置锁定，而非直接判断为实现位置锁定，是否容易想到采用区别技术特征。

（七）实际解决的技术问题中不能包括区别技术特征

确定实际解决的技术问题的目的在于判断本领域技术人员是否具有针对特定研发方向的研发动机，在具有研发动机的情况下，才需要进一步判断区别技术特征是否显而易见。这一判断过程说明本领域技术人员在产生研发动机时区别技术特征尚不存在，因此，为判断改进动机而确定的实际解决的技术问题中必然不可能包括区别技术特征。

需要注意的是，不应包括的技术特征既包括权利要求中记载的区别技术特征，也包括对其进行上位概括而得到的技术特征。不过，这一要求并非意味着实际解决的技术问题中不能包括任何技术特征，其仅是不可包含“区别”技术特征，但可以包括“已公开”

的技术特征。因技术问题对应于技术效果，而技术效果必然依附于具体的技术特征，故实际解决的技术问题中必然会包括已公开的技术特征。

仍以儿童用四轮自行车举例，相较于最接近现有技术成人自行车，其区别技术特征是具有两个侧轮。如果将实际解决的技术问题认定为“如何增加车轮以解决驾驶平衡问题”，则其中包含了车轮这一区别技术特征，这一做法不被允许。但如果将实际解决的技术问题认定为“如何设置支撑件以避免倾倒问题”同样不被允许。其虽未包括权利要求中记载的技术特征，但支撑件实际上是对两个侧轮的上位概括，其同样属于区别技术特征范畴。上述做法存在的问题在于，如果实际解决的技术问题中包括了区别特征，则诉争技术方案很可能会被认定不具备创造性。试想，为解决如何增加“车轮”或“支撑件”以避免倾倒问题，本领域技术人员容易想到增加两个侧轮这一技术手段。因此，合理的认定应是如何使自行车在驾驶过程中不倾倒。虽然其中的自行车同样属于技术特征范畴，但其属于对比文件已公开的技术特征，因此，可以被包含在实际解决的技术问题之中。

【案例4－44】在无线通信系统中有效地发送控制信号的方法❶

该案涉及的是专利号为ZL200980000101.6，名称为“在无线通信系统中有效地发送控制信号的方法”的发明专利，其权利要求1、2内容如下。

1. 一种在无线通信系统中由用户设备（UE）执行的混合自动重传请求（HARQ）执行方法，该方法包括以下步骤：接收指示集

❶ 参见北京知识产权法院（2019）京73行初10812号行政判决书。

束下行链路子帧的数量的集束指示符，所述集束下行链路子帧中的各个子帧用于发送一个或多个码字；通过将所述集束指示符与检测到的集束下行链路子帧的数量进行比较，来确定是否丢失了至少一个集束下行链路子帧；当没有丢失集束下行链路子帧时，生成代表ACK/NACK信号，其中，如果成功地接收了检测到的所述集束下行链路子帧中的全部码字，则该代表ACK/NACK信号是ACK信号，否则该代表ACK/NACK信号是NACK信号；以及在上行链路信道上发送所述代表ACK/NACK信号。

2. 根据权利要求1所述的方法，其中，如果丢失了至少一个集束下行链路子帧，则不发送所述代表ACK/NACK信号。

该技术方案涉及的是一种向基站重传信号的方法，解决的是当向基站发送信号出现错误时如何重传信号的问题。被诉决定中认定诉争专利权利要求2与最接近现有技术证据10相比存在的区别特征为权利要求2中有如下限定："ⅰ. 当没有丢失集束下行链路子帧时，生成代表ACK/NACK信号，其中，如果成功地接收了检测到的所述集束下行链路子帧中的全部码字，则该代表ACK/NACK信号是ACK信号，否则该代表ACK/NACK信号是NACK信号；ⅱ. 如果丢失了至少一个集束下行链路子帧，则不发送所述代表ACK/NACK信号"。

证据10同样公开了上述特征中涉及的3种需要重传的情形，但针对其中两种情形（即没有丢失子帧但接收有错误的情形，以及有丢失子帧的情形），诉争权利要求2与证据10在向基站反馈信息的具体反馈方式上有所不同。证据10对反馈方式未作区分，即在两种情形下均向基站发送NACK信号。诉争专利权利要求2采用了以下不同的反馈方式：在没有丢失子帧但接收有错误的情况下，发送NACK信号；在丢失子帧的情况下则不发送ACK/NACK信号。

因为无论采用诉争权利要求 2 的反馈方式，还是证据 10 的反馈方式，其技术效果并无不同（即均是导致基站向终端重发信息），所以诉争技术方案相较于证据 10 仅是提供了一种替代的技术手段。基于此，法院认定，诉争技术方案实际解决的技术问题是提供另一种具体形式的反馈信息以触发基站重传机制。

专利权人主张实际解决的技术问题应为“如何使得基站更准确地区分终端对于数据的不同接收状态”，但因上述内容实际上属于技术特征范畴，而非对技术效果的描述，因此，未被法院接受。具体来说，诉争技术方案实际解决的技术问题（即触发基站重发数据）是通过“区分终端对于数据的不同接收状态反馈不同信息”（即原告主张的技术问题）这一技术特征以实现，其虽然与区别特征在文字上不对应，但仍属于对于区别特征的上位概括，在区别特征范畴内，因此，其不应被认定为实际解决的技术问题。

前文中已提到，实际解决的技术问题中并非不能包括技术特征，而只是不能包括区别技术特征，其所包括的技术特征应是最接近的现有技术已公开的内容。该案中，法院认定的实际解决的技术问题中的“提供另一种具体形式的反馈信息”，便涉及了提供反馈信息这一技术手段。但证据 10 已经公开了一种“具体形式的反馈信息”。因此，其虽然属于技术特征范畴，但属于已公开的技术特征，并不妨碍将其纳入实际解决的技术问题中。而专利权人主张的“区分终端对于数据的不同接收状态”则属于区别技术特征范畴，不能被认定构成实际解决的技术问题。

实际上，专利权人所主张的“区分终端对于数据的不同接收状态”，与证据 10 和诉争技术方案中相应区别特征具有逐层递进的关系。三者中，最为上位的概括是证据 10 公开的内容，即通过反馈信息以触发重传机制。在此基础上，需要进一步对反馈信息是否相同进行选择。诉争技术方案采用的是区分情形反馈不同信息的做法(即专利权人主张的技术问题)，证据10采用的是不区分情形均反馈相同信息的做法。进一步的限定则针对的是反馈信息的具体形式(即诉争技术方案中的区别特征)。基于上述分析可以看出，专利权人主张的“区分终端对于数据的不同接收状态反馈不同信息”这一技术手段亦未被证据10公开，故其不应出现在实际解决的技术问题中。

本章案例4－34中，法院则认定被诉决定中认定的技术问题不包括区别技术特征。[1]

该案中，诉争技术方案相对于证据1的区别技术特征在于“单元框架具有与作业台车的第二面相通的开口部”。其中第二面就是背面。因此，区别特征的实质在于诉争技术方案在背面设置开口，其作用在于可以从单元框架的“背面”拆卸作业台车。而证据1在背面并无开口设置，其是从单元框架的“侧面”拆卸作业台车。基于此，证据1所存在的技术问题是从侧面拆卸这一技术手段导致的缺陷。

被诉决定中认定的实际解决的技术问题为“如何从作业台车背面进行维护”，“第二面”（即背面）是区别特征的内容，看起来似乎该技术问题中包含了区别特征，正因如此，专利权人认为技术问题应仅仅是“如何对作业台车进行维护”，而非对作业台车“从背面”进行维护。但实际上，就此类纺纱设备而言，现有技术中对于作业台车的维护“通常从作业台车的背面进行作业”。考虑到现有技术的这一情形，可以想见，证据1中的从“侧面”拆卸作业台车的方式，对于从作业台车“背面”的维修而言显然并非方便有效的

[1] 参见北京知识产权法院（2016）京73行初1776号行政判决书。

方式。因此，证据1中所存在的技术缺陷在于不利于从作业台车的“背面”对其进行维护。相应地，诉争技术方案实际解决的技术问题在于如何有效地从作业台车的“背面”对其进行维护。

此外，专利权人亦主张对于实际解决技术问题的认定不应以诉争专利背景技术中所记载的技术问题为准，但被诉决定中采用了诉争专利说明书中所记载背景技术中的技术问题，因此认定有误。实际上，被诉决定中并未直接使用背景技术中所记载的技术问题，而仅是对背景技术部分的技术事实进行了引用，即本领域中对作业台车本身的维护通常是从背面进行。即便被诉决定中使用的是背景技术所记载的技术问题，亦并非当然不被允许。因为诉争技术方案的技术效果在于有利于从背面进行维护，所以只要该技术效果在最接近现有技术中并不存在，即可认定其为实际解决的技术问题，至于是否被记载在背景技术部分均不影响这一认定。

在前述技术问题认定的基础上，为解决证据1所存在的不利于从作业台车的“背面”对其进行维护这一技术问题，本领域技术人员基于常理均会想到在单元框架背面开口，以便于从作业台车后面对其进行维修，而该技术手段便是诉争技术方案所采用的技术手段，因此，诉争技术方案不具备创造性。

第五章　非显而易见性的判断

第一节　概　述

一、第三步与第一步、第二步的关系

针对“三步法”中的第三步，《专利审查指南（2010）》第二部分第四章第3.2.1.1节规定：“判断要求保护的发明对本领域的技术人员来说是否显而易见。在该步骤中，要从最接近的现有技术和发明实际解决的技术问题出发，判断要求保护的发明对本领域的技术人员来说是否显而易见。判断过程中，要确定的是现有技术整体上是否存在某种技术启示，即现有技术中是否给出将上述区别特征应用到该最接近的现有技术以解决其存在的技术问题（即发明实际解决的技术问题）的启示，这种启示会使本领域的技术人员在面对所述技术问题时，有动机改进该最接近的现有技术并获得要求保护的发明。如果现有技术存在这种技术启示，则发明是显而易见的，不具有突出的实质性特点。”

虽然“三步法”中包括三个步骤，但实际上只有第三步是“真正意义上的创造性判断”。第一步和第二步中确定的内容只是第三步显而易见性判断时需要用到的前提条件。以数学题进行类比，

第一步和第二步的作用相当于确定题干，而第三步才是真正的解题过程，只有题干内容确定之后，才有可能解题。也就是说，在“三步法”中，只有在第一步和第二步确定之后，才可以判断在第一步（即最接近现有技术）为起点的情况下，本领域技术人员是否可以发现第二步所确定的技术问题，以及为解决该技术问题是否容易想到第二步所确定的区别技术特征。

在三个步骤中，前两步基本是客观认定。也就是说，无论是最接近的现有技术，还是区别特征和实际解决的技术问题，基本上不应该因判断主体的不同而不同。只有到第三步显而易见性的判断时，才会涉及主观因素。即需要依据本领域技术人员所掌握的知识和能力，在前两步确认的事实基础上进行相应判断。虽然本领域技术人员的知识和能力在理论上应具有统一的标准，但因实践中很难实现真正的统一，故在这一步骤的认定中可能出现不同的判断主体给出不同结论的情形。但是，主观因素的存在并不意味判断结论完全不可预测，在这一过程中同样有其客观规则。在依据同样的规则进行判断的情况下，会最大程度减少主观因素对判断结果的影响。

二、非显而易见性的基本判断原则——将判断过程置于真实的研发过程中

在显而易见性的判断过程中自始至终需要贯彻的基本原则是，将整个判断过程置于真实的研发过程中进行判断。也就是说，审查员或者法官将自己假定为本领域技术人员，设想自己在最接近现有技术为起点的情况下会如何推进整个研发过程，在每一个研发环节可能会做什么，可能会产生什么问题，又如何去解决。

真实的研发过程大体分为三大步骤：发现问题、分析问题、解决问题。具体而言，本领域技术人员首先会发现最接近现有技术存

在的技术问题，从而产生研发的动机；分析该技术问题产生的原因，找到相应的技术手段；将技术手段使用在现有技术中看是否可以解决技术问题；如不可以解决该技术问题或者虽然可以解决该技术问题，但可能会产生其他技术问题，继续进行下一步调整；调整之后再行测试，等等。如果在上述任一环节中，会出现诉争技术方案，则均可以认定诉争技术方案不具备创造性。

例如，相较于两轮自行车这一现有技术，本领域技术人员会发现对于儿童存在容易倾倒的问题。分析这一问题，得出原因在于儿童在骑行过程中难以保持平衡，基于此，本领域技术人员会想到增加支撑点这一手段。之后，则需要考虑的是采用何种支撑部件以支撑，因该部件需要既可以支撑又可以转动，故技术人员会选择侧轮作为支撑部件。之后，则需要进一步确定具体的安装位置。为起到平衡作用，侧轮至少安装在自行车的中部以后，但如果选择安装在中部脚踏两侧，虽然可以起到平衡作用，但无法骑行，因此，需要将其后移至后轮中部。至此，即可得到儿童四轮自行车这一技术方案。

将其对应于具体案件，诉争技术方案为儿童用四轮自行车，最接近的现有技术为两轮自行车，二者有两个区别技术特征：其一为增加两个侧轮，其二为该两个侧轮位于后轮的中间两侧，实际解决的技术问题在于如何在骑行过程中使儿童不致倾倒。

如果本领域技术人员无法发现两轮自行车存在使儿童在骑行过程中容易发生倾倒的问题（即无法发现最接近现有技术存在的缺陷或诉争技术方案实际解决的技术问题），或者虽然可以发现该问题，但不知晓该问题产生的原因（即儿童在骑行过程中难以保持平衡），则均不可能针对该问题产生解决手段，也就意味着不可能产生基于解决倾倒问题的研发动机，从而不可能获得后部的两个侧轮（即区别技术特征），该技术方案必然具备创造性。

也可能存在的情况是，本领域技术人员虽然可以发现两轮自行车存在使儿童在骑行过程中倾倒问题，也可以分析出导致该问题的原因，但无论是惯用技术手段，还是可检索到的现有技术中，均未给出侧轮的技术启示，或者与侧轮的技术构思相类似的手术手段，则此种情况下，侧轮的获得同样非显而易见，该技术方案亦具备创造性。

再如前文中所举联合用药储存方法的例子，最接近现有技术是一种药品储存方法，其储存的是用于联合用药的两种药片，该两种药片置于同一容器中处于混放的状态，其存在的技术问题在于有效期较短。本领域技术人员分析该技术问题之后，发现导致该问题的原因在于二者混放使得二者中的相关成分发生反应，从而影响药片的稳定性，并进而影响有效期。基于此，本领域技术人员采用了挡板将两种药片分隔开存放，避免二者相接触，从而形成诉争技术方案。

将其对应于具体案件，最接近现有技术与诉争技术方案的区别在于诉争技术方案在容器中使用挡板将两种药片分开存放，而最接近现有技术则将二者混放。基于此，诉争技术方案实际解决的技术问题在于如何延长有效期。如果本领域技术人员无法发现最接近现有技术存在有效期较短的问题，或者虽然可以发现这一问题，但不知晓导致这一技术问题的原因（即二者混放），或者虽然可以发现这一原因，但无法找到解决的技术手段（即挡板），均无法获得诉争技术方案。换言之，诉争技术方案的获得非显而易见。

将创造性置于真实的研发情境下进行判断，意味着在适用“三步法”时需要充分理解各个步骤之间的逻辑关系，将其作为相互作用的有机整体进行对待，而非孤立地考虑各个因素，这会使得案件中的判断更具有逻辑性和说理性，并在相当程度上更符合客观规律。

比如，在一些案件中，置于真实研发情境下的考虑可以完美解决针对最接近现有技术中并不存在的技术问题的研发动机问题。研发动机是创造性判断的必要条件，其通常与最接近现有技术的技术问题密切相关。但一些案件中，诉争技术方案解决的技术问题在最接近的现有技术中并不存在。如果孤立地考虑针对该技术问题的研发动机，则只能得出否定的结论。但如果将其置于真实的研发过程中，则会发现随着研发的推进会产生一些原本不存在的技术问题。因此，不能仅因最接近现有技术中不存在这一技术问题，而当然认定不存在研发动机。

此外，这一原则的适用对于从属权利要求创造性的评述具有更为普遍的适用性。对于独立权利要求而言，即便研发动机并不完全来源于最接近现有技术，但至少是部分来源。从属权利要求则不然，从属权利要求是对独立权利要求的进一步限定，而附加技术特征解决的技术问题，很多情况下均与最接近现有技术的技术问题无关。因此，从属权利要求研发动机的判断更多关注的是其是否来源于本领域的常规需求，而非最接近的现有技术，这一关注的产生即是来源于真实的研发过程。

【案例 5－1】离心式散热扇系统及其离心式散热扇[1]

该案涉及的是专利号为 ZL201210371367.5，名称为“离心式散热扇系统及其离心式散热扇”的发明专利，其权利要求 1 内容

[1] 参见北京知识产权法院（2017）京 73 行初 8177 号行政判决书。

如下。

1. 一种离心式散热扇系统，其特征在于，其包含：一个系统壳体（1），设有一个容置空间（11）及一个导流壁面（12）；一个离心式散热扇（2），设置于该系统壳体的容置空间（11）内，该离心式散热扇包含一个扇框（21）、一个马达（22）及一个扇轮（23），该扇框包含一个基板部（211）及一个盖板部（212），该基板部及该盖板部之间设有一个侧墙部（213），该扇框（21）设有一个进风口（2121）及一个出风口（2131），该进风口设于该盖板部（212），该出风口设于该侧墙部（213），该马达设置于该扇框内部，该扇轮能够旋转地结合该马达；以及数个吸震缓冲件（3a 3b），设置于该扇框的进风口周边，该数个吸震缓冲件之间具有间距，该数个吸震缓冲件设有相对的一个结合端（31）及一个吸震端（32），该结合端（31）结合于该扇框的盖板部，该吸震端（32）抵接该系统壳体的导流壁面（12），该扇框与该导流壁面之间形成侧向导流空间（s）。

该技术方案涉及的是一种散热扇，其用途之一是用于电脑主机的散热，主要部件包括壳体（1）、散热扇（2）、吸震缓冲件（3a 3b），如图 5－1 和图 5－2 所示。三者之间的位置关系是：散热扇置于壳体内，二者之间设置吸震缓冲件。该产品有两个常规需求，即散热与减震防震。因为有散热的需求，故此类产品需要考虑足够的进风。此外，需要设置相应减震部件，以解决此类产品使用过程中的震动问题。该技术方案可以同时解决上述两个技术问题。

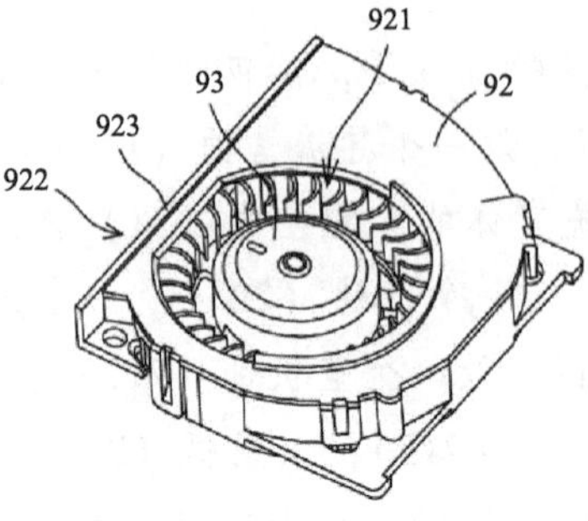

图 5－1　涉案专利
ZL201210371367.5 附图 1

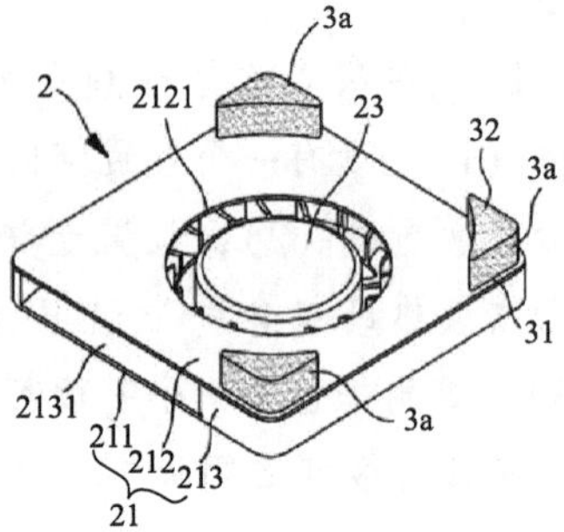

图 5－2　涉案专利
ZL201210371367.5 附图 2

诉争技术方案与最接近的现有技术的区别在于缓冲件的设置。诉争技术方案的吸震缓冲件（3a、3b）有数个且相互之间具有间距，这一设置使得扇框与该导流壁面之间可以形成侧向导流空间，有利于通风散热，但对比文件（专利 JP2007247444A）中的缓冲件（9）为环件，不具有这一效果，如图 5－3 和图 5－4 所示。

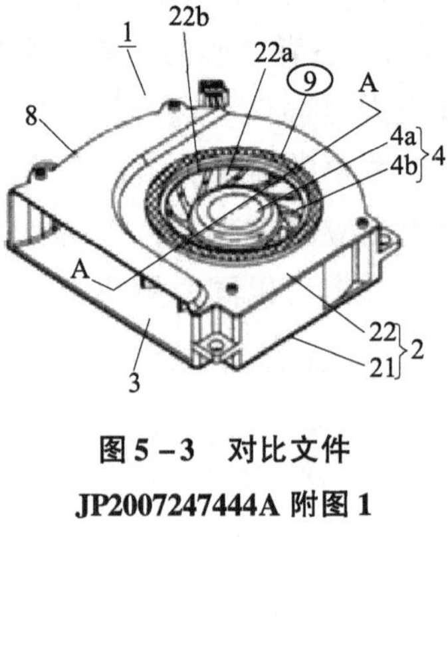

图 5－3　对比文件
JP2007247444A 附图 1

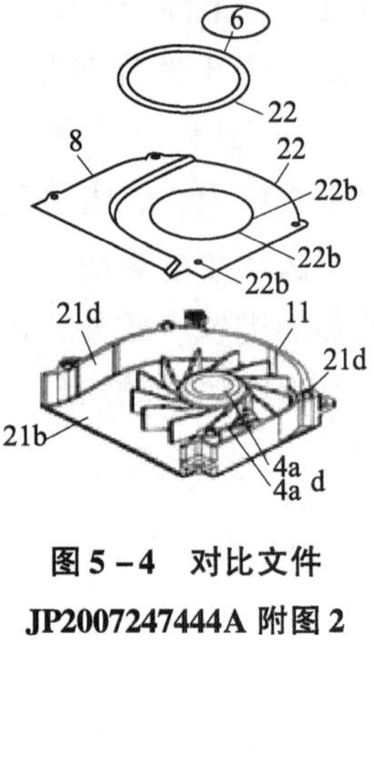

图 5－4　对比文件
JP2007247444A 附图 2

专利申请人有关该技术方案具备创造性的理由之一在于诉争技术方案不仅能够保证足够进气，而且具有减震和防震作用。但对比文件不存在减震和防震问题，因此，针对该问题并未给出技术启示。也就是说，专利申请人认为本领域技术人员并不会基于对比文件而产生减震和防震的研发动机，因此，诉争技术方案具备创造性。

判断该主张是否成立，需要考虑的是研发动机是否仅来源于最接近现有技术。如果仅来源于最接近的现有技术，则在对比文件中不存在减震和防震问题的情况下，本领域技术人员将不会产生针对减震和防震的研发动机，相应地，不会想到用于解决这一问题的区别技术特征，诉争技术方案具备创造性。事实显然并非如此，在真正的研发过程中，需要解决的技术问题既可能存在于最接近现有技术中，也可能产生于研发过程中。这也就意味着，研发动机有可能来源于最接近现有技术中虽不存在但在研发过程中产生的问题。

该案中，在真实的研发过程上，本领域技术人员从对比文件出发，会发现该方案中的缓冲件为一体设计，在其与壁面相抵的情况下，意味着扇框与壁面之间不存在空气可流通的空间。为解决充足进气问题，对比文件中给出了缓冲件与壁面不相抵以提供进风的启示，即“缓冲件（63）与壁面（52b）之间如果具有间隙，则使得壁面（52b）与扇框之间存在侧向导流，以提供进气”，本领域技术人员有动机采用该技术手段解决进气问题。但在这一解决问题的过程中，本领域技术人员会发现如果将最接近现有技术中缓冲件与壁面“相抵”这一技术特征，替换为“不相抵”，虽然解决了进风问题，但却产生了最接近现有技术中并不存在的无法防震和减震的问题。

减震和防震是本领域技术人员对此类产品的常规追求。因此，本领域技术人员会进一步想到需要采用一种可以同时解决进气和防震减震的问题。虽然对比文件中并未对如何同时解决上述技术问题给出启示，但本领域技术人员知晓为实现防震减震效果，需要将缓冲件与壁面“相抵”。而在此情况下结合对比文件给出的增加间隙以解决进风的问题，容易想到在缓冲件与壁面相抵的情况下，将缓冲件设置为多个，且多个之间具有间隙。可见，在对比文件的基础上想到区别技术特征，无需付出创造性劳动，诉争技术方案权利要求1不具备创造性。

【案例5－2】充气运动球门[1]

该案涉及的是专利号为ZL200680002658.X，名称为“充气运动球门”的发明专利，其权利要求1内容如下。

1. 一种运动球门，包括：一结构，含有相互连接形成结点的多个支柱，所述支柱包括：限定横木（4，5）的一个或多个支柱；限定相应球门柱（2，3）的两个或两个以上支柱；多个地面支柱，适用于平放在地面上以限定球门的相应左右侧面（6，7）和后部（8，9）的底部；支撑支柱（10，11），用结点（17，18）与地面支柱相互连接，在结点处横木支柱和球门柱支柱相连接形成球门角；且所述支柱由适用于从气泵充入气体的管状材料制成；和一个或多个阀门设置在所述结构内以使所述支柱由所述气泵这样充气；其特征在于，所述支柱还包括限定一个或多个支撑结构的支柱（12，13，14，15），该支撑结构在横木长度的中间一结点处或多结点（16）处使限定球门后部的地面支柱与横木相互连接起来且用于支撑横木端部中间的横木以防止横木下垂，其中所述支撑结构包括

[1] 参见北京知识产权法院（2015）京知行初字第2479号行政判决书。

通过在结点处的中心底部连接体（23）、底部后中心支撑连接体（24）和中心支撑部分项部的连接体（25）相互连接支柱（12、13、14）的一个三角形配置，中心支撑部分项部的连接体（25）通过短支柱（15）支持横木的结点（16）。

诉争技术方案虽然权利要求复杂，但结构相对简单，如图5－5所示。其与对比文件（专利 DE20318743U1）之间区别特征的实质在于：对比文件仅是通过一个支撑件（7）支撑横木，如图5－6所示，诉争技术方案则是通过一个或多个三角形支撑体支撑横木，且该支撑体并不在顶部横木的正下方，而是有所后移，如图5－5中圆形标注部分。

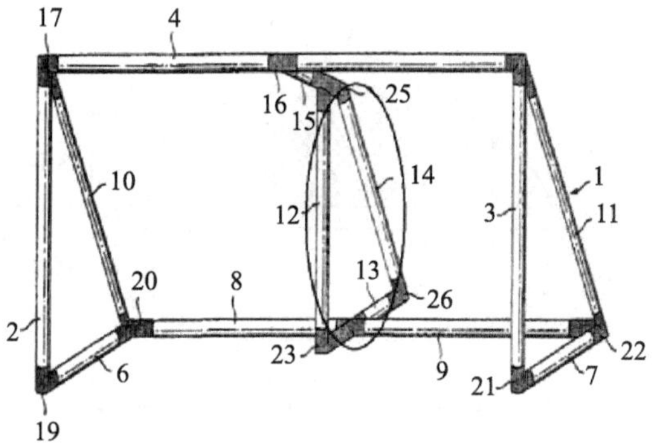

图5－5　涉案专利 ZL200680002658. X 附图

上述区别特征的技术效果在于，诉争技术方案不仅解决了横木中部下垂的技术问题，还解决了如何扩大球门内部空间的技术问题。专利权人认为本领域技术人员并不会想到需要解决扩大球门空间的问题，因此，诉争技术方案具备创造性。

与前案相同，球门空间问题并非对比文件中存在的技术缺陷，而是在针对对比文件的研发过程中出现的问题。该案的真实研发过程应是：面对对比文件，本领域技术人员首先会意识到其单独支撑件（7）对于充气式球门而言，容易出现球门上侧的横梁下垂的问题。为解决这一问题，因本领域技术人员均知晓三角支撑是有效的支撑方式，因此，容易想到采用三角支撑方式以替代中间单独支撑件（7）。但在原支撑件的位置采用三角支撑进行替代后发现，其虽然解决了支撑问题，也带来了另一个问题，即三角的直角边会立于球门当中，从而使得守门员的活动空间变小。针对该问题的解决手段很简单，将该三角支撑件后移即可。而后移之后的三角支撑件就是诉争技术方案的区别技术特征。基于此，该区别技术特征的获得无需付出创造性劳动。

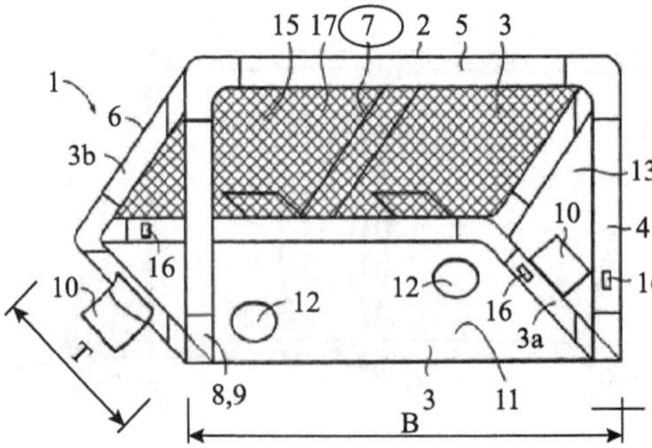

图 5－6　对比文件 DE20318743U1 附图

【案例 5－3】一种散热基体[1]

该案涉及的是专利号为 ZL201520594810.4，名称为“一种散热基体及密封型 PTC 热敏电阻加热器”的实用新型专利，其权利

[1] 参见北京知识产权法院（2020）京 73 行初第 14186 号行政判决书。

要求1内容如下。

1. 一种散热基体，用于容纳PTC发热组件，其特征在于，包括腔体，所述腔体具有一沿所述腔体长度方向延伸的中空的容纳腔，所述腔体的顶部和底部的外表面上分别居中固定有若干散热翅片，每个所述散热翅片沿所述腔体宽度方向的长度小于所述腔体的宽度；

在所述容纳腔内的所述腔体的左侧内壁的上部和下部分别设有一条沿所述腔体长度方向延伸的第一定位筋，相应地，在所述容纳腔内的所述腔体的右侧内壁的上部和下部分别设有一条沿所述腔体长度方向延伸的第二定位筋，两条所述第一定位筋之间的所述容纳腔的左侧内表面为向外凸的弧面，两条所述第二定位筋之间的所述容纳腔的右侧内表面也为向外凸的弧面，所述腔体的左侧和右侧的外壁均为沿所述腔体长度方向延伸的槽状结构；

两条所述第一定位筋的间距以及两条所述第二定位筋的间距均小于所述PTC发热组件的厚度，位于上部的所述第一定位筋和第二定位筋之间的间距以及位于下部的所述第一定位筋和第二定位筋之间的间距均小于所述散热翅片沿所述腔体宽度方向的长度。

该技术方案是一个腔体，用于容纳发热组件，该发热组件插入容纳腔（12）内，如图5-7所示。与对比文件（CN204180289U）相比，如图5-8（剖面图）所示，二者区别主要在于容纳腔的内表面与外表面的形状不同。诉争技术方案腔体左、右两侧内表面（16、17）均为向外凸的弧面，但对比文件则是“向内凸”的定位条（12）。就左、右两侧外表面（18）而言，诉争技术方案是槽状结构，对比文件则仅具有轻微的弧形（10）。上述区别特征实际解决的技术问题在于，如何在上下挤压过程中使得发热组件不易受到损坏。

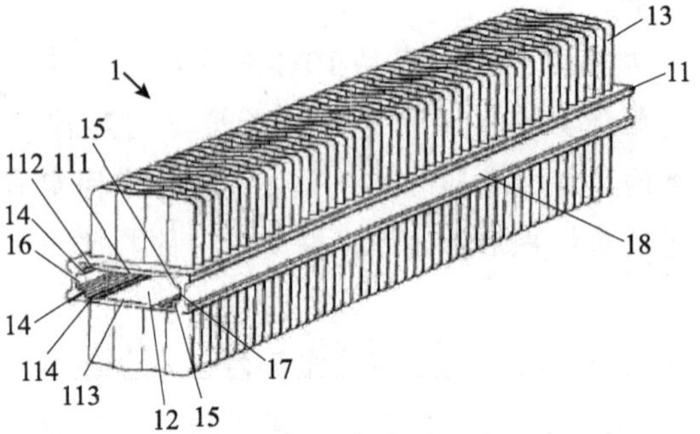

图 5－7　涉案专利 ZL201520594810.4 附图

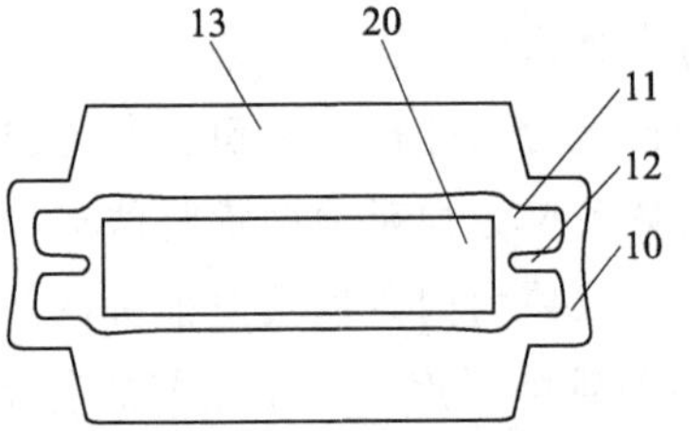

图 5－8　对比文件 CN204180289U 附图

将其置于真实的研发过程中的具体分析如下：针对涉案产品，本领域技术人员均知晓所涉产品存在后续加工过程，而在加工过程中需要从高度方向进行上下挤压，这一过程可能造成发热组件损害，此亦为对比文件存在的技术问题。

基于通常的研发规律，本领域技术人员在发现问题后，会首先分析导致该问题的原因。针对上述问题，本领域技术人员无需付出创造性劳动即可分析出该技术问题是由加工过程中腔体两壁“向内”运动使得加热组件与腔体内壁相接触所导致。二者之间是否接触与二者之间是否有足够空间直接相关，而本领域技术人员知晓如果在挤压过程中，腔体两壁“向内”运动，将无法确保足够的空间。因此，本领域技术人员会寻求腔体两侧“向外”运动的技术手段。为使腔体“向外”运动，将内壁两侧设置为向外凸的弧面属于本领域技术人员必然想到的技术手段。同时因涉案产品在使用过程中会在外壁两侧施加夹具，该夹具会限制腔体向外运动的幅度，从而影响发热组件与腔体之间的距离，基于此，本领域技术人员亦会想到在外壁长度方向设置槽状结构，从而使得即便存在夹具在外侧的阻挡，但槽状结构本身具有的空间同样可以保证发热组件与腔体之间不会接触。基于上述分析可知，本领域技术人员在对比文件的基础上，基于其所掌握的本领域知识和能力，无需付出创造性劳动即可获得诉争技术方案。

三、非显而易见性的判断步骤

虽然显而易见性的判断是“三步法”中的第三步，但正如前文中所称，第一步和第二步只是为了确认第三步所需要的前提条件，第三步才是真正的创造性判断。同时，显而易见性的判断与研发过程相匹配，而真实的研发过程由相互关联的步骤组成，即发现问题、分析问题、解决问题，因此，显而易见性的判断亦与上述步骤相匹配，具体可细化为以下两步：研发动机的产生是否显而易见（可对应于发现问题）；区别技术特征的获得是否显而易见（可对应于分析问题和解决问题）。如果上述两步骤均得出了显而易见的结论，则诉争技术方案不具备创造性。但如果其中任一结论是非显而易见，则诉争技术方案具备创造性。

（一）研发动机的产生是否显而易见

这一步骤判断的是本领域技术人员是否可以产生与实际解决的技术问题相对应的研发动机。在真实的研发过程，发现问题必然会产生研发动机。在具体案件中，因为实际解决的技术问题是区别技术特征所带来的技术效果，所以如果不会产生研发动机，则必然不会启动一个以该问题为研发方向的研发过程，相应的，区别技术特征的获得必然非显而易见，诉争技术方案具备创造性。

基于研发规律，研发过程中研发动机至少存在以下 3 种，因此，具体案件中可从以下三个角度进行分析：其一，发现最接近的现有技术存在的技术缺陷，产生改进动机；其二，基于最接近的现有技术的技术效果，产生研发替代技术方案的动机；其三，基于本领域的常规需求，产生对现有技术的研发动机。只要存在任一情形的研发动机，均可认定研发动机的获得显而易见。虽然实践中极少出现因不具有以上任一研发动机而被认定具备创造性的情形，但这一步骤仍不可忽视，毕竟该步骤为研发过程不可或缺的步骤，缺少这一步骤的分析将使得整个分析过程难以完整且合理。

1. 发现现有技术的技术缺陷，产生“改进”动机

改进动机是研发过程中最为常见的研发动机，其与最接近现有技术的技术缺陷相对应。以自行车为例，本领域技术人员发现普通的自行车对于儿童具有在骑行过程中容易发生倾倒的技术缺陷，基于该技术缺陷产生改进动机。为解决这一缺陷，采用了在后轮两侧增加侧轮保持平衡的技术手段，最终形成了儿童四轮自行车这一技术方案。

本书第三章案例 3 – 11 即属于产生改进动机的情形。[1]

该技术方案在第三章第一节和第四章第三节均已提及。其涉及的是一种烟盒，对比文件亦是烟盒的技术方案，二者的区别技术特征在于，诉争技术方案的“所述较大的前平面板和后平面板中的至

[1] 参见北京知识产权法院（2017）京 73 行初 1817 号行政判决书。

少一个包括多个非连续的凸出物（18），所述凸出物彼此间隔开并且从所述较大的前平面板和后平面板的外表面向外凸起”。该区别的实质在于诉争技术方案在香烟盒表面上具有一个或多个凸起，对比文件并无上述凸起，其无凸起设置导致的技术缺陷在于不利于香烟的隔热，尤其是包装过程中的隔热，从而不利于避免香烟因高温而变质。诉争技术方案中香烟盒上的凸起则可以起到隔热作用，从而避免上述问题出现。因此，诉争技术方案是对对比文件的一种改进方案。

基于此，该案中需要判断的是本领域技术人员是否会产生相应的改进动机。因香烟生产包装领域的技术人员均了解温度升高将导致香烟中水分和香料的挥发，影响香烟的品质。尤其在包装过程中，塑封产生的热量会对香烟品质产生更多影响，因此，本领域技术人员无需创造性劳动即可以意识到对比文件的香烟盒存在隔热的问题，从而产生改进动机。

2. 基于现有技术的技术效果，产生研发“替代”技术方案的动机

除了改进动机之外，在研发过程中，本领域技术人员亦会产生一种寻求替代技术方案的动机。这一动机类似于学生在解数学题时寻找不同解题方法。具体案件中，这一寻找替代方案的动机有时会被忽略。但因为创造性判断的是技术方案是否显而易见，而非技术效果是否显而易见，而即使基于寻找替代方案的动机，同样可能产生非显而易见的技术方案。因此，这一研发动机在创造性判断中同样需要考虑。

本书第四章案例 4 - 38 即属于产生替代方案的情形。[1]

---

[1] 参见北京知识产权法院（2017）京 73 行初 8021 号行政判决书。

该案中，诉争技术方案相对于最接近现有技术的区别特征在于诉争技术方案将最接近现有技术中的结晶成分的粒径作了进一步限定，即限定了具体的数值范围。因为针对这一数值范围的选择，现有证据无法看出其可以使诉争技术方案具有与最接近现有技术不同的技术效果，所以诉争技术方案相较于最接近现有技术而言仅是一种替代方案，并非改进方案。相应地，需要判断的是本领域技术人员是否具有寻找替代方案的研发动机。因为该技术方案的实施必然需要确定具体粒径的范围，所以对于本领域技术人员而言，研发动机的产生显而易见。

3. 基于本领域的常规需求，产生对现有技术的研发动机

无论是改进动机，还是替代方案的研发动机，均是在最接近现有技术基础上产生的研发动机。但实践中亦存在一种情形，即研发动机并非源于最接近现有技术，而是源于本领域的常规需求。因创造性的判断主体是本领域技术人员，其掌握本领域的知识，了解本领域的常规需求，因此，这一研发动机的产生亦符合客观的研发规律。

【案例 5－4】阵列式消声器❶

该案涉及的是专利号为 ZL200810066387.5，名称为“阵列式消声器”的发明专利，其权利要求 1 内容如下。

1. 一种阵列式消声器，采用吸声体，所述吸声体为吸声管体，吸声管体内设有吸声材料，吸声管体的轴线沿气流方向平行排列，其特征在于：所述吸声管体与吸声管体之间为非接触设置；所述吸声管体通过支架固定安装在通风管道内；所述阵列式消声器由吸声

❶ 参见北京知识产权法院（2015）京知行初字第 4974 号行政判决书。

管体（1）和支架（2）组成，吸声管体（1）截面为圆形，两端为圆弧形导流罩，圆弧形导流罩的截面形状为圆形，吸声管体（1）外部沿管体的表面设有穿孔板，穿孔板形状为圆形，吸声管体（1）内部填充吸声材料，吸声材料为矿物棉；相邻的吸声管体（1）轴线之间按等边四边形排列，吸声管体（1）轴线之间的距离为400 mm，吸声管体（1）截面面积4×10^4 mm^2，长300 mm，吸声管体（1）通过螺栓固定安装在支架（2）上，而支架（2）则依靠螺栓固定在土建的通风管道（3）内，邻近通风管道（3）壁的吸声管体（1）轴线与通风管道（3）壁之间的距离为200 mm。

该技术方案相较于最接近现有技术的主要区别之一在于，诉争技术方案的吸声管体固定在通风管道内，而对比文件则是固定在外壳内。也就是说，二者的使用环境不同。虽然仅仅基于对比文件公开的内容，本领域技术人员并不当然会产生变换使用环境的需求。但对于消声装置而言，通风管道应属于其常规设置环境之一。因此，本领域技术人员有动机将对比文件公开的固定在外壳内的消声器置于通风管道内。

【案例5－5】硬表面抽吸设备❶

该案涉及的是专利号为ZL200880124104.6，名称为“硬表面抽吸设备”的发明专利，其权利要求1内容如下。

1. 硬表面抽吸设备，所述硬表面抽吸设备具有抽吸嘴（80）和抽吸机组（16），所述抽吸机组通过流动路径与所述抽吸嘴（80）流动连接，以用于从硬表面吸取液体空气混合物，并且所述硬表面抽吸设备具有用于从所述液体空气混合物中分离液体的分离

❶ 参见北京知识产权法院（2015）京知行初字第4930号行政判决书。

装置（72）和用于容纳被分离的液体的脏液体箱（25），其中，在所述抽吸嘴（80）和所述抽吸机组（16）之间的所述流动路径中布置有分离室（65），所述分离室容纳分离装置（72），并且所述分离室与所述脏液体箱（25）连接，其中，从所述抽吸嘴（80）到所述抽吸机组（16）的流动路径在所述脏液体箱（25）旁边经过，并且其中，所述硬表面抽吸设备（10）具有填充装置（60），所述填充装置具有装入通道（50），所述装入通道具有装入口（51），并且其中，所述脏液体箱（25）构成用于被分离的液体的集流室以及包围所述装入通道（50）的备用室（56），所述集流室关于所述硬表面抽吸设备（10）的直立位置布置在所述装入口（51）的下方，所述备用室在所述硬表面抽吸设备（10）从垂直位置偏转时容纳来自于所述集流室（55）的液体，其特征在于，在所述分离室（65）中从所述液体空气混合物中分离出来的液体能够通过所述填充装置（60）的所述装入口（51）到达所述脏液体箱（25）中。

诉争技术方案是一种吸尘器，如图5－9和图5－10所示，其与对比文件1的区别特征在于诉争技术方案的填充装置（60），对比文件并无该部分设置。该部分结构的作用在于确保变更角度使用吸尘器时，该脏液体箱中收集的脏液体不会流出。对于诉争技术方案所涉及的可以变更角度使用的、具有收集脏液体功能的吸尘器而言，上述技术效果应属于此类产品的通常需求。因此，虽然对比文件并不存在这一技术问题，本领域技术人员同样有动机基于该需求而对对比文件1进行相应改进。

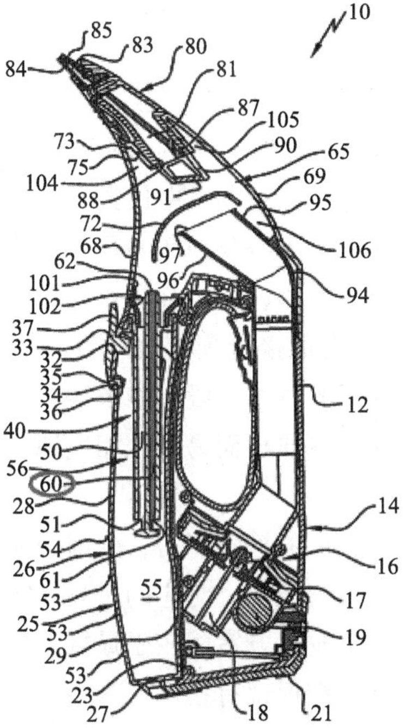

图 5-9 涉案专利

ZL200880124104.6 附图 1

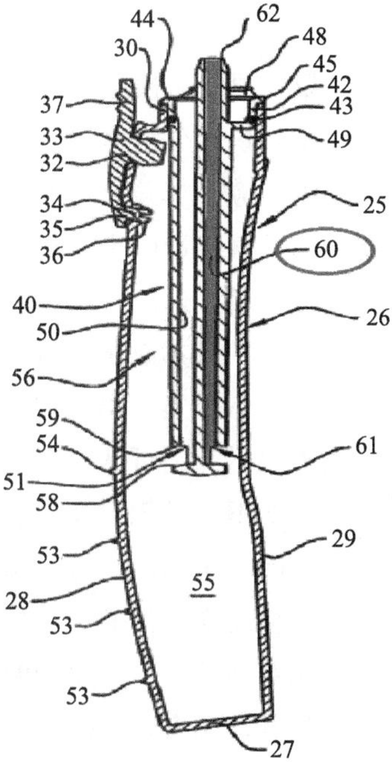

图 5-10 涉案专利

ZL200880124104.6 附图 2

(二) 区别技术特征的获得是否显而易见

在真实的研发情境下，产生研发动机后，随之而来的是分析问题、解决问题阶段。如果可以发现问题产生的原因，并找到解决手段，则可获得相应技术方案。在具体案件中，诉争技术方案的解决手段即为其采用的区别特征，因此，需要判断的是本领域技术人员是否容易得出分析产生技术问题的原因，并想到采用区别特征以解决这一问题。在真实研发情境中，本领域技术人员为寻找解决手段，会用到其具有的知识和能力，而基于使用的知识和能力的不同，在具体案件中会分别对应于两种不同的比对方式：单独对比和结合对比。

如果在寻找解决手段的过程中用到的仅是本领域技术人员掌握的本领域知识和分析能力，无需依赖其他现有技术的启示，则在具体案件中对应于单独比对的情形。在这一比对方式中仅具有一个现有技术，即最接近的现有技术。此种情形下需要判断的是诉争技术方案相较于最接近的现有技术或其与公知常识的结合是否具备创造性。或者说，与本领域技术人员为解决最接近现有技术存在的问题，是否容易想到采用区别特征中使用的技术手段。如果容易想到这一技术手段，则可认定区别特征的获得非显而易见，相应地，诉争技术方案不具备创造性。

如果同时用到的还有本领域技术人员的检索能力，则因为在检索过程中会发现其他的现有技术，此种情况下，对应的是具体案件中结合比对的情形，需要判断的是诉争技术方案相较于最接近的现有技术与其他现有技术的结合，或者最接近现有技术与其他现有技术及公知常识的结合是否具备创造性。这一判断过程实质判断的是本领域技术人员为解决最接近现有技术存在的问题，是否可以获得其他现有技术中的相关技术手段。如果可以获得，是否可以在该技术手段的基础上想到采用区别特征以解决最接近现有技术的技术问题。如果容易想到，则可认定区别特征的获得非显而易见，相应地，诉争技术方案不具备创造性。

第二节　单独对比

在真实的研发情境下，如果本领域技术人员仅仅依据最接近现有技术给出的信息，结合其所掌握的本领域知识和分析能力，便可找到针对最接近现有技术中所存在问题的解决手段，并将其用于最接近现有技术中形成新的技术方案，则在具体案件中，这一情形对应于单独比对的情形，即该案中仅具有最接近的现有技术，需要判断的是诉争技术方案相对于最接近现有技术，或者最接近现有技术与公知常识的结合是否具备创造性。

一、真实研发过程中的研发路径

真实的研发过程具有问题导向的性质，研究人员发现最接近现有技术存在的问题后，从问题出发分析原因，并寻找解决手段或替代方案。在不借助其他现有技术的情况下，本领域技术人员获得解决手段或替换方案的路径通常有如下三种。

1. 直接获得技术特征

一些情况下，面对最接近现有技术需要解决的问题，本领域技术人员可以直接找到解决手段，这一解决手段通常来源于本领域技术人员已掌握的本领域惯用的技术手段，其既可能是对原有技术手段的替换，也可能是技术手段的增加。

比如，最接近现有技术为一种桌子，其桌面为圆形，材质为塑料。本领域技术人员如果想寻找替代手段，基于所掌握知识即可知晓，桌面的形状可替换为任何其他常规形状，且桌面的材质可以是其他常规材质。

再如，最接近现有技术是一种自行车，其技术缺陷在于无法载物。本领域技术人员仅依据其所掌握的知识即可知晓，如果想使该自行车具有载物功能，增加车筐这一技术特征即可。

2. 有限选择或常规选择

一些情况下，最接近现有技术公开的内容相对上位或较为概括，此类技术方案在付诸实施过程中，必然需要对技术特征进行具体化。如果具体化的技术特征具有相对有限的选择范围，此种情况下本领域技术人员需要做的只是在该有限范围内进行选择。同前一种情形相同，这一选择既可能是基于最接近现有技术给出的启示，也可能来源于本领域技术人员自身已有的认知。

同样针对自行车这一技术方案，其公开了支撑件以实现自行车的停放，但并未公开其支撑件的具体设置位置，但如果将该方案付诸实施，必然需要确定支撑件的具体位置。就客观可能性而言，支撑件位置大体仅存在3种情形：前部、中部、后部。也就是说，本领域技术人员仅需在上述3种方案中进行选择。在上述选择中，依据常理即可知晓，将支撑件置于后部既可实现支撑功能，也不会对其他部件设置产生影响。如果置于前部或中部，虽然可以起到支撑作用，但可能会对骑行本身或其他部件产生影响。基于此，本领域技术人员会选择设置在后部。

再如，最接近现有技术是一种四周有围挡的婴儿床，围挡可上下移动高度，但该技术方案中并未公开具体的高度范围。尽管本领域技术人员已掌握的技术知识中可能并不包含与设置围挡相关的技术手段，但因本领域技术人员具有对现有技术的分析能力，基于这一能力，其完全可以分析出该现有技术中调整围挡高度的目的在于有利于婴儿的看护人更便捷地从床中取放婴儿。由此出发，本领域技术人员必然知晓对于高度的选择需要考虑看护人的身高，因此，容易想到基于看护人常规的身高范围而选择围挡的高度范围。与前例不同，此例中的技术手段更多是基于本领域技术人员对最接近现有技术的分析，而非其已知晓的技术手段。

3. 分析原因，确定技术构思（研发方向），选择技术手段

虽然一些情况下本领域技术人员可以直接获得解决手段，但客观情况是，多数情况下解决手段的获得均需要经过相对复杂的思考

过程。这一思考过程具有一定规律性，一般体现为首先分析问题的原因，然后基于该原因寻找相应的技术构思（研发方向），或在不同的技术构思（研发方向）中进行选择。确定技术构思后，则进一步寻找实现该构思的具体技术手段，或在多个不同技术手段中进行选择以确定最终解决方案。

这一过程存在 3 个主要环节：原因的分析、技术构思的确定、具体技术手段的选择。同前两种情形一样，在这 3 个环节中，既可能用到本领域技术人员所掌握的知识，也可能用到其具有的分析能力。此外，相关启示既可能来源于已掌握的知识，也可能来源于最接近现有技术。

例如，最接近的现有技术是一种有扇叶的风扇，其存在的技术缺陷在于风扇运转过程中如果用手接触扇叶，则具有被打伤的危险。为解决这一问题，首先需要分析导致该问题的原因。本领域技术人员显然有能力发现这一问题是由手与扇叶直接接触所导致。基于此，解决方案需要着眼于如何避免手与扇叶的直接接触。

针对该原因的解决方案可以着眼于不同的解决方向，而不同解决方向必然对应不同的技术构思。比如，因为受伤是由“接触”导致，所以可以通过在扇叶外侧设置保护装置，避免二者的直接接触。再如，因为是由“扇叶”导致，亦可以通过放弃扇叶设置的方式，根本上避免二者的接触可能性。上述两种技术构思虽然均能解决这一问题，但就技术构思的获得而言，其难度并不相同。分析可知，设置保护装置这一技术构思更容易获得，但放弃扇叶的方式则相对不容易想到，亦不会想到向这个方向研发，相应地，不可能获得相关的技术手段。

确定技术构思之后，进一步需要将其细化为具体技术特征。比如，如果选择了设置保护装置这一技术构思，需要细化该保护措施的结构、材质、位置、安装方式等。如果选择了不设置扇叶这一技术构思，则需要首先考虑在无扇叶的情况下，通过何种结构达到空气流动的效果等。

二、非显而易见性的分析路径

因为具体案件中的分析路径与真实研发过程中技术特征的获得路径具有对应关系，所以在具体研发过程中存在上述3种路径的情况下，具体案件中对于区别技术特征显而易见性的分析亦有必要依据上述3种路径进行分析。只要基于任一分析路径可以认定区别技术特征的获得显而易见，即可认定诉争技术方案的获得显而易见。反之，则诉争技术方案具备非显而易见性。

（一）惯用技术手段或公知常识

在具体案件中，如果诉争技术方案所采用的区别技术特征属于解决最接近现有技术所存在技术问题的惯用技术手段或者公知常识，则意味着本领域技术人员无需结合其他现有技术，仅基于其所掌握的知识即可获得这一解决手段。在此情况下，区别技术特征的获得显而易见。当然，区别技术特征不属于惯用技术手段，并不意味着该技术特征非显而易见，仍需要基于后续两种路径再行判断。

【案例5-6】改进型带提手的双耳炒锅[1]

该案涉及的是专利号为ZL201220499133.4，名称为“改进型带提手的双耳炒锅”的实用新型专利，其权利要求1内容如下。

1. 一种改进型带提手的双耳炒锅，包括锅体（1）、其特征是锅体（1）两边锅缘上分别有两个锅耳座（2），每边的两个锅耳座

[1] 参见北京知识产权法院（2017）京73行初2622号行政判决书。

(2) 上端都有安装孔，同一边的两个锅耳座 (2) 安装孔中心轴线重叠，弧形提手 (3) 两端分别有两端带螺纹孔的连接棒 (4)，用螺丝 (5) 将连接棒 (4) 两端分别固定在两个锅耳座 (2) 上。

诉争技术方案相对于对比文件的区别在于提手与锅耳座的连接方式不同。诉争技术方案是通过“连接棒 (4)”将弧形提手与锅体上的两个锅耳座的连接，如图 5－11 所示。对比文件则是通过“安装孔”，即在锅耳上设置安装孔，弧形提手穿过孔后勾住锅耳。对于本领域技术人员来说，在锅体上固定安装弧形提手的方式有很多种，无论是通过诉争技术方案的连接棒，还是对比文件中的安装孔进行固定，均是本领域中惯用技术手段，其效果可以预期，故该区别特征的获得显而易见。

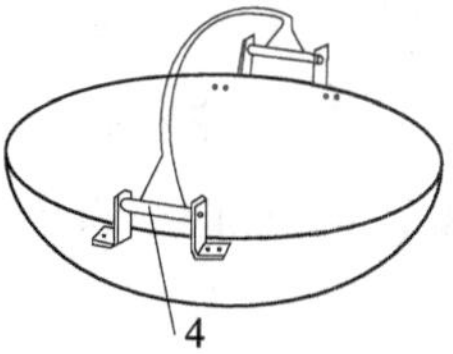

图 5－11　涉案专利 ZL201220499133.4 附图

【案例 5－7】头发矫直刷[1]

该案涉及的是专利号为 ZL201390000237.9，名称为“头发矫直刷”的发明专利，其权利要求 1 内容如下。

1. 一种头发矫直刷 (100)，其特征在于，包括：多个加热件 (120)，所述加热件 (120) 从所述头发矫直刷 (100) 表面伸出，并以一设定密度分散在所述头发矫直刷表面的至少一部分上；及多

[1] 参见北京知识产权法院（2017）京 73 行初 2434 号行政判决书。

个间隔件（130），所述间隔件（130）用于使所述加热件（120）的突出末端与所刷头皮之间保持一与所述间隔件的恢复力相关的设定距离，并以所述设定密度分散在所述头发矫直刷表面的至少一部分上，所述设定密度用于保证所述设定距离得以保持；其中，至少一部分所述间隔件（130）连接在对应加热件（120）的顶端；所述头发矫直刷为单面刷。

诉争技术方案是一种梳子，相较于常规的梳子其增加了加热功能。主要部件包括加热件（120）及间隔件（130），其中部分间隔件（130）位于加热件（120）的顶端（如图5－12和图5－13所示）。诉争技术方案相较于证据2存在两个区别特征：证据2未公开恢复力和恢复力与设定密度、设定距离之间的关系；证据2未公开“至少一部分所述间隔件（130）连接在对应加热件（120）的顶端”。上述区别技术特征实际解决的技术问题在于，通过设定具有恢复力的间隔件的密度，使得加热件的突出末端与头皮之间保持安全距离，避免损伤头皮，并通过将间隔件设置在加热件顶端的方式来避免用户头皮受损。

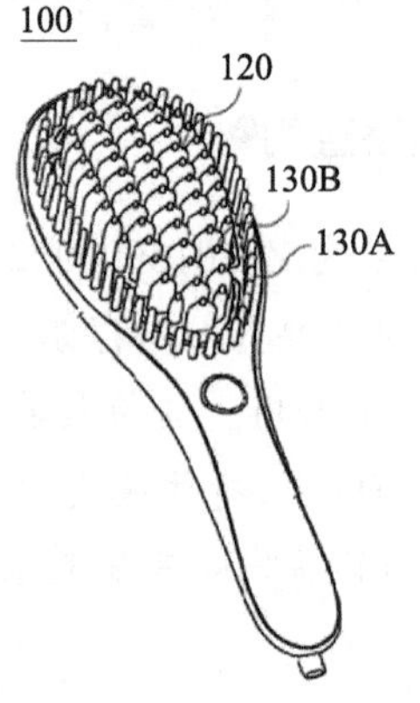

图5－12　涉案专利ZL201390000237.9附图1

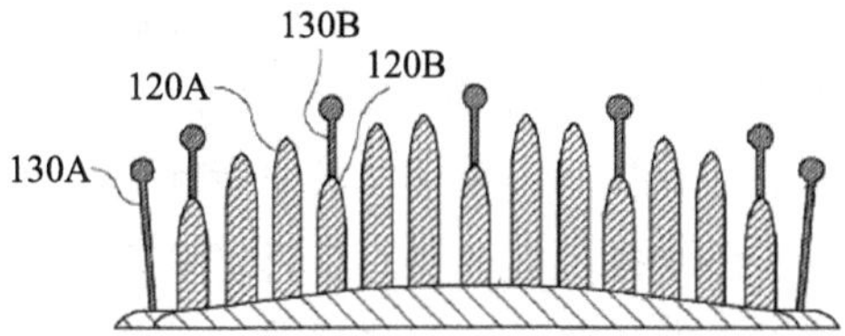

图 5－13　涉案专利 ZL201390000237.9 附图 2

针对上述区别技术特征，尽管无效宣告请求人并未提交相应公知常识证据，法院仍认为基于常理，上述区别技术特征对于本领域技术人员而言均属于解决相应技术问题的惯用技术手段。对于区别特征 1，因常规的间隔件如塑料、树脂等材料本身均具有一定的恢复力，本领域技术人员在证据 2 的基础上，考虑到防止头皮烫伤和间隔件本身的材料属性，无需付出创造性的劳动即可使其间隔件的恢复力、设定距离、设定密度之间达到一个合适的数值范围。对于区别特征 2，本领域技术人员基于生活常识即可知晓普通梳子的全部或部分梳齿上再设置一层梳齿，从而避免下层较坚硬的梳齿伤害到用户头皮，基于此，其无需创造性劳动即可获得诉争技术方案中"至少一部分所述间隔件（130）连接在对应加热件（120）的顶端"这一特征，以避免头皮受到伤害。据此，诉争技术方案相较于证据 2 与公知常识的结合不具备创造性。

【案例 5－8】用于无线网络混合定位的方法和设备❶

该案涉及的是专利号为 ZL201110165713.X，名称为"用于无线网络混合定位的方法和设备"的发明专利，其权利要求 1 内容如下。

---

❶ 参见北京知识产权法院（2018）京 73 行初 12157 号行政判决书。

1. 一种操作移动站的方法，所述方法包含：在所述移动站处接收从无线局域网的第一无线接入点传输的一个或多个第一信号，所述第一无线接入点支持双向通信，其中所述一个或多个第一信号包含针对所述第一无线接入点的识别信息；确定来自于所述一个或多个第一信号的用于所述移动站的位置信息；在所述移动站与蜂窝无线网络的第二无线接入点之间通信一个或多个第二信号；和通过所述蜂窝无线网络的所述第二无线接入点在所述移动站与服务器之间通信以确定所述移动站的位置，其中使用所述第一无线接入点的所述识别信息、从所述一个或多个第一信号、来自至少一个卫星定位系统（SPS）卫星的信号和所述一个或多个第二信号所确定的所述位置信息来确定所述位置。

该案中，法院对于无效宣告请求人有关区别技术特征构成公知常识的主张未予支持。诉争技术方案与对比文件 1 相比的区别在于：诉争技术方案中第一无线接入点在无线局域网中，并且第一无线接入点支持双向通信，而对比文件 1 中的第一信号来自于广播电视信号，并且没有提到该信号支持双向通信。根据上述区别特征，诉争技术方案实际解决的技术问题是：利用分布更为广泛、常见的无线局域网与卫星信号、无线蜂窝网络等混合对终端进行定位。

无效宣告请求人主张该区别技术特征属于公知常识。虽然公知常识属于本领域技术人员依据其掌握的知识即可知晓的内容，但在很多案件中，审查员或法官并非必然掌握所有公知常识，因此无效宣告请求人有必要提交相关的公知常识证据。

无效宣告请求人提交的公知常识证据为 2002 年出版的图书 *Creating Location Services for the Wireless Web*。法院认为，该图书虽然出版时间早于诉争技术方案的优先权日 2003 年，但该图书属于专业技术类书籍。无效宣告请求人虽然主张其已被国外两所大学作为教科书使用，但该图书仅被列为教学参考书籍，且时间分别为2008年以及2015～2016年，均远晚于诉争技术方案的优先权日。在无其他合理说明的情况下，上述证据并不符合公知常识证据的形式要求，相应地，其有关区别特征1属于公知常识的主张不能成立。

进一步地，法院认为，即便上述证据符合公知常识证据的形式要求，其亦只有在足以证明无线局域网具有定位功能，且无线局域网与移动通信网络或卫星通信系统等结合以共同实现定位功能均属于公知常识的情况下，才可能破坏权利要求1的创造性。庭审中，无效宣告请求人表示证据2中“一种可能性在于移动运营商可以将无线局域网或蓝牙集成到其网络中”这一记载可以证明不同系统间定位方式的结合属于公知常识。但实际上，上述记载仅提出了一种可能性，其仅表示本领域技术人员可在此方面进行尝试，显然尚未达到公知常识的程度。因此，即便相关证据符合公知常识的形式要求，亦无法破坏诉争技术方案的创造性，诉争技术方案相对于对比文件1与公知常识的结合具备创造性。

（二）有限选择或常规选择

如果无法确认区别技术特征属于惯用技术手段，则可从其是否是有限选择或常规选择角度进行分析。如果区别技术特征是在最接近现有技术必然对应的可选范围内进行了具体选择，而这一选择仅是常规选择，或者仅是在有限的选择范围内确定了其中一种方式。通常情况下，除非专利权人或专利申请人可以证明存在其他本领域技术人员不会选择的原因，否则通常会认定该选择显而易见。

需要指出的是，最接近现有技术所对应的可选范围既可以是明确记载的，也可以是隐含公开的。比如，最接近现有技术中限定了数值范围，本领域技术人员在该数值范围内进行选择，则该数值范围属于明确记载的可选范围。同理，将对比文件中的上位概念限定为具体的下位概念（如将金属具体限定为铁），马库什权利要求中选择某一个或某几个具体化合物，等等，均属于此种情形。

实践中亦存在另一种情形，即最接近的现有技术并未明确记载可选范围，但将该技术方案真正付诸实施，必然涉及对于某些技术特征的具体选择，这一选择同样是在最接近现有技术必然对应的可选范围内的选择。比如，最接近现有技术为一种煎中药的方法，其仅明确公开了两个步骤：加热、萃取。虽然该技术方案未对加热的温度进行限定，但在该方案的具体实施过程中，必然要确定加热的时间。同理，虽然该技术方案并未记载两个步骤的先后顺序，但在具体实施过程中必然需要确定先后顺序。因此，尽管其未明确记载上述技术特征的可选范围，但本领域技术人员对于具体技术特征的确定同样是在相关可选范围内进行的选择。本领域技术人员所作选择既可能是基于其所掌握的知识，依据采用的药材的不同而作出常规选择，也可能是基于所发现的更好的技术效果而作出的与常规做法不同的选择。

无论基于哪一种情形，如果专利权人或专利申请人可以证明其所采用的选择具有“预料不到”的技术效果，则可以认定该选择非显而易见，相应的诉争技术方案具备创造性。《专利审查指南（2010）》第二部分第四章第4.3节有关选择发明的规定，亦是着眼于技术效果：“选择发明，是指从现有技术公开的宽范围中，有目的地选出现有技术中未提到的窄范围或个体的发明”。选择发明之所以具备创造性，原因在于虽然创造性的判断客体在于技术方案，但技术方案的价值在于技术效果的预料不到。在对比文件公开了较大范围的情况下，本领域技术人员基于对比文件公开的信息通常会认为该范围内的技术方案具有对比文件所公开的技术效果。这也就意味着，如果专利权人或专利申请人发现其中某个具体的小范围内的技术方案具有更好的效果，且该发现已超出本领域技术人员的认知范畴，与之相对应的技术方案必然亦超出本领域技术人员的认知范畴，故该选择本身非显而易见，构成选择发明。

在这一问题的判断中需要注意的一点在于，对于技术效果的判断通常会以说明书的记载为依据。但案件中可能出现的情形是，虽然说明书中对于技术效果并无记载，但在行政或诉讼程序中提交的证据却可以证明其相较于现有技术确实具有预料不到的技术效果，此时便涉及对证据采信的问题。对于此类证据基本的认定原则是，未记载在说明书中，且本领域技术人员依据说明书的记载无法确认的技术效果，即使在行政或诉讼程序中可以通过证据证明，在判断创造性时不应予以考虑。对这一问题在第四章有关实际解决的技术问题部分已有论及，此处不再详述。

【案例5－9】贴片机的贴装结构和贴装方法[1]

该案涉及的是专利号为 ZL201110189382.3，名称为“贴片机的贴装结构和贴装方法”的发明专利，其权利要求6内容如下。

6. 一种权利要求1所述的贴片机的贴装结构对 LED 电路板进行贴装的方法，其特征在于，所述方法包括以下步骤：S1. 需要进行贴装的 LED 电路板放置在贴装平台上；S2. 第一调节机构（300）根据 LED 电路板上的 LED 元器件相应的焊盘位置，调节吸嘴底座（200）之间的距离；S3. 第二调节机构（500）根据吸嘴底座（200）之间的距离来调节相应的料带孔（400）之间的距离；S4. 所述 N 个吸嘴结构同时从料带孔（400）上吸取 LED 元器件，同时将 LED 元

[1] 参见北京知识产权法院（2020）京73行初15008号行政判决书。

器件贴装在LED电路板上的LED元器件相应的焊盘上。

诉争技术方案涉及一种在LED电路板贴装元器件的方法，具体流程主要包括两步：调节位置（将位于不同部件上的电路板和元器件调整好相对位置），贴装。其中，如图5－14和图5－15所示，调整位置的部件分别是第一调节机构（300）和第二调节机构（500）。

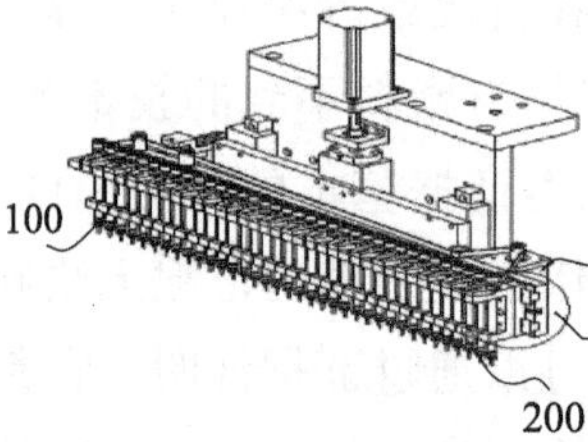

图5－14　涉案专利
ZL201110189382.3附图1

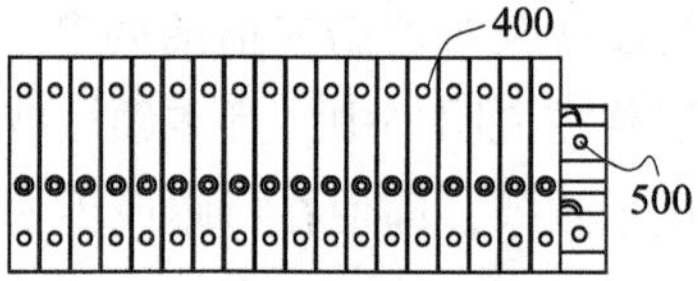

图5－15　涉案专利
ZL201110189382.3附图2

诉争技术方案相对于对比文件存在两个区别特征，该案非显而易见性的认定主要涉及其中的区别特征1是否显而易见的判断。区别特征1涉及调节位置这一步骤，具体区别为诉争技术方案进行了如下两个限定：其一为限定了两个用于调节距离的行为，其二为限定了上述调节行为之间的先后顺序。具体而言，两个调节行为分别是第一调节机构（300）调节吸嘴底座（200）之间的距离，第二调节机构（500）调节相应的料带孔（400）之间的距离；两个调节行为之间的先后顺序则是先调节吸嘴底座之间的距离，后调节相应的料带孔之间的距离。因为上述步骤在对比文件中并未涉及，所以也就意味着诉争技术方案在对比文件的基础上增加了上述技术特征。

无效宣告请求审查决定认定区别特征1非显而易见，主要理由为："权利要求明确是先根据 LED 电路板上的 LED 元器件相应的焊盘位置，调节吸嘴底座之间的距离，再根据吸嘴底座之间的距离来调节相应的料带孔之间的距离的方法步骤。两者有前后逻辑关系，是紧密联系的，调整吸嘴底座之间的距离是调节相应的料带孔之间的距离的基础，这种具体的逻辑关系没有被所有证据公开，也没有证据表明这是 LED 贴装机工作的必然方式，对于本领域技术人员来说是非显而易见的。"上述认定的核心在于两个调节行为之间的先后顺序并非显而易见。

该案中，虽然对比文件公开的内容并未涉及两个调节行为之间的顺序，但在具体实施过程，两个行为之间必然需要确定先后顺序。而诉争技术方案所采用的先后顺序显然是贴片机在贴装时通常采用的工序步骤，亦即该选择属于常规选择。即便并非通常采用的工序步骤，但在只存在两个调节行为的情况下，二者的先后顺序无非是同时调节，或者先调节吸嘴底座后调节料带孔，或者先吸嘴底座后调节料带孔。在仅有 3 种选择的情况下，本领域技术人员尝试使用上述任何一种顺序显然均无需付出创造性劳动。

【案例 5－10】用于锂蓄电池的壳核型阳极活性材料、制备所述材料的方法以及包含所述材料的锂蓄电池[1]

该案涉及的是专利申请号为 200780052804.4，名称为"用于锂蓄电池的壳核型阳极活性材料、制备所述材料的方法以及包含所述材料的锂蓄电池"的发明专利申请，其权利要求 1 内容如下。

1. 一种用于锂蓄电池的阳极活性材料，包括：碳基材料核

[1] 参见北京知识产权法院（2015）京知行初字第 4099 号行政判决书。

部；和通过使用尖晶石型锂钛氧化物干涂覆碳基材料核部，并且在450～500℃下对干涂覆得到的产物加热1小时到4小时，从而在碳基材料核部之外形成壳部，其中，上述尖晶石型锂钛氧化物具有30nm到800nm的平均粒子尺寸，碳基材料核部与尖晶石型锂钛氧化物壳部的重量比被调节成使碳基材料：尖晶石型锂钛氧化物＝1：0.0055～0.02。

诉争技术方案相对于对比文件的区别技术特征之一在于，诉争技术方案的碳基材料核部与尖晶石型锂钛氧化物壳部的重量比被调节成使碳基材料：尖晶石型锂钛氧化物＝1：0.0055～0.02。而对比文件的数值范围则是1：0.001～0.25。也就是说，诉争技术方案的上述数值范围落入对比文件的范围内。换言之，诉争技术方案是在对比文件的范围内进行了具体选择。专利申请人主张说明书表1及表2可以看出这一数值范围的选择会使诉争技术方案具有预料不到的技术效果，构成选择发明（见表5－1和表5－2）。

表5－1　涉案专利申请200780052804.4附表1

分类	涂覆含量（重量%）	第一次充电（mAh）	第一次放电（mAh）	第一次效率（%）	比容量（mAh/g）
实施例1	2.0，加热	2440	2100	86.5	145.0
实施例2	1.0	2400	2100	87.7	147.0
实施例3	2.0	2450	2120	86.5	145.0
实施例4	2.9	2410	2010	83.6	140.0
实施例5	4.8	2450	1970	80.3	134.6
比较实施例1	0.0	2400	2130	88.5	152.0
比较实施例2	10，混合	2370	1880	79.5	133.3

表 5－2　涉案专利申请 200780052804.4 附表 2

分类	涂覆含量（重量%）	20C 放电特性（@0.5C,%）	低温放电特性	
			@－10℃（@25℃,%）	@－20℃（@25℃,%）
实施例 1	2.0，加热	96.6	93.4	86.0
实施例 2	1.0	88.6	87.9	80.2
实施例 3	2.0	93.7	93.0	82.8
实施例 4	2.9	91.5	90.9	79.6
实施例 5	4.8	85.3	88.3	70.3
比较实施例 1	0.0	84.9	85.6	77.8
比较实施例 2	10，混合	80.4	79.6	68.3

基于上述表格中的记载，可以看出诉争技术方案中的实施例相较于比较例而言，具有更好的效果。但需要注意的是，诉争技术方案的区别技术特征并非仅限于实施例中的数值，而是包括一个数值范围。而判断其是否构成选择发明，需要考虑的是该范围内的全部选择，亦即需要全部选择所带来的技术效果均应优于其他选择。该案中，区别特征的数值范围是 1：0.0055～0.02，专利权人表示实施例 2 和实施例 3 的数值落入上述范围内。但实施例 2 和实施例 3 仅选择了两个具体数值，该两个数值对应的技术效果并不能当然适用于其他数值。即便考虑该两个实施例中所取的 1.0（即区别特征数值内的 0.01）和 2.0（即区别特征数值内的 0.02），其相对于表中记载的该数值范围外的其他选择亦并不具有“预料不到”的技术效果。可见，现有证据不能看出该区别技术特征可为诉争技术方案带来预料不到的技术效果，相应地，无法认定该具体限定的技术特征非显而易见。

【案例5-11】全湿型塑料吸热板❶

该案涉及专利申请号为201010571455.0，名称为“全湿型塑料吸热板、平板型集热器和平板型太阳热水器”的发明专利申请，其权利要求1内容如下。

1. 全湿型塑料吸热板，由排管（1）和集管（2）组成，排管（1）之间的热合线（3）的中段（5）窄末段（6）宽，其特征是：末段（6）的宽度是排管（1）中段周长的五分之一至四分之一，且为5～8mm。

诉争技术方案与对比文件的区别在于：对比文件公开了热合线中段窄末段宽这一特征，但是未公开其具体比值及宽度。诉争技术方案中则具体限定了热合线末段（6）的宽度是排管（1）中段周长的1/5～1/4，且为5～8mm，如图5-16和图5-17所示。

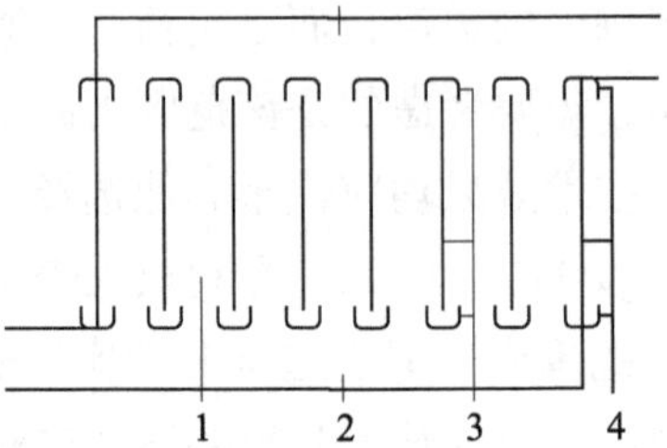

图5-16 涉案专利申请201010571455.0附图1

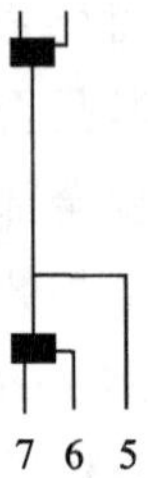

图5-17 涉案专利申请201010571455.0附图2

对于对比文件的技术方案而言，在具体实施过程中，其必然涉及如何选择中段和末段的宽度问题，否则无法实施。通常情况

---

❶ 参见北京知识产权法院（2015）京知行初字第1906号行政判决书。

下，本领域技术人员会根据具体的需要而确定具体的宽度。当然，这一选择亦有可能会带来更好的技术效果，但此种情况下专利申请人通常会将其记载在说明书中。因诉争技术方案说明书中并未记载上述比值及宽度相较于其他选择具有何种技术效果，因此，可以合理推定这一数值范围的选择仅是基于常规需求而进行的选择。基于此，法院认定该区别技术特征的获得无需付出创造性劳动。

（三）技术构思

如果区别技术特征并不属于前述两种情形，则可以考虑从技术构思角度进行分析。不过需要注意的是，技术构思通常并不会直接体现在技术方案中，而是需要在技术特征的基础上进行概括。因为在研发过程中，获得技术构思并将其细化为具体的技术特征是常用的方式之一，故无论是技术构思，还是技术特征，只要其中之一非显而易见，均足以使得诉争技术方案非显而易见。

技术构思的获得通常有两种路径，其一是本领域技术人员分析最接近现有技术的技术构思及其机理，并在改进的方案中采用与之相同的技术构思，只是在技术特征的选择上与最接近现有技术有所不同。其二则是本领域技术人员基于其所掌握的知识，采用了与最接近现有技术并不相同的技术构思以解决技术问题，并基于该技术构思再具体确定技术特征。

技术特征与技术构思在非显而易见性认定上的关系在于，如果技术构思本身非显而易见，则无论技术特征的获得是否是惯用技术手段，诉争技术方案均非显而易见。但如果技术构思的获得显而易见，则只有技术特征的获得非显而易见的情况下，才可以使得诉争技术方案非显而易见。但如果技术特征的获得容易想到，则诉争技术方案的获得必然显而易见，不具备创造性。

1. 技术构思相同的情形

【案例5－12】粒子分析仪的光学系统[1]

该案涉及的是专利申请号为201310213994.0，名称为“粒子分析仪的光学系统”的发明专利申请，其权利要求1内容如下。

1. 粒子分析仪的光学系统，包括：前光组件，用于提供照射被检测粒子的光束；流动室，用于提供被检测粒子被光束照射的场所；散射光收集组件，用于接收被检测粒子被光束激发后的散射光，其特征在于所述散射光收集组件包括：

低角度光阑（201），所述低角度光阑的通光孔设置在与所述散射光光轴的夹角为第一角度范围的散射光的光路上；

低角度光电感应装置（202），其设置在第一角度范围的散射光经低角度光阑后出射的光路上，用于感应第一角度范围的散射光并输出电信号；

中角度光阑（203），所述中角度光阑的通光孔设置在与所述散射光光轴的夹角为第二角度范围的散射光的光路上；

中角度光电感应装置（204），其设置在第二角度范围的散射光经中角度光阑后出射的光路上，用于感应第二角度范围的散射光并输出电信号；

大角度光阑（205），所述大角度光阑的通光孔设置在与所述散射光光轴的夹角为第三角度范围的散射光的光路上，第三角度范围位于22°～42°之间；

大角度光电感应装置（206），其设置在第三角度范围的散射光经大角度光阑后出射的光路上，用于感应第三角度范围的散射光并输出电信号；

[1] 参见北京知识产权法院（2020）京73行初4183号行政判决书。

所述第二角度范围大于第一角度范围，第三角度范围大于第二角度范围；

被检测粒子被光束激发后发出的散射光不经过散射光收集透镜会聚直接到达低角度光阑、中角度光阑和大角度光阑；

所述低角度光阑和中角度光阑整合在第一光阑板上，第一光阑板设置在与散射光光轴垂直的平面上，所述大角度光阑相对于散射光光轴倾斜设置在第一光阑板的一侧，所述大角度光电感应装置与大角度光阑平行设置。

诉争技术方案是用于检测细胞等微小粒子的粒子分析仪，其主要包括三个不同角度的光收集组件（大角度、中角度、低角度），而每个收集组件则包括光阑、光电感应装置。

诉争技术方案与对比文件存在两个区别技术特征：①对比文件并未公开大角度散射光收集组件，而诉争技术方案增加了大角度散射光收集组件，包括大角度光阑、大角度光电感应装置及相应的第三角度范围，如图 5－18 圆形标注部分；②诉争技术方案的低角度光阑和中角度光阑整合在第一光阑板上；对比文件的低角度光阑和中角度光阑则是前后平行设置。

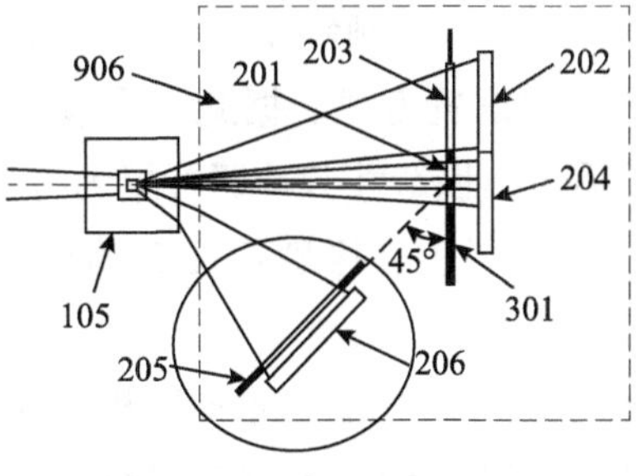

图 5－18　涉案专利申请 201310213994.0 附图

上述区别特征中，区别特征 1 属于技术特征的增加。本领域技术人员基于其具有的知识和分析能力，完全可以知晓对比文件之所以将散射光收集组件依据角度区分为中角度、低角度，其目的在于对细胞进行精确区分。基于相同的技术构思，为做到更为精确的区分，其容易想到提供更多的角度选择，相应地，容易想到设置大角度收集组件。可见，区别特征 1 的获得显而易见。

对于该大角度的具体角度范围的选择，则可从前文提到的常规选择角度进行判断。诉争技术方案中虽然限定了范围为 22°～42°，但因说明书中对于该角度范围对应的技术效果并未记载，故可合理认定这一角度范围只是基于实际需求进行的惯常选择，本领域技术人员选择上述角度范围无需付出创造性劳动，相应地，本领域技术人员获得大角度收集组件这一区别特征也无需付出创造性劳动。

对于区别特征 2，则属于有限且常规的选择方式之一。具体而言，对于诉争技术方案所涉及的光学系统，如何节省空间是其常规需求，因此，本领域技术人员在对各角度的收集组件进行排列时会考虑到该需求，并尽可能简化结构。在这一过程中，可选择方式无非是将各角度的收集组件做一体设置，或者分体设置，以及在分体设置的情况下，平行设置或者倾斜设置。上述选择方案不仅选择非常有限，且均是常规的设置方式。据此，为节省空间、简化结构，本领域技术人员无需付出创造性劳动即可想到将低角度光阑和中角度光阑整合在第一光阑板上，区别特征 2 的获得无需付出创造性劳动。

本书第四章案例 4 - 4 也属于技术构思相同的情形。[1]

该技术方案是一种用于治疗银屑病的组合物，属于一种外用乳

---

[1] 参见北京知识产权法院（2020）京 73 行初 2606 号行政判决书。

剂，包括水和另两个活性成分，分别分布在水相（诉争技术方案中的连续相）和油相（诉争技术方案中的非连续相）中，形成水包油的状态。其中，两个活性成分因为不能在水环境中共存，所以均分布在油相中。两个活性成分为：维生素 D 或维生素 D 类似物、皮质类固醇。

诉争技术方案与对比文件的区别特征主要为：①诉争技术方案的组合物包含多微泡分散体，对比文件是乳剂；②诉争技术方案的皮质类固醇主要在非连续相（即水相）中，但对比文件中仅可看出其在混合相中，并未进一步公开其在连续相（即油相）中还是非连续相（即水相）中。诉争技术方案实际解决的技术问题是提供了一种避免两个活性成分（即皮质类固醇和维生素 D 或其类似物）在水环境中共存的替代剂型形式。

区别特征 1 的实质在于二者采用了不同的制剂形式（即诉争技术方案是多微泡分散体，对比文件 1 是乳剂），尽管具体制剂不同，但二者技术构思却基本相同，二者均是一种液/液体系，包括水相（即连续相）和油相（即非连续相）。真实的研发过程中，本领域技术人员为获得与现有制剂的活性成分稳定性基本相当或更好的制剂，常规方法之一是尝试改变剂型形式。在选择剂型形式时，比较容易想到的是与作为研发起点的现有技术的技术构思类似的剂型。因为多微泡分散体是现有技术已经熟知的一种液/液体系，与对比文件 1 具有基本相同的技术构思，本领域技术人员依据其掌握的知识足以知晓该剂型可以实现与对比文件 1 基本相同的水包油的功能。基于此，本领域技术人员容易想到区别特征 1。

对于区别特征 2，即活性成分之一皮质类固醇，诉争技术方案是将其置于非连续相中（即油相），对比文件 1 仅可看出其在混合相中，并未进一步公开其在连续相（即水相）中还是非连续相

（即油相）中。对比文件中之所以无法确定，原因在于对比文件是制备方法，而非产品，其对于最终产品本身未进行非常细致的记载，而只是依据制备步骤记载到皮质类固醇在混合相中这一步骤。但由对比文件1记载内容可以看出，其目的在于解决两个活性成分在水环境中的共存问题。尽管其未明确记载，但就技术构思而言，本领域技术人员知晓二者共存的基本要求是尽可能避免在水环境下的接触，因此，通常采用的是置于非连续相（即油相）中的技术构思，基于此，将活性成分之一皮质类固醇置于非连续相（即油相）中显然容易想到，故区别特征2的获得亦显而易见。

本书第四章案例4-43[1]同样属于技术构思相同的情形。

诉争权利要求是一种注射器，基本上相当于日常生活中的医用注射器。主要部件是筒体和位于筒体内的针接口，即针头，因为针接口在注射过程中需要伸出或缩回，所以需要止动装置以使得其在向上或向下的过程中固定位置，该止动装置主要包括两个部件：止动区、弹性爪。二者分别设置在针接口和筒体上，在形状上形成互补关系，从而起到固定针接口的作用。

该案的区别特征在于止动装置，具体为“权利要求1中的止动区的内轮廓为正方形或者矩形，弹性爪具有与占据止动区互补的轮廓，对比文件1的技术方案中的可释放锁定装置（4）中的挡块凸缘（30）与抵接肩部（31）的结合轮廓为一具有一定角度的双边结构，即两个技术方案中的止动组件的轮廓形状存在差别。”

简而言之，上述区别具体体现为两点：其一涉及止动区的轮廓，诉争技术方案止动区限定了正方形或者矩形这一轮廓特征，而对比文件1并未作此限定。其二涉及止动区与弹性爪的配合关系。

[1] 参见北京知识产权法院（2019）京73行初12949号行政判决书。

诉争技术方案限定有互补特征，即诉争技术方案止动区的正方形或者矩形与弹性爪相应部位为三边贴合，但对比文件 1 的相应位置为双边贴合。上述区别技术特征实际解决的技术问题仅是提供一种替代手段以避免针接口缩回筒体内。

前文中已提到，本领域技术人员在寻求替代手段时通常采用的一种研发方法是分析最接近现有技术达到相应技术效果的技术构思及其机理，然后基于相同的构思及其机理寻求一种替代技术手段。就对比文件而言，其之所以可以在针头回缩的时候挡住针头以避免其缩回针筒，是因为采用了针筒与针头特定形状的相关部件两边贴合的技术特征。该技术构思及其机理对于本领域技术人员而言显然无需付出创造性劳动即可获得。不仅如此，本领域技术人员亦可进一步分析出，实现该挡住作用的部件具体为何种形状特征并不重要，只要能挡住针头即可。基于此，本领域技术人员完全有动机将上述部件采用其他常用形状。在正方形或者矩形等均属于常规形状的情况下，本领域技术人员想到采用上述形状特征显然无需付出创造性劳动，因此，区别特征 1 的获得显而易见。

至于区别特征 2，其是区别特征 1 确定后的进一步选择，该选择方案非常有限。在选用正方形或者矩形的情况下，因其均存在四个边，排除其与针头或针筒共用的一个边，还存在三个边，上述三个边之间必然存在配合关系才可以具有挡住的作用。因此，进一步需要考虑的是二者之间的配合关系。因其客观上仅存在一边贴合、两边贴合以及三边均贴合三种情形，在仅有三种选择方式的情况下，选择其中的一种显然无需付出创造性劳动，而其中三边贴合这一方案则对应的是诉争专利采用的区别特征 2，由此可见，区别特征 2 的获得非显而易见。

【案例5－13】具有不对称的支架弹簧的脉管植入物❶

该案涉及的是专利申请号为201380070675.7，名称为“具有不对称的支架弹簧的脉管植入物”的发明专利申请，其权利要求1内容如下。

1. 一种用于向血管中植入的自扩张脉管植入物（10），所述自扩张脉管植入物（10）包含具有近侧的端部（12）和远侧的端部（14）和纵向方向的空心圆柱体（24），并且还包含在它的纵向方向上以一定间距连续排列的，且分别在圆周上蜿蜒的支架弹簧（15、16、17、18、19、20），并且包含固定至所述支架弹簧（15、16、17、18、19、20）并将它们连接的植入物材料（22），所述支架弹簧（15、16、17、18、19、20）仅通过所述植入物材料（22）连接并且相互之间不连接，并且在圆周上的支架弹簧（15、16、17、18、19、20）具有交替地朝向近侧的方向（x）和远侧的方向（y）的尖拱，所述尖拱通过腿相互连接，其特征在于，在所述纵向方向上连续排列的至少三个支架弹簧（15、16、17、18、19、20）分别具有不同长度的腿（30、31、32、33）以形成不同高度的在圆周上排列的尖拱（50、60），具有较高的（50a）和较短的（50b）尖拱，所述较高的（50a）和较短的（50b）尖拱在各个的支架弹簧（15、16、17、18、19、20）的近侧的方向和远侧的方向两者上延伸，其中所述至少三个支架弹簧（15、16、17、18、19、20）中的各个支架弹簧具有在圆周方向上连续排列的具有不同的长度的至少三条腿（30、31、32、33），并且其中第一支架弹簧（18）的朝向所述近侧的方向x的较高的尖拱（50a）以一定的间距和在平行

❶ 参见北京知识产权法院（2020）京73行初1504号行政判决书。

于所述脉管植入物（10）的所述纵向方向的虚拟的线（A）处对着在近侧的方向 x 上在其后排列的第二支架弹簧（17）的朝向所述远侧的方向 y 的较短的尖拱（60b）就位，和/或其中所述第一支架弹簧（18）的朝向所述近侧的方向 x 的较短的尖拱（50b）以一定的间距和平行于所述脉管植入物（10）的所述纵向方向的虚拟的线（A）处对着在所述近侧的方向 x 上在其后排列的第二支架弹簧（17）的朝向所述远侧的方向 y 的较长的尖拱（60a）就位。

诉争技术方案可大致作以下理解：其涉及一种可置于血管中的植入物，作用在于扩张血管。因植入血管的过程中需要考虑血管的形状及血液流动的需要，故该植入物设置为中空的圆柱体且具有柔韧性。扩张血管及柔韧性的需求使得该植入物中需要设置弹簧，且弹簧在圆柱体内水平设置。水平设置的弹簧会产生波峰和波谷（诉争技术方案中称之为尖拱），诉争技术方案的核心部分即在于对弹簧波峰波谷的限定（如图 5－19 所示）。相邻弹簧之间波峰与波谷的设置方式是诉争技术方案与对比文件 2 的区别所在，亦是该案的争议焦点。

对比文件 2 公开了 4 个连续的支架弹簧，分别为 50a、50b、50c 和 50d。对于上述弹簧之间的设置方式，50c 和 50d 之间在波峰与波谷的设置方式上与 50a 和 50b 相同，即采用波峰与波谷对齐的方式（如图 5－20 所示）。

诉争技术方案相对于对比文件的区别特征的实质在于，诉争技术方案中每个弹簧的相邻两个波峰的高度，以及相邻两个波谷的高度均不同。但对比文件的弹簧或者是相邻两个波谷之间的高度不同，或者是相邻的两个波峰的高度不同，不存在二者均不同的情形。其在诉争技术方案中的表述为“较高的和较短的尖拱在各个支架弹簧的近侧的方向和远侧的方向两者上延伸，各个支架弹簧具有不同长度的至少三条腿”，该区别特征中的“腿”指的是波峰与波谷之间的部分。

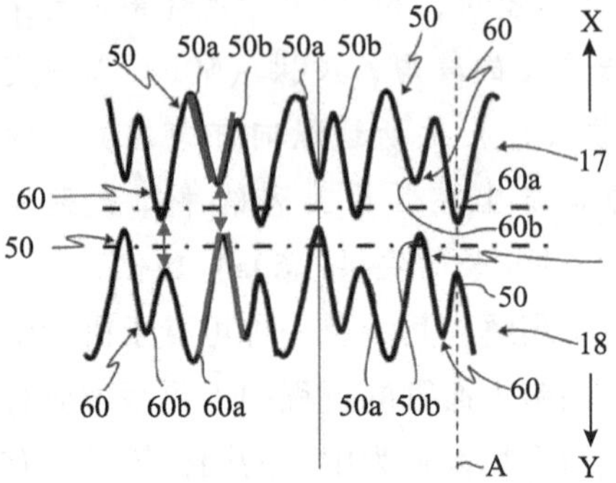

图 5－19　涉案专利申请 201380070675.7 附图

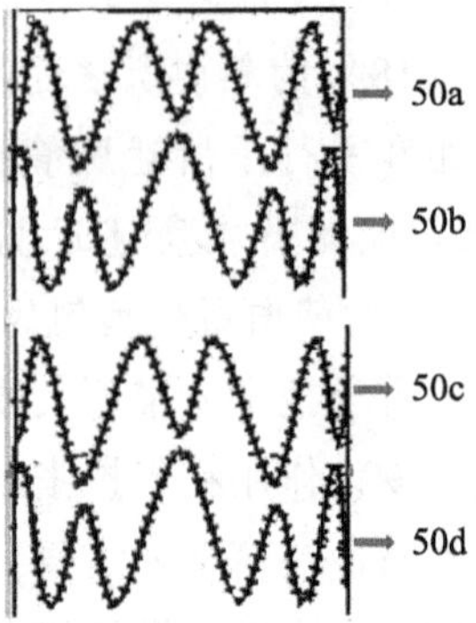

图 5－20　对比文件 2 US20070055347A 附图

上述区别对应于波峰与波谷设置方式上不同的技术构思。诉争技术方案在四个连续的弹簧中确保任何相邻的两个弹簧之间均是较高的波峰对齐较低的波谷，但对比文件 2 中则只可以使得第一根、第二根及第三根、第四根弹簧之间较高的波峰对齐较低的波谷，但在中间的两根中则无法做到。

对比文件的技术缺陷亦体现在中间两个支架弹簧（即 50b 与 50c）上。因支架弹簧 50a 与 50b 之间的波峰波谷设置方式适用于 50c 和 50d 之间，故 50c 的波峰波谷的设置与 50a 相同，50d 则与 50b 相同。也就是说，50c 相邻两个波谷之间的高度不同，但相邻两个波峰的高度相同。在此情况下，因与 50c 相邻的 50b 的相邻两个波峰的高度不同，但波谷高度相同，故在 50b 的波谷与 50c 的波峰被设置成对齐状态情况下，50b 相同高度的波谷对齐 50c 相同高度的波峰。相较于 50a 与 50b 之间的设置方式，这一设置方式波峰与波谷之间间距较小，在 50b 与 50c 之间未设置足够距离的情形下，如果该植入物在植入过程中受挤压产生扭曲，则 50b 的波谷与 50c 的波峰更容易接触，从而阻挡血液流动。此为对比文件需要克服的技术缺陷。

因为诉争技术方案中任何相邻的两个弹簧之间均是较高的波峰对齐较低的波谷，较低的波峰对应较高的波谷，不会出现如对比文件中相邻两个弹簧之间相同高度的波峰对相同高度波谷的情形，所以较之对比文件，诉争技术方案中间相邻两个弹簧的波峰与波谷之间具有更大间距，更不容易接触在一起，从而有利于血液流通。此亦为诉争技术方案实际解决的技术问题。

判断本领域技术人员是否容易想到采用诉争技术方案的区别特征（即每个弹簧的相邻两个波峰的高度以及相邻两个波谷的高度均不同）以解决对比文件的技术问题。需要首先关注一个事实，对比文件上述技术方案中存在连续四根支架弹簧，但只有中间两个弹簧（即 50b 与 50c）之间波峰波谷的设置方式才会导致上述技术问题，另外两对弹簧（即 50a 与 50b 之间及 50c 和 50d 之间）波峰与波谷的设置方式则不会导致上述技术问题。该两对弹簧之所以不存在上述技术问题，原因在于相较于 50b 与 50c 之间相同高度的波峰对应相同高度的波谷的设置方式，50a 和 50c 中的波谷对应于 50b 和 50d 中的波峰，而 50a 和 50c 中的波谷具有不同高度，50b 和 50d 中的波峰具有不同高度，这就使得高度较高的波峰对应于高度较低的波谷成为可能，从而保证波峰与波谷之间具有较大间距。50c 中虽然波谷具有不同高度，但波峰具有相同高度，同样的，50b 中虽然波峰具有不同高度，但波谷具有相同高度。当 50b 和 50c 对应使用时，恰好是相同高度的波峰对应了相同高度的波谷，这才会导致对比文件中存在的上述技术问题。

对于本领域技术人员而言，其完全可以理解上述机理。基于上述理解，本领域技术人员很容易想到只需将各支架弹簧相邻两个波峰及相邻两个波谷均设置成不同高度即可，这样便可以保证任意两个相邻弹簧之间均不会存在相同波峰对应相同波谷的情形，而这一设置方式即为诉争技术方案的区别特征。基于此，诉争技术方案中区别特征的获得无需付出创造性劳动。

2. 技术构思不同的情形

【案例5－14】由滚轧的涂镀板制造具有良好机械特性的焊接部件的方法❶

该案涉及的是专利号为ZL200780013854.1，名称为“由滚轧的涂镀板制造具有良好机械特性的焊接部件的方法”的发明专利，其权利要求1内容如下。

1. 一种由钢制的基体（1）和预镀层（2）构成的板材，所述预镀层由其上置有金属合金层（4）的金属间化合物合金层（3）构成，所述金属间化合物合金层与所述基体相接触，其特征在于，在所述板材的至少一个预镀表面上，位于所述板材的周边的区域（6）被除去所述金属合金层。

该案属于技术构思非显而易见的情形。该技术方案涉及一种板材，实践中的使用方式是将多个板材焊接在一起使用。诉争技术方案的板材包括两层：基体（1）与预镀层（2）。预镀层（2）亦包括两层，依次为：金属合金层（4）与金属间化合物合金层（3），如图5－21所示。对比文件与该技术方案的区别在于预镀层（2）的结构不同，对比文件的预镀层虽然亦包括两层，但该两层依次为

❶ 参见北京知识产权法院（2016）京73行初132号行政判决书。

金属合金层与有机层。两个技术方案在焊接时均会在相应位置去除掉最上层，以解决板材焊接接头部分较易出现的破裂的问题，因为预镀层的结构不同，所以对比文件去除的最上层为有机层，但诉争技术方案去除的最上层则为金属合金层（4）。

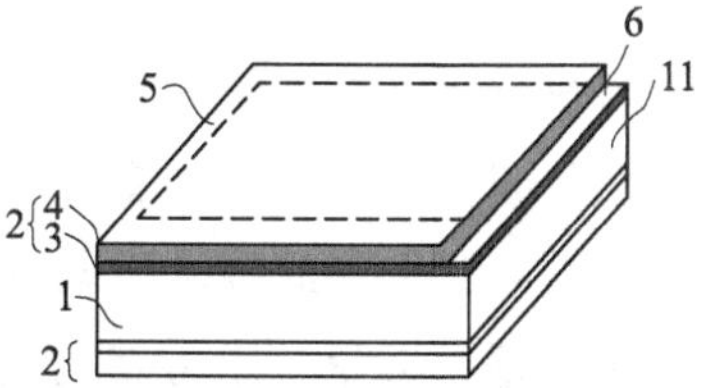

图 5－21　涉案专利 ZL200780013854.1 附图

该案中，无效宣告请求人认为该区别特征容易想到的主要理由为，既然二者均是去除最上层，在对比文件已给出去除最上层的启示的情况下，本领域技术人员容易想到诉争技术方案中亦去除最上层。

但需要注意的是，虽然二者去除的均是最上层，但因二者的最上层并不相同，故并不能仅因二者均去除最上层解决断裂问题而当然认为具有技术启示，而需要进一步分析去除的具体原因，亦即分析诉争技术方案为何会通过去除金属合金层解决断裂问题，而对比文件却通过去除有机层解决该问题。也就是说，需要对二者的技术构思及其相关机理进行分析。

经分析可以看出，对于诉争技术方案而言，之所以去除最上层（即预镀层中的金属合金层），原因在于专利权人发现预镀层中金属合金层的存在是导致断裂的原因，因此，需要在焊接部分去除该层。但对比文件去除最上层（即预镀层中的有机层）则是因为有机层在焊接时经由锌汽化形成的孔隙进入接合区域，从而使得接合部分的牢固性较差，而非基于预镀层中的金属层对接头部分牢固性的影响。

由此可见，二者基于不同的机理采用了不同的技术构思。在此基础上，鉴于无效宣告请求人提交的其他证据亦未涉及金属合金层对于焊接接合部分牢固性的影响问题，故现有证据无法看出诉争技术方案的技术构思容易获得。在技术构思不容易获得的情况下，对该技术构思进行具体化的区别技术特征的获得必然非显而易见。

退一步讲，即便本领域技术人员可以意识到金属合金层的存在确实足以导致焊接的接合部分断裂，但现有证据仍无法证明本领域技术人员容易想到采用诉争技术中的技术手段（即将接合部分的该合金层去除）解决这一问题。诉争技术方案与对比文件均为钢制板材，而钢制板材均有避免腐蚀的客观需求，板材上金属合金层的作用便在于此。因此，对于本领域技术人员而言，为避免钢材被腐蚀，通常不会选择将该合金层去除，但诉争技术方案中部分地去除了这一合金层。原因并非其未考虑到防腐蚀的问题，而在于专利权人发现在金属合金层与板材之间存在金属间化合物合金层，该层物质同样可以起到抗腐蚀的作用。也就是说，诉争技术方案虽将金属合金层部分去除，但其保留的金属间化合物合金层可以起到避免腐蚀的技术效果，而对比文件中并未公开这一层。可见，无论从上述任何一角度考虑，区别技术特征的获得均非显而易见。

【案例 5－15】用于精炼铜精矿的方法❶

该案涉及的是专利申请号为200880121165.7，名称为“用于精炼铜精矿的方法”的发明专利申请，其权利要求1内容如下。

1. 一种用于精炼铜精矿的方法，在该方法中将铜精矿（1）、熔剂（2）和反应气体（3）一起送入悬浮熔炼炉（4）的反应炉身

❶ 参见北京知识产权法院（2015）京知行初字第6596号行政判决书。

(5)，以及在悬浮熔炼炉（4）中生成分开的相，即粗铜（13）和炉渣（14），其特征在于，将来自悬浮熔炼炉的炉渣（14）引导到电炉（16）中，在电炉（16）中用还原剂处理来自悬浮熔炼炉的炉渣（14），使得在电炉（16）中生成分开的相，即电炉底部金属（17）和废渣（18），从电炉（16）去除电炉底部金属（17），使电炉底部金属（17）成粒状，并获得粒状的电炉底部金属（22），以及将粒状的电炉底部金属（22）供应至悬浮熔炼炉（4）的反应炉身（5），其中将来自悬浮熔炼炉的炉渣（14）在熔融状态下引导到电炉（16）中。

该案亦属于技术构思非显而易见的情形。诉争技术方案是一种炼铜的方法，主要涉及两个装置的使用：悬浮熔炼炉（4）、电炉（16），如图5-22所示。二者的关系在于，悬浮熔炼炉（4）用于处理铜精矿，处理后产生的炉渣使用电炉（16）进行再处理。诉争技术方案与对比文件的区别在于，对于炉渣经由电炉（16）处理后的产物如何处理。诉争技术方案是将其循环利用，即将处理后的电炉（16）底部金属再供应到悬浮熔炼炉（4）重新处理。而对比文件则是将其直接放掉。诉争技术方案对这一循环利用的具体限定为"使电炉底部金属成粒状，并获得粒状的电炉底部金属，将粒状的电炉底部金属供应至悬浮熔炼炉的反应炉身，将来自悬浮熔炼炉的炉渣在熔融状态下引导到电炉中。"

判断本领域技术人员是否容易想到该区别特征，首先需要考虑的是本领域技术人员是否容易想到将底部炉渣进行再利用。如果该技术构思容易想到，则进一步判断具体技术手段的获得是否容易想到。虽然对于精炼铜精矿的方法而言，提高铜的生产率是本领域技术人员的一贯追求，但对于如何提高铜的生产率则存在多种技术构思和多种技术手段。

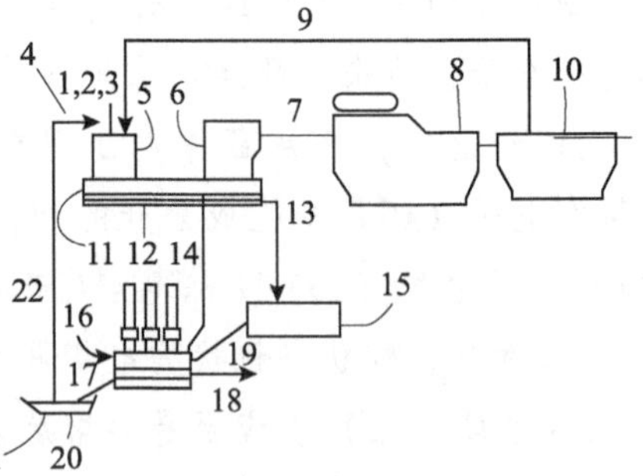

图5-22　涉案专利申请200880121165.7附图

该案中，如果诉争技术方案中所采用的技术构思属于本领域技术人员容易想到的技术构思，则至少意味着现有技术中存在将底部金属再利用的做法，且这一利用方式是将其供应到悬浮熔炼炉，而非另行设置其他装置对其进行利用。对于现有技术中是否存在这一技术构思，被告客观上有能力证明，但因其未举证证明存在上述任一情形，故该案中无法认定诉争技术方案中将底部金属通过悬浮炉再利用的技术构思显而易见。相应地，其基于这一技术构思而具体采用的“使电炉底部金属成粒状，并获得粒状的电炉底部金属，将粒状的电炉底部金属供应至悬浮熔炼炉的反应炉身，将来自悬浮熔炼炉的炉渣在熔融状态下引导到电炉中”这一技术特征亦非显而易见。

【案例5-16】一种制衣工作站中衣架的出站机构[1]

该案涉及专利号为ZL200710070782.6，名称为“制衣工作站中衣架的出站机构”的发明专利，其权利要求1内容如下。

---

[1] 参见北京知识产权法院（2015）京知行初字第5381号行政判决书。

1. 一种制衣工作站中衣架的出站机构，设置于制衣工作站出站处的升降臂末端导轨（1）与主轨（2）之间，所述的出站机构包括一根弯曲的出站导轨（3），出站导轨（3）与升降臂末端导轨（1）轴向固定，出站导轨（3）与升降臂末端导轨（1）之间设有在外力作用下出站导轨（3）能相对于升降臂末端导轨（1）沿周向转动的复位转动装置，所述的复位转动装置包括转轴（4）、套于转轴（4）上的轴套（5）和弹簧（6），上述的出站导轨（3）固连在转轴（4）上，所述的轴套（5）装于上述的升降臂末端导轨（1）内侧且与其固连，弹簧（6）的两端分别作用在轴套（5）和转轴（4）上，其特征在于，所述的转轴（4）侧部设有凸出的定位销（4a），所述的轴套（5）上沿其径向设有呈条形的限位孔（5a），且定位销（4a）位于轴套（5）的限位孔（5a）处，所述的轴套（5）通过螺钉固连在升降臂末端导轨（1）上，所述的弹簧（6）为扭转弹簧，且弹簧（6）套在转轴（4）上。

该案亦属于技术构思非显而易见的情形。该技术方案是一种衣架传输机构，核心部件是导轨（3），衣架置于导轨上进行传输，如图5－23所示。诉争技术方案与对比文件相比具有两个区别特征，关键区别在区别特征2，具体为：诉争技术方案的“出站导轨（3）固连在转轴（4）上，所述的轴套（5）装于上述的升降臂末端导轨（1）内侧且与其固连，所述的轴套（5）通过螺钉固连在升降臂末端导轨（1）上”，而对比文件中螺栓（40）与次级导轨（23）的管（24）固连，轴套（60）通过螺钉（63）固定在道岔导轨（55）的直线部分（56）上，如图5－24所示。

上述区别的实质在于轴与轴套的固定关系采用了不同的技术构思，诉争技术方案的轴及轴套与导轨之间的固定关系与对比文件正好相反。其中，轴的固定关系的不同在于，诉争技术方案中的轴固定在出站导轨上，对比文件的轴固定在次级导轨上（相当于诉争技术方案的升降臂导轨）。轴套的固定关系的不同在于，诉争技术方案的轴套固定在升降臂导轨内侧，对比文件的轴套固定在道岔导轨上（相当于诉争技术方案的出站导轨）。

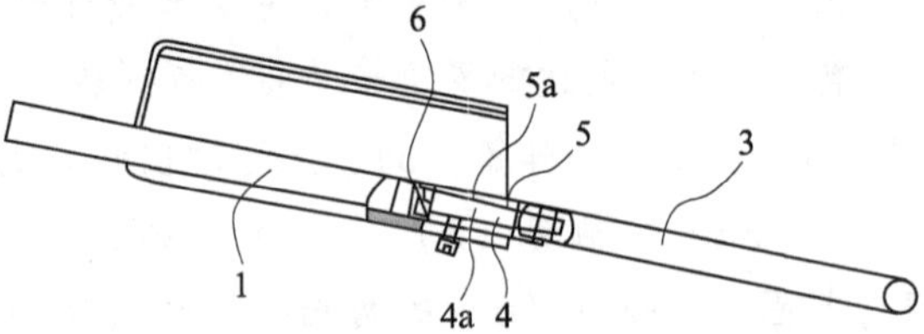

图 5-23　涉案专利 ZL200710070782.6 附图

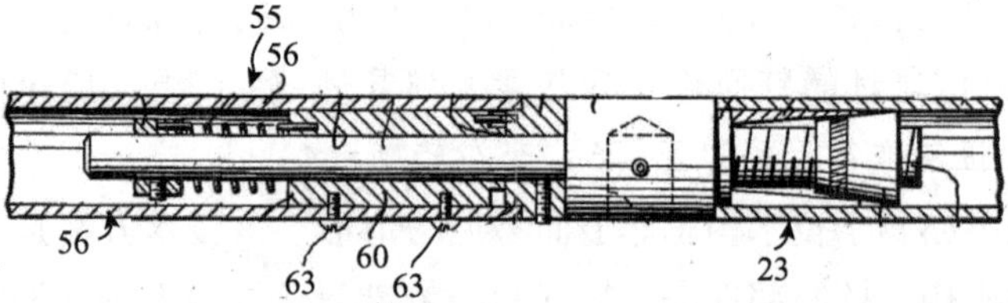

图 5-24　对比文件 US2610584A 附图

虽然看起来诉争技术方案仅是将对比文件中轴及轴套与导轨之间的固定关系进行了对调，但为避免事后诸葛亮情形的出现，仍然有必要基于相关证据作出判断。客观而言，轴、轴套及导轨均是此类产品的常用部件，如果这一固定关系属于惯用技术手段则无效宣告请求人应并无举证难度，但无效宣告请求人在法院提出相关要求的情况下仍未举证，这一事实至少在一定程度上说明其并非惯用技术手段。即便该技术构思的获得显而易见，需要注意的是，这一区别并非简单对调，其同时需要对定位销（4a）、限位孔（5a）等其他部件的配置进行适应性修改，而无效宣告请求人亦未举证明上述技术特征均为公知常识或已被其他现有技术公开，故该区别特征的获得非显而易见。

【案例5－17】全自动分药和供药系统❶

该案涉及专利申请号为201510532075.9，名称为“一种全自动分药和供药系统及固体药物自动分离方法”的发明专利申请，其权利要求1内容如下。

1. 一种全自动分药和供药系统，其特征在于，包括：用于盛放固体药物的上药装置、用于将固体药物排列成单行或列且将药物之间拉开距离的分药装置、用于将分药装置输出的固体药物送入指定位置的分药通道装置、用于密封储存及提供每一次需要服用的药物的供药装置、用于回收储存多余药物的回药装置和中央处理部分，所述分药装置包括至少一个旋转盘或多个同心旋转分盘（22、23），且当旋转盘为两个以上时，越靠近外侧的旋转分盘的旋转速度越快，所述旋转盘上方设有至少一个相对旋转盘固定的涡旋型药物通道（24），所述涡旋型药物通道的边缘处设有涡旋出口……

该案亦属于技术构思非显而易见的情形。诉争技术方案是一种全自动分药和供药系统，如图5－25所示。对比文件2是一种药剂供给装置及药剂计数装置，如图5－26所示。二者均包括分药装置，其区别则体现在分药装置的具体设置上。

❶ 参见北京知识产权法院（2020）京73行初4340号行政判决书。

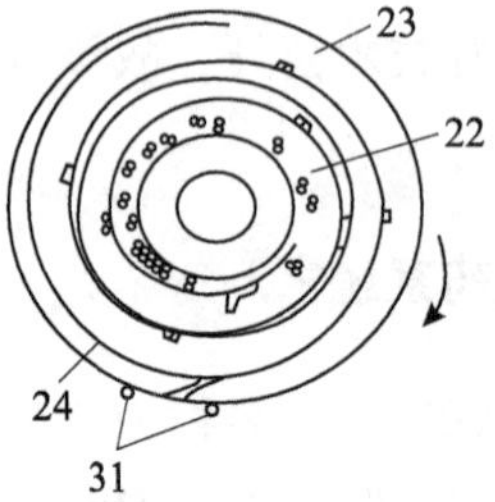

图 5－25　涉案专利申请 201510532075.9 附图

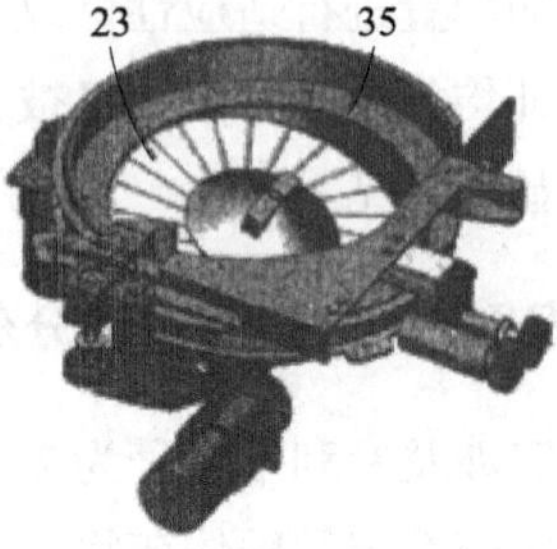

图 5－26　对比文件 2 CN104245515A 附图

对比文件 2 中的分药装置包括两层旋转体，即第一旋转体（23）、第二旋转体（35），二者之间为倾斜角度设置，其作用机理为通过旋转使得药物从第 1 旋转体（23）移至第 2 旋转体（35），通过第 2 旋转体的旋转使药物沿着其药物通道外侧边缘（即第 2 旋转体的外侧圆环）旋转至出口，并由此进入供药装置。诉争技术方案的分药装置则为单层旋转体设置，尽管其包括旋转盘为多个的情形，但亦均设置在同一平面上。诉争技术方案通过旋转旋转体使得药物沿着自内而外设置的涡轮型通道从中心旋转至出口，并由此进入供药装置。

分药装置的作用在于将药物输送给供药装置，因此，分药装置需要达到的效果是药物在该装置内的有序排列，相应地，如何设置药物在该装置内的运动路径是核心的技术构思。由上述分析可知，对比文件 2 与诉争技术方案方案采用了不同的技术构思。对比文件 2 中药物的运动路径主要是位于上层的第 2 旋转体的外侧边缘，诉争技术方案是单层设置，其使用的是涡轮型通道。因为现有证据不足以证明诉争技术方案上述技术构思的获得显而易见，所以区别特征的获得同样非显而易见。

第三节 结合对比

结合比对的情形需要判断的是诉争技术方案相较于最接近的现有技术与其他现有技术的结合，或者最接近现有技术与其他现有技术及公知常识的结合是否具备创造性。这一过程实质判断的是本领域技术人员为解决最接近现有技术存在的问题，是否可以获得其他现有技术中的相关技术手段。如果可以获得，是否可以在该技术手段的基础上想到采用区别特征以解决最接近现有技术的技术问题。如果容易想到，则可认定区别特征的获得非显而易见，相应地，诉争技术方案不具备创造性。

一、被结合的现有技术的作用

在结合比对的情形下，除最接近的现有技术之外，还存在一个或多个被结合的现有技术，二者虽然在创造性判断中均会被用到，但其各自的作用及其被用到的内容并不相同。对于最接近现有技术，因为其作用在于发现该现有技术的问题从而产生研发动机，所以需要考虑“整体技术方案”。而被结合的现有技术的作用则在于给出解决最接近现有技术所存在问题的启示，故通常考虑的仅是具体的一个或几个“具体技术特征”。

上述区别由二者在真实的研发过程中所处环节的不同所导致。最接近的现有技术是发明创造的起点，是被研究的对象，本领域技术人员需要研究整个技术方案及其技术效果，并在此基础上发现其技术问题或技术缺陷，从而产生研发动机。而在已产生研发动机的情况下，本领域技术人员需要做的则是针对最接近现有技术中存在的技术问题去寻求技术手段，而这一过程中可能会检索其他现有技术，但就被检索到的现有技术而言，其被用到的仅是其中可用于解决该技术问题的某一个或某几个技术手段，而非整个技术方案。

比如，现有技术中存在一种电水壶，因其在水开之后不能自动断电，故存在水烧干或损坏电水壶的危险，这一技术问题必然要研究整体技术方案才可发现。在发现这一技术问题之后，技术人员在现有技术中进行了相应检索，发现了某一自动加压装置中存在自动断电装置，虽然加压装置与电热水器属于完全不同的产品，但其中的自动断电装置完全可用于电热水器中以解决其存在的自动断电问题。基于此，技术人员将该自动断电装置使用到热水器中，从而形成了新的技术方案。

将上述环节与案件中创造性的判断相对应，电热水器是最接近现有技术，其作用是发现技术问题产生研发动机，因此需要考虑整体技术方案。加压装置则是被结合的现有技术，其对于本领域技术人员而言有价值的部分并非整体技术方案，而仅是其中的自动断电装置，其作用在于解决电热水器的断电问题。这也就意味着其与最接近现有技术是否属于同一领域，以及该加压装置本身是否存在其他问题等，在创造性判断中均无需考虑。

二、结合启示及其考虑因素

基于前文分析可知，被结合的现有技术是通过检索才被本领域技术人员发现，而本领域技术人员检索的目的在于解决最接近现有技术存在的问题。因此，被结合的现有技术中是否有解决问题的技术手段直接决定了该现有技术是否具有结合启示。基于此，结合比对的案件中显而易见性判断的关键亦在于结合启示的认定，而结合启示的认定无非以下两个角度：技术特征、技术特征所具有的作用或者功能。

（一）技术特征

从技术特征角度对于结合启示的判断，重点在于判断被结合的现有技术中是否公开了诉争技术方案的区别技术特征。实践中存在3种不同的公开情形：被结合现有技术中公开的技术特征与区别技术特征相同、相似、不同。该3种情形对于结合启示认定的影响并不相同，下文中对此会进行详细分析。

需要注意的是，对于结合启示进行合理认定的前提在于对区别技术特征的精确表述。具体案件中常见的一种情形是，被认定的区别技术特征仅对诉争技术方案中相应文字进行了原文重复，并未明确指出真正的区别所在。不仅如此，一些情况下，对区别技术特征的认定仅提及了诉争技术方案，并未提及最接近现有技术。上述两种表述方式虽然均难谓错误，但其共同的问题在于难以看出二者真正的区别所在，从而无法针对性地将其与被结合现有技术中的技术特征相对应，进而对其是否显而易见作出判断。

比如，诉争技术方案为："一种煎中药的方法，其特征在于将中药材A、B混合在水中，隔水加热二十分钟"。如果仅将区别技术特征认定为诉争技术方案"隔水加热二十分钟"，但未提及对比文件中的相应技术特征，则仅依据上述表述将无法确定二者的真正区别是在于"加热""隔水加热"还是"二十分钟"，或者兼而有之。在无法确定上述区别的情况下显然难以对应性地判断被结合的现有技术中是否公开了该区别技术特征。

【案例5－18】用于标识IMS业务的方法和装置[1]

该案涉及的是专利号为ZL200580049881.5，名称为"用于标

[1] 参见北京知识产权法院（2019）京73行初13116号行政判决书。

识 IMS 业务的方法和装置”的发明专利，其权利要求 1 内容如下。

1. 一种指示会话初始协议消息涉及的 IP 多媒体子系统通信业务和终端应用的方法，该方法包括在会话初始协议消息中包括一个或多个通信业务标识符，通信业务标识符标识多个通信业务中的一个，以及在该消息中包含应用索引，该应用索引标识用于处理所标识的通信业务的终端应用，其中包括所述应用索引作为“a－line”，其扩充会话初始协议消息的会话描述部分中的“m－line”。

该案被诉决定中对于区别技术特征的表述为：“权利要求 1 保护的技术方案与对比文件 1 相比，其区别特征是：a. 应用索引标识用于处理所标识的通信业务的终端应用；b. 其中包括所述应用索引作为‘a－line’，其扩充会话初始协议消息的会话描述部分中的‘m－line’。”

被诉决定的上述内容中仅提及了诉争技术方案中的限定，未提及对比文件 1 的内容，因此，仅依据这一表述无法获知真正的区别所在。庭审中，经法院询问，被告确认对于区别特征 a，二者的差别仅在于诉争技术方案是“终端”应用，而对比文件 1 是“服务器端”应用。对于区别特征 b，区别则仅在于对比文件 1 并未公开采用“何种方式”设置应用索引。

对于被告明确的上述内容，其他当事人并无争议，因此，在该案中判断结合启示时，只需要考虑在被结合的现有技术中是否公开了将应用索引标识用于“终端”应用，以及应用索引标识的“具体设置方式”是否与区别技术特征相同即可，而无需考虑诉争技术方案中的其他内容。

（二）技术特征所具有的作用或功能

在真实的研发过程中，本领域技术人员之所以会想到使用其他现有技术中的特定技术特征，必然是因为该技术特征所具有的作用或功能可以解决作为研发起点的最接近现有技术中的技术问题。因此，在判断结合启示时，需要考虑被结合使用的技术特征的功能或作用。

在对于技术特征作用或功能的认定中，需要注意“技术特征”与其“作用或功能”之间对应关系的确定。实践中经常出现的问题是，当事人所主张的技术效果虽然确属诉争技术方案或对比文件具有的技术效果，但其与区别技术特征或者被结合的技术特征的作用或功能无关，此种情况下该技术效果在结合启示的认定中并无意义。

【案例5－19】发酵乳的制造方法及发酵乳[1]

该案涉及的是专利申请号为200780044474.4，名称为“发酵乳的制造方法及发酵乳”的发明专利申请，其权利要求1内容如下。

1. 一种发酵乳的制造方法，所述发酵乳是凝固型酸乳，其特征在于，包括：第一脱氧工序，将生鲜乳中所含的氧的浓度降低；超高温杀菌工序，以120℃以上140℃以下温度对进行了所述第一脱氧工序之后的生鲜乳加热1秒钟以上1分钟以下而进行杀菌；发酵工序，将发酵剂添加到所述超高温杀菌工序之后的乳中，使乳发酵。

诉争技术方案相对于最接近现有技术对比文件1的区别技术特征1为，诉争技术方案中采用了超高温灭菌方式，但对比文件1中采用的灭菌方式与此不同。专利申请人主张对比文件2中虽然公开了超高温灭菌方式，但其在对比文件2中所起的作用与在诉争技术方案中并不相同，故不存在将对比文件2中的超高温灭菌方法与对

[1] 参见北京知识产权法院（2015）京知行初字第3887号行政判决书。

比文件 1 的技术方案相结合的启示。

针对这一主张，首先需要确定的是区别技术特征在各自技术方案中所起的作用。虽然诉争技术方案的说明书中有“可获得具有足够硬度且非常爽滑的酸乳商品”这一技术效果的记载（此亦为专利权人主张的超高温灭菌所起作用），但对于该效果与超高温灭菌之间的关系却并无具体记载。不仅如此，诉争技术方案背景技术中反而记载了超高温灭菌对发酵乳的硬度有不利影响，而诉争技术方案的发明点恰恰在于使用脱氧方法解决了该技术问题。依据说明书的记载可知，诉争技术方案所达到的不影响发酵乳的硬度和爽滑感这一技术效果与脱氧程序，而非超高温灭菌方法（即区别技术特征）具有直接关系。

即便如此，仍不排除诉争技术方案中脱氧程序与超高温灭菌方法协同作用产生上述效果的可能性。如果确实存在该协同作用，意味着若不采用超高温方法，仅靠脱氧程序将不会得到这一技术效果。但通过对比分析诉争技术方案与对比文件 1 记载内容可知，无论是对比文件 1 采用的高温灭菌，还是诉争技术方案采用的超高温灭菌，两个技术方案中均同样具有保持发酵乳硬度等效果。这一情形说明，无论是采用高温灭菌还是超高温灭菌方法，对该技术效果并无影响，相应地，这一技术效果并非是由脱氧程序与超高温灭菌方法之间的协同作用而带来的。

因为超高温灭菌方法并非诉争技术方案的发明点，说明书中对其在技术方案中所起作用并无明确记载，且专利申请人亦未举证证明其相应的技术效果，所以应认定其所起作用为这一灭菌方法使用在生鲜乳中通常所起的作用，亦即获得较好的灭菌效果。对比文件 2 中采用这一灭菌方法的目的同样在于提高灭菌效果，最终使得将光诱导引起的异味的产生抑制在极低限度内。可见，区别技术特征在各自技术方案中所起作用并无不同，因此，对比文件 2 给出了相应技术启示。

【案例 5 – 20】赋予树脂改进的耐热性的水滑石及其制备方法❶

该案涉及的是申请号为 200980103457.2，名称为“赋予树脂改进的耐热性的水滑石及其制备方法”的 PCT 发明专利申请，其权利要 1 内容如下。

1. 一种如下述通式（I）所示的水滑石：

$$Mg_{1-x}Al_x(OH)_2(A^{n-})_{x/n}\cdot\{(1-a)(1-3x/2)-a\cdot z/18\}H_2O \quad (I)$$

其中，A^{n-} 为选自 CO_3^{2-}、NO^{3-}、SO_4^{2-}、OH^-、F^-、Cl^-、Br^- 或包含 Si、P 或 B 的含氧阴离子的阴离子；z 为 $Mg_{1-x}Al_x(OH)_2(A^{n-})_{x/n}$ 的式量；x 在 $0.20<x\leq0.33$ 的范围内；a 在 $0.015\leq a<0.0352$ 的范围内。

该案中，被诉决定认定诉争技术方案相对于对比文件 1 不同部分内容的结合（即实施例 1 与表 1 和表 2 的结合）不具备创造性，该结论得出的主要依据之一为，由对比文件 1 被结合的部分（即表 1、表 2）可以看出结晶水脱水率与聚氯乙烯（PVC）的热稳定性之间的关系，即结晶水损失增加、a 值逐渐增大时，PVC 的热稳定性下降。其中的 a 值即为区别特征，诉争技术方案的“a 在 $0.015\leq a<0.0352$ 的范围内”，对比文件 1 中表 1 和表 2 中公开的 a 值则在诉争技术方案的上述数值范围内，因此，该部分内容给出了启示。专利申请人对于对比文件 1 中表 1 和表 2 公开的 a 值数据并无异议，

❶ 参见北京知识产权法院（2015）京知行初字第 1619 号行政判决书。

但认为无法看出结晶水损失增加、a 值逐渐增大时，PVC 的热稳定性下降。

针对这一问题，法院认为，被诉决定引用的内容中记载，当脱水的重量百分比为 4.6%、5%、10%、13% 时，其所对应 PVC 热稳定时间分别为 120 分钟、118 分钟、115 分钟、109 分钟。如果仅仅依据上述内容确可得出结晶水损失增加、a 值逐渐增大时，PVC 的热稳定性下降这一结论。

但需要注意的是，在对比文件 1 中表 1 和表 2 同时记载了对比例。实施例与对比例的差别仅在于是否含有硬脂醇，但可确定的是，硬脂醇对 PVC 的热稳定性并不产生影响，因此，如果依据实施例记载的数值足以得出结晶水损失增加，PVC 的热稳定性下降这一结论，则该结论应同样适用于对比例。但由对比例记载内容可以看出，至少当脱水的重量百分比为 0 与 12% 时，其所对应的 PVC 热稳定时间均为 120 分钟，并无变化。可见，从对比文件 1 中表 1 和表 2 记载内容并不能当然得出结晶水损失增加时，PVC 的热稳定性下降这一结论。

鉴于这一结论是被诉决定中认定诉争技术方案不具有创造性的主要依据，在该结论不成立的情况下，被诉决定据此认定权利要求 1 不具备创造性的结论亦并不成立。而且，对比文件 1 中还公开了脱结晶水的程度至少约 1/3 以上，即 a 至少为 0.04，与诉争技术方案的范围 $0.015 \leq a < 0.0352$ 及体现出的变化趋势并不相同，现有证据也未给出减小 a 至何种范围会优化水滑石的性能的教导。可见，虽然对比文件 1 中表 1 和表 2 公开了 a 值的具体数值，但无法看出其具有与诉争技术方案中减小 a 值以优化水滑石性能相同的作用，因此，无法认定其具有启示。

三、结合启示的三种情形

依据技术特征与其所起作用或功能是否相同，实践中存在以下三种不同的认定情形：其一，如果被结合的现有技术与诉争技术方案中不仅相应技术特征相同，且作用或功能亦相同，则通常可认定基于被结合的现有技术获得诉争技术方案中的技术特征无需付出创造性劳动。其二，如果技术特征不相同或不完全相同，但作用或功能基本相同。此种情况下需要抽象概括技术构思，从技术构思角度进行具体判断，是否显而易见不可一概而论。其三，如果二者不仅技术特征不同，作用或功能亦不同，则此种情况下通常可以直接得出区别特征的获得非显而易见这一结论。

（一）技术特征相同，且具有相同的作用或功能

在具体的研发过程中，本领域技术人员通常是基于问题导向，即基于需要解决的技术问题寻找技术手段，如果其检索到的现有技术中某些技术手段所具有的作用与需要解决的技术问题相对应，则通常会有动机将该技术手段结合到最接近的现有技术中以解决这一问题。因此，在具体案件中，被结合的技术特征及其所起作用与诉争技术方案均基本相同的情况下，通常具有结合启示。

在这一认定中需要注意的是，此处所指的相同是指技术特征在各自技术方案中所起作用（或功能）相同，这并不意味着被结合的技术特征在现有技术中所起的作用，与诉争技术方案实际解决的技术问题必然相同。只要现有技术中的该技术特征本身所具有的作用（或功能），运用到最接近现有技术中可以解决其需要解决的技术问题即可。

仍以儿童用四轮自行车为例，相较于自行车这一最接近的现有技术，其具有的区别特征为增加了两个侧轮。该两个侧轮在儿童用

四轮自行车中所起作用（或功能）在于支撑且可转动，而因为具有上述功能，从而使得自行车在行驶过程中可以保护平衡而不倾倒。因此，诉争技术方案实际解决的技术问题在于如何使得自行车保持平衡而不倾倒，但为了解决该问题，本领域技术人员需要寻找的是可以起到支撑作用且可转动的技术手段，至于其是否与自行车的平衡相关，则在所不论。因此，案件中的结合启示关注的是该技术特征是否具有支撑且可转动的作用，而非其在现有技术中是否具有平衡效果。

【案例 5－21】一种钢塑复合电缆导管[1]

该案涉及的是专利号为 ZL201220375992.2，名称为“一种钢塑复合电缆导管”的实用新型专利，其权利要求 1 内容如下。

1. 一种钢塑复合电缆导管，其特征是：管体包括内管和外管，内管由热塑性塑料制成，外管由热固性塑料制成，整个管体由热固性塑料与热塑性塑料复合为一体制成；所述热固性塑料与热塑性塑料通过中间的助粘结层（2）复合为一体，助粘结层（2）是将热塑性管道表面利用钢球喷射抛丸处理成的毛面。

诉争技术方案与最接近的现有技术对比文件 1 的区别技术特征为“热固性塑料和热塑性塑料通过中间的助粘结层（2）复合成一体，助粘结层（2）是将热塑性管道表面利用钢球喷射抛丸处理成的毛面”。该区别特征具体体现在“助粘结层”，更为具体的是助粘结层“被处理成毛面”，助粘结层实际上是热塑性管道的表面，且是毛面，因此，可以将相邻两层之间（即热固性塑料和热塑性塑料之间）牢固粘结。基于该区别特征，诉争技术方案实际解决的技

[1] 参见北京知识产权法院（2016）京 73 行初 5178 号行政判决书。

术问题是如何做到不使用任何黏结剂进行粘结，以省工省事并节约成本。

专利权人主张，虽然对比文件 3 公开了“内衬塑料管表面毛糙化处理”这一技术特征，但其在对比文件 3 中的作用与其在诉争技术方案中的作用不同，故本领域技术人员不容易想到将其与对比文件 1 结合以得到权利要求 1。

实际上，诉争技术方案与对比文件 3 相关技术特征的区别只在于被粘结的两层有所不同，而非粘结层本身的作用不同。虽然对比文件 3 中粘结的是玻璃钢覆层与内衬塑管，诉争技术方案粘结的是热固性塑料和热塑性塑料，但对比文件 3 中所公开的对内衬塑料管表面“毛糙化处理”这一技术特征对于诉争技术方案的热固性塑料和热塑性塑料之间的粘结同样可以起到粘结作用，正因为这一粘结作用，使得玻璃钢覆层与内衬塑管之间具有可牢固粘结，不易分层这一技术效果。基于此，本领域技术人员在看到对比文件 3 上述内容时，无需创造性劳动即可想到将其与对比文件 1 相结合，从而得到诉争技术方案权利要求 1 的技术方案。

本书第三章案例 3－11 中，被结合的现有技术中同样记载了具有基本相同功能的技术特征。❶

前文中已提及该案。诉争技术方案相对于最接近现有技术证据 2 的区别技术特征在于：“所述较大的前平面板和后平面板中的至少一个包括多个非连续的凸出物，所述凸出物彼此间隔开并且从所述较大的前平面板和后平面板的外表面向外凸起”。该区别特征的实质在于诉争技术方案在香烟盒表面上具有一个或多个凸起，但最接近现有技术中并无凸起的设置。

❶ 参见北京知识产权法院（2017）京 73 行初 1817 号行政判决书。

基于该区别特征，诉争技术方案实际解决的技术问题在于使得香烟相对而言不容易因为温度升高而影响质量。也就是说，最接近现有技术存在因温度升高而影响香烟质量的技术问题。本领域技术人员不仅知晓香烟变质这一结果，而且知晓导致该结果的原因在于包装本身的隔热效果问题。因此，在寻找解决手段时，会寻求具有隔热作用的技术手段，而非可避免香烟变质的技术手段。

该案中，被结合的技术特征是证据2公开的另一技术方案。该部分公开的是一种可用于制作香烟盒的折叠纸盒的纸板，该纸板上可以具有凸起，且凸起可以分布于整个纸板表面。基于这一公开内容，本领域技术人员可以知晓该凸起的纸盒具有一定隔热作用，相应地，容易想到将整个表面具有凸起的纸板折叠纸盒用作香烟包装盒，以解决香烟在包装过程中的温度对于香烟品质的影响问题。据此，诉争技术方案的获得显而易见。

【案例5-22】一种输入法词库的升级方法和装置[1]

该案涉及的是专利号为ZL201110028516.3，名称为“一种输入法词库的升级方法和装置”的发明专利，其权利要求1内容如下。

1. 一种输入法词库的升级方法，其特征在于，该方法包括：A1. 将基于服务器端上一词库版本的词库调整信息记录在服务器端当前词库版本中，所述词库调整信息包括：针对所述上一词库版本各词语的词频变化状况以及基于词频变化状况确定的词语更新状况；B1. 获取客户端的词库版本号；C1. 将所述客户端的词库版本与所述服务器端当前词库版本之间所有版本的词库调整信息进行汇总，将汇总后得到的词语更新信息以及所述服务器端当前词库版本

[1] 参见北京知识产权法院（2019）京73行初12190号行政判决书。

的版本号发送给所述客户端；所述词语更新信息包括：所述客户端需要添加的词语和需要删除的词语中的至少一种。

该技术方案涉及输入法词库的更新方式，其目的在于使用户可以高效的更新词库。为达到这一技术效果，其核心技术特征是“词库调整信息”，词库调整信息的作用是单独记录每两个相邻版本词库之间的变化。基于词库调整信息的使用，可以使得当用户想更新的位于服务器端的词库与客户端中原词库版本之间相差超过一个版本时，其只需汇总各版本之间的变化（即词库调整信息）。此亦为诉争技术方案的实质内容。

诉争技术方案与对比文件1（最接近现有技术）之间的主要区别特征在于，诉争技术方案具有词库调整信息以及在更新时汇总的是词库调整信息，对比文件1中并不涉及上述内容。诉争技术方案中对此的具体记载为A1中的“将基于服务器端上一词库版本的词库调整信息记录在服务器端当前词库版本中”，以及C1中的“将所述客户端的词库版本与所述服务器端当前词库版本之间所有版本的词库调整信息进行汇总，将汇总后得到的词语更新信息以及所述服务器端当前词库版本的版本号发送给所述客户端”。

上述区别特征使得诉争技术方案实际解决的技术问题是如何“提高待更新词库的更新效率”，此亦为最接近现有技术需要解决的问题。基于通常的研发规律，本领域技术人员在面对提高更新效率这一问题时，通常会首先分析该问题产生的原因，然后基于该原因从现有技术中寻找相同或类似问题的解决手段，并将其适用于最接近现有技术中以判断是否可以解决这一问题。

通过分析，本领域技术人员可以发现最接近的现有技术中需要解决的虽然是不同“词库版本”之间的更新效率问题，但该问题的实质在于“数据库”的更新问题。至于该数据库是否是“词库”，以及是否是不同“版本”之间的更新并不影响“词库版本”更新效率的解决问题。因此，在寻找解决手段时，有关数据库更新的技术手段均在其检索范围内，至于是否涉及的是不同“版本”词库之间的更新问题则在所不论。

被结合的现有技术对比文件 3 亦涉及词库的更新问题，其更新的是用户使用习惯，而非词库的不同“版本”，但同样属于数据库更新问题，因此，该现有技术在本领域技术人员的检索范围之内。对于可记载用户使用习惯的词库软件，网络端或移动存储设备中保存的字库与用户设备上的字库并不完全相同，差别在于网络端或移动存储设备中保存有基于用户使用习惯而做的更新记录，但在需要被同步的用户终端中并无上述内容，需要将上述变更后的内容更新到该用户终端中。因为对比文件 1（最接近的现有技术）亦是将服务器端字库版本与用户端字库版本之间的变更内容更新到用户端中，所以虽然对比文件 1 与对比文件 3 的最终使用目的并不完全相同，但就该更新需求而言，二者并无实质不同。

对比文件 3 中采用的更新方式是依据预设规则保存历史更新记录，在需要将网络端或移动存储设备中的用户使用习惯同步到用户端时，只需汇总各个历史更新记录并将其发送给用户端。也就是说，对比文件 3 会事先记录相邻两个时间标记（可类比诉争技术方案的版本号）之间的更新内容（可类比诉争技术方案的词库调整信息），而不会等到需要更新时再将二者相比较得出变化内容并将其发送给终端。

因为本领域技术人员显然能够意识到这一方法相较于对比文件 1（最接近现有技术）中等到更新时再将不同版本进行比较的方法更能提高效率，所以为解决提高效率问题，本领域技术人员有动机将对比文件 3 中的上述技术特征结合到对比文件 1 中。这也就意味着会将不同版本之间的变化单独进行记录并在需要更新时汇总后发给用户的客户端，该技术特征即为诉争技术方案A1中的“将基于服务器端上一词库版本的词库调整信息记录在服务器端当前词库版本中”，以及C1中的“将所述客户端的词库版本与所述服务器端当前词库版本之间所有版本的词库调整信息进行汇总，将汇总后得到的词语更新信息以及所述服务器端当前词库版本的版本号发送给所述客户端”。

综上可知，对比文件3的相关技术特征与诉争技术方案的区别技术特征相比，二者无论是技术特征本身，还是其所起到的提高更新效率的作用，均基本相同，故对比文件3给出了结合启示。

（二）技术特征不同或不完全相同，但作用或功能基本相同

在结合比对的情况下，另一种常见情形是，被结合的技术特征所起作用或功能与诉争技术方案中的技术特征基本相同，但技术特征本身并不相同或不完全相同。此种情况下，判断是否具有结合启示，比较可行且合理的方式之一是从技术构思着手进行分析。相较于直接比对具体的技术特征，采用技术构思的比较更为符合研发规律，亦相对更为简便。这一分析角度与本书第五章第二节单独对比中所提及的技术构思角度基本相同，具体理由在单独对比章节中已有阐述，此处不再重复。

在技术构思不同的情况下，通常不被认定具有结合启示，即便诉争技术方案使用的技术特征属于该技术构思下的惯用技术手段，亦不影响这一结论。

例如，为使桌子更为稳定，诉争技术方案采用的是降低桌子高度的技术构思，并具体限定高度的数值范围，而被结合的现有技术中采用的是加粗桌腿的技术构思。本领域技术人员显然不会基于加

粗桌腿这一技术构思想到降低高度这一技术构思，因此，不会从被结合的现有技术中获得技术启示。

当然，不具有结合启示并不意味着诉争技术方案具备创造性。如果诉争技术方案采用的技术构思，以及基于该技术构思的技术手段均属于惯用技术手段，则此种情况下诉争技术方案仍不具备创造性。

在上例中，通过降低高度以增加稳定性这一技术构思本领域技术人员基于其所掌握的知识即可想到，其具体限定数值范围亦属于常规限定。因此，尽管该技术构思并不能从被结合的现有技术中得到启示，但诉争技术方案区别特征的获得同样显而易见。只不过，此种情况下诉争技术方案是相对于最接近现有技术与“公知常识”的结合不具备创造性，而非相对于最接近现有技术与“被结合的现有技术”的结合不具备创造性。

在二者技术构思相同，但具体采用的技术特征不同或不完全相同的情况下，就技术构思而言，本领域技术人员显然可从被结合的现有技术中获得启示。只不过，技术构思还需要具体到技术特征，在这一环节则需要判断技术特征是否属于惯用技术手段。如果属于惯用技术手段，则通常可认定具有启示，否则难以认定。

仍以加粗桌腿这一技术构思为例，如果诉争技术方案与被结合的现有技术均是通过加粗桌腿解决稳定性问题，但诉争技术方案的桌腿是方形，而现有技术是圆形。此种情况下，虽然二者的具体技术特征并不相同，但被结合的现有技术中显然已给出加粗桌腿这一技术构思的启示。在此基础上，因桌腿必然有其形状，尽管现有技术采用的是圆形，而诉争技术方案采用的是方形，但无论基于哪一种形状的加粗，均属于惯用手段。因此，诉争技术方案中桌腿加粗且采用圆形的技术特征显而易见。

本书第一章案例1－3中，法院从技术构思角度进行了评述。[1]

该案中，最接近的现有技术是证据1（专利US20050270775A）附图11A的技术方案，诉争技术方案权利要求1与之相比，其区别技术特征在于："诉争技术方案请求保护的光源结构中包括导热衬底，所述受激材料紧贴在所述导热衬底上，所述导热衬底固定在该转盘上或者为该转盘盘面的一部分"。

上述区别的实质在于散热方式的不同。其中，证据1的附图11A仅采用了一种散热方式，即转盘转动散热的方式，电机驱动转盘转动（如图4－12中的圆形标记所示）。但诉争技术方案则同时使用了两种散热方式（转盘转动散热和转盘材质散热），其将上述两种单独使用的散热方式结合在同一装置（转盘）上。该案中被结合的现有技术是证据1的附图1（如图5－27所示），其采用的是散热器（116）材质散热的方式。

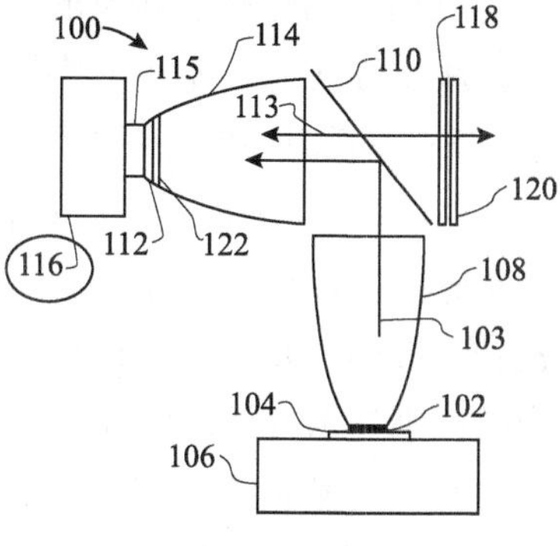

图5－27　证据1 US20050270775A附图1

分析二者的技术构思可以发现，证据1的附图1和附图11A

[1] 参见北京知识产权法院（2015）京知行初字第6269、6704号行政判决书。

均仅采用了一种散热方式，其中，证据1的附图1是通过散热器本身的材质散热，证据1的附图11A使用的则是转盘转动散热的方式，上述两种方式分别与不同的散热装置相配合。诉争技术方案则同时使用了上述两种散热方式，将两种单独使用的散热方式结合在同一装置（即转盘）上，既通过导热衬底将受激材料所产生热量传导给转盘，并通过转盘本身的材质散热，又通过转盘的转动散发受激材料所产生的热量。

基于此，该案中首先需要判断的是诉争技术方案上述技术构思是否容易想到。前文中已提到创造性判断中的一个基本原则，即将技术方案纳入研发过程中进行考虑。对于诉争技术方案所涉及的投影仪产品而言，如何更有效地解决其散热问题一直是困扰本领域技术人员的难题，而采用多种散热方式进行散热对于本领域技术人员的常规需求。同时，本领域技术人员在看到最接近现有技术中的使用"转盘散热"这一方式时，后续必然涉及的是如何选用转盘的材质，否则该技术方案无法实际实施。基于解决散热问题这一常规需求，本领域技术人员在选择材质时必然会考虑散热功能，从而对散热部件选用导热材质，此亦为被结合的现有技术证据1的附图1所使用的散热方式，这也就意味着在转盘这一部件上同时使用了两种散热方式，既可通过转盘转动散热，亦可通过转盘本身的材质散热。此即为诉争技术方案中的区别技术特征。由此可知，诉争技术方案的技术构思及区别特征的获得均显而易见。因此，诉争技术方案是相对于证据1的附图11A和附图1和公知常识的结合不具备创造性。

本书第四章案例4－14同样涉及技术构思的判断。[1]

该案与案例1－3不同，属于技术构思非显而易见的情形，涉

[1] 参见北京知识产权法院（2019）京73行初15224号行政判决书。

及诉争技术方案中对于信号先分段再处理这一技术构思是否显而易见的判断。诉争技术方案与证据 1（即最接近的现有技术）均涉及用户终端进行初始小区搜索第一步的方法，以及对信号的处理，但诉争技术方案与证据 1 所处理的信号并不相同。诉争技术方案是先“将每个子帧的数据分为 M 个时间片”，后续处理的是每个时间片里的信号，但证据 1 并未将子帧分成时间片，其处理的是整体子帧的信号。因为诉争技术方案中限定的接收、滑动相关、累加等具体步骤均涉及对于信号的处理，如前所述，二者处理的信号并不相同，所以上述区别所涉及的后续处理步骤必然构成区别特征。因此，诉争技术方案中的以下技术特征均未被证据 1 公开，“将每个子帧的数据分为 M 个时间片；在连续的几个子帧里都接收第一个时间片里的信号，并将每一个子帧的接收信号对所有 32 个下行同步码做滑动相关，将计算结果和存储器所存的相应数据累加，从累加的相关的结果中找出一个最大值，并记住相对应的值，下行同步码和相关位置，用相同的方法可以依次获得每一个时间片的相关结果的最大值及其所对应的下行同步码和相关位置。”

因为诉争技术方案是先将子帧分成时间片，再对被划分后每个时间片的信号进行处理。证据 1 处理的则是整个子帧中的信号，并不存在先分段的步骤，其分段步骤是在进行滑动相关之后，所以上述区别特征大体上可理解为，二者采用了不同的技术构思。诉争技术方案是先分段再处理，证据 1 则是先处理再分段。因区别技术特征是对该技术构思的具体化，故如果证据 1 和证据 2（被结合的现有技术）尚未就上述技术构思给出技术启示，则对于具体的区别技术特征亦不可能给出技术启示。

由证据 1 和证据 2 中相关内容可知，无论是基于计算复杂度问题，还是基于存储量问题，证据 1 均未给出先分段再处理的技术启示，而证据 2 同样是对整个子帧中的信号的处理，亦不存在先分段这一步骤。针对先分段再处理这一技术构思，证据 1 和证据 2 均未给出相应技术启示，而区别技术特征是对先分段再处理这一技术构思的具体化，故证据 1 和证据 2 均未给出区别技术特征的技术启示，诉争技术方案具备创造性。

【案例 5-23】用于支撑工具机的支撑架[1]

该案涉及的是专利申请号为 200910128061.5，名称为“用于支撑工具机的支撑架”的发明专利申请，其权利要求 1 内容如下。

1. 一种用于支撑工具机的支撑架，包含有：一承载平台，具有一第一侧边与一相对该第一侧边的第二侧边，该承载平台的第一侧边具有一枢接部；一基框，可滑移地枢接于该承载平台的第一侧边；一支撑件，其顶端枢接该基框，该支撑件具有一对支脚，所述支脚分别以其顶端枢接该基框；该基框具有二支撑杆，所述支撑杆枢接于该承载平台的第一侧边，并分别具有一第一枢接部，供所述支脚枢接，各该支撑杆由一滑套枢接于该承载平台的第一侧边的枢接部；以及一对连杆，分别以其两端枢接该承载平台的第二侧边与该基框；一固定件，枢设于该承载平台的第一侧边，并与该基框的其中一支撑杆抵靠；由此，当该承载平台的第一侧边沿着该基框滑移至一第一位置时，可带动该二连杆的两端枢转，使该承载平台的该第二侧边贴近该基框而呈收合状态，当该承载平台的第一侧边沿着该基框滑移至一第二位置时，可带动该二连杆的两端枢转，使该承载平台的该第二侧边远离该基框而呈展开状态。

该案中，诉争技术方案相较于对比文件 3（即最接近现有技

---

[1] 参见北京知识产权法院（2015）京知行初字第 5185 号行政判决书。

术）存在以下区别技术特征：①诉争技术方案的基框（30）相对于该承载平台的第一侧边（22）可滑移；②诉争技术方案的各支撑杆（32、34）由一滑套（36）枢接与承载平台（20）的第一侧边的枢接部（221）；③诉争技术方案的连杆（60）的一端枢接该承载平台（20）的第二侧边（24）与基框（30），承载平台（20）的第一侧边（22）沿着基框（30）滑移时带动连杆（60）枢转；④诉争技术方案的固定件（223）枢设于承载平台（20）的第一侧边（22），与该基框（30）的其中一支撑杆抵靠（如图 5－28 和图 5－29 所示）。

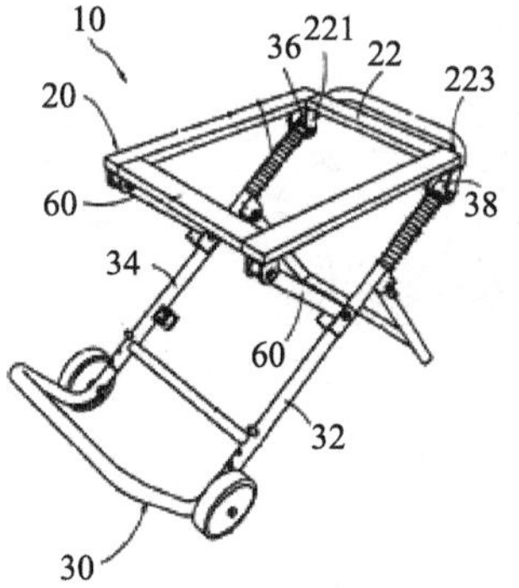

图 5－28　涉案专利申请 200910128061.5 附图 1

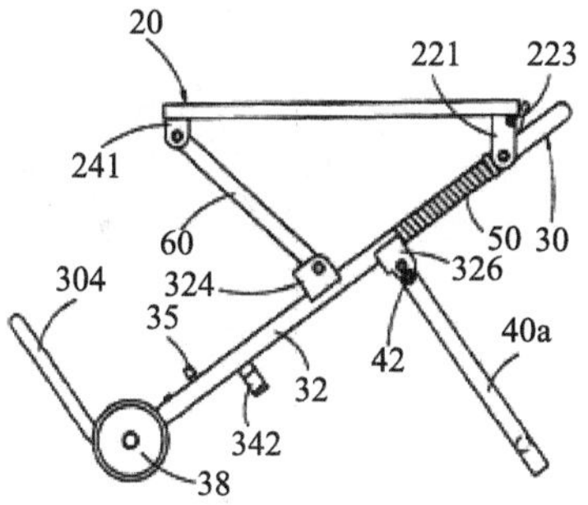

图 5－29　涉案专利申请 200910128061.5 附图 2

从上述前三个区别技术特征可以看出，诉争技术方案中采用“滑套”实现基框（30）所在的边变短从而使三角形的三条边折叠在一起，对比文件 3（即最接近现有技术）中采用“滑槽（36）”实现承载平台所在的边变短，从而使三角形的三条边折叠。相应地，上述区别技术特征④使得承载平台得以固定住。基于上述分析可知，诉争技术方案实际解决的技术问题是提供另一种供承载平台收合展开的方式。

对比文件2（专利CN1970223A）已公开了以滑套方式将承载平台收合展开，其第二支脚（40）与诉争技术方案中基框的支撑杆部分的作用相同，滑套（28）亦是设置在第二支脚（40）上，枢接于承载平台（10）的第一侧边（21），第二支脚（40）相对于承载平台（10）可滑移，且承载平台的收合及展开均是通过滑套沿着第二支脚的滑移所实现的，即对比文件2公开了前述区别特征①和②的内容，如图5-30所示。

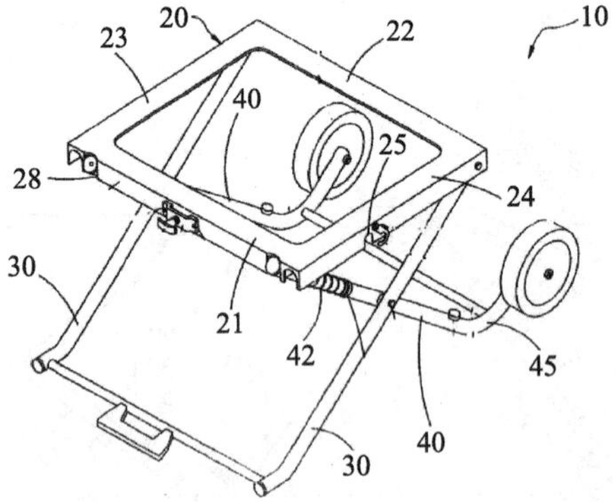

图5-30　对比文件2 CN1970223A附图

虽然对比文件2并未公开区别特征③和④，但对比文件2中第一支脚的上半部分，即凸轴与承载平台之间的部分，所起的作用与诉争技术方案中的连杆所起作用相同。可见，对比文件2中采用的滑套方式与诉争技术方案中滑套方式的工作原理及技术构思是相同的，仅是具体部件的设置不同。但这一不同是本领域技术人员根据具体的需要进行不同的选择而导致的。作为本领域技术人员，基于对比文件2已公开的滑套方式，根据逻辑分析，可以想到将对比文件3中的滑槽方式替换成滑套的具体实现方式。因此，区别特征③

的获得显而易见。将滑槽方式替代成滑套方式，导致其固定件的设置亦会有所不同。而固定件是一种具有固定功能的装置，其位置的设置要根据其需要固定的部件进行调整，这属于本领域的常规技术手段。因此，区别特征④的获得显而易见，诉争技术方案不具备创造性。

（三）技术特征不同，且作用或功能不同

除前述两种情况下，实践中亦存在另外一种情形，只是该情形并不常见。该情形中不仅诉争技术方案的区别技术特征与被结合现有技术中的相应技术特征不同，作用或功能亦不同。因结合启示或者源于作用或功能，或者源于技术特征，在上述两个因素均不相同的情况下，必然不会给出区别技术特征的启示，因此，此种情况下可当然得出区别技术特征的获得非显而易见这一结论。

【案例5－24】反应杯[1]

该案涉及的是专利号为ZL200680027159.6，名称为“反应杯”的发明专利，其权利要求1内容如下。

1. 一种内装测定用试样、使用时在直立状态下从侧面照射测定上述试样特性的测定光、有开口的反应杯，包括：位于底侧(4)、其内壁（5a）和外壁（5b）横截面均为圆形、受测定光照射的第一杯体（5）；位于所述开口（3）侧、内壁（6a）横截面为非圆形、外壁（6b）横截面为圆形的第二杯体（6）；所述第二杯体的内壁有至少一个拐角（6c）。

该专利是一种用于装试剂的反应杯，包括内外两个杯体，两个杯体的形状不同，该案主要涉及的是上部的杯体，即第二杯体

[1] 参见北京知识产权法院（2017）京73行初2200号行政判决书。

(6)，其横截面不能是圆形且需要有至少一个拐角，如图 5－31 所示。诉争技术方案相对于最接近现有技术证据 1 的区别特征包括“权利要求 1 的反应杯还具有位于开口侧、内壁横截面为非圆形的第二杯体”。也就是说，诉争技术方案与证据 1 在第二杯体的横截面形状不同。该区别技术特征可解决已有内壁横截面为圆形横截面的反应杯搅拌试剂不充分的技术问题，使通过旋转从第一杯体上升的液体试样在第二杯体中发生扰流，能够实现促进试样搅拌的技术效果。

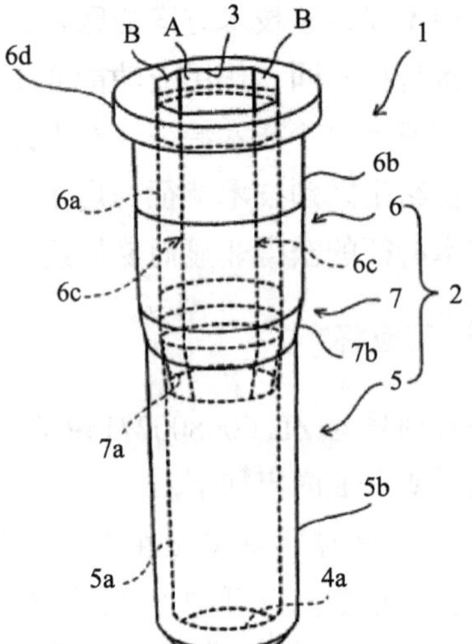

图 5－31　涉案专利 ZL200680027159.6 附图

该案中，虽然无效宣告请求人认为证据 3（专利 US4665035A）给出了区别特征的技术启示，但分析证据 3 中的内容可以看出，无论是该技术方案中对应技术特征的功能或作用，还是技术特征本身均与诉争技术方案不同，因此，无法认定其给出了结合启示。

具体而言，证据 3 涉及的是一种用于微生物和组织细胞生长培养的发酵罐，发酵过程中关注空气与被发酵物的长时间充分接触，既不涉及诉争技术方案中不同试样在容器内的搅拌问题，更不涉及短时间搅拌问题。无效宣告请求人表示证据3中上下部均设置有折流板，其中上部的折流板，即图5－32中的防溅折流板阵列（16）与区别特征相对应。基于对证据3技术方案的整体理解可知，上下部折流板所起作用并不相同，其下部折流板的作用主要在于形成涡流时，通过折流板对试液进行搅流，从而增加试液中的通气含量。上部折流板的作用则在于挡住下部试液进行搅流所产生的飞溅的液体，并对其进行横向导流，从而保持上部滤杯的干燥。由此可见，即便证据3中的上部折流板可被认为属于“非圆形的内壁横截面”，其亦不具有诉争技术方案中区别特征所起“在短时间内搅拌试样”这一技术效果。在技术特征以及技术特征所起作用均不相同的情况下，证据3显然不会给出结合启示。

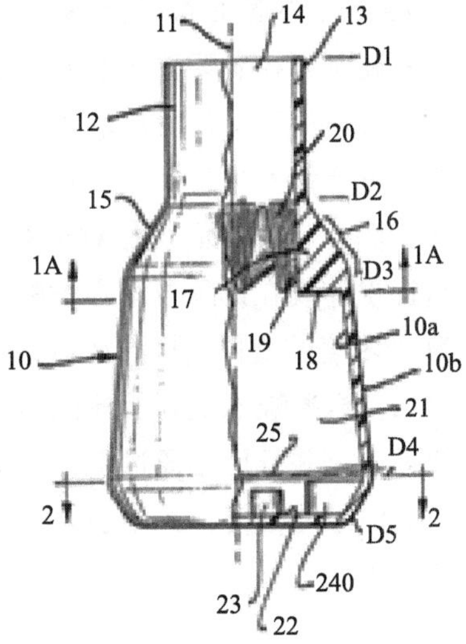

图5－32　证据3 US4665035A附图

除前案中这种可明显作出判断的情形外，实践中亦存在一些容易被误判的情形。尤其对于一些看似相同的技术特征，有必要关注其所起作用或功能是否相同，这一情形较为容易出现在通信领域的技术方案中。

【案例 5 – 25】光通信网络中的噪声降低❶

该案涉及的是专利申请号为 201210495575.6，名称为“光通信网络中的噪声降低”的发明专利申请，其权利要求 1 内容如下。

1. 一种光网络节点，用于 n 信道密集波分复用（DWDM）光通信网络，所述节点包括：用于把 n 信道波长复用添加到所述网络上的添加路径，所述添加路径包括 n 信道信号组合器，用于组合所述 n 个信号信道；光放大器，用于放大所述信号组合器的输出；多信道波长选择滤波器，具有根据信道而可变的衰减，用于滤出未传送要被添加到所述网络上的内容的信道上的来自所述放大器的噪声，并且用于通过引入衰减来控制要被添加到所述网络的信道中的信号的幅度，并且其中引入的衰减的量随着添加路径损耗降低而增加；以及添加耦合器，用于把所述添加路径耦合到所述网络上。

诉争技术方案（如图 5 – 33 所示）相对于对比文件 1（最接近现有技术）的区别特征 1 体现在诉争技术方案的多信道波长选择滤波器上，具体限定为“多信道波长选择滤波器，具有根据信道而可变的衰减，用于滤出未传送要被添加到所述网络上的内容的信道上的来自所述放大器的噪声，并且用于通过引入衰减来控制要被添加到所述网络的信道中的信号的幅度，其中引入衰减的量随着添加路径损耗降低而增加。”

---

❶ 参见北京知识产权法院（2018）京 73 行初 2098 号行政判决书。

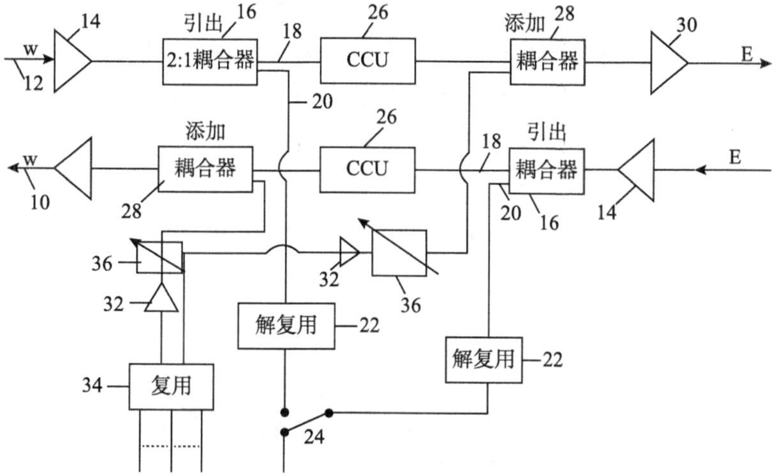

图 5-33 涉案专利申请 201210495575.6 附图

被诉决定中认为该区别特征可由对比文件2中获得启示，其具体认定为："对比文件2公开了一种光功率均衡器，并具体公开了以下技术内容：插入/分出多路复用器包括信道控制单元（CCU50），相当于诉争技术方案权利要求1中多信道波长选择滤波器，其由解多路复用器（300）、液晶单元阵列（310）和多路复用器（330）组成；解多路复用器（300）将输入的放大后的波分复用信号解复用成各个波长信道分别输入到各个液晶单元（310），各个液晶单元（310）分别实现各自波长信道的选择性传输、阻断或衰减辐射分量，由信道控制单元（CCU50）提供的选择的衰减可以用于在光学通信系统中提供辐射分量幅值的均衡，相当于诉争技术方案权利要求1中根据信道而可变的衰减，用于滤出未传送要被添加到所述网络上内容的信道上的来自所述放大器的噪声，并且用于通过引入衰减来控制要被添加到所述网络的信道中的信号的幅度，然后复用器

(330）对各液晶单元输出的光信号复合并输出。由上可知，上述区别特征 1 的大部分内容已被对比文件 2 公开，而且该区别特征在对比文件 2 中所起的作用都是为了解决光信号中的噪声问题，也就是说对比文件 2 给出了将该技术特征用于对比文件 1 以解决其技术问题的启示。”

由前文表述可知，被诉决定中主要使用的是对比文件 2（专利 CN1325203A）中如图 5 – 34 所示的信道控制单元 CCU50，即圆形标注部分。

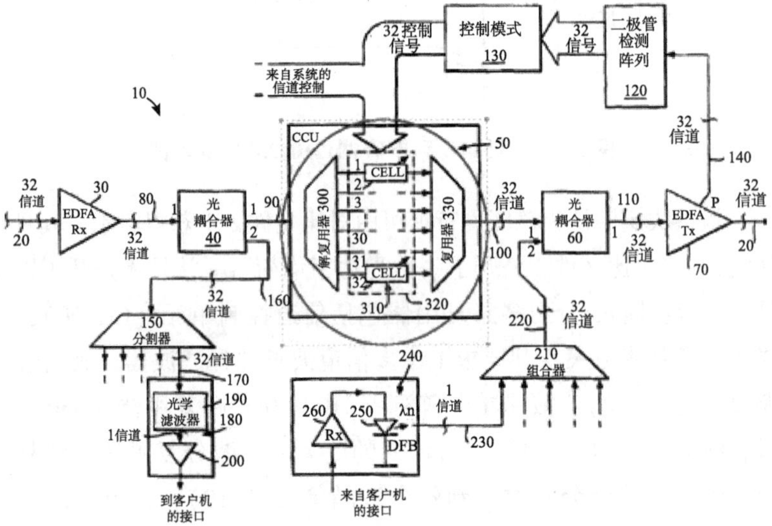

图 5 – 34　对比文件 2 CN1325203A 附图

虽然该部分技术特征与区别特征看起来类似，但整体理解对比文件 2 的相关内容可以看出，无论是技术特征本身，还是其具有的作用或功能，其与诉争技术方案的对应技术特征均并不相同。具体而言，诉争技术方案实际解决的技术问题是改进 DWDM

系统中的添加信道信噪比，或具体表述为“通过使用多信道波长选择滤波器的阻断及衰减功能”以改进信噪比。如果对比文件 2 给出了启示，则至少意味着对比文件 2 中的信道控制单元（CCU50）具有改进信噪比的技术效果，且采用了与诉争技术方案类似的技术手段。

由对比文件 2 说明书中相关记载可以看出，其信道控制单元（CCU50）也具有阻断和衰减功能。针对阻断功能，其具体记载为“在操作时，组合波长一致的传输信息的辐射分量必然引起均衡器中的数据混乱，因此，最好是衰减装置通过操作能够阻止其波长和插入装置插入到组合的辐射的辐射分量的波长一致的辐射分量通过”。简而言之，阻断功能的触发条件是数据具有一致的波长，目的在于避免数据混乱。在针对该功能的效果中未涉及信噪比的改进。

对比文件 2 中针对衰减功能的具体记载为“本发明提供的优点在于，所述均衡器能够使从组合装置输出的辐射分量中的辐射功率基本上相匹配，从而使得这些分量在随后的光学器件中，例如在随后的掺杂铒的放大器中不会引起功率扰乱。所述功率扰乱可以引起功率较小的辐射分量的减弱和功率较大的辐射分量的加强，这种辐射分量之间的功率的不均衡可能导致插入数据错误率，并且使信噪比变劣。”因此，衰减功能的触发条件是数据具有不同的波长，目的在于达到功率均衡，但客观上会产生改进信噪比的效果。

基于上述分析，将对比文件 2 的信道控制单元（CCU50）与诉争技术方案的多信道波长选择滤波器对比可知，二者虽均具有阻断和衰减的功能，但上述功能的触发条件并不相同。诉争技术方案考虑的是信道是否传送要被添加到所述网络上的内容，如未传送，使用阻断功能，如传送，则使用衰减功能。但对比文件 2 考虑的是数据的波长是否一致，如果波长一致，使用阻断功能，如果波长不一致，使用衰减功能。此外，二者技术效果亦不相同，诉争技术方案的阻断和衰减功能的效果均在于改进信噪比，但对比文件 2 中阻断功能的作用在于避免数据混乱，衰减功能的作用则在于功率均衡，只是衰减功能客观上会具有改进信噪比的效果。

综上可知，为改进信噪比，本领域技术人员即便可以认识到对比文件 2 中信道控制单元（CCU50）衰减功能的使用客观上具有改进信噪比的效果，其亦至多容易想到使用其衰减功能改进信噪比，而非诉争技术方案中的同时使用阻断和衰减功能。且对比文件 2 对衰减功能的使用，是以波长是否一致为触发条件，而非诉争技术方案中的信道是否传送要被添加到所述网络上的内容为触发条件。据此，对比文件 2 既未公开区别特征，也未给出相应启示。

四、具体化合物结合启示的认定

基于前文分析可知，在对结合启示的认定中，不仅要考虑区别技术特征是否在被结合现有技术中公开，更需要考虑的是该技术特征在诉争技术方案中以及在被结合的现有技术中所起作用或功能是否相同。与其他领域技术方案不同，具体化合物的研发较为特殊，技术特征与作用或功能之间的关系虽然存在一定的规律性，但并不具有很强的预期性，因此，不容易确定二者之间确定的对应关系。

具体化合物相对于最接近现有技术的区别大体存在以下三个方面：基本结构、取代基的选取和取代基的位置。相较而言，结构与技术效果之间的关系更为密切。在基本结构相同，但存在多个可替换的取代基的情况下，则很难确定某一特定技术效果与哪一取代基相关。这也就意味着，对于具体化合物结合启示的认定较难当然从技术特征与技术效果之间对应关系的角度考虑。

实践中，通常会从化合物的整体技术效果角度将此类案件分为两种类型，其一为诉争技术方案具有比最接近现有技术更好的技术效果；其二为具有相当的技术效果。

（一）具有更好技术效果的情形

因为对于化合物而言，在只追求基本相当的技术效果的情况下，对于技术方案都缺少合理的预期，何况追求更好的技术效果。因此，对于具有更好技术效果的化合物，一般会被认定具备创造性。

本书第一章案例1－2即属于具有更好的技术效果的情形。[1]

该案中，诉争权利要求1中包括4个具体化合物，最接近的现有技术为证据3（专利WO017074A1）的化合物1。针对诉争权利要求中的第三个化合物（即帕博昔布），二者的区别特征在于：①诉争化合物通过氨基与吡啶并嘧啶环的连接部分是吡啶环，而证据3的化合物1的该对应位置为苯环；②诉争化合物中吡啶并嘧啶环上6位有乙酰基取代，而证据3的化合物1的该对应位置没有取代基；③当为帕博昔布之外的化合物时，与上述结构式吡啶环相连的部分不同，即分别为3－氨基－吡咯烷－1－基、［1，4］二氮杂环庚烷－1－基和哌啶－1－基，而证据3对应位置为哌嗪－1－基（如图5－35和图5－36所示）。

[1] 参见北京知识产权法院（2020）京73行初6804号行政判决书。

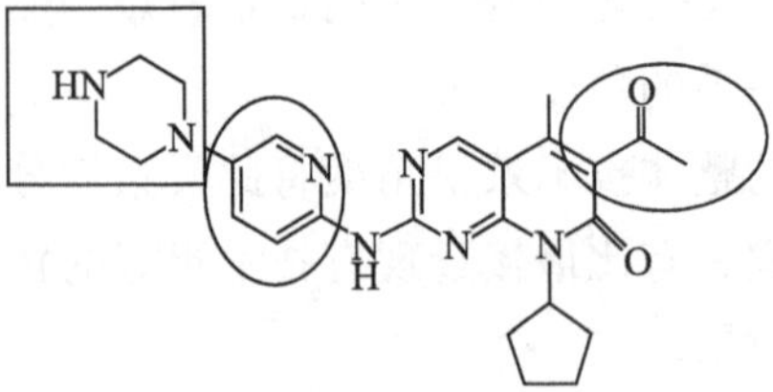

图5-35 涉案专利
ZL03802556.6 附图

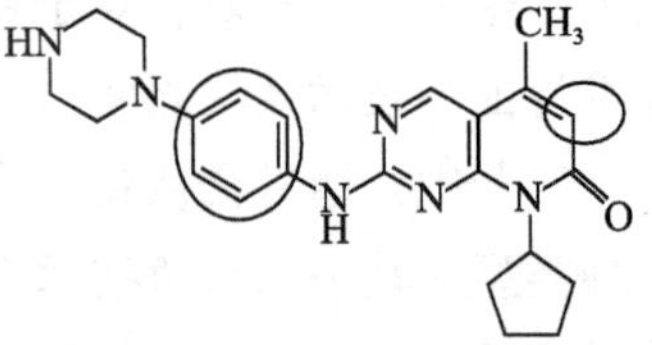

化合物1

图5-36 证据3
WO017074A1 附图

该案中，说明书中不仅记载有诉争化合物的实验数据，而且有被用作最接近现有技术的具体化合物的实验数据，由记载的实验数据可以看出，诉争化合物的CDK4/FGFR选择性抑制活性是证据3的化合物1（最接近的现有技术）的2.95倍，因此，诉争化合物相对于证据3的化合物1实际解决的技术问题在于获得更好的CDK4/FGFR选择性抑制活性。无效宣告请求人所主张的证据3、证据7和证据10中均未针对如何“提高”CDK4/FGFR选择性抑制活性给出技术启示。因此，对于无效宣告请求人有关诉争化合物相对于证据3的化合物1与证据3及公知常识（即证据10）的结合，以及证据3的化合物1与证据7结合具备创造性的主张，法院未予支持。基于相同的理由，其他3个具体化合物同样具备创造性。

（二）具有基本相当技术效果的情形

化合物本身较低的可预期性使得即便其仅具有相当的技术效果，且相关取代基或取代基位置的选择等在被结合的现有技术中已有直接或间接的记载，亦不能当然认定诉争化合物的获得显而易见，仍需要结合真实的研发规律进行判断。该领域的特殊性使得对于研发规律的举证有更为强烈的需求。因此，无论是实审或复审程序中的专利申请人，还是无效宣告请求程序中的无效宣告请求人，均有义务通过举证佐之以合理的解释以说明基于真实的研发规律，诉争技术方案的获得是否显而易见。

基于这一角度分析，在本书第一章案例1-2中[1]，即便诉争化合物没有更好的CDK4/FGFR选择性抑制活性，只有基本相当的CDK4/FGFR选择性抑制活性，其同样具备创造性。

对于具体化合物创造性的判断需要将其置于真实的研发环境中，考虑化合物的特点，而不能仅考虑区别技术特征本身。就该案而言，以第三个化合物为例，需要判断的是本领域技术人员在面对证据3的化合物1时，为获得CDK4/FGFR选择性抑制活性，基于客观的研发规律，是否容易想到将证据3的化合物1通过氨基与苯环并嘧啶环的连接部分的苯环替换为吡啶环，以及是否容易想到在吡啶并嘧啶环上6位使用乙酰基取代。

依据通常的研发规律，对于化合物的修饰既包括对基本结构的修改，也包括对基团的修饰等。基于此，该案中，本领域技术人员为获得CDK4/FGFR选择性抑制活性，在对于证据3的化合物1进行改进时，既需要考虑基本结构是否变化，也需要考虑在基本结构不作变化的情况下，对哪些位置的取代基进行替换，以及如何替换。无效宣告请求人主张证据3、证据7和证据10针对区别技术特征给出了相应启示，但上述证据中均仅涉及前述研发问题中的取代基替换环节，而未涉及结构的选择等对所要解决技术问题的影响。即便考虑构效关系选择不改变证据3的化合物1的基本结构，但依据无效宣告请求人所主张的电子等排体等理论和上述证据，均无法获得取代基及其位置选择的教导，据此，现有证据无法看出其针对上述问题给出的技术启示。

---

[1] 参见北京知识产权法院（2020）京73行初6804号行政判决书。

实际上，因本领域技术人员获得最接近现有技术证据 3 的化合物 1 的渠道是阅读证据 3，因此，证据 3 中相关内容为本领域技术人员带来的技术教导不容易忽视。证据 3 公开了马库什通式，化合物 1 是该通式范围内的具体化合物。其中式Ⅰ化合物给出了最大可选范围，优选的式Ⅱ化合物对该范围进行了限缩，其具体限定包括“X 和 Z 彼此独立地是氢、Cl 或 F；Y 是 N 或 CR^7；R_3是氢、Cl、F、Br 或 CN 的化合物”。无效宣告请求人主张通式Ⅰ和Ⅱ中教导了通过 NH 与苯环并嘧啶相连的基团可以为苯基或吡啶基（Y 是 N 或 CR^7），但该教导针对的 N 位置并非该案区别技术特征①中所指的证据 3 的化合物 1 苯环上的 2 位，而是 4 位（4 位为 N 或者 CR^7）。针对证据 3 的化合物 1 在苯环上 2 位上引入 N，从而将苯环替换为吡啶环，上述通式中并未给出教导，无效宣告请求人亦未主张给出相关教导。同理，证据 3 的式Ⅲ、式Ⅳ通式化合物亦未给出将证据 3 化合物 1 在苯环上 2 位上引入 N，从而将苯环替换为吡啶环的教导。所述通式仅仅教导了 4 位 Y 以 N 或 CR^7择一选择的情形，对 4－哌嗪基苯基的选择，实际上是对吡啶环的放弃。可见，证据 3 中并未给出对化合物 1 中 4－哌嗪基苯基中苯环进行替换的技术教导。

在此情况下，尽管芳环中的—C ═被—N ═取代是经典的电子等排体，但相较于这一药物设计的一般性思路，证据 3 中给出的技术教导更具针对性。因此，在无相反证据的情况下，无法认定本领域技术人员通常会在上述位置采用吡啶环替代苯环。亦即，即便为获得基本相当的技术效果，对于本领域技术人员而言，区别特征①的获得亦不容易想到。综上可知，该案中，被结合的现有技术并未给出相应的结合启示，因此，诉争具体化合物具备创造性。

本书第一章案例 1－1 中，同样在无证据证明其技术效果更好

的情况下，法院认定诉争化合物具备创造性。❶

诉争化合物与证据 4 的化合物 41 相比，二者区别在于：①咪唑环上 2 位的 C ═O 变为 C ═S；②右侧苯环上的取代基不同，诉争化合物为 2—F，苯环对位为甲基氨基甲酰基（CH_3NHCO—），证据 4 为 2—Cl，苯环对位上为 1 – 哌嗪乙酰胺基。

该案中，无效宣告请求人认为诉争化合物相对于证据 4 中具体化合物 41（专利 WO2006028226A1）（如图 5 – 37 所示）、证据 5（专利 US5411981A）与公知常识的结合不具备创造性。其具体理由为，诉争化合物与证据 4 中具体化合物 41 的三环母体结构完全相同，且证据 5 在类似化合物相应位置处公开了—CN、—CF_3、烷基、卤素为氟以及氯等、—O—、—S—、芳基、苯基、酰胺化羧基、—H、甲基等取代基。证据 9 公开了 F 和 Cl 为经典生物电子等排体，证据 10 公开了 C ═O 和 C ═S 为经典电子生物等排体，证据 9、证据 11、证据 12 和证据 13 公开了酰胺基（—NHCO—）与氨酰基（—CONH—）属于常用非经典电子等排体中的“基团反转”。因此在证据 4 公开的化合物基础上，本领域技术人员有动机基于证据 5 的教导启示，依据公知的电子等排体理论，在现有技术教导范围内选择基团进行变化组合，将四氢咪唑环上的 C ═O 改为 C ═S，将右边苯环对位的 1 – 哌嗪乙酰胺基改为甲基氨基甲酰基，以及将间位的 Cl 原子改为 F 原子，从而获得诉争化合物。

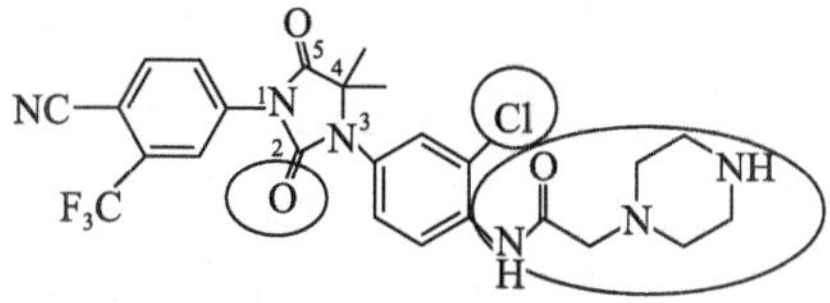

图 5 – 37　证据 4 WO2006028226A1 附图

❶ 参见北京知识产权法院（2019）京 73 行初 5353 号行政判决书。

与前案相同，该案中对于诉争化合物是否具备创造性，亦需要依据客观真实的研发规律进行判断。尤其应该注意的是，在这一过程中，诉争化合物尚未出现，本领域技术人员并不知晓诉争化合物与化合物41之间的区别技术特征，因此，本领域技术人员并不会直接着眼于区别技术特征进行研发。

依据通常的研发规律，本领域技术人员面对化合物41这一研发起点时，面临多种修改选择。具体包括基本结构是否需要修改，如果修改，应该如何修改。取代基是否需要替换，哪些位置的取代基需要替换，等等。因此，在显而易见性的判断中需要关注上述每一个环节。只有在本领域技术人员选择了不修改结构，以及不替换其他位置的取代基，而仅替换区别特征所在位置时，本领域技术人员才会考虑区别技术特征涉及的具体取代基的选择。

对于结构的改造，被诉决定认为："本领域技术人员在对证据4化合物41进行结构改造，以获得活性种类相同的，即高拮抗低激动AR活性的替代化合物时，有动机去借鉴现有技术中对具有类似活性种类或者类似化学结构的化合物的任何已有教导"，法院对此观点表示认同。相应地，法院认为本领域技术人员在对化合物41进行改进时，有动机尝试使用该化合物已有的三环结构。

在采用该基本结构的情况下，对于化合物41的修改需要进一步确定的是取代基所在的位点及具体的取代基。同样需要注意的是，在这一过程中本领域技术人员并不知晓本专利，而只是基于证据4、证据5给出的信息及其所掌握的本领域知识，对于化合物41需要修饰的位点及使用的取代基进行选择判断。这也就意味着其并非必然会选择区别技术特征所对应的位点进行特定的取代基的替换。

由证据4和证据5可以看出，在选择上述三环结构的情况下，可替换的取代基位点并非仅涉及区别技术特征所在的 3 个位点，而是存在多种选择。但无效宣告请求人对于本领域技术人员为何在存在多种选择的情况下会选择上述 3 个位点进行替换，无论在无效宣告请求程序中还是诉讼程序中均未结合该专利所涉 AR 配体领域给出合理说明或提交相关证据。

即使不考虑位点的选择，对于取代基的获得是否显而易见，无效宣告请求人的相关理由同样不充分。即便如无效宣告请求人所主张，F 和 Cl、C ═O 和 C ═S 为经典电子生物等排体，酰胺基（—NHCO—）与氨酰基（—CONH—）属于常用非经典电子等排体中的“基团反转”，但正如被诉决定中的认定，在药物研发领域，规律性是相对的，因此，不能仅仅因为存在上述规律便当然认定其在各个药物研发领域具有普适性，还需要结合具体药物领域的构效关系敏感性等因素进行详细说明。但无效宣告请求人在该案中并未结合该专利所涉 AR 配体（拮抗剂和激动剂）领域进行具体分析，因此，仅仅依据上述理由并不足以说明诉争化合物区别技术特征中取代基的获得亦显而易见。

虽然被诉决定认定证据 5 中记载了右侧苯环上的甲基氨基甲酰基（对应于该专利区别技术特征 2），但其并非明确记载，而是在对马库什要素进行如下层层选择后才可获得：首先，需要在下列可选项中选择酰胺化羧基 $—\mathrm{CON}\begin{matrix}R_4\\ \\R_3\end{matrix}$，“$R_3$ 可以是芳基或芳烷基，所述芳基或芳烷基可以任选被多种基团取代，包括卤素和游离、酯化或酰胺化羧基；优选的芳基是苯基”。其次，在下列可选项中选择氢和甲基，“R_4 和 R_5 独立地选自由以下组成的组：氢和具有 1 ～ 4 个碳原子的烷基，例如甲基、乙基、丙基、异丙基、丁基、异丁基、仲丁基和叔丁基”。在上述3个马库什要素均有多个选项的情况下，本领域技术人员在上述众多选择中是否会选择右侧苯环上的甲基氨基甲酰基，需要相应证据支持或合理解释，而不能仅仅因证据5记载的范围内包括了该取代基便当然认定其已给出相应教导。

基于上述分析可知，无效宣告请求人所提交证据及说理尚不足以说明药物研发领域的客观规律，相应地，亦难以说明诉争化合物基于真实的研发规律不具备创造性。

此外，法院认为，在无效宣告请求案件中，无效宣告请求人有义务针对真实的研发过程或研发规律进行举证或充分说明，以使得法官和审查员尽可能贴近本领域技术人员的客观要求，并在此基础上作出判断。当然，这一要求并不意味着免除专利权人的相应责任。但对于已被授权的化合物专利，尤其是已经有上市药物的化合物专利而言，专利权人在前期的专利授权过程中通常已作了足够的说明和举证，而药品上市过程本身的复杂性及上市这一结果均已在一定程度上验证了专利的技术效果。在此情况下，如果无效宣告请求人仍认为涉案化合物专利应予无效，显然应承担更多的举证及说明的责任，以避免在案件中出现低估专利权人创造性劳动的后果。

第四节　非显而易见性认定中的其他常见问题

一、现有技术的相关情形与结合启示的认定

前文中对于最接近的现有技术与被结合的现有技术在创造性判断中各自所起作用，以及结合启示需要考虑的因素等均已进行详细分析，在具体案件中使用前述判断方法即可得出是否具备创造性的结论。不仅如此，对于实践中经常出现的一些观点，同样可以从上

述角度进行分析。

（一）被结合现有技术的应用领域或技术领域对结合启示并无直接影响

前文中已提到，最接近的现有技术与被结合的现有技术在创造性判断中具有不同的作用。最接近现有技术的作用在于作为研发起点并产生研发动机，因为研发动机通常只能基于同一应用领域的技术方案才会产生，所以最接近的现有技术通常应与诉争技术方案是同一应用领域，否则可认定诉争技术方案具备创造性。但被结合的现有技术则与研发动机无关，而只与具体问题的解决手段相关。因此，只要该技术方案中的某个或某几个技术特征能被用以解决该问题即可，至于其属于哪一应用领域或技术领域则并无考虑必要。

【案例 5－26】设有蓝牙耳机固定结构的智能手表[1]

该案涉及的是专利号为 ZL201320445699.3 号，名称为“设有蓝牙耳机固定结构的智能手表”的实用新型专利，其权利要求 2 内容如下。

2. 设有蓝牙耳机固定结构的智能手表，包括智能手表主体（1）和用于固定智能手表主体的表带（2），其特征在于，所述智能手表主体包括一智能手表外壳（3），所述智能手表外壳内设有智能手表主板；所述智能手表主板上设有一蓝牙模块（6）；所述智能手表外壳上设有一蓝牙耳机固定结构（51），所述蓝牙耳机固定机构上可拆卸的固定有一与所述蓝牙模块匹配的蓝牙耳机（5）；所述蓝牙耳机固定机构（51）上设有一充电接口，所述蓝牙耳机上设有一与所述充电接口搭配的充电接头。

---

[1] 参见北京知识产权法院（2017）京 73 行初 1287 号行政判决书。

该案中，诉争技术方案为智能手表，如图 5－38 所示。被结合的现有技术，即证据 4 为耳机，二者并非同一应用领域或技术领域。专利权人认为证据 4 未给出结合启示的理由为二者属于不同的产品。但如前文所述，证据 4 的作用仅在于解决最接近现有技术存在的技术缺陷，因此，仅需要考虑证据 4 中是否存在与区别特征相应的技术特征，并解决相应技术问题即可。

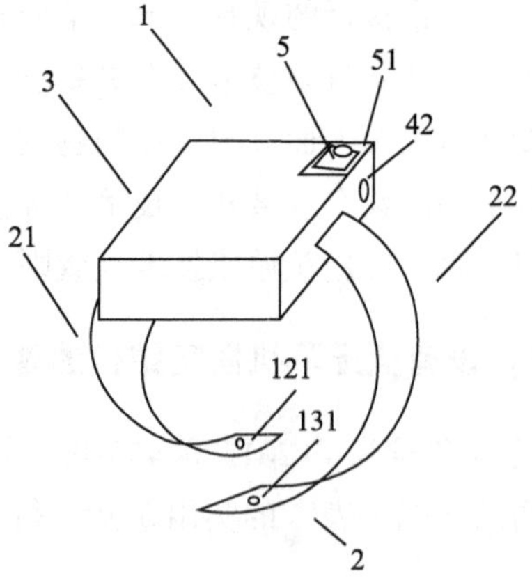

图 5－38　涉案专利 ZL201320445699.3 附图

诉争技术方案与最接近现有技术证据 1 相比的区别在于耳机充电部件的设置，即诉争技术方案限定了“所述蓝牙耳机固定机构上设有一充电接口，所述蓝牙耳机上设有一与所述充电接口搭配的充电接头”。因为上述全部结构已经被证据 4 公开，且上述结构在证据 4 与在诉争技术方案中的作用相同，故尽管证据 4 与诉争技术方案并非同一应用领域，但并不影响其给出了技术启示。

本书第四章案例 4－35 同样涉及被结合的现有技术的技术领域

问题。[1]

该案涉及的是专利号为 ZL201020130726.4，名称为“一种乒乓球拍”的实用新型专利，其权利要求 1 内容如下。

1. 一种乒乓球拍，包括手柄、底板和位于底板上的弹性面板，其特征在于：所述手柄和底板由塑料材料和玻璃纤维注塑成型制成，弹性面板与底板通过注塑的方法固定连接在一起，手柄的表面注塑有天然橡胶、人工橡胶、硅胶或塑料胶粒制成的防滑层；所述弹性面板由天然橡胶、人工橡胶、硅胶或塑料胶粒制成；所述制成底板的塑料材料是 PP、ABS 或聚丙烯；所述塑料胶料为 PPE、PU、TPU、EPDM 或 POE。

该案中，诉争技术方案是乒乓球拍，被结合的现有技术附件 2 涉及的是工具手柄，二者并非同一应用领域或技术领域，但法院同样认定附件 2 给出了技术启示。具体而言，诉争技术方案与最接近现有技术的区别特征之一在于手柄防滑层。诉争技术方案中的手柄的表面注塑有天然橡胶、人工橡胶、硅胶或塑料胶粒制成的防滑层，但最接近的现有技术没有公开这一技术特征，因此，诉争技术方案实际解决的技术问题在于手柄防滑问题。被结合的现有技术“一种带有加强芯和防滑条的长杆状工具手柄的两次成型方法”中则披露了手柄防滑手段，即在加强芯表面上复合一层防滑条，其中防滑条刚好位于工作时手握处，防滑条的材料选用普通橡胶、硫化橡胶、热塑弹性材料或改性弹性材料，这一技术手段可以用于解决最接近现有技术中的手柄防滑问题，因此，尽管该现有技术与诉争技术方案并非同一应用领域，但并不影响其针对最接近现有技术存在的手柄防滑问题给出的技术启示。

[1] 参见北京知识产权法院（2015）京知行初字第 5974 号行政判决书。

（二）被结合的现有技术中未被使用的部分对结合启示并无直接影响

对于被结合的现有技术而言，其被用到的仅是其中的一个或几个技术特征，因此，该现有技术的其他内容对于结合启示并无直接影响，除非可以证明其他技术内容的存在足以导致结合障碍，对于结合障碍下文中会有所涉及。

【案例5－27】用于药物输送装置的活塞杆主体的轴承、活塞杆组合体和活塞杆主体❶

该案涉及的是专利申请号为201380026655.X，名称为“用于药物输送装置的活塞杆主体的轴承、活塞杆组合体和活塞杆主体”的发明专利申请，其权利要求1内容如下。

1. 一种药物输送装置（1），所述药物输送装置包括：药筒单元（2），所述药筒单元（2）包括药筒固持构件（11），所述药筒固持构件（11）被提供以将药筒（4）固持于其内，药筒（4）在其远端处具有出口（6），其中药物（5）保存在药筒（4）中且塞子（10）保存在药筒（4）中，所述塞子（10）相对于药筒（4）可移动，其中在药物输送装置（1）的工作期间塞子（10）相对于药筒（4）沿远侧方向的移动促使药物（5）从药筒（4）通过药筒（4）的出口（6）被分配，和驱动机构（3），所述驱动机构（3）包括壳体（13）和活塞杆组合体（12），所述活塞杆组合体（12）固持在壳体（13）中，其中所述活塞杆组合体（12）包括轴承（18）和活塞杆主体（19），所述轴承（18）轴向地固定至所述活塞杆主体（19），且所述活塞杆主体（19）能够相对于所述轴承

❶ 参见北京知识产权法院（2019）京73行初4243号行政判决书。

（18）旋转，其中所述轴承（18）具有轴线（46）并包括第一表面和第二表面（39、20），所述第一表面和第二表面（39、20）在所述轴线（46）的方向上隔开；和所述轴承（18）包括第三表面（40），其中，所述第三表面（40）连接所述第一表面和所述第二表面（39、20），其中，在所述第一表面和所述第三表面（39、40）中的每一个中设置开口（41、42），并且其中，所述第一表面（39）中的开口（41）连接到所述第三表面（40）中的开口（42），其中所述药筒单元（2）和驱动机构（3）相互可释放地紧固在一起，其中所述药筒固持构件（11）设置有用于将药筒单元（2）附接到驱动机构（3）的固定构件，而且其中，所述药筒单元（2）的近端侧（14）在壳体（13）的远端侧（15）处紧固至驱动机构（3），其中所述活塞杆组合体（12）被构造成将力传递到塞子（10），由此使塞子相对于药筒（4）沿远侧方向移位以及药物（5）的剂量从药筒（4）分配，其中，所述轴承（18）的第二表面（20）由塞子接触壁形成，所述塞子接触壁被布置成抵靠塞子（10）的近端面，而且其中所述药物输送装置（1）是基于针的笔型❶注射器。

该技术方案是一种注射器，主要包括：针头，即针接口（17），针筒，即药筒单元（2），以及驱动机构（3），如图5－39、图5－40和图5－41所示。诉争技术方案与最接近的现有技术对比文件1的主要区别之一在于，诉争技术方案还限定了在轴承的“所述第一表面（39）和所述第三表面（40）中的每一个中设置开口（41、42），并且其中，所述第一表面（39）中的开口（41）连接到所述第三表面（40）中的开口（42）”，见图5－39中圆形标注部分。该区

❶ “笔型”应为“笔形”，原文如此，未作修改。——编辑注

别特征使得诉争技术方案实际解决的技术问题在于如何在针筒更换过程中在轴向上提供轴承与活塞杆之间的坚固连接以防止轴承意外脱落。

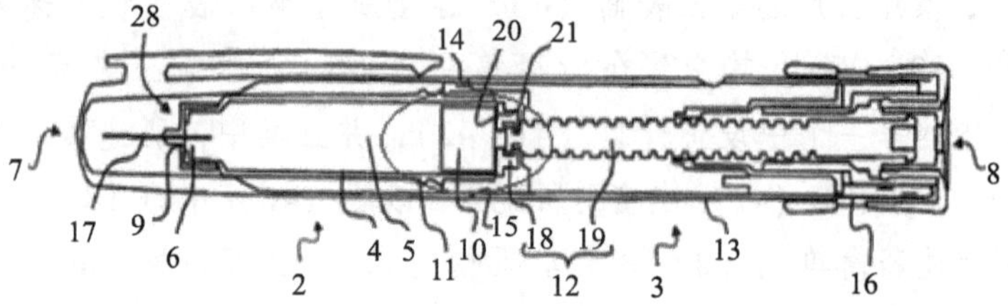

图 5 – 39　涉案专利申请 201380026655. X 附图 1

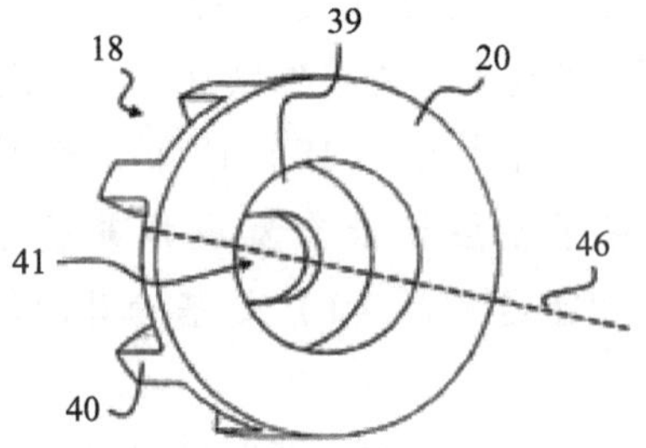

图 5 – 40　涉案专利申请 201380026655. X 附图 2

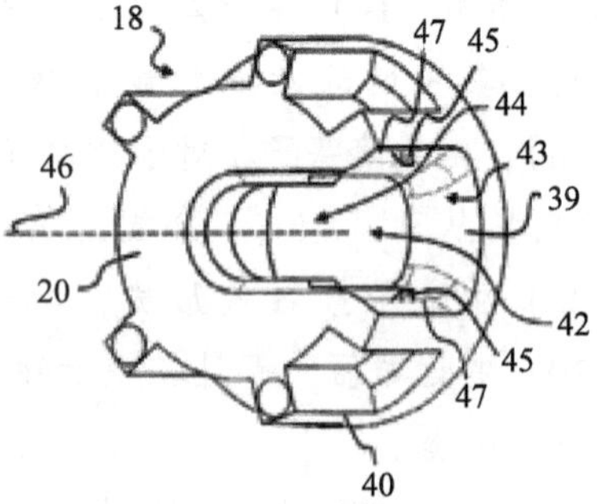

图 5 – 41　涉案专利申请 201380026655. X 附图 3

该案中，对比文件 2（专利 WO0207812A2）是被结合的现有技术，专利申请人认为对比文件 1 与对比文件 2 不具有结合启示的理由为，二者在待输送的物质（对比文件 1 是药物，对比文件 2 是射线成像造影剂）、输送容器（对比文件 1 是药筒，对比文件 2 是注射器）、操作者（对比文件 1 是患者自己，对比文件 2 是有经验的操作人员或医生）、输送通道（对比文件 1 是 0.25mm 微针，对比文件2是可达35mm的导管）、输送驱动力（对比文件1是通过手的推力注射到皮下，对比文件2是通过电子控制的马达以快速注入血管）、输入量（对比文件1是通常以μL计，对比文件2是以mL计）、装置的体积（便携的笔形装置，对比文件2是较大体量的独立装置）等方面均不同。

但对比文件2在该案中的作用仅在于为本领域技术人员提供轴向用力导致轴承意外脱落问题的解决手段，而这一技术手段基本上仅和轴承与活塞杆之间的连接方式（见图5-42中852、854、856、858）有关，至于二者输送的物质、输送容器等方面是否存在不同与该连接方式无关，并不会影响本领域技术人员从轴承与活塞杆之间的连接方式上获得启示。据此，上述因素均不足以影响结合启示的认定。

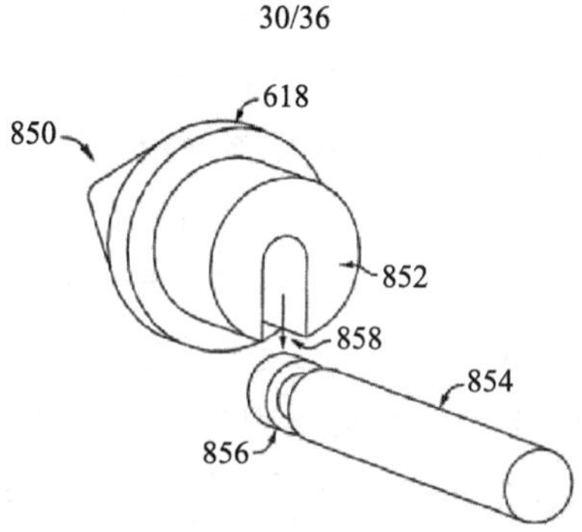

图5-42　对比文件2 WO0207812A2附图

（三）被结合的现有技术是否可以实现对结合启示并无直接影响

实践中存在一种观点，如果被结合的现有技术整体不可实现，或者其不能达到说明书所记载的技术效果，则不应认定该现有技术给出了结合启示。但如前文分析，被结合的现有技术在创造性的判断中被使用的仅为其中一个或几个技术特征。因此，技术启示来源于本领域技术人员对于该一个或几个技术特征及其相应功能的理解。至于整体技术方案是否可实施，其最多可能影响本领域技术人员对于技术特征及其功能的理解，但不会直接影响结合启示的认定。

【案例5－28】剪式千斤顶多点支撑同步可调角度太阳能固定支架[1]

该案涉及的是专利号为ZL201320544952.0，名称为“剪式千斤顶多点支撑同步可调角度太阳能固定支架”的实用新型专利，其权利要求1内容如下。

1. 剪式千斤顶多点支撑同步可调角度太阳能固定支架，包括剪式千斤顶（1），传动轴（3），转动梁（5），光伏组件支撑梁，支撑立柱（7），支撑铰链（11），连接铰链（12、13），摇把，其特征是：剪式千斤顶的下端经支撑铰链与支撑立柱中部连接，剪式千斤顶的上端经连接铰链与转动梁中间的一侧连接，转动梁的中部经连接铰链与支撑立柱上端连接，在转动梁上固定光伏组件支撑梁。

该技术方案涉及一个太阳能固定支架，图5－43为侧视图，图5－44为朝向太阳的角度示意图。其与最接近现有技术的区别在于诉争技术方案的“剪式千斤顶的下端经支撑铰链与支撑立柱中部连接”，而最接近现有技术并未采用这一连接方式。基于上述区别特征，诉争技术方案实际上解决的技术问题是如何实现调节其朝向太阳的角度。

[1] 参见北京知识产权法院（2020）京73行初3523号行政判决书。

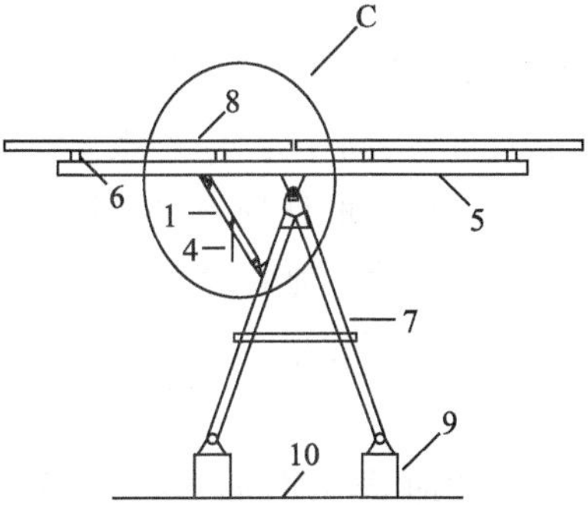

图 5－43　涉案专利
ZL201320544952.0 附图 1

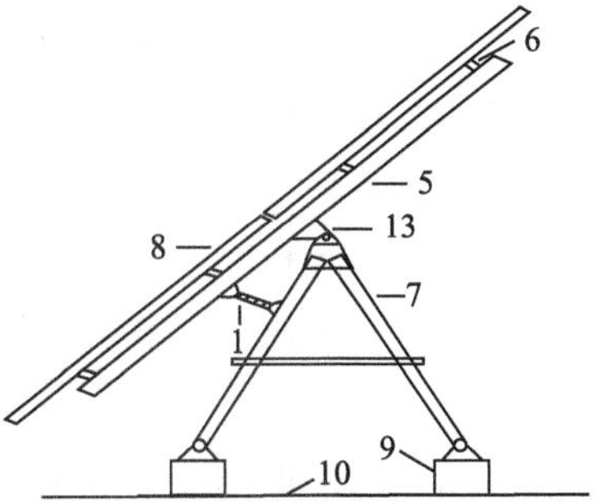

图 5－44　涉案专利
ZL201320544952.0 附图 2

该案中被结合的现有技术为对比文件 2，专利权人主张诉争技术方案具备创造性的理由之一在于对比文件 2 属于不能实现的技术方案。但法院认为，对比文件 2 是否给出技术启示，与对比文件 2 的整体技术方案是否可实施并无必然联系。在创造性判断中，作为被结合的现有技术的对比文件 2，需要结合的内容仅为与区别特征相关的技术特征，对比文件 2 已经公开了与诉争技术方案完全相同的支撑立柱和承力三角形结构，在本领域技术人员知晓其相关作用的情况下，即便对比文件 2 整体技术方案不能实现亦不影响该技术启示的认定。

（四）被结合的现有技术的缺陷未被诉争技术方案解决对结合启示并无直接影响

在一些案件中，被结合的现有技术中存在技术缺陷，而该技术缺陷与被结合的技术特征相关。专利权人或专利申请人据此主张本领域技术人员不会将该技术特征与最接近现有技术结合使用，因此，不具有结合启示。

对这一主张可作如下分析：在被结合的现有技术存在缺陷的情

况下，本领域技术人员之所以不会将其与最接近的现有技术相结合，是因为其希望避免不利效果。但这也意味着，如果不在意该不利效果的存在，则这一不利效果将不会对结合启示产生影响。基于此，如果诉争技术方案并未针对该不利效果采取任何解决手段，而仅是将相关技术特征与最接近现有技术相结合，则可认定诉争技术方案并不在意上述不利效果，相应地，该不利效果不会影响结合启示的判断。

例如，学生提高成绩的手段之一是增加学习时间，但这一手段可能同时会使学生压力过大，导致患抑郁症的概率增加。但如果并不在意其是否患病，采用增加学习时间这一手段则显然容易想到。

本书第三章案例 3－12 中即涉及对这一问题的评述。[1]

诉争技术方案是一种多价的肺炎疫苗，其相对于最接近现有技术的区别在于："每种缀合物是多糖－蛋白质缀合物形式，所述载体蛋白是 CRM_{197} 并且其中通过还原胺化实现缀合，并具体限定了血清型 4 和血清型 6A 的活化方法"。基于该区别技术特征，诉争技术方案实际要解决的技术问题为提供一种可激发 13 种血清型抗体水平的组合物。

该案中被结合的现有技术为证据 3，虽然针对上述区别特征中的载体蛋白 CRM_{197}，对比文件 3 已记载了 CRM_{197} 可与肺炎链球菌荚膜多糖连接以提高组合物免疫原性，但专利申请人并不认为上述记载可以给出启示。原因在于对比文件 3 虽提及 CRM_{197} 可以与肺炎链球菌荚膜多糖连接，但其同时指出该载体会导致表位抑制、注射数次后抑制多糖抗原应答等很多问题。正因如此，对比文件 3 并未采用 CRM_{197}，而是采用了一种新载体。

---

[1] 参见北京知识产权法院（2018）京 73 行初 5019 号行政判决书。

法院认为，虽然对比文件 3 提及包括 CRM_{197}在内的一些载体具有一些缺点，但这一记载是否对结合启示产生影响，取决于诉争技术方案是否针对上述问题采用了解决手段。因说明书并未记载诉争技术方案中已解决上述问题，尤其是针对注射数次后的抗体应答问题，诉争技术方案中即便在已做了第 0 周和第 1 周、第 2 周、第 3 周、第 4 周，第 8 周，第 12 周，第 26 和第 39 周的抗体应答实验对比后，亦未给出数据。可见，现有证据无法看出上述问题在诉争技术方案中已得到解决。如果无需考虑解决上述问题，而仅为实现抗体应答，基于对比文件 3 已给出的将 CRM_{197}与肺炎链球菌荚膜多糖连接形成结合物以形成抗体应答的启示，采用 CRM_{197}作为载体与最接近现有技术相结合显然无需创造性劳动。据此，对于专利申请人有关未给出结合启示的主张法院未予支持。

（五）诉争技术方案未解决最接近现有技术已解决的问题对结合启示无直接影响

因诉争技术方案与最接近现有技术各自克服的技术缺陷可能并不相同，因此，实践中存在一种情形，最接近现有技术已解决的问题在诉争技术方案中仍然存在。例如，汽车轮胎通常有耐磨性、防滑度等性能。最接近现有技术解决的是耐磨问题，而诉争技术方案解决的是防滑问题，但后者在一定程度上存在耐磨性不好问题。此种情况下，专利权人或专利申请人可能提出的一种主张是，因为对比文件要解决的技术问题在诉争技术方案中未被解决，所以，本领域技术人员不会想到将对比文件中的相应技术特征结合到最接近的现有技术中，从而不具有结合启示。

通常情况下，最接近现有技术已解决的问题在诉争技术方案中是否已被解决，与是否存在结合启示并无直接关联。基于通常的研发规律，本领域技术人员关注的是最接近现有技术未解决的问题，而非已解决的问题。对于已解决的问题，只有在其影响到研发过程的后续推进时才可能被考虑，因此，其与诉争技术方案是否可被获得并无必然关联。此外，创造性判断的实质是对研发过程的重构，而诉争技术方案未解决的技术问题，或者说其存在的技术缺陷通常是在研发过程结束后才会出现，该缺陷作为研发结果不可能反过来影响已经发生的研发过程。

仍以汽车轮胎举例，诉争技术方案以解决防滑为目的，因此，相关研发均围绕这一问题进行，并最终获得一个可以解决防滑问题的技术方案。可能存在的情况是，用于解决防滑的技术手段可以具有不耐磨的缺陷，但这一技术缺陷只有在获得该技术方案后，本领域技术人员可以发现，而此时诉争技术方案已产生，这一技术问题并不会影响前期的整体研发过程，亦不可能使得研发成果无法出现。因此，其对于结合启示不会产生影响。

本章案例 5 – 1 即涉及对这一问题评述。❶

该案中，专利申请人认为不存在结合启示的理由之一为，对比文件 1 本身解决的技术问题在于降噪，但诉争技术方案却会带来噪音问题。针对这一主张，法院采用的即是前文中提到的观点，认为依据客观的研发过程及其规律，本领域技术人员在对比文件 1 的基础上无需创造性劳动即可获得诉争技术方案，而降噪问题是在得到该技术方案后才出现的，本领域技术人员发现其存在这一问题时诉争技术方案已经出现，故这一问题不会对诉争技术方案的创造性产生影响。

二、结合障碍

在结合对比的案件中，专利权人或专利申请人时常会用到的一

---

❶ 参见北京知识产权法院（2017）京 73 行初 8177 号行政判决书。

个理由是，区别技术特征虽然已在被结合的对比文件中公开，但该对比文件所公开的技术特征与最接近的现有技术有结合障碍，而诉争技术方案克服了该结合障碍，因此，诉争技术方案的获得非显而易见。

对这一理由的审理主要涉及以下两个问题：其一，是否存在结合障碍；其二，如果存在结合障碍，专利权人或专利申请人是否为克服该障碍付出创造性劳动。在针对上述问题的判断中，说明书的记载至关重要。通常情况下，如果结合障碍客观存在，而诉争技术方案克服了该障碍，基于常理，这一做法会被作为发明点或技术贡献记载在说明书中。如果说明书中有所记载，则可基于相关记载进行后续判断。如果存在结合障碍，诉争技术方案亦解决了该问题，则诉争技术方案并不会仅仅将二者直接结合使用，而是会增加或减少相关技术特征，从而使得直接结合存在的障碍得以解决。这种情况下，需要判断的问题已非结合障碍是否存在，而是是否容易想到采用增加或减少技术特征的方式以解决该结合障碍。

例如，在炒菜过程中，因为将水加入热油中会出现迸溅，因此，人们不会在油加热后直接往里面加水。如果诉争技术方案中记载并解决了这一问题，其采用的解决手段必然不能是仍将水直接加入热油中，而是或者减少将油加热这一步骤，或者增加其他物质以解决迸溅问题。此种情况下，创造性需要判断的并非结合障碍是否存在，而是本领域技术人员是否容易想到这两种解决手段。

如果说明书中对此并未进行任何记载，可能存在两种情形：其一，不存在结合障碍；其二，存在结合障碍，但专利权人或专利申请人并未发现，或者虽然发现，但未采取任何手段克服该障碍。如果属于第一种情形，专利权人或专利申请人有关克服结合障碍从而具备创造性的主张必然不能成立。如果属于第二种情形，尽管结合障碍客观存在，但同样可得出其未付出创造性劳动的结论。原因在于，创造性判断的实质在于判断专利权人或专利申请人为获得诉争技术方案是否付出创造性劳动。在具有结合障碍的情况下，专利权人或专利申请人是否付出创造性劳动取决于其为克服该结合障碍做了什么。如果其仅是将本领域技术人员不会结合使用的技术特征结合在一起，则意味着其并未付出任何创造性劳动，相应地，诉争技术方案不可能具备创造性。

仍以水加入热油导致迸溅为例以说明问题，如果诉争技术方案并未解决迸溅问题，而仅是在油热后直接加水，则因对于本领域技术人员而言，如果其不考虑迸溅的问题，想到将两个步骤结合使用显然无需付出创造性劳动，故该结合障碍的存在不会使得诉争技术方案具备创造性。

有观点认为，因在具体案件中使用的最接近现有技术与说明书中记载的背景技术可能并不相同，从而使得诉争技术方案相较于最接近现有技术存在的区别技术特征，并不等同于其相较于背景技术的区别，因此，说明书未记载相关结合障碍具有合理性。实则不然，无论被对比的现有技术是否相同，具有结合障碍的技术特征均是诉争技术方案中的记载内容，而非现有技术中的技术特征。因此，如果相关技术特征之间具有结合障碍，且专利权人已发现这一障碍，通常的做法会是对其加以解决，并记载在说明书中。反之，如果并无任何记载，则或者其并不知晓，或者虽知晓但并未采取任何措施解决。无论哪一种情形，均说明专利权人或专利申请人未付出创造性劳动。

本章案例 5 – 19 即涉及对结合障碍的认定。[1]

该案中专利申请人提出的起诉理由之一为对比文件 2 中的超高

[1] 参见北京知识产权法院（2015）京知行初字第 3887 号行政判决书。

温灭菌方式与最接近的现有技术对比文件 1 存在结合障碍。其具体理由之一为，对比文件 2 虽然公开了超高温的灭菌方式，但其脱氧方式采用的是减压脱气脱氧的方式，而最接近现有技术中采用的是惰性气体脱氧的方式。因不同的脱氧方式对灭菌方式具有不同需求，而将对比文件 2 的灭菌方式与对比文件 1 的脱氧方式相结合存在技术障碍，故二者之间无法结合。

对于这一主张，法院认为，专利申请人主张的结合障碍与脱氧方式相关，但诉争技术方案中对于脱氧方式不仅在权利要求中并无限定，说明书中亦未记载哪种脱氧方式可以与超高温灭菌共同使用，上述情形说明专利申请人实际认为各种脱氧方式均可以超高温灭菌方式共同使用，而非认为二者之间具有结合障碍。不仅如此，诉讼中专利申请人亦未提交与结合障碍相关的证据，可见，专利申请人有关存在上述结合障碍的主张不能成立。

专利申请人有关结合障碍的另一理由为，诉争技术方案超高温灭菌的目的在于制作发酵乳，对比文件 2 的超高温灭菌的目的则在于提高牛乳的保存期，不同的灭菌目的同样使得对比文件 2 与对比文件 1 存在结合障碍。这一主张的实质在于其认为牛乳作为“最终产品”时所采用的灭菌方式，与将其作为“原料”用于发酵乳时所采用的灭菌方式并不相同，因此，本领域技术人员基于制作发酵乳的目的不会将对比文件 2 中的超高温灭菌用于牛乳。但无论牛乳是作为最终产品，还是仅仅作为发酵乳的原料，超高温灭菌的对象均是牛乳本身，其目的均是达到对牛乳本身的灭菌效果，因此，其最终用途对于灭菌方式本身并无影响。基于此，在说明书中同样对于上述结合障碍无任何记载的情况下，这一主张亦不能成立。

退一步讲，即便现有证据可以证明上述两个技术障碍客观存在，但诉争技术方案说明书中并无任何记载亦足以说明专利申请人并未认识到存在上述障碍。再退一步讲，即便专利申请人意识到这一技术障碍，但诉争技术方案中亦未采用任何方式予以解决。可见，无论从任一角度分析，专利申请人均未为克服结合障碍付出创造性劳动。因《专利法》第22条第3款保护的是创造性劳动所得到的智力成果，故在专利申请人对上述结合均未付出创造性劳动的情况下，诉争技术方案不具有获得保护的基础。

三、技术偏见

技术偏见规定在《专利审查指南（2010）》第二部分第四章第5.2节："如果发明克服了这种技术偏见，采用了人们由于技术偏见而舍弃的技术手段，从而解决了技术问题，则这种发明具有突出的实质性特点和显著的进步，具备创造性。"基于上述规定，一些案件中专利权人或专利申请人主张，诉争技术方案采用了本领域技术人员通常不会采用的技术手段，克服了技术偏见，因此，诉争技术方案具备创造性。

与前文中提到的结合障碍的判断基本相同，技术偏见的审理亦涉及以下两个问题：其一，是否存在技术偏见；其二，如果存在技术偏见，专利权人或专利申请人是否为克服该偏见付出了创造性劳动。与结合障碍不同的是，技术偏见的认定更多的是对于主观状态的认定，亦即是否本领域技术人员对相关技术手段的使用存在普遍的误解，而结合障碍的审理更多涉及对客观事实的认定，需要确认的是客观上相关技术特征的结合使用是否会有不好的效果。

在针对技术偏见的上述两个问题中，比较有效的方式是将审理重点放在第二个问题上，即在假定存在技术偏见的情况下，判断专利权人或专利申请人是否为克服技术偏见付出了创造性劳动。与结合障碍相同，如果诉争技术方案克服了技术偏见，且专利权人或专利申请人知晓这一情形，则其理应会被记载在说明书中。如果说明书中并无记载，则通常可认定专利权人或专利申请人或者并不知晓其属于本领域技术偏见，或者虽然知晓但并不在意其可能导致的不良技术效果或存在的其他问题。无论在哪一种情况下，专利权人或专利申请人在该技术手段的采用上均未付出创造性劳动，也就意味着其据此而认为诉争技术方案非显而易见的主张不能成立。

在上述问题的审理中，需要强调的是，并非说明书只要记载了该技术手段及其相应技术效果即可，而是需要说明为何本领域技术人员不会采用该技术手段，诉争技术方案却采用了这一技术手段。比如，本领域技术人员之所以不会采用这一技术手段是因为对于其作用机理存在误解，但说明书记载了诉争技术方案对这一认知的纠正，等等。

之所以不建议将技术偏见的审理重点放在第一个问题，即是否存在技术偏见上，主要原因在于对于技术偏见难以设定明确的证明标准。比如，专利权人或专利申请人需要提交多少份证据才可以证明存在技术偏见，是否仅提交一份反证即可证明该做法并非通行做法从而不构成技术偏见，以及如果一份证据不足以证明，多少份合适，等等。而实际上，即便不构成技术偏见，专利权人或专利申请人只要为解决某一问题付出了创造性劳动，同样可以认定其具备创造性。因此，是否存在技术偏见在创造性判断中并不重要。

【案例 5-29】浅槽分选机抗拉耐磨链条❶

该案涉及的是专利号为 ZL201420770092.7，名称为“浅槽分选机抗拉耐磨链条”的发明专利，其权利要求 1 内容如下。

---

❶ 参见北京知识产权法院（2017）京 73 行初 8172 号行政判决书。

1. 浅槽分选机抗拉耐磨链条，其特征在于由两外连板一（5）、外连板二（6）分别与内连板（7）组合对接，在内连板（7）之间垂直设置套轴（1），连接轴（3）顺序通过外连板一（5）、内连板（7）、套轴（1）、内连板（7）与外连板二（6）连接，连接轴（3）端头设置铆钉（4）固定连接，在连接轴（3）与套轴（1）之间设置螺纹长销轴（2），在内连板（7）与套轴（1）四角连接处均设置有三角形抗拉耐磨筋（8）。

诉争技术方案涉及一种链条（如图5－45所示），其主要用于矿山洗煤设备，因链条磨损及断裂在该设备使用中较为突出，因此，诉争技术方案的目的在于提供一种耐磨及不易断裂的链条。诉争技术方案相对于最接近的现有技术的区别特征之一在于诉争技术方案设置了抗拉耐磨筋（8），即“在内连板（7）与套轴（1）四角连接处均设置有三角形抗拉耐磨筋（8）”，其作用在于防止断裂。

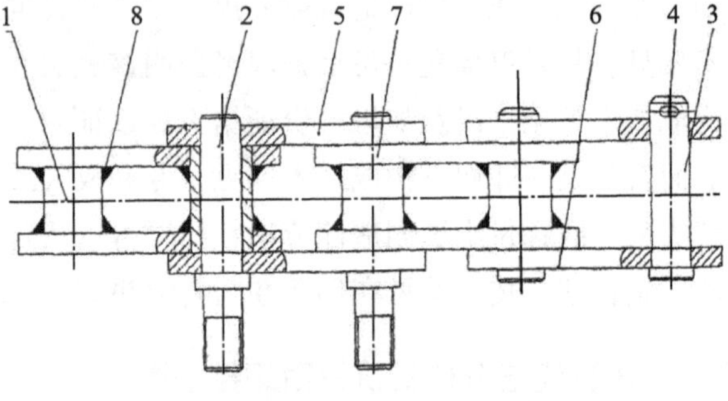

图5－45　涉案专利ZL201420770092.7附图

专利权人主张本领域技术人员通常情况下并不会采用这一技术手段以防止链条断裂，无效宣告请求人对此表示认可。值得注意的事实是，本领域技术人员之所以不会采取这一技术手段，并非因为其无法想到该技术手段可以解决断裂问题或存在技术偏见，而在于当内连板与套轴的连接部分断裂时，链条的连接板亦会出现磨损变薄的情形。也就是说，即便解决了断裂问题，该链条仍然存在磨损变薄无法使用的情形。因此，本领域技术人员已无必要解决断裂问题，直接更换链条即可。换言之，如果不考虑耐磨问题，仅仅基于防止断裂这一问题，本领域技术人员无需付出创造性劳动则可获得诉争技术手段。

专利权人之所以在诉争技术方案中采用了上述技术手段，并非因为其克服了技术偏见，而是因为在申请日时，其他技术手段的变化使得无需更换链条即可解决链条磨损变薄问题。因此，单独解决断裂问题已有必要。基于此，该案中并不存在技术偏见，相应地，亦无法认定因克服了技术偏见而使得诉争技术方案具备了创造性。

【案例5-30】包含1，1，1，2，3-五氟丙烷或2，3，3，3-四氟丙烯的组合物[1]

该案涉及专利号为ZL200980116200.0，名称为“包含1，1，1，2，3-五氟丙烷或2，3，3，3-四氟丙烯的组合物”的发明专利，其权利要求1内容如下。

1. 包含HFO-1234yf和3，3，3-三氟丙炔的组合物。

诉争技术方案包括两个组分，专利权人主张现有技术中存在技术偏见，不会将上述两个组分组合使用，但其同时认可说明书中既未对该技术偏见进行记载，也未说明如何克服该技术偏见，以及两个组分相结合后产生的任何技术效果。这一情形说明，即便客观上确实存在技术偏见，且诉争技术方案克服了技术偏见，在说明书并

[1] 参见北京知识产权法院（2017）京73行初652号行政判决书。

无记载从而可合理认定专利权人在申请专利时对此并不知晓的情况下，专利权人为获得该技术方案并未付出创造性劳动，故诉争技术方案不具有获得专利保护的基础。

四、商业上的成功

《专利审查指南（2010）》第二部分第四章第5.4节指出了商业上成功与创造性判断的关系，规定："当发明的产品在商业上获得成功时，如果这种成功是由于发明的技术特征直接导致的，则一方面反映了发明具有有益效果，同时也说明了发明是非显而易见的，因而这类发明具有突出的实质性特点和显著的进步，具备创造性。但是，如果商业上的成功是由于其他原因所致，例如由于销售技术的改进或者广告宣传造成的，则不能作为判断创造性的依据。"

基于上述规定，一些案件中，专利权人或专利申请人会以专利产品在商业上获得成功为由主张该技术方案具备创造性。但由前述规定可知，商业上的成功是否足以使诉争技术方案具备创造性，取决于二者之间是否具有直接的关联关系。通常而言，只有在该技术方案的创造性是导致商业上成功的唯一因素的情况下，商业上的成功才有可能（而非必然）影响到创造性的认定。但实际上，因为商业上的成功产生于真实的市场环境下（而非实验环境下），且通常由多种因素（包括商标、外观、销售模式等）所导致。在市场环境下基本上不可能设置一个对比实验，使得实验组与对照组的唯一变量仅在于是否使用了诉争技术方案，故商业上的成功与诉争技术方案之间的直接关联关系基本上不可能被证明。

实践中有观点认为，商业上的成功即便不是决定因素，至少可将其作为参考因素。但如果可以作为参考因素，则意味着其在一定情况下可能影响创造性的判断。但由之而产生的问题便在于，其在何种情况下可能会影响创造性的判断，以及如何影响创造性的判断。基于前文中提到的理由，这一问题同样无法给出结论。因此，客观情况是虽然《专利审查指南（2010）》规定了商业上的成功这一考虑因素，但因其同时规定的“如果这种成功是由于发明的技术特征直接导致的”这一规定基本难以被证明，故这一因素在案件中基本上不会对创造性的判断结论产生影响。也就是说，对于一个具备创造性的技术方案，基本不会因其未取得商业上的成功而被认定为不具备创造性。反之，对于一个不具备创造性的技术方案，基本不会因为其取得了商业上的成功而被认定具备创造性。

【案例5-31】头发矫直刷❶

该案涉及专利号为ZL201390000237.9，名称为“头发矫直刷”的实用新型专利，其权利要求1内容如下。

1. 一种头发矫直刷，其特征在于，包括：多个加热件，所述加热件从所述头发矫直刷表面伸出，并以一设定密度分散在所述头发矫直刷表面的至少一部分上；及多个间隔件，所述间隔件用于使所述加热件的突出末端与所刷头皮之间保持一与所述间隔件的恢复力相关的设定距离，并以所述设定密度分散在所述头发矫直刷表面的至少一部分上，所述设定密度用于保证所述设定距离得以保持。

在该案中，商业上的成功是专利权人认为诉争技术方案具备创造性的理由之一。对此，法院从两个角度进行了评述：专利权人用以证明商业上成功的证据仅为一份许可协议及三份网页报道，上述

❶ 参见北京知识产权法院（2017）京73行初2434号行政判决书。

证据不足以证明其产品获得了商业上的成功。即便可以认定其具有商业上的成功，但现有证据无法看出这一商业上的成功与诉争技术方案之间的关联关系。因此，专利权人有关因其专利产品在商业上获得成功使得诉争技术方案具备创造性的主张不能成立。

案例索引